LE SEXE FORT N'EST PAS CELUI QU'ON CROIT

Les Éditions Transcontinental
1100, boul. René-Lévesque Ouest, 24e étage
Montréal (Québec) H3B 4X9
Téléphone : 514 392-9000 ou 1 800 361-5479
www.livres.transcontinental.ca

Pour connaître nos autres titres, consultez le **www.livres.transcontinental.ca.**
Pour bénéficier de nos tarifs spéciaux s'appliquant aux bibliothèques d'entreprise
ou aux achats en gros, informez-vous au **1 866 800-2500.**

Catalogage avant publication de Bibliothèque et Archives nationales du Québec
et Bibliothèque et Archives Canada
Pinker, Susan, 1957-
Le sexe fort n'est pas celui qu'on croit

Traduction de : The Sexual Paradox.
Comprend des réf. bibliogr.

ISBN 978-2-89472-386-9

1. Division sexuelle du travail. 2. Différence entre sexes. 3. Rôle selon le sexe. I. Titre.

HD6060.6.P5614 2009   306.3'615   C2008-942499-9

Ce livre a paru originalement en version anglaise aux éditions Scribner sous le titre
The Sexual Paradox © 2008 par Susan Pinker.

Correction : Jacinthe Lesage
Mise en pages : Centre de production partagé de Montréal, Médias Transcontinental
Conception graphique de la couverture : Studio Andrée Robillard
Impression : Transcontinental Gagné

Imprimé au Canada
© Les Éditions Transcontinental, 2009, pour la version française publiée au Canada
Dépôt légal – Bibliothèque et Archives nationales du Québec, 2e trimestre 2009
Bibliothèque et Archives Canada

Tous droits de traduction, de reproduction et d'adaptation réservés.

Nous reconnaissons, pour nos activités d'édition, l'aide financière du gouvernement du Canada par
l'entremise du Programme d'aide au développement de l'industrie de l'édition (PADIÉ). Nous
remercions également la SODEC de son appui financier (programmes Aide à l'édition et Aide à
la promotion).

Les Éditions Transcontinental sont membres de l'Association nationale des éditeurs
de livres (ANEL).

Susan Pinker

LE SEXE FORT N'EST PAS CELUI QU'ON CROIT

Traduit de l'anglais par Lise Malo, trad. a.

Les Éditions
Transcontinental

À Martin

« I am two with nature. »
Woody Allen

Table des matières

Introduction

Des marionnettes et des eunuques, version féminine

Les femmes sont-elles, à quelques nuances près, des hommes comme les autres ? Rien n'est moins sûr, l'équipe de *Sesame Street* l'a appris à ses dépens, comme le rapporte un journaliste du *New York Times* dans un article consacré à cette émission. Il y révèle les hésitations des producteurs lorsqu'ils voulurent créer une marionnette féminine : ils craignaient, s'ils la dotaient des caractéristiques d'une petite fille, qu'on les accuse de véhiculer des stéréotypes sexuels. « Imaginez Cookie Monster version féminine. On l'aurait taxée d'anorexique ou de boulimique », disait le producteur délégué. De même, si Elmo avait été une femme, on l'aurait jugée écervelée, ajoutaient d'autres membres de l'équipe. Surtout après le tollé soulevé par Miss Piggy du *Muppet Show*, il semblait plus prudent de s'en tenir au postulat convenu, à savoir que le masculin est le genre implicite des deux sexes. Les marionnettes masculines – des oiseaux incapables de voler, des monstres chevelus ou des petits garçons sérieux – n'étaient pas *vraiment* masculins. Il s'agissait d'êtres génériques, alors que toute marionnette féminine aurait été perçue comme un personnage déviant ou expressément féminin. L'émission *Sesame Street* ayant été créée en 1969, il aura fallu 37 ans aux producteurs pour mettre au monde Abby Cadabby, une marionnette pleine d'entrain, pourvue de pouvoirs magiques et de caractéristiques féminines. C'est le signe que la différence homme-femme commence à être acceptée, même si le sujet fait encore la une des journaux[1].

Comme les producteurs de *Sesame Street*, nous oublions trop souvent que nous considérons l'homme comme la norme, et la femme comme une simple variante de celui-ci, avec tout au plus quelques options en sus. Nous en sommes venus à croire qu'il ne devrait pas y avoir de véritable différence entre les sexes. Or, de récentes données scientifiques remettent totalement en question cette notion d'interchangeabilité ou d'uniformité sexuelle. Compte tenu des progrès de la psychologie, des neurosciences et de l'économie – des champs d'étude qui ont explosé dans la dernière décennie –, est-il raisonnable de vouloir que la femme ressemble davantage à l'homme ? Voilà, en termes simples, la question que pose ce livre. Jamais je n'aurais cru qu'elle fût si délicate lorsque je fis le projet de mettre en parallèle les traits masculins poussés à l'extrême et les choix professionnels des femmes – deux objets d'étude qui m'intéressent sur le plan personnel et professionnel – dans un ouvrage consacré aux hommes, aux femmes et au travail. Je voulais dresser le portrait de quelques hommes atypiques qui avaient eu des difficultés dans l'enfance, savoir ce qu'il était advenu d'eux une vingtaine d'années plus tard et comparer leurs parcours à ceux de femmes talentueuses à l'avenir prometteur. Le côté humain de leurs cheminements respectifs était fascinant, mais les données scientifiques, qui donnaient un nouvel éclairage à leurs expériences, l'étaient tout autant. En voulant comprendre leurs histoires, j'ai pénétré l'univers politiquement chargé des différences sexuelles et constaté que tout le monde, ou presque, avait déjà choisi son camp. Chemin faisant, j'ai aussi découvert que les différences sexuelles avaient sans doute coloré mon travail et influencé mes propres choix. J'ai commencé à m'interroger sur moi-même, mes collègues féminines et d'autres femmes de mon entourage. « Pourquoi les femmes font-elles tout ce que leurs mères ont fait ? Pourquoi ne deviennent-elles pas comme leurs pères ? »

J'en avais pour ma part eu l'occasion. En 1973, à l'âge de 16 ans, je travaillais avec mon père. À l'époque, il était représentant pour un fabricant de vêtements et, pendant les deux mois d'été, nous avons sillonné ensemble les routes du Québec dans sa familiale lambrissée de bois, chargée de douzaines de sacs en toile gros comme des frigos, remplis d'uniformes et de vêtements de nuit pour femmes et pesant une trentaine de kilos chacun. J'ai découvert, avec respect, le labeur qui finançait notre existence de classe moyenne de banlieue. Grâce à ses années de pérégrinations, il a envoyé trois enfants à l'université, payé les études de deuxième cycle de ma mère et trouvé le moyen de financer celles qui l'ont mené à une carrière en droit. C'était un travail physiquement exigeant, souvent solitaire et, comme beaucoup de métiers à l'époque, à 99 % masculin.

À ce moment-là, j'étais convaincue qu'une femme pouvait et voulait exercer exactement les mêmes métiers qu'un homme. Dans *Le deuxième sexe*, Simone de Beauvoir avait réglé la question. Biologie ne rimait pas avec destin. « On ne naît pas femme, on le devient. » L'instinct maternel, ça n'existait pas – les humains n'étaient pas des animaux ayant des habitudes observables et déterminées comme des chevreuils en chaleur ou des babouins exhibant leur derrière rose. Nous étions bien au-dessus de ces choses. En tant qu'êtres humains, nous étions « en état d'éternel recommencement, en perpétuel devenir », une position existentialiste qui correspondait parfaitement à la vision du monde de la jeune fille de 16 ans que j'étais. Ainsi, les femmes pouvaient se définir par leur situation actuelle et leurs possibilités, mais cela s'arrêtait là. Si les uniformes d'infirmières et les peignoirs avaient du succès, c'était parce que la société définissait les femmes comme des soignantes et des objets sexuels. Mais bientôt, tout allait changer. J'ignorais tout des contradictions entre cet ouvrage féministe classique et la vie de Simone de Beauvoir, notamment ses rapports avec Sartre, qui la traitait non comme son égale, mais comme une entremetteuse lui procurant des jolies femmes, certaines aussi jeunes que moi à l'époque[2]. Même si je l'avais su, cela aurait eu peu d'importance, car les années 1940 et 1950 appartenaient à l'histoire. Désormais, seul le présent comptait.

Parvenue à la majorité au sommet de la seconde vague du féminisme, j'avais des attentes très différentes de celles des générations précédentes. Contrairement aux jeunes femmes de la Crise de 1929, je pouvais compter sur des études et une carrière, pas seulement sur un boulot. Comme mes amies, je ne croyais pas que le mariage et les enfants soient un plan d'avenir suffisant. C'était précisément cette voie qui avait piégé nos mères. En 1963, Betty Friedan avait cassé la vision idyllique de la domesticité d'après-guerre dans son livre *La femme mystifiée*, montrant l'épouse de banlieue écrasée sous les interminables corvées et les enfants braillards, vivant dans une anomie enveloppante et sans nom – la version originale des *Desperate Housewives*. Elle exhortait les femmes à rejeter ce scénario, et son appel fut entendu. « Nous avons tout gobé », se rappelle ma mère qui, mariée à l'âge de 19 ans, avait passé les 18 années suivantes à la maison, « essuyant le même bout de comptoir encore et encore ». (Selon la sociologue Juliet Schor, en 1973, une femme de la classe moyenne, mère de 3 enfants, consacrait en moyenne 53 heures par semaine aux tâches ménagères[3]). À l'été 1973, galvanisée par Friedan, Gloria Steinem et d'autres, ma mère entreprit des études de deuxième cycle. Comme elle, ses amies suivirent une formation professionnelle en vue de trouver un travail rémunéré ou reprirent l'emploi qu'elles avaient quitté pour se marier.

D'autres signes accompagnaient cette radicale transformation sociale[4]. Entre la fin des années 1960 et la fin des années 1970, peu à peu, la pilule contraceptive devenait légale dans les pays occidentaux – certaines de mes amies du secondaire la prenaient déjà[5]. La vigoureuse économie d'après-guerre nous avait donné l'impression d'un monde sans limites, et la pilule vint décupler ce sentiment et favoriser l'idéalisme et l'individualisme des années qui suivirent la guerre du Vietnam. La grossesse et le mariage ne viendraient pas saboter nos aspirations, et personne ne se mêlerait de nous dire quel type de travail allait nous convenir. *La femme eunuque* venait de paraître, et je me convertis sur-le-champ à la prose vivifiante de Germaine Greer. On conditionnait les femmes pour qu'elles aient les caractéristiques d'un castrat, écrivait-elle, énumérant la passivité, la rondeur, la timidité, la langueur, la délicatesse et des manières précieuses comme les vertus féminines prônées par les hommes et docilement adoptées par les femmes. « Dans cette description du corps féminin, j'ai supposé que toutes ses caractéristiques *pourraient être autres*. » Les italiques mettent en relief l'assurance et l'espoir de l'époque. Tout était matière à changement. Si seulement les femmes rejetaient leurs rôles conditionnés en refusant d'être au service des hommes, en évitant les emplois « subalternes », comme maîtresses d'école ou infirmières, et en abandonnant les vêtements, les produits de beauté et même les appareils ménagers qui les réduisaient à l'esclavage, le monde pourrait être différent. On se disait que les hommes avaient réussi ; qu'*ils* étaient la norme, le modèle à imiter. Les femmes deviendraient les égales des hommes le jour où elles se débarrasseraient de leur personnage féminin pour endosser les rôles masculins. Il est vrai que les femmes rondes étaient nombreuses dans ma famille et mon réseau social, mais aucune n'était passive, délicate, timide ou langoureuse. Néanmoins, l'idée d'une transformation de fond en comble avait de quoi séduire.

Dans l'esprit de l'époque, le féminisme nous avait profondément inculqué la liberté de choix. Derrière la façade culturelle, nous étions égales aux hommes, sinon identiques. Une fois les barrières culturelles abolies, beaucoup de femmes ont cru que leurs vies seraient semblables aux leurs. En une génération, la société avait évolué davantage qu'elle ne l'avait fait dans les 150 années précédentes, où les femmes américaines avaient lutté, mais en vain, pour obtenir les mêmes droits constitutionnels que les esclaves. Étant heureusement de cette génération, j'ai profité des victoires durement gagnées des féministes, échappant ainsi à l'obligation de fonder une famille au début de la vingtaine. À mes yeux, il allait de soi que mes opinions étaient aussi valables que celles des hommes, que j'avais les mêmes droits qu'eux en matière d'éducation, de travail, de vote et d'accès à la propriété, et que j'avais le choix d'avoir des enfants ou non, au moment qui me conviendrait. Qu'il s'agissait de vérités évidentes montrait tout le chemin parcouru par les femmes et la société en si peu de temps.

Pourtant, il ne m'est jamais venu à l'idée qu'une femme choisirait le métier que mon père a fait pendant des années. Certes, ses revenus ont amplement suffi à faire vivre une famille de cinq personnes. Mais franchement, trimballer des sacs d'échantillons, travailler seul sur la route et ne voir sa famille et ses amis qu'une fois de temps en temps[6] ? Combien de femmes voudraient d'un tel métier ?

Que veulent-les femmes et pourquoi ? Cette question constitue la moitié de ce livre. La seconde moitié concerne les hommes : est-il raisonnable de les considérer comme le modèle à imiter ? Quelque 30 ans après mon premier emploi d'été, je me suis demandé si la biologie, sinon le destin, était un domaine assez riche pour servir de point de départ à un examen des différences entre les sexes. En Occident, la majorité des femmes sont sur le marché du travail. Cependant, les plus talentueuses, celles qui ont le plus de débouchés et de libertés ne semblent pas suivre les mêmes parcours que les hommes, ou le font en moins grand nombre. Même en l'absence d'obstacles, elles ne se comportent pas comme les clones des hommes. Qu'est-ce qui se passerait si l'on mettait de côté tous les « on devrait » pour écouter ce que dit la science ? Les femmes apparaîtraient-elles vraiment comme des copies conformes des hommes ? En tant que psychologue du développement, j'ai pu constater que les hommes ne formaient pas un groupe neutre, homogène. Loin d'être « la verticale absolue par rapport à laquelle se définit l'oblique », comme l'écrivait Simone de Beauvoir, les garçons et les hommes affichent une vaste gamme d'idiosyncrasies et de petites manies d'origine biologique, qui a donné des êtres imprévisibles, d'autres fragiles et d'autres encore téméraires ou extrêmes. S'il y a quelqu'un d'oblique, c'est bien l'homme.

C'est dans la salle d'attente de ma clinique pédiatrique que je me suis demandé si les hommes correspondaient à l'idée que nous nous faisons du sexe standard ou neutre. En 20 et quelques années de carrière en pédopsychologie – travail clinique et enseignement –, j'ai surtout vu des garçons. Des garçons et des hommes avec des difficultés d'apprentissage, des garçons agressifs et antisociaux, des garçons qui affichaient des traits autistes, des garçons qui n'arrivaient pas à dormir, à se faire des amis ou à rester tranquilles. Ils composaient l'essentiel de ma clientèle et celle de mes collègues. La recherche a confirmé mes observations. Les troubles d'apprentissage, le trouble déficitaire de l'attention avec hyperactivité, les différentes formes d'autisme sont de quatre à dix fois plus répandus chez les garçons, tandis que l'anxiété et la dépression le sont deux fois plus chez les filles. En matière d'apprentissage et d'autocontrôle, les garçons sont simplement plus vulnérables. J'ai consacré la première partie de ma vie professionnelle à définir les forces et les faiblesses de ces garçons, et à apprendre aux autres à en faire autant. Je m'y étais consacrée si longtemps que beaucoup de mes premiers patients étaient devenus des adultes et, à ma surprise, je commençais à voir retracée dans la presse la réussite de certains d'entre eux. L'un était devenu un designer de renommée internationale. Un autre avait fait fortune comme analyste financier et progressait d'une banque d'affaires à une autre. Un troisième, devenu ingénieur électricien, était l'auteur d'une invention. Un quatrième était un chef culinaire en pleine ascension. Et il y en avait d'autres. Ces garçons fragiles avaient surmonté leurs difficultés grâce au soutien de leurs parents et enseignants qui, après tout, avaient été assez présents pour consulter un psychologue, sans doute l'une des nombreuses démarches entreprises pour le bien-être de l'enfant. Puis m'est venue l'idée qu'il y avait peut-être un fil conducteur de nature biologique. Chez certains garçons, la vulnérabilité précoce semblait cacher quelque chose. Les intérêts obsessionnels et le goût du risque dont ils avaient fait preuve s'étaient maintenus et avaient préparé le terrain de leur carrière. Au même moment, beaucoup des filles de leur âge qui les avaient longtemps devancés dans les apprentissages scolaires, dans les capacités linguistiques, sociales et en autodiscipline avaient choisi des parcours qui ne menaient pas nécessairement aux emplois les plus prestigieux et lucratifs. Elles avaient d'autres objectifs. En somme, si être un garçon rendait pendant l'enfance le chemin plus accidenté, à l'âge adulte, la situation s'inversait.

Dans ce livre, j'ai choisi d'explorer les différences entre les sexes en examinant les trajectoires les plus extrêmes : les garçons fragiles qui ont réussi plus tard professionnellement et les filles douées et très disciplinées qui les éclipsent en troisième année. Ces contrastes remettent en question nos hypothèses. On présuppose que les garçons fragiles continueront de peiner et que les filles performantes se hisseront jusqu'au sommet. Pourtant, plusieurs cas réfutent cette hypothèse, ce qui nous fournit d'importantes données sur les différences hommes-femmes. Si l'on admet que les garçons et les filles sont, en moyenne, différents sur les plans biologique et développemental dès le départ (nous verrons au fil de la démonstration des données étonnantes à ce sujet), ces différences ne devraient-elles pas influencer leurs choix de carrière plus tard ? Le développement divergent et les priorités professionnelles différentes des hommes et des femmes ne seraient-ils pas liés ?

Un peu d'histoire des femmes

Dire qu'il existe des différences inhérentes aux hommes et aux femmes est très délicat dans la mesure où l'idée a servi, par le passé, à justifier bien des abus. Jusqu'au milieu du XXᵉ siècle, la loi et la tradition imposaient une séparation rigide entre les sexes. À l'exception d'une très petite élite, les femmes n'avaient aucun choix professionnel : les seuls métiers envisageables consistaient à faire des lessives, des ménages, du travail à la pièce ou à ouvrir une pension de famille. De plus, jusqu'à la Seconde Guerre mondiale, dans la plupart des États américains, les femmes mariées n'avaient pas le droit d'avoir un contrat d'embauche. Même chose au Canada et en Grande-Bretagne. Les célibataires qui se mariaient étaient renvoyées et se voyaient interdire l'accès à la plupart des emplois dans les écoles et les bureaux, précisément là où elles avaient le plus de chances d'en trouver. En France, il a fallu attendre 1965 pour que le code napoléonien soit aboli et qu'une femme ait le droit travailler sans avoir besoin de l'autorisation de son époux. Les femmes ont toujours travaillé dans les usines, mais comme elles coûtaient moins cher, les syndicats estimaient qu'elles enlevaient aux hommes le pain de la bouche. Même pendant les années de guerre, lorsque les usines mettaient tout en œuvre pour recruter des femmes et faire marcher l'économie, on considérait que l'épouse qui ne « travaille pas » et le mari qui « assure la subsistance de sa famille » étaient un privilège pour elle et un devoir pour lui[7]. Même si les affiches de propagande semblaient promouvoir l'inverse. À la fin de la guerre, les femmes avaient fait quelques progrès, mais pour la plupart, ce fut le retour au *statu quo*. La discrimination sexuelle était courante et les femmes, sans contraception, avec peu d'emplois officiels, un accès limité à l'argent et à la propriété, se retrouvaient souvent piégées par les circonstances.

La seconde vague du féminisme a changé la donne ainsi que nos attentes. Il a suffi d'une génération, la mienne, pour que les femmes envahissent le marché du travail[8]. Elles comptaient pour 25 % de la population active en 1930 et pour 29 % en 1950, mais pour plus de 40 % en 1975 et 47 % en 2005[9].

« Je fais des bombes et j'achète des bons !
Achetez les Bons de la victoire. »
Affiche de la Deuxième Guerre mondiale

Elles obtinrent le droit de vote en 1918 au Canada, en 1920 aux États-Unis, en 1928 en Grande-Bretagne, mais c'est seulement dans les années 1970 qu'elles ont commencé à prendre d'assaut les universités pour devenir médecins, avocates et architectes, des professions jusque-là fief des hommes[10]. Les instances politiques ont pris acte de ce changement d'attitude générationnelle. Dans les années 1960 et 1970, les États-Unis, le Canada et les pays européens ont adopté des lois pour l'égalité des droits et contre la discrimination envers les femmes. Parmi les pays occidentaux, seuls les États-Unis n'ont pas incorporé l'égalité des sexes dans leur constitution, et ce, malgré 35 années de débat et de soutien enthousiastes. Ce pays, le foyer des soulèvements sociaux, a plutôt adopté des lois ciblées interdisant la discrimination et le harcèlement sexuel en milieu de travail (le Equal Pay Act, en 1963, et le Title VII du Civil Rights Act, en 1964) et, dans les écoles publiques, l'enseignement de programmes établis en fonction du sexe (Title IX, adopté en 1972). Longue à venir, cette législation a eu des retombées très controversées. Bien qu'elle ait éliminé des injustices criantes, dont des échelles salariales différentes pour les hommes et les femmes, elle a aussi supprimé toutes les différences fondamentales entre les sexes, entraînant des situations absurdes où les congés de maternité et les équipes de football masculines étaient jugés discriminatoires. Aucun doute cependant que l'Occident vivait un bouleversement social, réparant les inégalités du passé par l'adoption de lois protectrices et de programmes d'action positive afin d'augmenter le nombre de filles et de femmes dans les écoles et sur le marché du travail.

Les lois garantissant l'égalité des droits et les idées véhiculées par la seconde vague du féminisme, si formatrices pour la génération des baby-boomers, ont cependant eu des effets imprévus. Elles ont laissé entendre que *toutes* les différences hommes-femmes découlaient de pratiques injustes et s'élimineraient si on changeait ces pratiques. Avec les nouvelles mesures en place, grâce auxquelles les femmes comptaient pour près de la moitié de la population active, on pouvait croire que, tôt ou tard, tous les emplois seraient répartis également entre les sexes. L'idéal égalitaire des années 1960 trouvait là son prolongement logique : hommes et femmes accomplissant, en proportions égales, le même travail pendant le même nombre d'heures et pour le même salaire. Or, l'idéal ne s'étant pas encore matérialisé, la déception s'est généralisée. « La pleine égalité, une promesse encore éloignée », écrivait la journaliste britannique Natasha Walters en 2005 pour préciser qu'il y avait un écart de 15 % entre le salaire moyen des femmes et celui des hommes[11]. En 2007, l'article du Feminist Research Center, intitulé « Qu'est-ce qui cloche dans ce tableau ? », rapportait qu'au rythme actuel il faudrait attendre 475 ans, soit l'année 2466, pour que les femmes soient à égalité avec les hommes dans les postes de direction[12]. (Sachant qu'il y avait 16,4 % de femmes parmi les cadres dirigeants des sociétés du Fortune 500 en 2005, l'estimation n'est pas tout à fait exacte : il faudra encore 40 ans, et non 475, pour qu'il y ait autant de PDG femmes qu'hommes, selon les projections de Catalyst, un autre groupe de recherche féministe.) Pourtant, tout le monde pensait que, si l'ordre social avait *réellement* changé, les femmes seraient exactement comme les hommes. Elles feraient les mêmes choix et seraient aussi nombreuses qu'eux à la tête des entreprises, dans la recherche en physique fondamentale et dans les instances politiques. Or, plus la représentation féminine s'éloigne de la barre des 50 %, plus le sentiment de frustration est grand, même chez les femmes qui n'ont pas choisi des parcours « masculins ». Leur désarroi vient de ce qu'on attribue généralement ces inégalités à la discrimination sexuelle. Certes, la discrimination existe encore – des recours collectifs ont été intentés par des femmes de Wall Street et de Walmart qui ont l'impression que leur avancement est bloqué –, mais en parlant à des femmes performantes et en prenant connaissance de certaines données, je me suis aperçue que les intérêts et les préférences des hommes et des femmes étaient aussi en cause[13]. Égalité des chances ne veut pas dire égalité des résultats. En fait, les préférences des femmes ressortent plus nettement, précisément parce qu'elles ont le choix. En examinant ce qui a radicalement changé et ce qui a peu changé au cours des 30 dernières années, nous aurons une idée plus précise des objectifs poursuivis par les femmes depuis le jour où les portes leur ont été ouvertes.

L'une des transformations les plus remarquables au cours de cette période s'est opérée sur les campus universitaires. En 1960, aux États-Unis, les femmes comptaient pour 39 % des étudiants de premier cycle, contre 58 % aujourd'hui. Dans l'ensemble du monde développé, il y a aujourd'hui plus de femmes que d'hommes dans les universités[14]. Grâce à la qualité de leurs dossiers scolaires et à la variété de leurs intérêts parascolaires – des clubs de discussion à la construction de maisons pour le programme Habitat pour l'humanité –, les femmes ont eu droit aux meilleurs choix d'établissements et de disciplines. Désormais, on trouve dans les facultés de droit, de médecine, de pharmacie et de biologie, autrefois largement masculines, autant de femmes que d'hommes, ou plus de femmes. L'effectif féminin en psychologie clinique et en médecine vétérinaire, deux disciplines où la concurrence est forte, s'établit maintenant à 70 % et 80 % respectivement[15]. Manifestement, les filles et les femmes excellent en classe et se sont distinguées ailleurs également, ce qui montre que les mesures visant à réduire l'écart entre les sexes ont porté leurs fruits dans les pays occidentaux. Les femmes occupent désormais 56 % des postes les mieux payés et plus de la moitié des postes de direction au Canada et en Grande-Bretagne[16]. Même dans la haute direction des entreprises, où les femmes ont été notoirement absentes par le passé, un phénomène intéressant se produit. Comme l'a montré une étude réalisée en 2006 auprès de 10 000 sociétés américaines, si la moitié des entreprises ne compte pas de femmes parmi les cadres dirigeants, l'autre moitié, par contre, offre plus de postes de direction aux femmes et leur permet de gravir les échelons plus rapidement, alors qu'elles sont plus jeunes et moins expérimentées que les hommes occupant des postes équivalents (les femmes sont promues dans la quarantaine, en moyenne 2,6 ans après leur entrée en fonction dans un poste, et les hommes dans la cinquantaine, après 3,5 ans[17]). Jamais les écarts salariaux entre hommes et femmes n'ont été aussi faibles qu'aujourd'hui. À l'opposé, dans de nombreuses parties du monde, les filles ne peuvent étudier et sont obligées de travailler, de se prostituer ou de se marier à l'adolescence ; une fois adultes, elles ne peuvent travailler à l'extérieur de la maison ni voter. Mais dans les démocraties occidentales, qu'est-ce qui ne va pas ? Pourquoi ne sommes-nous pas en train de nous réjouir ?

Pourtant, on continue à se lamenter, notamment parce que, bien que les femmes aient envahi des domaines où elles étaient rares il y a quelques décennies, les écarts demeurent marqués dans certaines matières. Jamais autant de femmes n'ont étudié le génie, la physique et l'informatique, mais elles ne jouent pas des coudes pour s'y tailler une place comme elles l'ont fait en médecine et en droit. Malgré les douzaines de groupes de travail et les millions consacrés à la diversité, l'effectif féminin de la plupart des écoles de génie n'a pas franchi la barre des 20 %. Pareillement, même si les hommes ont fait des études en pédagogie, assistance médicale ou sociale, ces disciplines demeurent des enclaves féminines. Malgré des choix plus nombreux, les femmes se rassemblent dans certains domaines et les hommes dans d'autres.

Les différences salariales, si l'on regarde la moyenne par sexe, sont un second motif d'inquiétude, la rémunération moyenne des hommes étant encore plus élevée. Bien sûr, il s'agit de statistiques qui regroupent indistinctement toutes sortes d'occupations, de sous-spécialités et d'horaires de travail. Dans les pages à venir, nous verrons l'influence qu'exercent les tendances et les préférences d'origine biologique sur les choix des deux sexes. D'une part, le profil développemental particulier des garçons explique peut-être pourquoi, par rapport aux filles, ils réussissent moins bien à l'école et s'inscrivent en moins grand nombre dans les universités. D'autre part, les

HIER ET AUJOURD'HUI

**Pourcentage de diplômes obtenus par les femmes
dans des disciplines typiquement masculines**

		1973	2003
		%	%
Médecine vétérinaire	Canada	12	78
	États-unis	10	71
Pharmacie	États-Unis	21	65
Droit	Royaume-Uni	…	63
	États-Unis	8	49
Médecine	Canada	17	58
	États-Unis	9	45
Administration	États-Unis	10	50
Architecture	États-Unis	13	41
Physique	États-Unis	7	22
Génie	États-Unis	1	18

… = Aucune donnée disponible
(*Voir les sources, p. 392*)

Pourcentage de femmes travaillant dans des domaines auparavant dominés par les hommes

		1973 %	2003 %
Musiciennes d'orchestre		10	35
Avocates	Canada	5*	34*
	États-Unis	5	27
Physiciennes	Canada	...	31
	États-Unis	5	27
Juges fédérales	Canada	1	26
	États-Unis	...	23
Employées en science et en génie		8	26
Législatrices	Canada	7	17
	Pays de l'ONU	...	16
	États-Unis	3	14
Forestières et protectrices de l'environnement		4	13
Ingénieures aérospatiales		1	11
Installatrices et réparatrices de lignes de communication (téléphones et ordinateurs)		1	6
Pompières		0	3
Agentes commerciales		< 1	3
Électriciennes		0,6	2
Plombières et tuyauteuses		0	1

... = Aucune donnée disponible
* Données disponibles pour les années 1971 et 2001
(Voir les sources, p. 392)

priorités des femmes – plus diversifiées et souvent axées sur les relations humaines – se répercutent sur leurs choix professionnels. Malgré des débouchés plus nombreux et des programmes d'action positive, beaucoup de femmes tournent le dos à des domaines maintenant accessibles, comme l'informatique, la coupe des arbres ou la politique. Étant donné leurs dossiers scolaires, il est clair qu'au moment de choisir une carrière, il ne s'agit pas de ce qu'elles « ne peuvent pas » faire. Il ne s'agit pas non plus de ce qu'elles ne « devraient » pas faire, car de nombreux milieux traditionnellement masculins ont multiplié les efforts pour recruter des femmes. Pourtant, les femmes douées et performantes dont il est question dans ces pages se demandent encore ce qu'elles devraient ou ne devraient pas faire. Elles se sentent obligées de choisir comme les hommes. Ce qui nous ramène au modèle masculin : est-il censé pour ces femmes de vouloir s'y conformer ?

Les hommes, plus extrêmes

« Il n'y a pas de Mozart femme parce qu'il n'y a pas de Jack l'éventreur femme », écrivait la critique sociale Camille Paglia, dont le trait d'esprit recoupait une vérité biologique. Les hommes sont plus nombreux que les femmes aux extrémités de la courbe normale, même si les deux sexes sont plutôt égaux sur certaines échelles, dont celle de l'intelligence. Tout simplement, la variation masculine est plus grande. Si la moyenne des hommes – les résultats moyens du groupe – est à peu près équivalente à celle des femmes, leurs résultats individuels sont plus dispersés ; par exemple, on trouve plus d'hommes très stupides ou très intelligents, très paresseux ou prêts à se tuer au travail. Les hommes sont plus nombreux à présenter des fragilités d'ordre biologique et des aptitudes exceptionnelles dans des centres d'intérêt restreints, y compris des hommes victimes d'autres déficits, comme ce fut le cas de certains enfants que je recevais en consultation. Tout simplement, la courbe normale des hommes se présente différemment, avec plus d'individus aux extrémités, où les aptitudes mesurées sont soit lamentables, soit remarquables, soit un mélange des deux. Si les moyennes des deux sexes sont les mêmes, dans l'ensemble, il y a plus de cas atypiques chez les hommes et plus de cas « normaux » chez les femmes[18]. Lorsqu'on compare les hommes et les femmes au centre de la courbe, les différences sexuelles sont moins marquées, mais aux extrémités, elles sont… extrêmes.

Cette question des différences sexuelles aux extrémités de la courbe normale a porté un sérieux préjudice à Larry Summers, ex-recteur de l'Université Harvard. En janvier 2005, alors que j'avais entrepris la rédaction de ce livre, une de mes agentes littéraires m'a fait parvenir par courriel un article du *New York Times*. Lors d'une conférence sur la diversité en sciences et en génie, Summers prononça une allocution sur les différences sexuelles dans les facultés scientifiques, qui eut un énorme retentissement : plus d'un millier d'articles dans la presse, d'amers débats à Harvard, des excuses publiques de sa part et l'affectation de 50 millions de dollars pour l'embauche et la promotion des femmes et des membres de minorités au sein de l'université. Malgré cela, il dut démissionner en 2006. Pourquoi toute cette agitation ? Summers attribuait la rareté des femmes professeures de sciences et de génie à trois éléments. *Primo*, il s'agit d'emplois si exigeants que beaucoup de femmes les fuient carrément. « Combien de femmes dans la vingtaine décident qu'elles ne veulent pas d'un emploi qui occupe leurs pensées 80 heures par semaine ? Combien de jeunes hommes prennent la même décision ? » a-t-il dit, en précisant que c'était une autre question de savoir si la société avait raison d'exiger un tel engagement. *Secundo*, si la variation est plus grande chez les hommes, ces derniers seront plus nombreux aux deux extrémités de la courbe. Ainsi, dans des postes de recherche en physique ou en génie qui s'adressent à une infime fraction des gens à l'extrémité de la courbe – où hommes et femmes sont très peu nombreux –, les différences sexuelles seront plus prononcées[19]. L'idée n'est pas nouvelle et au moins une douzaine de chercheurs s'y sont intéressés. Un psychologue d'Édimbourg, Ian Deary, l'a montré après avoir examiné les dossiers de quelque 80 000 enfants, pratiquement tous les enfants nés en Écosse en 1921. Aucune différence sexuelle dans les tests de QI passés à l'âge de 11 ans, mais une différence indiscutable dans la variation masculine : il y avait significativement plus de garçons que de filles aux deux extrémités de la courbe des aptitudes[20].

Scores QI de 80 000 enfants écossais nés en 1921

Les moyennes
Nombre d'enfants pour chaque score QI

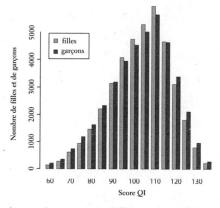

En moyenne, il ne se dégage pas de différences sexuelles dans les scores : le QI moyen des garçons étant de 103,03 et celui des filles, de 103,19, donc pas de différence statistique. Les filles sont un peu plus nombreuses dans les scores compris entre 95 et 110, tandis que les garçons sont surreprésentés aux deux extrémités.

Les écarts types
Analyse des différences entre les sexes pour chaque score QI

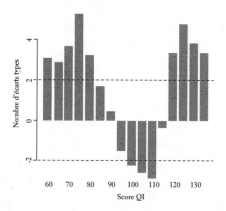

Les bâtonnets représentent le nombre d'écarts types, soit la mesure de la divergence de chaque sexe par rapport à une répartition 50-50. Les valeurs positives indiquent un plus grand nombre de garçons que de filles, et les valeurs négatives un plus grand nombre de filles que de garçons. Malgré des moyennes presque identiques, les garçons montrent une plus grande variation, qui s'observe surtout aux extrémités.

(Voir les sources, p. 392)

Pendant plus d'un siècle, d'autres chercheurs – Amy Nowell, Larry Hedges, Alan Feingold, Diane Halpern, Camilla Benbow et Julian Stanley, Yu Xie, Kimberlee Shauman, le Scholastic Aptitude Testing Service ainsi que mon propre frère Steve – ont fait la même constatation et publié leurs résultats, mais cette fois-ci, dans la bouche de Summers, l'évidence a soulevé une vague de protestations. « J'ai cru que j'allais m'évanouir », a dit Nancy Hopkins, professeure de biologique au Massachussets Institute of Technology, qui raconta que les propos de Summers l'avaient tellement bouleversée que « mon cœur battait à tout rompre et j'avais peine à respirer ». *Tertio*, Summers parlait de la socialisation et de la discrimination toujours présente, mais on ne l'écoutait plus vraiment. Son message sur les extrêmes, les écarts types et les emplois trop prenants a été distillé en « les femmes ne sont pas aussi bonnes que les hommes en mathématiques et en sciences ». L'atmosphère chargée qui entoure les différences sexuelles est devenue encore plus intenable.

La question des différences sexuelles d'origine biologique était donc au premier plan lorsque je me suis jetée dans l'arène. Mais de nombreux chercheurs n'étaient plus aussi empressés de parler de leurs travaux. Plusieurs femmes scientifiques spécialistes de la question déclinèrent ma demande d'entretien, ne voulant pas attirer l'attention sur des propos qui pourraient être considérés comme politiquement incorrects ni risquer de devenir la cible de la critique. Quand j'ai demandé à une chercheuse en sciences sociales quelles raisons, selon elle, pourraient conduire des femmes intelligentes et performantes à faire des choix professionnels différents de ceux des hommes, elle a explosé de colère : « Ah non, pas encore ça ! » « Pas encore quoi ? » ai-je naïvement demandé. « Pas encore cette histoire de choix ! » J'avais, sans le vouloir, touché un point sensible. Apparemment, dans « le féminisme du choix », les femmes sont libres de choisir l'emploi qui leur plaît – travailler à temps plein, à temps partiel ou pas du tout – et encore se dire féministes. Mais cela avait fini par remettre en question l'idée que tout écart par rapport à la norme masculine serait un recul pour les femmes, puisque de nombreuses femmes intelligentes et compétentes ne faisaient pas des choix typiquement masculins. Peu importent les différences individuelles et les désirs. L'égalité des chances pour les femmes – un principe qui me tient à cœur – était censée aboutir à une répartition moitié-moitié des emplois. Que cela ne se soit pas produit a déclenché la « Mommy Wars* » et transformé la question des différences sexuelles en un sujet tabou chez les scientifiques.

Dans ce livre, je donne la parole non seulement à des scientifiques, mais aussi à des personnes qui exposent leurs choix professionnels. Aucun portrait n'est fictif ou romancé, même si j'ai parfois changé des détails pour préserver l'anonymat. Les entretiens avec les hommes et avec les femmes s'avérèrent révélateurs : les femmes me demandant de leur attribuer un pseudonyme, tandis que la majorité des hommes prétendument fragiles insistaient pour que j'utilise leur vrai nom. Pour les hommes encore dans la vingtaine, j'ai décidé d'utiliser des pseudonymes, au cas où ils regretteraient plus tard d'être identifiés. Les hommes, qui avaient tous des antécédents cliniques délicats, se préoccupaient peu de paraître vulnérables. Les femmes, en revanche, craignaient de donner l'impression d'un engagement superficiel dans leur carrière. Elles ont parlé avec volubilité et sensibilité de leur expérience de travail, mais trois d'entre elles ont émis des doutes sur la publication de leurs propos dans ce livre, malgré le pseudonyme et la transformation de détails physiques. Les hommes n'avaient pas de pareilles réserves. Peut-être ont-ils mis tellement d'effort dans leurs réalisations qu'ils les considèrent comme des triomphes. Peut-être la liberté de choix des femmes est-elle encore trop récente pour qu'elles se sentent invincibles.

« La confiance est une chose très fragile », disait Joe Montana, quart arrière de la National Football League. Quoiqu'il soit difficile d'imaginer Joe Montana comme une autorité en matière de fragilité, les individus inhabituels présentés dans ce livre et les données pertinentes montrent que les hommes ne sont pas tous coulés dans le même moule. Pas plus qu'ils ne constituent toujours le modèle idéal pour les aspirations professionnelles des femmes. Après tout, de nombreux hommes témoignent d'une vaste gamme de forces et de faiblesses qui jouent dans leur développement et

---

* Aux États-Unis, une guerre sans merci a cours entre le clan des mères qui travaillent et le clan de celles qui restent à la maison avec les enfants. Les médias parlent de « guerre des mères ». *(NDT)*

leur réussite financière. Ils ont plus de chances de souffrir de troubles développementaux, d'être malades, de se blesser et de tuer. Ils sont aussi davantage portés à avoir des horaires de fous dans des emplois de dingues et à mourir plus jeunes. Ce livre montre le lien entre ces caractéristiques et des facteurs biologiques. En voyant les hommes comme une variation de leur propre thème, nous en aurons une image plus nuancée. Et en cessant de voir les femmes comme une version frustrée du modèle masculin, nous comprendrons pourquoi des femmes talentueuses ont rejeté ce modèle masculin après y avoir goûté.

En réalité, les sexes ne sont pas interchangeables. Dans ce livre, on ne traite pas les hommes d'insensibles ou de rustres et les femmes de malheureuses victimes à qui l'on a mis des bâtons dans les roues. M'inspirant du parcours de ces deux groupes et à la lumière de données scientifiques, j'examine des différences sexuelles fondamentales. La mise en parallèle de ces contraires apparents – des hommes fragiles et des femmes douées – jette un éclairage inhabituel sur la question des sexes. Si ces hommes et ces femmes se situent aux extrémités d'un continuum, leurs motivations valent également pour le reste d'entre nous.

Chapitre 1

Les hommes, sexe faible ?

Cutler Dozier, jeune garçon vif d'esprit et plein d'entrain, avait quatre ans lorsque le *New York Times* le présenta comme l'un des premiers survivants d'une nouvelle génération de grands prématurés. « Nous ne savons pas encore comment cela se passera quand il commencera l'école », disait sa mère à la journaliste. Sa prudence était compréhensible. Pesant à peine un kilo à la naissance, Cutler était venu au monde la 26e semaine de gestation et avait passé les premiers mois entre la vie et la mort. Comme la plupart des grands prématurés, il ne pouvait respirer sans aide, ni même téter. Nourri par un tube inséré dans l'intestin, il avait un trou au cœur qu'il fallait réparer au plus vite. Son avenir était loin d'être assuré. Mais 15 ans plus tard, dans un portrait de la même journaliste, Jane Brody, Dozier avait largement remporté la bataille. Âgé de 19 ans et en bonne santé, le jeune homme faisait des études en langues orientales et en cinéma à l'université du Minnesota, pratiquait les arts martiaux et venait de décrocher un prix de poésie[1]. Grâce aux soins de spécialistes et aux unités néonatales ultramodernes, non seulement il avait survécu, mais il avait une santé florissante, bien avant que les spécialistes ne sachent ce qu'il adviendrait de lui.

Cette histoire mérite d'être racontée, parce qu'elle finit bien, mais aussi – ou surtout – parce qu'elle est inhabituelle pour un garçon. Ce sont habituellement les prématurés de sexe féminin qui ont le plus de chances de survivre[2]. Des médecins américains qui ont suivi 5 076 bébés prématurés ont constaté que la survie était 1,7 fois plus élevée chez les filles et plus de 2 fois plus élevée chez les filles afro-américaines que chez les garçons de race blanche[3]. Comme Cutler, beaucoup de ces bébés s'en tirent. Mais plus de la moitié des prématurés présentent des symptômes du trouble déficitaire de l'attention avec hyperactivité ou des troubles de l'apprentissage ou du comportement, et la grande majorité de ceux qui ont des problèmes sont des garçons, confirmant ainsi que, bien avant de naître, les garçons sont déjà plus vulnérables[4]. Comme les enfants qui fréquentent mon cabinet de consultation, beaucoup se retrouvent, en grandissant, avec des troubles du langage ou de l'apprentissage et des difficultés relationnelles. Comme figées à un stade précoce de développement, les aires cérébrales responsables de la lecture, du langage et de la régulation des émotions sont plus petites chez les garçons prématurés que chez les filles prématurées, et les différences sont encore visibles dans les images du cerveau prises à l'âge de huit ans. « Lorsque nous avons séparé les prématurés en fonction de leur sexe, nous avons compris. Bingo ! Le volume de substance blanche chez les filles était normal ou préservé, mais chez les garçons, il était plus petit que chez les garçons nés à terme », expliqua Allan Reis, l'auteur principal de l'étude, racontant les découvertes de son équipe à un collègue de l'hôpital de Stanford. Ses résultats confirmaient de nombreuses recherches montrant que les filles prématurées avaient plus de chances que les garçons de rattraper les enfants nés à terme, sur tous les plans, de la taille à l'apprentissage de la lecture. Nées tout aussi prématurément et d'un poids équivalent, les filles sont simplement plus résilientes, dès le départ[5].

Dès le premier jour, les embryons mâles, bien que plus nombreux, sont plus vulnérables aux effets du stress maternel. Quand les choses tournent mal, les embryons femelles sont plus à même de s'en sortir. Ils sont mieux équipés pour survivre aux premières heures incertaines qui suivent la conception, résistent mieux aux problèmes obstétriques, aux handicaps de toutes sortes et à la mort prématurée. Même la pollution frappe plus durement les garçons. Les démographes ont observé qu'il naissait moins de garçons en aval de régions industrielles (dans une région du nord de l'Ontario surnommée la « vallée chimique », les femmes de la Première Nation des Aamjiwnaang ont donné naissance à deux fois plus de filles que de garçons). Une sélection basée sur le sexe peut être apocalyptique, mais selon les spécialistes, les embryons mâles, plus fragiles, s'en tirent moins bien dans des conditions environnementales désavantageuses.

Deux psychologues américaines ont réalisé une étonnante étude, suivant pendant 20 ans quelque 700 enfants hawaïens défavorisés, nés en 1955 dans l'île paradisiaque de Kauai. Emmy Werner et Ruth Smith ont découvert que les garçons, à partir des quelques semaines précédant la naissance jusqu'à l'âge de 18 ans, étaient nettement plus vulnérables que les filles. Dans cette communauté très unie et diversifiée au plan racial, les garçons étaient plus nombreux que les filles à avoir souffert de traumatismes à la naissance, et plus de la moitié d'entre eux décédèrent dans la petite enfance, contre un cinquième des filles. De la naissance à l'âge de 2 ans, ils étaient aussi plus nombreux à avoir subi de graves accidents ou maladies, et deux fois plus de garçons que de filles avaient un quotient intellectuel inférieur à 80 ou des troubles de développement linguistique, social ou moteur. Deux enfants sont morts des suites d'un accident et d'une noyade, des garçons dans les deux cas. Plus de la moitié des garçons avaient éprouvé des difficultés scolaires. Les garçons étaient plus affectés par les conditions défavorables – pauvreté, instabilité familiale ou manque de stimulation – que les filles[6].

Du point de vue biologique, le fait d'être de sexe féminin constitue une protection à vie. Personne ne sait au juste pourquoi, mais plusieurs hypothèses ont été proposées. Les filles doivent peut-être leur protection au deuxième chromosome X : si le premier subit des dommages ou code des déficits, elles en ont un de rechange. Comme de nombreux gènes liés au cerveau se trouvent sur le chromosome X, les traits neurologiques sont particulièrement concernées. Avec un seul X, des variations extrêmes risquent davantage de se manifester, alors que la présence du second X pourrait atténuer ou même éliminer les effets d'une éventuelle variation[7]. Les filles sont également à l'abri des hormones mâles qui ralentissent et modifient le développement du cerveau des garçons *in utero* – l'une des idées centrales de ce livre –, et qui expliquent en partie pourquoi les garçons prématurés seraient plus vulnérables que les filles, avant même de naître. La testostérone, une puissante force chimique, masculinise le cerveau avant la naissance et continue de réorganiser le système par la suite, souvent avec des effets contraires. Chez les animaux, le risque de morbidité et de mortalité chez les mâles est plus grand durant la saison des amours, lorsque les niveaux hormonaux atteignent des sommets, et la testostérone exerce une action paradoxale similaire chez les humains. Elle accroît l'agressivité, la prise de risque et la vigueur. Mais on la soupçonne aussi de jouer un rôle dans les taux élevés de presque toutes les maladies chroniques chez les hommes – cancer, diabète, hépatites et maladies cardiaques[8]. Des montées de testostérone stimulent la force, l'endurance et, jusqu'à un certain degré, la résolution de problèmes spatiaux. Cependant, elles affaiblissent la réponse immunitaire, ce que les taux de survie à l'hôpital démontrent avec force. Plus le niveau de testostérone est élevé, moins les hommes résistent aux infections post-chirurgicales, et celles-ci tuent 70 % des hommes qui en sont victimes, contre seulement 26 % des femmes[9].

Alors qu'en est-il vraiment de cette vulnérabilité biologique ? La théorie darwinienne de l'évolution est une explication possible de la forte constitution des femmes. À l'aube de l'humanité, celles qui étaient assez robustes pour mettre des enfants au monde, les nourrir et en prendre soin jusqu'à l'âge adulte avaient de meilleures chances d'avoir des enfants qui survivraient. Les descendants de ces femmes plus résilientes portaient donc cette signature génétique. Les hommes, en revanche, pouvaient procréer impunément. Qu'ils survivent assez longtemps pour élever leurs rejetons jusqu'à la maturité avait moins d'importance que le fait de les engendrer le premier. Or, dans toute espèce où certains mâles s'accouplent avec plus d'une femelle et d'autres avec aucune, cet exploit ne va pas de soi. Dans cette compétition aux enjeux si élevés, la force, la rapidité et la témérité pouvaient assurer la réussite reproductive – ou la disparition en cas d'échec – et si le prix à payer était une espérance de vie moindre ou une santé fragile à long terme, l'évolution n'aurait pas hésité à le payer. Cet avantage macho de la vitesse, de la force et de la férocité a pu être amplifié par les préférences des femmes. Étant donné que la moitié du destin reproducteur de la femme se réalise dans ses fils, l'évolution a pu l'amener à préférer les hommes forts, rapides, téméraires, augmentant ainsi les chances d'engendrer des fils dotés de ces avantages.

L'attrait du risque n'échappe pas aux jeunes adolescents en mal de sensations fortes, de ceux qui font de la planche à roulettes sans casque à ceux qui s'affrontent au couteau dans des combats de rue. Il suffit d'observer les casse-cou dans les parcs ou de lire la chronique nécrologique pour s'en convaincre. La fragilité du sexe masculin est encore plus prononcée dans les pays en développement, où le fait d'être un homme est le facteur de risque unique le plus important pour la mortalité précoce[10]. Voyons, par exemple, les adolescents appelés les « surfers du train » à Soweto, qui tentent la mort en surfant sur le toit des trains en marche : ils dansent le limbo pour passer sous les ponts, sautent d'un wagon à l'autre et font « le gravier », laissant traîner leurs talons au sol en s'agrippant au train en marche. Aux funérailles d'un de ses amis mort en percutant un poteau électrifié au-dessus de sa tête, un membre d'une bande connue sous le nom des Vandals a expliqué pourquoi ils prenaient de tels risques :

« Quand on surfe, on est dans un autre monde, au paradis ou ailleurs. On a l'impression de flotter et plus rien ne nous fait peur. Les filles nous trouvent irrésistibles », disait ce Sud-Africain de 19 ans. Les jeunes étaient allés surfer pour rendre un hommage macabre à Jananda, qui était tombé d'un train quelques jours plus tôt. « Il ne s'est pas baissé assez vite… Il est mort sous mes yeux. Pour lui dire adieu, nous avons pensé que le mieux serait de surfer, comme nous le faisions avec lui juste avant sa mort », a ajouté un autre garçon du nom de Julius[11]. Dans le sinistre concours de la sélection sexuelle, la prise de risques mortels sur-le-champ semble apporter le grand frisson.

Ainsi programmés pour parvenir à maturité plus tard, combattre férocement et mourir plus jeunes, les hommes continuent de vivre une existence précaire et tronquée, ce que les démographes ont constaté non seulement dans des relevés archéologiques, mais aussi dans les sociétés modernes des 250 dernières années d'une vingtaine de cultures différentes[12]. La nature préfère encore le *sex-appeal* que la testostérone confère au mâle reproducteur à une espérance de vie plus longue. Même aujourd'hui, en dépit des progrès de la médecine et de la technologie qui augmentent l'espérance de vie, l'écart entre les taux de mortalité des hommes et des femmes ne cesse de croître[13].

Les hommes continuent de prendre plus de risques que les femmes, ils ont plus d'accidents, sont plus souvent malades et se soignent moins, si bien qu'ils meurent plus jeunes (l'espérance de vie des femmes est actuellement de 83 ans et celle des hommes, de 78 ans). Ils boivent plus, fument plus et utilisent plus d'armes mortelles, mais bouclent moins leurs ceintures de sécurité, se mettent moins de crème solaire et consultent moins le médecin. La vulnérabilité des hommes m'est apparue dans toute sa réalité le jour où j'ai reçu un courriel intitulé « Tristes nouvelles ». On m'informait qu'il y aurait à la prochaine réunion des anciens du secondaire un service commémoratif pour les camarades décédés. Avions-nous des photos ou d'autres souvenirs ? Des 17 personnes décédées avant 50 ans (certaines alors que nous étions encore au secondaire), 13 étaient des hommes, soit 76 %. Ainsi, le ratio était-il de 3 morts d'homme pour chaque mort de femme, imitant les taux de mortalité observés chez les quinquagénaires en Amérique du Nord où, contrairement aux femmes, la plupart des hommes ne vont pas jusqu'à leurs 80 ans[14].

Alors, qui est le plus fort ? La salle d'attente de la pédopsychologue et les urgences révèlent la fragilité précoce des hommes. Une visite dans une résidence pour personnes âgées le confirme : les femmes survivent aux hommes.

Les garçons à l'école

Ce portrait d'hommes fragiles se reflète dans leurs résultats scolaires. Difficile de concilier l'idée que les hommes sont plus vulnérables avec celle communément admise qu'ils sont non seulement la norme, mais le sexe le plus fort. Pourtant, les chiffres sont clairs. Si l'histoire a favorisé les hommes, la biologie s'est montrée plus chiche, et ce n'est nulle part plus évident que sur les bancs de l'école. Aux États-Unis, il y a trois fois plus de garçons que de filles dans les classes de soutien, deux fois plus qui redoublent une année et ils sont un tiers de plus à arrêter au secondaire. Au Canada, les garçons abandonnent presque deux fois plus l'école que les filles et sont plus nombreux à dire que c'est une perte de temps. Ils rendent moins de devoirs, s'entendent moins bien avec les enseignants et s'intéressent moins à ce qu'ils apprennent en classe[15]. En Grande-Bretagne, au secondaire, les filles réussissent mieux que les garçons dans toutes les matières sauf en sciences, et au cours des sept dernières années, elles ont fait mieux que les garçons dans tous les A-*levels* (examens préuniversitaires). « Dès le départ, les filles adoptent une attitude différente face à l'apprentissage », explique Diane Reay, une sociologue britannique spécialisée en éducation, quand on l'interroge sur les résultats médiocres des garçons. « Les filles acceptent les règles du jeu et s'engagent, dit-elle. Même si certaines choses leur paraissent assommantes, elles serrent les dents et s'appliquent[16]. »

Les filles ont moins tendance à remettre en question l'exercice proposé, à trouver qu'il laisse à désirer, comme cet élève américain de quatrième secondaire, « ayant reçu un avertissement pour son comportement », décrit ici par son professeur lors d'une énième retenue : « Le problème de Brandon a commencé lorsque Mrs Waverly, qui enseigne les études sociales, n'a pas su répondre à une question cruciale : à quoi servait le cours qu'elle était en train de donner ? En tant qu'enseignant, j'ai observé très tôt que les garçons posaient invariablement cette question, et les filles rarement. Quand le professeur donne un travail, les filles ouvrent docilement leur cahier et y notent la date de remise. Calmes et agréables, elles réussissent en collaborant. Les garçons, eux, vous épinglent au mur comme si vous étiez un vulgaire papillon. Ils veulent une explication rationnelle pour *tout*. Si vos raisons sont peu convaincantes ou si vous ne vous donnez pas la peine de leur en donner, ils se tiennent dédaigneusement avachis sur leur chaise, tapent du crayon sur le pupitre ou regardent les écureuils par la fenêtre[17]. » Dans ses mémoires, *The Life and Times of the Thunderbolt Kid*, Bill Bryson rend compte d'un exemple autrement plus menaçant de frustration adolescente masculine. Son chapitre sur l'école commence par un fait divers rapporté dans les journaux : « À Pasadena, en Californie, un élève, Edward Mulrooney, a été arrêté après avoir lancé une bombe sur la maison de son professeur de psychologie. Il avait laissé la note suivante : "Si vous ne voulez pas que votre maison saute ou que vos fenêtres explosent, soyez juste quand vous notez et écrivez les travaux à faire au tableau. Est-ce trop demander[18] ?" »

Ce n'est pas tout à fait l'idée que tout le monde se fait du mâle fragile. Mais les chiffres révèlent une désaffection et une contre-performance scolaires à grande échelle. Les filles ont toujours eu de meilleures notes en classe, j'y reviendrai sous peu. Mais depuis 1992, elles ont aussi mieux réussi que les garçons dans les tests d'aptitudes au secondaire, obtenant globalement des résultats supérieurs[19]. Les tests d'un immense échantillon de jeunes de 15 ans de 30 pays de l'OCDE montrent que dans chaque pays les filles sont bien meilleures que les garçons en lecture et sont à égalité avec eux en mathématiques[20]. La parité en mathématiques est plutôt récente. Au début des années 1980, les garçons montraient une nette supériorité dans les tests de raisonnement mathématique, comme l'ont montré deux chercheurs de l'Université Johns Hopkins. Camilla Persson Benbow et Julian Stanley ont examiné les résultats de 40 000 élèves du secondaire, moitié garçons, moitié filles, qui avaient passé le Test d'aptitudes intellectuelles (SAT Scholastic Aptitude Test) en vue du concours de la Johns Hopkins Talent Search. Les garçons avaient une avance de 30 points dans les notes sur le raisonnement mathématique. Dans la liste des meilleurs, l'écart était encore plus frappant : bien qu'ils aient tous suivi les mêmes cours au secondaire, on comptait 13 garçons pour chaque fille[21].

Que le premier pour cent de la tranche supérieure des élèves doués en maths se compose de garçons est une chose. Comme nous l'avons vu, chez les garçons, les résultats aux tests sont plus étalés et soulignent les grandes différences entre les meilleurs et les moins bons. On trouve fort probablement plus de garçons aux deux extrémités de la courbe – « plus de génies et plus d'idiots parmi les hommes », disait le scientifique politique James Wilson –, n'importe quel test ciblant les élèves doués fera ressortir cette différence entre les sexes. En revanche, si l'on prend la performance en classe et aux examens dans la population générale, les filles ont le dessus. Dans 26 des 30 pays de l'OCDE, la supériorité globale des garçons en mathématiques et en sciences est devenu si mince qu'elle n'est plus significative[22]. Même chose pour l'Asie. Au Japon, en classe de deuxième secondaire, les garçons ont une légère avance sur les filles (le résultat moyen des filles était de 569 et celui des garçons de 571), tandis qu'à Singapour, les filles ont dépassé les garçons, avec des moyennes en mathématiques de 611 et 601, respectivement (les élèves des deux pays asiatiques dépassaient largement les élèves américains[23]). Même aux États-Unis, où les garçons réussissent un peu mieux que les filles dans les tests standardisés de maths, le niveau bien plus élevé des filles en lettres éclipse ce léger avantage masculin. Selon Judith Kleinfeld, professeure de psychologie à Anchorage (Alaska), les garçons occupent le peloton de queue : dans une étude réalisée auprès de 1 195 élèves du secondaire sélectionnés au hasard, le tiers des filles avait obtenu principalement des A au dernier bulletin, contre moins du cinquième des garçons. On avait divisé les élèves en trois groupes : ceux qui réussissent, ceux qui travaillent fort et ceux qui sont en difficulté, amers et désillusionnés. Les deux tiers des élèves qui réussissaient et 55 % de ceux qui travaillaient fort étaient des filles, mais 70 % des élèves en difficulté étaient des garçons[24].

Il est clair que toute l'avance que les garçons ont pu avoir dans les performances scolaires est en train de se volatiliser. Tandis que les filles et les femmes ont effectué des pas de géant au cours des 30 dernières années, les garçons ont fait du surplace et ont même perdu du terrain. En fait, la supériorité scolaire des femmes ne date pas d'hier. Des recherches historiques montrent qu'un décalage favorable aux filles a toujours existé en lettres, dans l'apprentissage en classe et dans les taux d'obtention de diplôme. Même dans la seconde moitié du XIXe siècle, alors que les garçons avaient un meilleur accès à l'éducation, les filles se distinguaient par leurs capacités de lecture, nous disent trois économistes d'Harvard, Claudia Goldin, Lawrence Katz et Ilyana Kuziemko. En parcourant des masses de données de recensement, ces derniers ont découvert que, une fois établie l'égalité d'accès à l'éducation – dans les années 1920 –, les garçons étaient moins portés que les filles à faire des études secondaires et jusqu'à 24 % moins nombreux à les terminer. Dans les années 1950, il y avait au secondaire 60 % de filles – la majorité d'entre elles surpassant les garçons. En 1957, l'écart entre la médiane des filles et celle des garçons s'établissait à

21 %, en faveur des filles ; en 1972, il était de 17 % et en 1992, de 16 %[25].
Autrement dit, 100 ans avant les beaux jours du féminisme et 40 ans après,
les garçons sont encore et toujours à la traîne.

Une performance scolaire faible qui s'étend sur plus d'un siècle et touche
plusieurs pays sur trois continents ne peut être une anomalie culturelle
passagère. Que les garçons aient longtemps pris du retard au primaire et
au secondaire a un certain sens si ce décalage est en partie d'origine biologique. Mais sont-ils vraiment engagés dans une spirale descendante ?
L'examen des données des deux premiers tiers du XXe siècle nous oblige
à reconnaître que non, et ce, pour deux raisons. D'abord, à l'époque où la
discrimination était répandue et où les femmes se mariaient jeunes puis
quittaient l'école pour élever leur famille, la fragilité masculine passait ina-
perçue. C'est depuis qu'elles restent plus longtemps dans la course que les
écarts entre hommes et femmes au plan du développement et de la réussite scolaire nous sautent aux yeux. Comme Goldin et son équipe l'ont
montré, depuis les années 1970, les filles n'ont pas seulement retardé l'âge
du mariage, elles ont aussi suivi autant de cours de mathématiques et de
sciences que les garçons au secondaire. Ces deux facteurs ont contribué à
l'arrivée massive des femmes dans les universités[26]. Il ne s'agit donc pas
d'un recul pour les hommes. Plutôt, ces derniers n'ont pas emboîté le pas
aux femmes qui s'ouvraient à un monde de nouvelles possibilités – l'une
des plus importantes victoires du féminisme. La seconde raison tient à l'optimisme qu'inspire un tel changement. Lorsque les problèmes sont identifiés – en particulier lorsqu'ils le sont de façon objective et scientifique –
il devient possible de les corriger.

À l'heure actuelle cependant, les hommes ne sont plus majoritaires sur
les campus universitaires. Aux États-Unis, on compte actuellement
140 bachelières pour 100 bacheliers, et l'écart se creusera sans doute. Au
Canada, la plupart des campus sont féminins à 60 %. « C'est un enjeu dans
l'ensemble du monde industrialisé. Dans les universités, les femmes l'emportent tout simplement sur les hommes », indique Thomas Mortenson,
analyste politique américain, qui a examiné les admissions aux études de

premier cycle universitaire depuis les années 1970. De 1969 à 2000, les admissions ont progressé de 39 % chez les hommes et de 157 % chez les femmes[27]. Ces dernières sont désormais majoritaires dans presque tous les établissements postsecondaires, surtout dans les prestigieuses universités privées et au sein de la communauté noire, où il y a deux fois plus de femmes que d'hommes. C'est aussi vrai pour la classe moyenne blanche. « Les hommes se font rares dans mon cours de Hegel », remarquait ma fille au début de sa troisième année de philosophie à l'Université McGill. À chaque rentrée, les hommes semblent occuper encore moins d'espace, disait-elle. « Il y a surtout des filles, deux ou trois gays, et s'il y a des garçons, ils ont à peu près 17 ans. Plutôt mince comme choix. » Même scénario chez ses anciens camarades de la maternelle : toutes les filles étudiaient à l'université, mais plus de la moitié des garçons avaient abandonné leurs études ou avançaient avec peine. Leurs parents, médecins, ingénieurs et journalistes, s'inquiétaient. Sans diplôme, leurs fils finissaient vendeurs, dans l'armée ou dans une voie technique, alors que leurs filles, issues des mêmes familles, quartiers et écoles, persévéraient.

Pour ces filles, l'école n'est pas qu'une question de notes, mais aussi d'engagement et de projets d'avenir. Aux États-Unis, le National Assessment of Educational Progress, le test effectué par les élèves en quatrième et en huitième année confirme que les filles lisent et écrivent mieux. Elles sont plus nombreuses que les garçons à finir leurs études secondaires et à vouloir poursuivre des études ensuite, non seulement de premier cycle, mais aussi au-delà. De même, le National Center for Education Statistics a entrepris de suivre à long terme quelque 15 300 élèves qui étaient en 10e année en 2002. On leur a demandé quel type d'études ils prévoyaient faire : 42 % des filles ont dit qu'elles comptaient obtenir un diplôme d'études supérieures. Seuls 29 % des garçons avaient de tels projets[28]. Par ailleurs, les filles semblent plus heureuses. Dans une enquête réalisée auprès de 99 000 élèves du secondaire, elles surpassent les garçons pour la motivation, les buts personnels et la confiance en soi[29].

Voilà, tout compte fait, un portrait radieux pour les filles, en tout cas différent de celui que l'on présentait dans les années 1990, lorsque je devais choisir un collège pour ma fille âgée de 12 ans. Revues et journaux dépeignaient les filles comme les victimes impuissantes de la discrimination : on les privait d'instruction, les enseignants les mettant sur la touche pendant qu'ils se concentraient sur les garçons. Bon nombre de rapports citaient une étude montrant que les garçons répondaient aux questions des professeurs sans demander la parole huit fois plus souvent que les filles. Selon l'étude, lorsqu'un garçon répondait à une question, les enseignants écoutaient. Si c'était une fille, ils n'en tenaient pas compte et lui disaient de se taire ou de lever la main avant de parler. Cela ressemblait à de la négligence ou, pire, à un favoritisme évident. Cette histoire m'a troublée, tout comme elle a troublé mes amies mères d'adolescentes. Poussées par un sentiment d'urgence, nous avons commencé à chercher des écoles pour filles, mais il n'en existait pas dans le public[30]. À l'époque, nous ne savions pas que l'étude avait été commandée expressément pour établir des preuves de discrimination, ce qu'elle fit. « Nous pensions que les filles se faisaient flouer en classe et nous voulions des données factuelles pour appuyer notre hypothèse », avait dit Susan Schuster, présidente de l'American Association of University Women, au *New York Times*[31]. En fait, l'étude, si nous l'avions cherchée, était difficile à trouver et, contrairement à la plupart des travaux scientifiques, elle l'est toujours. De nos jours, il est facile de trouver les articles publiés ; la plupart des chercheurs mettent les liens pertinents sur leur site Web ou font volontiers parvenir des tirés à part. Mais la demande que mon assistante a envoyée par courriel est restée lettre morte. En revanche, le principal investigateur, David Sadker, professeur de sciences de l'éducation dans une université américaine, qui était l'auteur, avec sa femme Myra Sadker, aujourd'hui décédée, du livre *Failing at Fairness : How Schools Cheat Girls*, a publié un erratum sur son site : « Nos résultats ont révélé des divergences marquées entre les classes quant à la fréquence des réponses données sans demander la parole. Dans notre étude pilote, nous avons constaté que les garçons prenaient la parole sans permission huit fois plus souvent que les filles, et dans l'étude élargie, portant sur un plus grand nombre de classes, c'était deux fois plus souvent. Voici ce que nous avons écrit à ce sujet dans l'édition 1995 de *Failing at Fairness* : "Notre étude montre que les garçons répondent sans permission significativement plus souvent que les filles." »

Voilà un scénario qui m'était familier. En tant que psychologue, je suis souvent allée dans les salles de classe pour observer un enfant en difficulté, me faisant la plus petite possible sur une chaise d'enfant afin d'essayer d'être le plus invisible possible : j'ai vu plus de garçons tapageurs que de filles. Agités, coincés sur *leurs* petites chaises, ils laissaient tomber des objets, hélaient l'enseignant et s'interpellaient les uns les autres. Certains enseignants réussissaient à s'adapter à ces enfants impatients et incontrôlables. Mais la plupart étaient débordés – classes et programmes surchargés – et réagissaient aux garçons en manque d'attention par des réprimandes et des punitions, et non en leur accordant une attention pleine de sollicitude comme le décrivait l'étude. Si quelqu'un avait droit à un retour positif, c'était bien les filles. Dans l'ensemble, leur comportement était plus docile et mieux contrôlé, ce qui leur permettait d'intégrer plus facilement une matière souvent présentée sous forme orale. Plusieurs études ont confirmé mes observations : les enseignants réprimandent bien davantage les garçons, les reprenant même quand leur comportement n'est pas inapproprié[32]. Si un fossé entre l'attitude des garçons et des filles était plausible, il n'était pas de l'ampleur rapportée. Ainsi, le postulat classique – à savoir qu'il ne *devrait* pas y avoir de différence comportementale ou d'apprentissage entre garçons et filles, et que si une différence venait à émerger, elle avantagerait automatiquement les garçons – était loin de la réalité. Cependant, même si rien ne permet d'affirmer que l'on fait taire les filles à l'école (Christina Hoff Sommers raconte dans son ouvrage *The War Against Boys* – « la guerre contre les garçons » – ses recherches dignes d'un détective privé pour trouver des preuves), force est de reconnaître que le moindre soupçon de traitement différentiel touche une corde sensible. Personne ne veut répéter les erreurs du passé, surtout pas une génération de parents et d'enseignants qui furent parmi les premiers à constater des changements dans les rapports entre les sexes. Mais, dans les années 1990, il n'y avait plus lieu de voir les filles comme des victimes silencieuses à l'école, et cela a encore moins de sens aujourd'hui. Non seulement aucune preuve empirique n'avait émergé permettant d'étayer l'hypothèse d'un comportement aussi indigne envers les filles, mais si cela avait été le cas, il lui aurait aussi fallu contenir l'explication de leur brillante performance.

Dix ans plus tard, le même postulat – les deux sexes se comporteront et seront traités exactement de la même manière – nous a conduit à une autre bizarrerie : la discrimination positive en faveur des hommes. Peu d'établissements scolaires admettront comment ils s'y prennent, mais étant donné le meilleur dossier scolaire des filles, si l'on veut une représentation des deux sexes à 50-50 sur les campus, il faut la fabriquer. Et c'est exactement ce qui se passe dans de nombreux collèges et universités. En constatant la féminisation progressive des campus, on se doutait qu'il allait falloir accorder la préférence aux garçons et, en 2005, deux professeurs d'économie, Sandy Baum et Eban Goodstein, ont voulu savoir si les rumeurs étaient fondées. Analysant les admissions dans 13 collèges de formation générale aux États-Unis, ils ont relevé deux tendances : une nette préférence accordée aux garçons dans les collèges historiquement féminins (le fait d'être un homme augmente la probabilité d'être admis de 6 % à 9 %) et la présence disproportionnée d'hommes dans le quart inférieur, autant parmi les candidats que les inscrits, et ce, dans tous les collèges de l'étude[33]. Voilà encore une preuve des extrêmes masculins, mais dans la tranche inférieure cette fois-ci.

La discrimination positive à l'égard des femmes a longtemps été une réalité dans certains départements universitaires, dont le génie et l'informatique[34]. Ici encore, le modèle masculin est implicite : les femmes devraient vouloir la même chose que les hommes et être encouragées en ce sens dans 50 % des cas. Pourtant, même les défenseurs des garçons estiment que le contraire – la discrimination positive en faveur des hommes – est intolérable. Lorsqu'on a demandé à Michael Thompson, psychologue, conférencier et auteur de *Raising Cain* (« comment élever un garçon ») ce qu'il pensait de l'étude de Baum et Goodstein, il a répondu comme un parent, c'est-à-dire viscéralement : « Je serais horrifié de savoir qu'on a accepté le dernier des imbéciles à la place de ma fille, très talentueuse et bien préparée, juste parce qu'il est un garçon », a-t-il déclaré à la journaliste de *Salon*, Sarah Karnsierwicz[35]. Jennifer Delahunty Britz, la doyenne des admissions du Kenyon College (Ohio), autrefois réservé aux hommes, savait combien délicate était la question des quotas masculins lorsqu'elle publia, dans la page d'opinions du *New York Times*, un article sur les critères d'admission plus stricts imposés aux femmes qui sont intelligentes, qualifiées et appliquées, mais qui font malheureusement partie « d'un vivier grouillant de candidats nettement féminin ». Aux États-Unis, les deux tiers des universités reçoivent plus de demandes d'admission de femmes que d'hommes, disait-elle. Ce qui signifie que pour atteindre un équilibre entre les sexes, on a recours à des normes sexuellement différenciées. Les responsables de l'admission redoutent d'atteindre le « point de bascule », lorsque 60 % de l'effectif ou plus sera composé de femmes.

« Nous avons dit aux jeunes femmes d'aujourd'hui que le monde leur appartenait ; le problème est qu'elles ont été si nombreuses à nous croire que les critères d'admission des universités les plus sélectives sont plus stricts pour elles que pour les hommes. N'est-ce pas là une conséquence inattendue du mouvement de libération des femmes ? »

Les facultés privées de lettres rejettent des milliers de candidates méritantes, de peur que leurs campus ne deviennent entièrement féminins, écrit-elle[36]. Sans l'adoption de quotas favorisant les hommes, il n'aurait fallu qu'une génération pour que le Kenyon College, réservé aux hommes pendant 145 ans, ne se transforme en un établissement principalement féminin.

Autodiscipline : la différence entre les filles et les garçons

Par un soir pluvieux de juin 2004, au Collège Jean-de-Brébeuf, prestigieuse institution jésuite autrefois réservée aux garçons, je me demandais où étaient les garçons. Tandis que l'une après l'autre, des jeunes femmes, talons hauts et queues de cheval, montaient sur scène pour recevoir leurs diplômes et leurs prix, je m'interrogeai : qu'est-il arrivé aux garçons ? Deux psychologues de l'Université de Pennsylvanie, Angela Lee Duckworth et

Martin Seligman, se sont posé la même question en lisant dans un journal local que deux fois plus de femmes que d'hommes prononçaient désormais le discours d'adieu.

Martin Seligman, qui s'intéressait depuis longtemps à la motivation, avait découvert à la fin des années 1960 que les animaux ayant été exposés à des situations douloureuses qu'ils ne pouvaient pas contrôler restaient inertes dans la plupart des situations nouvelles. Il nomma ce phénomène l'« impuissance apprise » et passa des décennies à en comprendre les effets sur les gens, voulant savoir qui persévère dans des circonstances difficiles, et qui abandonne, et si cela pouvait changer[37].

Lorsqu'ils remarquèrent l'article du journal local sur la surreprésentativité féminine, Seligman et Duckworth exploraient la persévérance chez les élèves du secondaire et venaient d'entreprendre une étude sur l'autodiscipline des jeunes de quatrième. Pour s'assurer de bien cerner cette qualité difficilement saisissable, ils l'abordèrent sous plusieurs angles. Ils demandèrent aux élèves ainsi qu'à leurs parents et enseignants de répondre à des centaines de questions comme celles-ci :

- Mettez-vous régulièrement de l'argent de côté ?
- En règle générale, est-ce que vous parlez avant d'avoir réfléchi aux choses ?
- Aimeriez-vous mieux avoir 55 $ aujourd'hui ou 75 $ dans 61 jours ?

Les élèves devaient aussi s'évaluer par rapport à des énoncés tels que ceux-ci :

- J'ai de la difficulté à me défaire d'une mauvaise habitude.
- Je m'impose une discipline de fer.
- Je résiste difficilement aux choses qui ne sont pas bonnes pour moi.

Les chercheurs n'avaient pas prévu d'examiner le facteur « sexe », mais les différences qui apparurent étaient surprenantes. « Les statistiques nous sautèrent aux yeux », raconte Duckworth. « C'était frappant. Les filles présentaient toujours une plus grande autodiscipline, sur toutes les mesures. Comment expliquer que les statistiques donnent ces résultats ? Peut-être ai-je mal compilé les données ? C'est pour ça que nous avons fait deux fois l'étude. » Pour Duckworth, ce fut une révélation : non seulement les filles étaient plus disciplinées, mais elles obtenaient systématiquement de meilleurs résultats que les garçons dans toutes les matières. Même dans les cours de mathématiques les plus avancés, conçus pour le cinquième supérieur de la classe, les filles étaient plus fortes. Les chercheurs discutèrent de leur étude avec des gens qui travaillaient auprès des enfants – enseignants, directeurs d'école, coachs pour les examens SAT : tous confirmèrent que les filles s'attellent plus rapidement à la tâche et s'appliquent mieux.

Duckworth et Seligman ont montré que ce n'est pas le très controversé quotient intellectuel qui prédit le mieux la réussite scolaire. C'est l'auto-discipline[38]. Que la résolution des filles contribue à leurs meilleurs résultats aurait dû tomber sous le sens, mais non. Tout le monde s'attendait à ce que les femmes soient désavantagées. Elles semblaient déjà l'être dans d'autres domaines importants, par exemple dans les tests standardisés de raisonnement mathématique et dans les salaires. Le fait que l'avantage des filles en matière d'autodiscipline et d'apprentissage ne se traduit pas par des gains dans le monde du travail semble particulièrement contradictoire. Peut-être y a-t-il d'autres différences liées au sexe – intérêts, priorités, attrait du risque – qui expliquent la contradiction, suggérai-je à la professeure Duckworth lors d'une conversation téléphonique. Elle acquiesça, tout en ajoutant que si les garçons manquaient d'autodiscipline dans les premières années, ils se rattrapaient par la suite. Après tout, à 12 ans, la plupart des filles dépassaient en taille leurs camarades masculins, mais à 20, la plupart des garçons étaient plus grands. Et si certains traits psychologiques mettaient plus de temps à se manifester ? Les garçons seraient simplement moins précoces. Il ne s'agissait pas seulement d'une divergence dans les aptitudes et intérêts de la moyenne des garçons et des filles, mais aussi dans le moment de leur apparition. C'est ce qu'avait découvert le néonatologiste Allan Reis en étudiant le cerveau des prématurés. Tout comme Emmy Werner et Ruth Smith dans leur étude des enfants vulnérables de l'île de Kauai : le développement psychologique et la résilience physique des garçons marquaient un important retard par rapport à ceux des filles dans l'enfance, mais les choses changeaient au cours de l'adolescence. Les garçons commençaient à rattraper les filles dans la performance langagière et scolaire, et les filles, à afficher plus de stress et de troubles de santé mentale vers la fin de l'adolescence. Voilà qui expliquerait en partie pourquoi les filles réussissent mieux à l'école, puis pourquoi les garçons finissent par les rattraper à certains égards plus tard. Les différences sexuelles observables dans la discipline et la réussite seraient, en quelque sorte, comme deux logiciels ne s'exécutant pas à la même vitesse.

D'un extrême à l'autre : le continuum masculin

Dans les chapitres à venir, je m'attarderai plus longuement sur ces différences en examinant le lien entre les troubles du développement chez les garçons et leurs résultats scolaires médiocres. Il ne suffit pas de dire que les troubles d'apprentissage, les déficits d'attention, les troubles de comportement social et l'agressivité physique sont des conditions biologiques plus fréquentes chez les hommes. Certes, ces troubles prédominent chez eux et il va de soi qu'ils influent sur leur performance scolaire. Néanmoins, les expériences de ces garçons et de ces hommes hors norme nous renseignent aussi sur les hommes plus dans la moyenne, dans la norme. Si les hommes touchés par ces troubles sont les cas extrêmes sur un continuum, on peut supposer que les hommes dans la moyenne ont plus de chances que les femmes d'en avoir certains traits sous une forme atténuée. Je ne suis pas en train de dire que les hommes et les femmes doivent maintenant échanger leurs places, elles devenant le modèle à imiter et eux les inadaptés. Ici, aucun sexe n'est une version de l'autre. Plutôt, les extrêmes, hommes et femmes, apportent un éclairage nouveau sur les caractéristiques de ceux et celles qui se situent au milieu. Donc, compte tenu de ce que nous savons des extrêmes, comment se fait-il que plus de garçons dans la moyenne ont plus de difficultés que les filles à l'école ? Quatre aspects de leur développement fournissent des pistes de réponse.

Le mouvement et l'autocontrôle

Le trouble déficitaire de l'attention avec hyperactivité (TDAH) est au moins deux fois plus fréquente chez les garçons que chez les filles. Affectant la capacité de canaliser l'attention et de contenir l'agitation et l'impulsivité, le TDAH requiert un diagnostic très prudent, précisément *parce que* les garçons sont généralement plus agités et impulsifs que les filles. (Le TDAH est diagnostiqué seulement quand les symptômes sont envahissants au point de perturber la vie quotidienne.) On peut considérer que le TDAH existe quand la différence moyenne entre les sexes dans l'énergie et l'autocontrôle est tirée à l'extrême. Des études montrent que dès leur jeune âge, les garçons s'adonnent à des jeux plus énergiques et compétitifs que les filles, avec plus de poursuites et de bagarres et moins de chacun son tour, d'attente et de partage. Ces comportements augmentent lorsqu'ils se retrouvent en groupe, comme à l'école[39]. Étant donné ce profil actif et agité, les progrès scolaires de garçons moyens et même de garçons doués s'en trouvent affectés. Prenons l'exemple du génie de l'informatique Steve Jobs, le fondateur d'Apple. Il a abandonné l'université, mais son désenchantement remontait à beaucoup plus loin. Il décrit les contraintes de l'école comme « plutôt dures pour moi » parce qu'il aurait préféré être dehors, à courir après les papillons ou à inventer des bidules électroniques. Confiné à son pupitre, il se faisait souvent exclure de la classe, se souvient-il. Dans l'allocution prononcée lors de la remise des diplômes de la promotion 2005 de Stanford, il dit que jamais il n'avait été aussi près d'un diplôme universitaire, parce qu'« après six mois de cours, je n'y voyais plus d'intérêt[40] ».

Un point de vue matériel plutôt que personnel

Le syndrome d'Asperger, une forme d'autisme de haut niveau, est 10 fois plus fréquent chez les garçons que chez les filles. Ce trouble fortement héréditaire se caractérise par des traits opposés : des difficultés à « lire » les gens, parallèlement à un vif intérêt pour les systèmes spatiaux, mathématiques et autres systèmes prévisibles très organisés. Il est difficile d'imaginer qu'un individu capable de saisir la théorie des cordes ou le fonctionnement de son disque dur ne puisse décoder aisément les signes de gêne sur le visage de son interlocuteur. Pourtant, la reconnaissance de signaux ultrarapides émis par une personne exige un ensemble de compétences neurodéveloppementales. Celles-ci comprennent entre autres la capacité de saisir les nuances dans les expressions faciales et de savoir que les gens ont des pensées et des sentiments différents des nôtres. Ainsi, on parle de l'autisme et du syndrome d'Asperger comme d'une « cécité mentale », car les autistes semblent aveugles aux intentions et aux sentiments cachés de leur entourage[41]. Au chapitre 5, nous ferons connaissance avec quelques hommes autistes hautement doués dans des domaines tels que les mathématiques, la mémoire spatiale et l'informatique. Des hommes extrêmes, bien sûr, mais dont les profils démontrent des modes de pensée qu'on retrouve chez les hommes moyens. En règle générale, les hommes ont plus de chances de maîtriser des systèmes spatiaux élaborés que de saisir les signes sociaux. Dès les premiers jours de la vie, les garçons regardent davantage des machines en mouvement et les filles préfèrent l'animation des visages humains[42]. Plus tard, les hommes remarqueront les détails obscurs camouflés dans un arrière-plan complexe et les femmes s'intéresseront au contexte global[43]. Les garçons prédisent mieux le niveau de l'eau d'un bocal qu'on incline (il demeure horizontal) et les filles, en focalisant sur le contexte, s'attendent à ce que l'eau suive l'angle du bocal[44]. Les hommes imaginent plus facilement le mouvement d'objets tridimensionnels dans l'espace et utilisent plus souvent cette stratégie pour résoudre de nouveaux problèmes[45]. Ils se font une meilleure représentation mentale d'une route (aller vers le nord pendant cinq kilomètres, tourner à l'est et rouler sur un kilomètre). Les femmes s'orientent davantage au moyen de repères physiques (rouler jusqu'à l'église au toit rouge, tourner à droite, puis continuer jusqu'à la rivière)[46]. Ces différences ne disent évidemment rien au sujet des individus, mais nous éclairent sur les caractéristiques qui, en règle générale, s'observent plus souvent chez les hommes et expliquent en partie l'intérêt qu'ils portent aux systèmes prévisibles, dont les étoiles, les voitures et les ordinateurs.

L'agressivité et la compétition

Même si les troubles du comportement touchent trois fois plus de garçons que de filles, nous n'examinerons pas dans ces pages le comportement de brutes, agresseurs et voyous chroniques qui ne se soucient guère des conséquences de leurs gestes sur les autres. Il n'y aura pas non plus d'entretien avec des criminels, même si l'on compte neuf meurtriers pour une meurtrière. Il s'agit là d'hommes extrêmes et, à l'exclusion des criminels, rares sont ceux qui voudraient que leur histoire soit rapportée dans un chapitre sur l'agressivité. Même des individus combatifs dans des situations légitimes (sports, politique, affaires) ne se disent pas ouvertement impitoyables. Cependant, les chiffres montrent bien la tendance compétitive chez les hommes, et ce, sur l'ensemble du continuum. Les hommes sont plus portés que les femmes à recourir à des moyens agressifs pour mettre leurs adversaires hors-jeu et pour affirmer ou maintenir leur position dans une hiérarchie[47]. Bien que la colère, la jalousie et la violence verbale soient communes aux deux sexes, l'établissement d'une domination par le vol, la violence et la guerre a toujours été une affaire d'hommes. Depuis 700 ans et dans différentes sociétés, les registres d'homicide montrent que les hommes tuent des hommes entre 30 et 40 fois plus souvent que les femmes ne tuent d'autres femmes. Plus récemment, l'analyse de 450 fusillades en milieu scolaire et professionnel révèle que les hommes appuient sur la gâchette dans 93 % des cas[48]. Enfin, malgré l'universalité de la convoitise pour les possessions d'autrui, 94 % des cambriolages sont le fait des hommes, et il faut donc y voir un autre monopole lié au sexe[49].

On pourrait se demander, à juste titre, si la rivalité ou le désir de faire mieux que les autres qu'on observe généralement chez les garçons n'est pas simplement le résultat de leur éducation. Lorsqu'ils commencent à marcher, les garçons sont plus agressifs que les filles, avant même de faire la distinction entre les sexes et de savoir ce qui est « correct » pour chacun. Ils racontent des histoires agressives dans 87 % des cas, contre 17 % pour les filles. Par ailleurs, 90 % des enfants reconnaissent que parents et enseignants punissent davantage les garçons que les filles pour un comportement agressif, même si les punitions infligées aux garçons ont moins d'effet. Malgré cela, la majorité des garçons deviennent moins agressifs au fil du temps, et non l'inverse. Si l'agressivité s'expliquait par une éducation qui cautionne le recours à des pratiques belliqueuses pour obtenir ce que l'on veut, les garçons deviendraient probablement plus agressifs en vieillissant. Or, de vastes études réalisées par le chercheur québécois Richard Tremblay montrent que c'est tout le contraire : l'agressivité chez les garçons culmine dans la période préscolaire, après quoi 96 % d'entre eux deviennent plus pacifiques et coopératifs, au fur et à mesure qu'ils assimilent les compétences relationnelles et apprennent à se contrôler et à respecter les règles de la société[50]. Plus jeunes cependant, sans qu'ils soient fautifs, ils réussissent moins bien que la plupart des filles à contrôler leurs impulsions, agressives ou non. Ils sont plus nombreux à se déplacer en classe, à être inattentifs, à interpeller impulsivement et à pousser les autres pour les faire réagir, surtout les autres garçons, qu'ils bousculent constamment pour établir leur position.

Le langage

Les troubles du langage et de la lecture sont quatre fois plus fréquents chez les garçons que chez les filles[51]. Je suggère qu'ils constituent une amplification des différences sexuelles biologiques dans l'expression verbale et écrite qui existent chez la plupart d'entre nous. Dans le prochain chapitre, nous verrons que les fonctions de stockage et de récupération du langage ne s'effectuent pas de la même manière dans les cerveaux masculin et féminin. Des transformations subtiles dans la disposition neurale affectent l'acquisition du langage [52]. En règle générale, les filles parlent et écrivent plus facilement que les garçons. Elles parlent plus tôt, avec un débit plus rapide, utilisent plus de mots, forment des phrases plus longues et font moins d'erreurs. À l'âge de 2 ans, leur vocabulaire compte 100 mots de plus que celui des garçons, et pendant les années préscolaires, elles s'expriment de façon plus complexe, variée et spontanée, si bien qu'il ne s'agit pas simplement d'une question de quantité. Cette supériorité se manifeste dès qu'elles commencent à parler et se maintient tout au long du primaire et du secondaire, se traduisant par plus de compétences dans la compréhension de texte, l'orthographe, la ponctuation et l'écriture, puis plus tard, par de meilleurs résultats aux tests de vocabulaire et de rédaction[53]. Les filles et les femmes se débrouillent mieux dans les travaux de documentation et trouvent beaucoup plus rapidement des synonymes, ce qui pourrait expliquer leur nombre élevé dans le milieu de l'édition. La supériorité des filles en rédaction est si forte qu'on a ajouté un sous-test de rédaction au test préliminaire des aptitudes intellectuelles (PSAT) pour compenser l'avantage habituel des garçons en mathématiques[54]. La supériorité linguistique des filles apparaît si tôt dans la vie et demeure si constante au fil du temps et dans l'ensemble des cultures que les différences liées au sexe doivent être en jeu.

Comment ces différences agissent-elles ? Surtout, comment un homme au vocabulaire limité et aux capacités de lecture peu développées peut-il réussir ? Certains ont connu le succès, modeste dans bien des cas, brillant dans d'autres. Lorsqu'on tentait de comprendre ce qui se passait dans le cerveau des dyslexiques avant l'invention de l'imagerie par résonance magnétique et la tomographie, Macdonald Critchley, neurologue et grand érudit britannique, avait observé, en évaluant les capacités de lecture silencieuse et orale chez les dyslexiques, que l'enfant ne réussit pas moins bien, et parfois même un peu mieux, lorsqu'il tient son livre à l'envers[55]. Le clinicien avait trouvé une piste des décennies avant l'arrivée de la résonance magnétique. Parfois, la réponse est à l'opposé de nos attentes.

Chapitre 2

Des garçons dyslexiques qui réussissent dans la vie

Le sourire de travers et les cheveux en bataille, Andrew[1] avait tout du garçon de huit ans standard et, en apparence, se comportait aussi comme tel, avec un penchant pour les plaisanteries anatomiques. Mais, en réalité, rien n'était dans la moyenne chez Andrew. Ce qui l'avait conduit à moi pour consultation, c'est qu'il semblait intelligent, mais qu'il était incapable de lire couramment, et ce, malgré le grand nombre d'heures de cours et le soutien qu'il avait reçus. Après trois années d'école, un texte imprimé lui offrait encore d'innombrables possibilités d'interprétation. Regardant la première lettre, il avait l'habitude de lancer un mot au hasard. *Liste* devenait *lettre*, *couche* devenait *couple*, et *pièces* devenait *peines*. La lecture était un tel calvaire qu'Andrew se contentait souvent de regarder les illustrations et d'inventer une histoire plausible. Lorsque je lui demandai ce qu'il aimait le plus à l'école, il répondit sans hésiter : « C'est d'être le plus grand de ma classe. » Et quoi d'autre ? « La récréation. » Pendant que je songeais à la douzaine d'années qu'il allait passer sur les bancs de l'école, Andrew se balançait sur sa chaise, une main appuyée sur le coin de mon bureau. Ses pieds dansaient librement d'avant en arrière, effleuraient le sol, puis repartaient en l'air. Je lui remis une poignée de trombones avant de me tourner vers ses parents. Il posa les pieds par terre et commença à bricoler une chaîne en fredonnant *La Bamba*.

Le problème d'Andrew, me dirent ses parents, ne se limitait pas à son incapacité à découper les mots en sons pour pouvoir les lire ou les épeler. Il oubliait parfois le nom d'objets usuels et, aussi, il s'était mis à frapper les garçons dans la cour d'école. Avec les outils habituels de l'évaluation psychologique, j'allais devoir démêler patiemment ce qui l'empêchait d'apprendre – troubles de l'audition ? inattention ? problèmes familiaux ? – avant d'envisager des solutions. Cela signifiait qu'Andrew devrait venir me voir plusieurs fois pour passer les tests standardisés de mémoire, de résolution de problèmes, d'écoute, de langage et de lecture. Mais j'avais déjà ma petite idée sur lui. L'histoire de sa petite enfance – il avait mis du temps à parler, était un peu agressif quand il n'y arrivait pas, et trébuchait sur les mots bizarres quand il y parvint enfin, plus le fait que son père, deux oncles et quelques cousins avaient aussi eu des troubles du langage ou des difficultés scolaires – donnait les indices que son incapacité à produire des sons à partir signes graphiques sur la page avait une base biologique. Si sa mère avait eu un parcours scolaire accidenté, sa sœur et ses cousines étaient de bonnes élèves. Le profil d'Andrew – ses forces, ses bizarreries et ses handicaps – semblait plus manifeste chez les garçons et les hommes de sa famille. Andrew était plus vulnérable parce qu'il était de sexe masculin.

Je soupçonnais une dyslexie, déficience de lecture héréditaire. Souvent définie comme un écart entre l'intelligence de l'enfant et sa capacité d'apprendre à lire, la dyslexie se dépiste généralement quelques années après que l'enfant a commencé l'école, et que, comme Andrew, on constate une absence de progrès inexpliquée. Mais les indices sont visibles bien avant. Avant l'âge de l'école, l'enfant dyslexique ne retient pas les mots absurdes, les chansonnettes et les objets qu'il faut nommer rapidement ; il a souvent des difficultés à « entendre » et à jouer avec les sons qui composent les mots – capacité innée que l'on nomme « conscience phonologique. »[2] Normalement, à cet âge, les enfants repèrent les parties de mots qui ont la même sonorité et s'amusent à jouer avec les rimes. C'est d'ailleurs pour cette raison que les petits de cinq ans apprécient les couplets absurdes depuis des siècles, même s'ils n'ont pas de sens ou si peu, comme la comptine suivante :

> *Am stram gram*
> *Pic et pic et colégram*
> *Bour et bour et ratatam*
> *Am stram Gram Pic Gram*

Les enfants aiment qu'on répète ces comptines en boucle. Au moment de la pause, ils s'attendent à entendre un mot qui comporte la bonne terminaison. Ils sont capables de remplir les blancs avec des termes qui riment ou sont phonétiquement très proches, ce qui témoigne du développement normal de leur conscience phonologique[3]. Mais comme les enfants dyslexiques parviennent difficilement à décomposer les mots, ils maîtrisent mal cette compétence ; je l'ai redécouvert en prenant congé d'Andrew ce jour-là. « À plus tard, léopard », lui ai-je dit. « Au revoir, gros babouin », a-t-il répondu.

Andrew a bien reçu un diagnostic de dyslexie, comme environ 8 % des garçons. Quelle qu'en soit la cause – la plus probable étant la prédisposition génétique, comme nous le verrons –, il s'est produit, pendant la croissance prénatale d'Andrew, une altération dans la partie de son cerveau responsable de la décomposition du langage en ses éléments constituants. Huit ans plus tard, Andrew peinait à lire, à épeler et à trouver ses mots. Même avec toutes les chances de son côté, dont une intelligence supérieure à la moyenne, des parents aimants et de bons enseignants, il courait un plus grand risque d'arrêter l'école avant les filles de son âge. Au secondaire, sur trois enfants qui arrêtent leur scolarité, deux sont des garçons, et beaucoup d'entre eux ont des troubles d'apprentissage, la dyslexie venant en tête[4]. Les enfants dyslexiques sont donc exposés à un double coup dur : de faibles compétences en lecture et, en fin de compte, moins d'instruction.

Difficile de voir là les ingrédients miracles d'une grande réussite professionnelle. Étant donné les chiffres, si l'on devait prédire l'avenir à partir des seuls résultats scolaires, le monde serait un matriarcat. Pourtant, grâce à une alchimie de talents, d'aptitudes compensatoires et de conditions sociales, la réussite, dans le monde du travail, d'hommes différents comme Andrew est possible. Aux bons jobs et dans de bonnes conditions, plusieurs de ces hommes « fragiles » touchent un jour ou l'autre des salaires qui éclipsent ceux de leurs petites camarades intelligentes et disciplinées de la troisième année. Une de mes anciennes collègues remarquait avec une pointe d'ironie qu'un garçon de son école qui était alors dans une classe de soutien gérait maintenant la caisse de retraite de son employeur, gagnant plusieurs fois son salaire et conduisant le dernier modèle d'une luxueuse voiture. Cet as de la finance avait-il eu des droits, des chances auxquels cette rédactrice en chef, très instruite, n'a pas eu accès en tant que femme ? Ou bien leurs antécédents biologiques ont fait qu'ils se sont orientés dans deux voies diamétralement opposées ?

Pour Andrew, les années d'enfance furent les plus pénibles : il passait son temps à « écouter » en classe et à faire ses devoirs, deux activités qui lui déplaisaient au plus haut degré. Avec les années, il inversa progressivement la tendance, devenant plus actif et écoutant moins. La dernière année du secondaire, il s'était fait un tas d'amis, jouait de la guitare, soulevait des haltères en salle de sport et avait appris à conduire. Mais pour aller en cours, il s'extirpait difficilement du lit. « Cet enfant s'est battu toute son enfance, et c'est pourquoi nous sommes si contents maintenant », m'a dit sa mère lorsque je l'ai appelée 15 ans plus tard pour prendre des nouvelles. Elle remplit pour moi les cases manquantes de l'histoire. Après le secondaire, Andrew s'était, comme ses amis de la classe moyenne, automatiquement dirigé vers le collège, même s'il savait que les études allaient être une véritable torture. À la mi-septembre, sa sœur aînée rencontra par hasard un camarade de classe qui suivait des cours dans un institut culinaire. Elle en parla à son frère. « Tu adores cuisiner. Pourquoi n'essaierais-tu pas ? » Il n'en fallut pas plus pour qu'Andrew abandonne ses études collégiales deux semaines après la rentrée et s'inscrive dans une école de cuisine. Une semaine après s'être cassé la tête pour comprendre quelque chose à *L'Iliade*, il préparait une julienne de carottes. Du jour au lendemain, ce culturiste de 1,90 m n'était plus le cancre qui oubliait toujours comment s'épelait le mot « orthographe ». Plus personne ne se souciait qu'il lise *coupe* au lieu de *coude* et ne riait de lui s'il disait que le musicien jouait du « bango » pour banjo. Pour la première fois, il se trouvait dans un endroit où sa présence physique, son œil pour les détails visuels et son approche méthodique allaient lui valoir le respect.

Cette transformation, si l'on peut l'appeler comme cela, méritait une visite. Avec mon mari et une amie, nous sommes allés luncher dans le restaurant huppé où Andrew travaillait et, après le repas, je me suis glissée dans la cuisine pour voir ce qu'était devenu mon ancien patient. De l'autre côté des portes battantes, je l'ai vu dans son habit de chef, sa tête dominant la paroi de plexiglas qui séparait son plan de travail de l'incessant va-et-vient de serveurs cueillant et rapportant les assiettes par le passe-plat. À chaque mouvement des portes, les commandes gribouillées par les serveurs s'agitaient au-dessus de sa tête. Andrew s'affairait à la préparation d'une assiette – des lanières de thon rouge cru, assemblées en éventail, agrémentées d'un joli dessin de wasabi. « Comment ça va ? » Il me gratifia d'un sourire timide, sans s'arrêter de disposer thon et endive. Pendant que nous causions, au milieu de l'agitation qui régnait dans cette cuisine chic à la fin du coup de feu, j'observais la version adulte de l'ancien lecteur bûcheur, du penseur prosaïque et de l'élève à l'orthographe aléatoire que j'avais connu. Malgré la bousculade générale, il restait calme. « Andrew lit une centaine de commandes en 20 minutes, et il le fait rapidement et calmement. Il n'a pas du tout l'air dyslexique », me dit le patron de cet établissement chromé venu discuter quelques minutes avec moi au bar peu après. « Il a peut-être appris à compenser, mais si on ne sait pas qu'il est dyslexique, on ne peut pas le deviner. Nous l'avons surnommé "le professionnel". »

Pour Andrew, cuisiner pour gagner sa vie signifiait qu'il n'avait plus à continuer l'école. Et son travail s'est révélé une source inattendue de bienfaits pour son ego : la plupart des employés de cuisine viennent d'ailleurs, m'a-t-il expliqué ; alors, par rapport à eux, il était excellent en lecture et en écriture. Je lui demandai si sa taille imposante, sans oublier son deuxième emploi de videur, lui valait des points supplémentaires. Se penchant sur moi, il a fait oui de la tête, un sourire jusqu'aux oreilles. Un ou une chef qui ne peut tolérer les « vacheries » et l'atmosphère saturée de testostérone d'une cuisine professionnelle ne fera pas de vieux os. « Parfois, même les gars n'en peuvent plus », me dit Andrew du feu quotidien de plaisanteries agressives, de tapage et de provocations. « Par cette porte tournante, on peut entrer et sortir. Chaque fois qu'il y a un nouveau venu, on a peur de se faire virer. Parce qu'il faut faire ses preuves jour après jour. » Les taquineries et

hurlements permanents l'amusent. Et à l'exception des commandes gribouillées, rien à lire en vue. « Je devrais lire plus de recettes, mais la lecture
n'est pas vraiment mon truc », ajouta-t-il.

Combler les lacunes

Pour quelle raison la lecture rebuterait-elle un jeune homme en apparence sain ? Cette question est demeurée un mystère jusqu'à une période
relativement récente. Il y a une génération, peu d'études sérieuses avaient
été réalisées, l'imagerie cérébrale commençait à peine à se développer –
et elle était de toute manière trop lourde et coûteuse pour l'étude d'enfants en bonne santé – et le Projet Génome Humain n'existait pas encore. Les enfants comme Andrew ne tenaient pas en place lorsque la
frustration montait ou bien ils présentaient deux troubles simultanés –
un trouble déficitaire de l'attention avec hyperactivité (TDAH) *et* une déficience de lecture –, si bien qu'on démêlait mal les causes. On a accusé
tour à tour le sucre non raffiné, un enseignement de mauvaise qualité ou
l'apathie. Beaucoup, plus près du but, croyaient que la dyslexie était liée
au cerveau d'une manière ou d'une autre, et des termes vaguement techniques comme « dysfonction cérébrale minimale » et « trouble d'intégration visuo-perceptive » ont sévi pendant un certain temps, quoique
personne ne sût au juste ce qu'ils signifiaient. Les modes pédagogiques,
sans réel fondement scientifique, sont venues ajouter à la confusion. Les
méthodes globales, populaires dans les années 1970 et 1980, n'ensei-
gnaient pas l'analyse grammaticale, mais reposaient sur la capacité intuitive de l'enfant à analyser ou à reconnaître les mots. Or c'est exactement
ce que les enfants dyslexiques n'arrivent pas à faire, aussi ont-ils perdu encore plus de terrain. Jusque vers la fin du XXe siècle, peu de données
convaincantes ont permis d'expliquer pourquoi 90 % de la population
avait le don de déchiffrer un texte écrit, mais pas les 10 % restant. Lire et
écrire relèvent clairement d'apprentissages. Alors pourquoi certains enfants n'arrivaient-ils pas à les maîtriser ?

La réponse a commencé à se préciser vers le milieu des années 1990, des données montrant les origines neurologiques et génétiques du langage. Il n'y a pas un gène de la dyslexie. Puisque celle-ci peut résulter de différentes permutations et combinaisons de troubles du langage – non seulement la conscience phonologique, mais aussi des troubles d'appellation ou une mémoire paresseuse pour les symboles écrits –, il s'agit vraisemblablement d'un syndrome et non d'un phénomène isolé. L'on sait qu'au moins huit variations génétiques sur les fragments de plusieurs chromosomes (notamment les chromosomes 2, 6 et 15) participent à la réorganisation du développement cérébral. Présentes en diverses combinaisons, ces variations peuvent interférer avec le processus d'apprentissage de la lecture. D'autres sites sur les chromosomes ont été identifiés comme porteurs possibles de gènes impliqués dans la dyslexie, et la cartographie du génome se précise de jour en jour[5].

Les études portant sur les jumeaux montrent clairement les causes biologiques de la dyslexie : en présence de dyslexie, la probabilité que des jumeaux identiques (même signature génétique) en soient tous deux affectés se situe entre 91 % et 100 %. Pour de faux jumeaux (partageant environ la moitié des gènes en cause) la probabilité se situe entre 45 % et 52 %[6]. De toute évidence, la dyslexie est héréditaire, même si l'environnement joue un rôle mystérieux dans la manière dont elle se manifeste chez chacun. Et bien qu'on puisse y remédier grâce à une approche pédagogique appropriée, elle n'est pas *causée* par un mauvais enseignement (au même titre que la myopie est corrigée par des lunettes, mais pas causée par une paire mal adaptée !). Enfin, aucune preuve ne permet d'avancer que le laxisme des parents ou une mauvaise alimentation en soient l'origine. D'ailleurs, c'est un syndrome universel : environ 10 % de la population mondiale est dyslexique[7]. Les garçons sont partout plus touchés que les filles, le rapport allant de 10 pour 1 à 2 pour 1, selon que l'on donne à la dyslexie accompagnée de divers troubles du langage une définition plus ou moins stricte et selon la mesure dans laquelle elle perturbe la vie quotidienne. Une grave dyslexie accompagnée de plusieurs troubles du langage est six fois plus courante chez les hommes[8].

Mais toute différence sexuelle fait l'objet d'une controverse. Au milieu des années 1990, même avec des preuves biologiques, on voulait voir un préjugé sexiste dans toute différence favorisant les garçons. Comme dans l'exemple de l'écart entre garçons et filles quant aux réponses données spontanément en classe, on présupposait que les cerveaux des garçons et des filles devaient être identiques, ou plutôt que le cerveau des filles – et leur comportement – devait ressembler à celui des garçons en tous points. Donc, si les garçons étaient plus nombreux à répondre sans lever la main ou si 10 % des garçons souffraient d'un trouble qui exigeait l'attention de l'enseignant ou une aide de l'école, il devait en être de même pour les filles, et dans des proportions égales[9]. Dans son ouvrage intitulé *Overcoming Dyslexia* (« surmonter la dyslexie »), la professeure de pédiatrie Sally Shaywitz cerne le problème dans les termes suivants : « Pour les enseignants, le comportement normal en classe est celui des filles normales. Du coup, on considère que les garçons turbulents – bien que dans la gamme normale des comportements de garçons – ont un problème comportemental et on les envoie se faire évaluer. Entre-temps, les petites filles bien élevées, qui restent sagement assises sans ouvrir la bouche mais qui n'apprennent pas à lire pour autant, échappent souvent à l'attention des enseignants[10]. » Les études réalisées par la D[re] Shaywitz auprès d'enfants de la population générale chez qui aucune école ou clinique n'avait dépisté de problème particulier ont montré les mêmes résultats, à savoir qu'il y a plus de dyslexiques chez les garçons que chez les filles. Mais la différence entre les sexes n'était plus aussi marquée. Voilà qui tranchait nettement avec les écarts importants trouvés précédemment. Aussi avança-t-elle l'hypothèse que les jeunes filles discrètes passaient à travers les mailles du filet…

Dans certains cas peut-être. Mais un dépistage de la dyslexie au sein de la population risque de révéler de nombreux faux positifs, c'est-à-dire des personnes qui présentent des signes d'un trouble là où il n'y en a pas en réalité. Les capacités scolaires des filles ont tendance à être sous-estimées par les tests standardisés. Par exemple, leurs aptitudes en mathématiques peuvent être aussi bonnes que celles des garçons en classe ; pourtant, leurs résultats aux tests demeurent inférieurs. Or ratisser le plus large possible en dépistant dans la population générale est un exercice controversé : il faut obtenir un nombre suffisant de vraies « touches » pour compenser les faux positifs. S'agissant de dyslexie, plus le trouble est extrême et envahissant, plus la probabilité est grande que des garçons en soient affectés et, par conséquent, identifiés. Surdiagnostiquer un problème en l'absence de preuves tangibles comporte ses propres risques, et on n'effectue pas toujours les suivis nécessaires trop coûteux pour confirmer le diagnostic[11]. Enfin, on ne peut écarter les origines biologiques de la dyslexie. Pendant que j'écrivais ce chapitre, on m'a demandé de suivre un garçon intelligent mais dyslexique que j'avais évalué six ans plus tôt. Son père me dit qu'il était maintenant dans une classe de soutien pour enfants ayant des troubles de lecture, une classe de 15 enfants, tous des garçons. « C'est le chaos total », a-t-il ajouté. Fort probablement, certains élèves étaient non seulement dyslexiques, mais aussi hyperactifs. Les garçons ont plus de risques d'être doublement malchanceux et d'avoir plus d'un trouble du développement à la fois. Cependant, les raisons fondamentales d'une prédominance des garçons dyslexiques ont, en fin de compte, moins à voir avec les partis pris des enseignants et les diagnostics doubles qu'avec la géographie du cerveau.

Le cerveau des hommes est tout simplement moins souple lorsqu'il est question de langage, parlé ou écrit. Si les choses tournent mal, les hommes peuvent se retrouver coincés. Qu'il s'agisse d'un caillot, d'un saignement ou de subtils ratés dans les connexions neuronales responsables de la dyslexie, le cerveau des femmes semble mieux équipé pour réagir à l'imprévu. L'avantage féminin s'explique en bonne partie par l'organisation du stockage et de la récupération du langage dans les deux hémisphères du cerveau. Des examens d'imagerie par résonance magnétique montrent que, chez les hommes, la plupart des fonctions langagières sont localisées dans l'hémisphère gauche, alors que chez les femmes, elles sont réparties dans les *deux* hémisphères[12]. Parmi les nombreux articles scientifiques démontrant cette différence entre les sexes, l'un des premiers, issu d'une étude IRM, fut celui de Sally Shaywitz et de son mari, Bennett Shaywitz, publié en 1995 dans *Nature*. Avec leurs collègues de Yale, les Shaywitz ont montré que les tâches essentielles à la lecture et à l'écriture – reconnaissance des lettres et des rimes, compréhension des mots – étaient fortement latéralisées dans l'hémisphère gauche chez les hommes, mais représentées dans les deux hémisphères chez les femmes[13]. Les résultats obtenus par les Shaywitz semblent contredire la notion que la plus grande proportion de diagnostics de dyslexie chez les garçons serait attribuable aux partis pris des enseignants. Mais là encore, il y a beaucoup de résistance à l'idée que les différences physiques et observables entre les cerveaux des deux sexes sont significatives, surtout depuis que l'on a découvert que le cerveau des femmes était plus petit et plus léger que celui des hommes.

En 1995, une neuroscientifique canadienne, Sandra Witelson, a en grande partie mis fin à la confusion. Elle a montré que le cerveau des femmes était peut-être plus petit, proportionnellement, que celui des hommes, mais qu'il comportait davantage de connexions liées aux fonctions du langage. En comptant littéralement les neurones dans de très fines couches de tissu cérébral, le Dr Witelson et ses collègues ont aussi découvert la présence plus solide de récepteurs dans le cerveau féminin, surtout dans le cortex temporal postérieur, une région spécialisée dans le langage. Cette densité nettement supérieure – la différence est de 11 % – pourrait expliquer que les femmes sont aussi intelligentes que les hommes, même avec un cerveau proportionnellement plus petit[14]. Elle pourrait aussi éclairer la supériorité générale des femmes en langage et en orthographe. Nous avions là une preuve susceptible d'expliquer la différence liée au sexe dans les compétences langagières, différence encore plus prononcée dans le cas d'une prédisposition à la dyslexie. Dès lors, le terrain serait propice à ce que les aptitudes langagières des femmes soient mieux intégrées à d'autres capacités cognitives, dont la mémoire et les émotions, et mieux protégées contre des dommages localisés. En cas de problème dans l'hémisphère gauche, les femmes n'auraient qu'à accéder à l'hémisphère droit. Dans des circonstances normales, les différences entre les sexes seraient subtiles, mais en cas de pépin, elles deviendraient extrêmes.

Il ne s'agit pas juste de différences entre les hémisphères ; d'autres différences anatomiques dans le cerveau d'un enfant dyslexique interviennent. Tandis que l'exposition *in utero* aux hormones mâles dans les premiers mois de la grossesse entraîne de subtiles différences dans les connexions des aires langagières chez les fœtus mâles et femelles, au cours du dernier trimestre, on soupçonne plusieurs gènes liés à la dyslexie de déclencher une migration neuronale qui causerait des ectopies[15]. Ceux-ci sont des paquets de neurones qui s'établissent dans le cortex, là où il ne devrait pas y en avoir (certains scientifiques les appellent « verrues cérébrales », bien qu'elles ne grossissent pas)[16]. La dyslexie présente d'autres anomalies visibles. Par exemple, le lobe frontal droit et le lobe occipital gauche sont censés former un renflement inégal, mais chez les dyslexiques, les asymétries sont inversées ou plus petites[17]. D'autres irrégularités dans les sillons et renflements du cortex entravent la transmission des signaux neuronaux liés à la lecture dans trois zones : le gyrus frontal inférieur (plus ou moins derrière le sourcil), où s'effectue la décomposition des mots en sons ; la région temporo-pariétale (derrière le haut de l'oreille), où l'analyse des mots se poursuit ; et la région occipito-temporale (à l'arrière, loin derrière le lobe d'oreille), responsable de la reconnaissance et de la désignation du mot écrit[18]. Dans le cerveau dyslexique, les signaux du langage naviguent entre ces régions comme s'il s'agissait d'un parcours semé d'embûches, d'où la lenteur du traitement, les erreurs de communication intercellulaire et les connexions anormales. Mais existe-t-il des détours praticables ? Le cerveau des femmes en est mieux pourvu. Avec moins de routes secondaires ou de « solutions de rechange » neuronales capables de prendre le relais au pied levé, les aptitudes de l'homme au langage et à la lecture sont plus vulnérables, tant à des dommages cérébraux précis qu'à des troubles plus diffus, dont la dyslexie. C'est ce qu'ont observé la neuroscientifique Uta Frith et sa collègue Faraneh Vargha-Khadem en examinant l'orthographe et les capacités de lecture de 45 enfants présentant des dommages cérébraux localisés précocement. Chez les garçons dont la lésion se trouvait dans l'hémisphère gauche, l'orthographe et la lecture étaient plus affectées que chez les filles ayant une lésion équivalente. Chez ces dernières, les aptitudes n'étaient ni meilleures ni moins bonnes que celles des enfants moyens, quel que soit l'hémisphère atteint, car d'autres régions du cerveau assuraient la relève[19].

L'asymétrie des hémisphères cérébraux – et entre hommes et femmes – est la règle en ce qui concerne le langage. À cet égard, hommes et femmes n'ont pas un cerveau identique[20]. Cependant, chez les dyslexiques, certains aspects des hémisphères droit et gauche sont plus symétriques. Et ces différences anatomiques se répercutent sur le vécu, le comportement et le diagnostic des garçons dyslexiques.

Des enclaves masculines

Bien sûr, il y a peu de chances qu'Andrew ait su quoi que ce soit de cela au moment de devenir chef cuisinier. N'empêche que les cuisines de restaurants sont de notoires ghettos mâles et, après avoir pris connaissance des tristes antécédents scolaires de quelques grands chefs, je me suis demandé si abandonner ses études n'était pas un préalable à la célébrité culinaire. Encore aujourd'hui, les meilleurs restaurants de Londres, Paris, Berlin, New York et de la Californie sont dirigés par des hommes. Et même si la discrimination sexuelle existe, surtout en Europe, c'est aussi probablement l'autosélection qui explique la rareté des femmes dans les établissements haut de gamme. La discrimination recule progressivement, mais l'environnement basique du travail en restaurant ne change pas : c'est toujours un travail physique, fatigant, salissant, et les horaires sont inhumains. À moins d'être un chef célèbre, travailler en cuisine, c'est comme travailler dans une prison ou sur une plateforme pétrolière – un travail de quart dans un environnement macho.

Au début, cependant, bon nombre de femmes sont attirées. La moitié des étudiants de l'American Institute of Culinary Education et des écoles Cordon Bleu sont des femmes. Mais elles perdent vite leurs illusions. Jetez un œil derrière les portes de presque n'importe quelle cuisine de restaurant n'importe quel soir de la semaine et vous verrez surtout des hommes en sueur vêtus de pantalons à carreaux et de sabots. Une fois diplômées des écoles culinaires, les femmes sont nombreuses à se rendre compte que les horaires et les conditions de travail sont incompatibles avec la vie de famille. Quand tout le monde retrouve ses proches le soir, les week-ends ou pendant les vacances, le chef, lui, parle à ses casseroles. Voici ce qu'a répondu Missy Robbins, première chef au Spiagga, à Chicago, lorsqu'un journaliste lui a demandé pourquoi il y avait si peu de femmes chefs : « Impossible d'avoir des enfants et d'être aux fourneaux à minuit ! » Une autre chef a dit : « C'est dur. Je n'ai pas de vie. Je ne sors jamais. Ma vie, c'est mon restaurant, et c'est parfois un enfer. » Et une autre femme chef encore : « Je ne pouvais même pas songer à avoir un enfant tout en étant chef. C'est aussi simple que ça. C'est comme travailler dans la construction. Ce n'est pas tellement adapté, c'est tout[21]. »

Il faut dire que, comme décor emblématique de la virilité, les cuisines de restaurant rivalisent avec les champs de bataille. Voici ce qu'écrit Adam Gopnik à propos de la formation du chef trois étoiles Bernard Loiseau : « Il a appris la cuisine comme stagiaire chez les Frères Troisgros, près de Lyon, où il est devenu maître dans la terrifiante discipline de la coupe de l'oignon et du filetage du poisson, à raison de 12 heures par jour ; il a même appris à tuer les grenouilles en leur frappant nonchalamment la tête contre la table de cuisine[22]. » Après avoir lu *Cuisine et confidences* d'Anthony Bourdain, ouvrage sans détours, j'ai perdu pendant des mois toute envie de manger la nourriture préparée dans une cuisine professionnelle, et encore plus d'y travailler. Voici la description que Bourdain donne du chef et du personnel de cuisine du restaurant de Provincetown où il a fait ses débuts :

> [Ils] avaient des allures de pirates avec leurs blouses aux manches arrachées, leurs jeans, leurs vieux foulards et bandeaux autour de la tête, leurs tabliers couverts de sang, leurs créoles grosses comme des poings, leurs bracelets, leurs ras-du-cou et colliers de turquoise, leurs bagues sculptées en os ou en ivoire, leurs tatouages […] Ils avaient un style, une attitude, ils semblaient n'avoir peur de rien, buvaient tout ce qui se trouvait à portée de main, volaient tout ce qui n'était pas sous clef, maltraitaient le petit personnel, les habitués du bar et les clients du restaurant avec un aplomb sidérant. Ils se pavanaient avec d'énormes couteaux de boucher parfaitement aiguisés. Les poêles et les casseroles sales qui volaient à travers la cuisine ne manquaient jamais d'atterrir dans mon évier[23].

Et dans *Chaud brûlant*, l'histoire fascinante de l'apprentissage de Bill Buford auprès des chefs Mario Batali et Dario Cecchini, l'idole de Batali, le lecteur oscille entre des sentiments de sympathie et le soulagement de n'avoir jamais connu une telle expérience. Une cuisine de restaurant est une affaire de territorialité (« ils te bousculent parce qu'ils peuvent se le permettre : ils te remettent à ta place », lui dit Batali) ; il y a les démonstrations classiques de domination (« Voici les petits pois, chef. » Mais ils n'ont pas l'air d'être à son goût. « Tu n'y es pas du tout, connard. Ils sont trop cuits, putain. À cause de toi, ils sont fichus, espèce d'enculé ») ; et il y a l'agressivité, qu'on appellerait violence partout ailleurs. Le jour où Buford a mal cuit une côtelette de porc, Batali l'a écarté de son poste de travail, lui a passé un savon devant tout le monde, puis lui a enfoncé une pizza chaude dans la bouche.

> Il en confectionna plusieurs, les fleurissant de noix de saindoux et de sauce pimentée au chili, une concoction spongieuse et coulante. Mario mordit dedans et la pizza dégoulina, sur sa joue, en un filet de graisse brillante, brûlante. Si je remarquais ce détail, c'est que je l'observais, n'ayant toujours rien de mieux à faire : observer. Après quoi, il se dirigea droit vers moi et me fourra le reste de la pizza dans la bouche – vite et énergiquement.
>
> « Ceci, dit-il, est le goût que toute l'Amérique attend. » Son visage frôlait presque le mien. « Tu ne crois pas que c'est le goût que toute l'Amérique attend ? » Sa tête était renversée en arrière, comme un boxeur, présentant son menton, mais protégeant son nez. Les pieds légèrement écartés, l'air belliqueux. Il me fixait d'un regard dur, presque méprisant. Il attendait que j'acquiesce.
>
> « Ceci, dis-je, est ce que l'Amérique attend[24]. »

Il existe des femmes capables de supporter cette pression 16 heures d'affilée, mais le taux d'abandon est élevé. Pour qu'une femme puisse apprécier son travail auprès de tels hommes, il lui faudrait avoir encore plus de couilles, de répartie et de grossièreté qu'eux. Et à la fin de la journée, il faudrait que l'assiette qu'elle sert à des étrangers lui importe plus que sa vie familiale. Pour Andrew, encore dans la vingtaine, cette question ne se posait pas, du moins pour le moment. D'ailleurs, quel choix avait-il ? Comme il le disait : « J'aime cuisiner. J'étais malheureux à l'école. » C'était aussi simple que cela.

Pierre, Jean, Jacques… et Wendy

Il se trouve que l'histoire d'Andrew n'a rien d'exceptionnel. C'est celle de nombreux jeunes hommes victimes de troubles de lecture qui ont abandonné leurs études universitaires pour apprendre un métier. En 2001, le ministère de l'Éducation des États-Unis a entrepris de suivre 11 000 adolescents inscrits dans des services d'éducation spécialisée dans le cadre d'une étude prospective appelée National Longitudinal Transition Survey (NLTS). Ce large groupe d'enfants, alors âgés de 13 à 16 ans, était suivi jusqu'à l'entrée dans l'âge adulte et, en 2006, ils avaient été évalués deux fois. À ce moment-là, les trois quarts des élèves avaient terminé leur secondaire et parmi ceux qui avaient arrêté avant, la plupart étaient des garçons. Seuls 9 % des élèves s'étaient inscrits à des études universitaires d'une durée de 4 ans, et la plupart étaient des filles. Cela ressemblait fort à de mauvaises nouvelles pour les garçons. Mais la bonne nouvelle, si l'on peut l'appeler ainsi, c'est que les garçons avec des troubles d'apprentissage étaient beaucoup plus forts que les filles aux tests d'aptitudes mathématiques, scientifiques et motrices, et que ces aptitudes semblent les avoir aidés à se lancer dans des métiers ou dans les affaires. Lors de la dernière évaluation, 85 % d'entre eux travaillaient à temps plein sans compter leurs heures[25].

En avril 2006, j'ai reçu un courriel de Mary Wagner, la principale chercheuse de l'étude, me disant que ceux qui avaient abandonné leurs études à cause de leurs troubles d'apprentissage avaient deux fois plus de chances de travailler à temps plein et gagnaient un salaire horaire plus élevé que les filles. C'était là tout le paradoxe : les femmes réussissaient mieux à l'école, mais les hommes consacraient plus d'heures à des emplois mieux rémunérés. La même tendance se dégageait d'autres études qui s'étaient intéressées au devenir de jeunes gens avec des difficultés d'apprentissage : les hommes trimaient dur dans des emplois à temps plein ; les femmes, lorsqu'elles travaillaient, avaient nettement plus de probabilités de travailler à temps partiel ou étaient mères au foyer[26]. Étonnamment, ces hommes gagnaient même plus d'argent que les femmes n'ayant eu aucun trouble d'apprentissage, ce qui m'a rappelé ma collègue rédactrice en chef et son ancien camarade de classe qui gérait son fonds de retraite. Les capacités de lecture de ce dernier ne s'étaient probablement pas améliorées, mais des horaires allongés et le désir de s'enrichir dans un domaine à risques compensaient ses lacunes.

Et il y avait quelque chose d'autre. Dans bien des cas, les personnes dyslexiques qui avaient trouvé le moyen de réussir se passionnaient pour un domaine en particulier. Selon Rosalie Fink, chercheuse à Boston, ce qui caractérisait les 60 adultes dyslexiques ayant réussi, c'était leur détermination sans limites. Fink s'est intéressée aux dyslexiques qui avaient poursuivi des études supérieures suffisamment longues pour devenir des scientifiques ou des professionnels reconnus. Elle avait découvert qu'ils possédaient une persévérance à toute épreuve, grâce à laquelle ils avaient continué à lire – même à la vitesse d'une tortue –, ainsi qu'une curiosité insatiable dans un domaine particulier. Ils avaient lu tout ce qu'ils trouvaient sur ce sujet, maîtrisant petit à petit le vocabulaire pour pouvoir compter sur les connaissances acquises au lieu de s'arrêter pour analyser chaque nouveau mot[27]. Par chance, les études de Fink citent ses sujets dyslexiques qui racontent volontiers comment ils se sont éduqués eux-mêmes : « D'abord, il y a eu mon intérêt pour les avions au primaire, qui s'est vite transformé en passion pour les systèmes à propulsion en septième et huitième année… La chimie de l'azote me fascinait. Mais pour y comprendre quelque chose, le seul moyen, c'était de commencer à lire des livres de chimie. Alors, je me suis procuré des livres de chimie organique et j'en ai lu autant que j'ai pu en trouver », relate Ronald W. Davis, aujourd'hui professeur de biochimie à Stanford. Le physicien James Bensinger raconte ainsi son attirance pour son domaine : « Dès la cinquième année, j'ai su que j'allais consacrer ma vie à la physique. Alors, j'ai fait des tas de lecture. J'ai lu des revues, des livres, et j'y ai passé énormément de temps, juste à lire sur la physique. » C'est le désir de maîtriser un domaine de prédilection qui a poussé ces hommes à lire, et comme ils étaient extrêmes, leurs goûts l'étaient aussi.

Les femmes dyslexiques ont pour leur part des intérêts plus vastes, lisant pour découvrir d'autres réalités ou explorer d'autres univers intimes, et non pour acquérir une banque de données concrètes. Ann Brown, chercheuse en éducation, dyslexique, décrit ainsi son éveil au monde de l'écrit : « Je me souviens d'avoir lu beaucoup de romans historiques ; je les dévorais, surtout ceux de la période des Tudor et des Stuart, car il s'agissait beaucoup d'histoires d'amour. » Une autre femme raconte avoir été captivée toute jeune par les romans de Judy Blume. Autant Rosalie Fink voulait à tout prix éviter les stéréotypes sexuels, autant on ne pouvait ignorer que les hommes et les femmes dyslexiques choisissaient des lectures différentes, comme les hommes et les femmes en général. Les femmes achètent 80 % des ouvrages de fiction, probablement parce que ces livres leur font découvrir l'univers mental d'autres personnes[28]. Les hommes dyslexiques sont plus extrêmes que l'homme moyen étant donné la faiblesse de leurs aptitudes langagières, et plus extrêmes que les femmes dyslexiques dans leur intérêt pour les choses plutôt que pour les gens. Se consacrant à un seul centre d'intérêt, ils acquièrent une expertise que peu possèdent.

Lire abondamment lorsque la lecture est un exercice laborieux demande beaucoup de détermination. Et la détermination, je m'en suis rendu compte, était une autre des caractéristiques des hommes dyslexiques qui réussissent. Comme Daniel Paley me l'écrivait dans un courriel, la science-fiction et les aventures de Tintin ont enflammé son imagination, mais ce qui a réellement contribué à son succès dans la Silicon Valley, c'est sa capacité à persévérer jusqu'à la réalisation de son objectif. Les capacités de lecture du jeune Daniel, dyslexique, étaient rudimentaires et son orthographe était pire encore. Il se tirait d'affaire lors des évaluations orales, mais échouait dans les examens écrits avec une limite de temps. S'intéressant aux systèmes électriques, il fit des études de génie, malgré ses difficultés chroniques pour lire et l'espoir qu'entretenaient ses parents de le voir choisir une voie plus facile. « Es-tu sûr de ton choix ? » lui demandait sa mère.

Et lui répondait : « S'il te plaît, laisse-moi faire ces études-là. » « De mes trois enfants, lui seul savait vraiment ce qu'il voulait faire. Avec les années, il a mieux compris ses difficultés et il les a vraiment prises en charge. Il se prenait toujours en main. »

Doté d'une persévérance obstinée et d'excellentes aptitudes à la résolution de problèmes spatiaux et techniques, Daniel Paley a conçu des puces numériques « grâce à un raisonnement logique et à une capacité d'aller à l'essentiel – des choses que je maîtrise bien », m'a-t-il dit au téléphone pendant qu'il roulait sur une autoroute californienne. La ligne était coupée de temps à autre, mais chaque fois, il me rappelait et reprenait au milieu de sa phrase. Travaillant alors sur un dispositif d'identification par radiofréquence qui remplacera les codes à barres dans les magasins-entrepôts, Daniel m'expliqua comment ses difficultés de lecture l'avaient ralenti mais aussi, paradoxalement, lui avaient permis de faire abstraction des détails superflus, de développer une vision d'ensemble et d'aller du général au particulier, comme dans *Gödel, Escher et Bach*, a-t-il ajouté, faisant référence à l'ouvrage de Douglas Hofstadter (1979) qui établissait des parallèles entre les mathématiques, l'art et la musique. En adoptant la perspective la plus vaste possible, Daniel cristallise apparemment ses points forts. Dans son langage direct, « donner une raclée aux obstacles » et « brûler le texte » étaient des métaphores pour décrire l'énergie lente que lui demandait la lecture. « C'est comme brûler du teck au lieu d'utiliser le bois que l'on peut trouver n'importe où sur la plage », disait-il pour comparer sa méthode de lecture à celle des autres. « Je dépense plus de temps et d'énergie pour acquérir l'information. » Mais une fois que c'est rentré, il peut y voir des *sens* qui échappent aux autres, et il se laisse rarement distraire par le conflit ou les émotions. « Une fois que j'ai compris le système, je suis très fort pour le manipuler. ».

Décrire sans gêne ses lacunes et ses talents, et les faire correspondre à une carrière sont précisément les atouts du succès, dit le chercheur Paul Gerber. Selon lui, l'adulte dyslexique qui réussit a trouvé une niche adaptée à ses points forts et sait exactement ce dont il a besoin pour réussir[29]. Avec son collègue Rick Ginsberg, Gerber a interviewé 46 adultes très performants qui avaient des troubles d'apprentissage et 25 adultes d'un groupe contrôle. Les personnes qui avaient réussi étaient non seulement focalisées sur un but, mais aussi capables de s'adapter, trouvant des solutions originales à leurs problèmes d'apprentissage. « J'ai interviewé un dermatologue qui m'a dit qu'il y avait 28 spécialisations médicales, raconte Gerber. Et il a choisi la dermatologie parce que chaque maladie de peau est illustrée dans les manuels par une image qu'il peut regarder. » Wendy Wasserstein, lauréate du prix Pulitzer théâtre, étudia dans une école rabbinique pour filles, à Brooklyn, tournant les pages aussi vite que possible pour cacher le fait qu'elle arrivait à peine à lire. Mais une fois adulte, elle n'avait plus besoin de faire semblant. Elle choisit le théâtre parce que les pièces étaient pour elle plus faciles à lire que toute autre forme de texte. « Elles sont courtes et imprimées en gros caractères, avec beaucoup de blanc sur la page. Aussi, on peut aller à la bibliothèque pour lire et écouter les pièces en même temps. Et plus tard, quand on relit les pièces, on entend la voix des lecteurs[30]. » Avec l'aide d'une copiste qui corrige son orthographe, l'adulte Wasserstein a trouvé le plus vivant des médias écrits, celui où les mots parlent.

La dyslexie : paradoxalement, un don

Les pièces de Wasserstein mettent en scène des femmes de la génération des baby-boomers qui, comme elle, ne trouvent pas le chemin qui mène directement à la réalisation de soi. Avec des détours par l'humour et l'absurde, son travail est aussi éloigné que possible de celui d'un ingénieur en électricité. Pourtant, elle serait d'accord avec Daniel Paley : tout comme lui, elle considère que « la dyslexie est un don, parce qu'on pense sur un mode moins linéaire ». Croire que les gens dotés d'une pensée non conventionnelle possèdent aussi des pouvoirs inhabituels est une idée attrayante. Dans *The Spirit Catches You and You Fall Down* (« l'esprit t'attrape et tu tombes »), Anne Fadiman parle du culte que le peuple Hmong d'Asie du Sud-Est voue à l'épilepsie. « La personne épileptique perçoit des choses que les autres ne voient pas, croit-on, et les crises en sont la preuve [...] Étant elle-même malade, elle éprouve une sympathie intuitive pour la souffrance d'autrui. » En règle générale, les personnes qui ont le *quag dab peg*, c'est-à-dire « l'esprit qui vous attrape », sont des hommes considérés particulièrement aptes à remplir le rôle de chef ou de guérisseur spirituel du fait même de leur épilepsie[31]. Des visions romantiques de troubles cérébraux peuvent conduire à des conséquences tragiques. Lia Lee, le jeune sujet du portrait de Fadiman, se languissait en raison d'un désaccord transculturel quant à l'opportunité de traiter l'épilepsie dont elle souffrait ainsi que les complications et séquelles en découlant. De similaires visions romantiques de la schizophrénie ont eu des effets désastreux. Pourtant, les personnes dyslexiques mentionnent souvent les avantages de leur trouble. Mais cherchent-elles simplement à voir le côté positif d'un coup de dé malheureux de la génétique ?

Il faut se demander si les neurosciences, qui ont changé notre regard sur les dyslexiques, peuvent aussi expliquer leur don pour les chiffres ou leur approche créative et peu orthodoxe de l'univers physique. Les facteurs génétiques, hormonaux et environnementaux responsables des lacunes par rapport au monde de l'écrit peuvent-ils être liés à d'autres qualités ? Albert Galaburda, neurologue à la Harvard Medical School, fut le premier à avancer l'hypothèse que les déficits de l'hémisphère gauche présents dans la dyslexie pourraient être compensés par des réseaux corticaux bonifiés dans les aires non linguistiques du cerveau. Et les chercheurs américains Paul Gerber, Sally Shaywitz et Maryanne Wolf sont d'accord pour dire que les talents associés à l'hémisphère droit présents chez les dyslexiques ne sont pas une simple coïncidence. Selon eux, des facteurs liés à la dyslexie pourraient favoriser la perception de systèmes ou d'agencements là où d'autres ne verraient qu'une accumulation de choses disparates[32]. John Stein, qui fit des recherches sur la neurobiologie de la dyslexie à l'Université d'Oxford, commença ainsi une conférence en 2001 : « Le cerveau des dyslexiques est différent, et leurs problèmes ne se limitent pas à la lecture, à l'écriture et à l'orthographe, mais englobent l'incoordination, la confusion gauche-droite et une faiblesse générale dans l'enchaînement spatio-temporel. » Pas très jojo, n'est-ce pas ! Pourtant, selon Stein, cette faiblesse a persisté parce qu'elle comporte un « avantage compensateur ». Il la compare à la drépanocytose, une mutation génétique qui déforme les globules rouges et les empêche de circuler librement dans les vaisseaux sanguins. D'après les biologistes, la maladie a persisté dans les plaines africaines parce qu'elle protégeait les gens contre la malaria transmise par les moustiques. Soulignons ici que tout lien entre la dyslexie et la réussite tient plus d'une analogie que d'une comparaison directe avec le vecteur d'une maladie et son hôte, qui offre une correspondance parfaite. Cependant, Stein laisse entendre que « le talent artistique, inventif, politique et entrepreneurial est peut-être plus répandu chez les dyslexiques qu'on ne le croit… Il y a certainement un grand nombre de personnes très célèbres, riches et talentueuses qui étaient dyslexiques, par exemple Hans Christian Andersen, Churchill, Edison, Einstein, Faraday, Rodin, Léonard de Vinci, pour ne nommer que ceux-là[33]. »

On peut mettre en doute le profil dyslexique de ce casting de célébrités. Le diagnostic rétroactif demeure un exercice imparfait. Mais même si je suis sceptique sur ces diagnostics (difficile d'imaginer Winston Churchill peinant à lire ou à trouver le mot juste), nous avons vu que les hommes étaient plus nombreux aux deux extrémités du continuum des aptitudes. Or, cela nous conduit à poser la question suivante : les hommes ont-ils plus de probabilités d'afficher simultanément les deux extrêmes, à savoir une déficience dans un domaine et un don dans un autre ? De nombreux inventeurs – dont les aptitudes de résolution de problèmes visuo-spatiaux sont souvent exceptionnelles – ont rapporté que leurs capacités de lecture et d'écriture n'étaient pas à la hauteur, d'où des échecs scolaires, et Thomas Sowell, qui a étudié des enfants ayant parlé tardivement, a découvert que 72 % d'entre eux étaient inhabituellement doués pour la résolution de casse-tête. Cela paraît donc plausible, quoique le « don » ne s'applique pas à n'importe quel domaine. En voulant vérifier la présence d'un lien entre la dyslexie et les capacités visuo-spatiales, les psychologues Ellen Winner et Catya von Karolyi ont constaté que les dyslexiques déterminaient avec beaucoup plus de rapidité et d'exactitude la vraisemblance de figures complexes, semblables aux dessins d'Escher – comme si un talent inhabituel leur permettait d'en imaginer la configuration dans l'espace[34]. Cela expliquerait l'intuition de Daniel Paley sur le sixième sens qui lui permettrait de voir une situation dans son ensemble pour résoudre les problèmes spatiaux. Se pourrait-il qu'un ensemble de gènes prédisposant à des difficultés de lecture puisse par ailleurs favoriser la capacité à saisir une vue d'ensemble ou la capacité à repérer exactement ce qui fait sens visuellement ? Selon Jeffrey Gilger, un neuroscientifique de l'Université Purdue, il se peut que les facteurs génétiques ou neurodéveloppementaux qui causent la déficience de lecture soient également à l'origine de ces dons non verbaux[35].

Ces échanges neurologiques expliquent peut-être pourquoi des hommes comme Andrew et Daniel sont désavantagés dans les études, mais peuvent réussir dans le monde du travail. L'exemple le plus souvent cité du cancre génial est Albert Einstein, bien connu pour avoir parlé tardivement et été, au mieux, un élève médiocre. Il est toujours risqué qu'une personne de cette stature soit récupérée par un groupe d'intérêt désireux de s'y identifier. Mais dans le cas d'Einstein, il n'est pas invraisemblable que l'homme dont les éditeurs et les traducteurs soulignèrent les fréquentes fautes d'orthographe dans les noms propres[36], qui avait du mal à mémoriser et qui comparait les examens scolaires à une « guillotine[37] » ait eu de la difficulté à maîtriser l'apprentissage machinal de l'orthographe et de l'écriture – deux indices de dyslexie.

Dans un article publié par la revue *Skeptic*, Marlin Thomas, un spécialiste des troubles d'apprentissage, qui écarte complètement l'idée de troubles d'apprentissage chez Einstein, décrit la pensée de ce dernier comme des associations libres d'images visuelles qu'il s'efforçait de communiquer, comme s'il les avait sur le bout de la langue[38]. Et Einstein lui-même qualifiait ses pensées d'images de « nature visuelle et musculaire », où « les mots ne semblaient jouer aucun rôle[39] ». Nous ne saurons jamais si c'est un manque de motivation pour l'école ou un problème de langage d'origine biologique qui fit d'abord dérailler Einstein au sein du système éducatif allemand – rigide et centré sur l'apprentissage machinal. « Je préférais endurer toutes sortes de punitions plutôt que d'apprendre du charabia par cœur[40] », disait-il. Nous savons qu'il n'assistait qu'aux cours qui l'intéressaient et qu'à la fin de ses études secondaires, il échoua à l'examen d'entrée d'un institut technologique à

Zurich[41]. Mais en fin de compte, sa capacité démesurée pour l'imagerie visuo-spatiale et la résolution de problèmes mathématiques éclipsa toutes ses lacunes en orthographe, en rapidité de lecture ou en sociabilité. « Je suis un solitaire, je ne suis pas fait pour le travail en collaboration ou en équipe. Je n'ai jamais appartenu entièrement à aucun pays ou cercle d'amis, ni même à ma propre famille. Ces liens ont toujours été empreints d'une vague distance », a-t-il écrit, ajoutant la détermination à son éventail de traits masculins[42].

Une dernière parenthèse sur le sujet. Einstein est décédé en 1955 et 44 ans plus tard, son cerveau a fini sa course dans le laboratoire de Sandra Witelson, à l'Université McMaster. Il avait été pesé, perfusé de formol, coupé en 240 blocs égaux et oublié pendant des décennies dans un bocal sur une quelconque étagère. Avec une banque de 99 cerveaux moyens – 43 hommes et 56 femmes – qu'elle pouvait utiliser à des fins de comparaison, la professeure Witelson était bien placée pour voir ce que le cerveau d'Einstein valait. Celui-ci avait à peu près le même poids que les autres, mais était 15 % plus grand et présentait des caractéristiques uniques. La scissure de Sylvius – un enfoncement qui sépare les lobes frontaux et pariétaux des lobes temporaux – était plus courte que la moyenne et inclinée vers le haut ; les sillons des lobes pariétaux, les aires spécialisées dans le raisonnement mathématique et spatial, présentaient une disposition inhabituelle. Selon Witelson, ceux-ci étaient le signe de connexions neuronales plus nombreuses dans les parties du cerveau responsables de la pensée visuelle et spatiale, et de la représentation du mouvement dans l'espace. Cette croissance accrue et ces connexions plus denses pourraient-elles avoir eu des répercussions ailleurs ? L'expansion des lobes pariétaux aurait-elle empiété sur les aires du lobe temporal, spécialisées dans le langage (on a avancé qu'un changement dans les tissus neuronaux entre les zones temporales et pariétales serait à l'origine de certaines anomalies cérébrales chez les dyslexiques[43]). Dans le cas d'Einstein, il s'agit encore d'une hypothèse. Pour le moment, nous savons seulement qu'« une certaine région gyrale du lobe de l'opercule frontal était différente de celle du groupe contrôle ». On peut établir un rapprochement entre cette anomalie et le développement atypique du langage rapporté par Einstein dans des comptes rendus biographiques, comme l'écrit Witelson dans son rapport sur le cerveau d'Einstein en 1999[44]. Il est séduisant de penser que des lacunes dans un domaine puissent être compensées par des talents dans un autre, mais en ce qui concerne Einstein, la démonstration reste à faire.

La dyslexie chez les filles

Et qu'en est-il des filles qui souffrent de difficultés de lecture? Les chercheurs voulant comparer garçons et filles dyslexiques se heurtent souvent au manque de sujets féminins, d'où l'absence de solides conclusions[45]. Mais les quelques filles dyslexiques qui se sont présentées dans mon bureau paraissaient très différentes des garçons. Loin d'être aussi silencieuses et effacées que le veut le stéréotype, elles étaient bavardes et s'exprimaient avec aisance. Une fille de sept ans est « pétillante, les yeux écarquillés, théâtrale », dans mes notes, et si ses aptitudes à la lecture étaient sérieusement déficientes, j'avais écrit: « son excellente expression verbale masque presque ses lacunes ». Une petite fille de six ans, Rebecca, extravertie et confiante, donne d'elle-même et de son humeur une description qu'on entend rarement chez les garçons: « Je me sens heureuse aujourd'hui, et je pense que je serai bonne là-dedans parce que je suis une comédienne née! » Rebecca eut longtemps beaucoup de difficulté à écrire, à dessiner et à effectuer son travail scolaire[46], mais elle était passée maître dans l'art d'engager une conversation socialement appropriée, sans jamais se plaindre ni refuser directement une demande. Lorsque je lui demandai d'écrire quelques phrases, elle se leva d'un bond, feignant la surprise: « Quelle heure est-il? Je crois que ma mère vient d'arriver! » Peut-être que ce n'était pas sa mère qui frappait à la porte, lui ai-je dit, mais juste elle qui n'avait pas envie d'écrire. Comme si elle était déçue pour moi, elle m'a dit d'un air contrit: « Pas aujourd'hui, mais un autre jour peut-être. » Ce n'était pas la première fois que je rencontrais une fille qui, ayant un trouble d'apprentissage, était consciente de ses propres faiblesses et semblait vouloir se protéger tout en épargnant les sentiments d'un adulte.

À tous les âges et stades du développement, les filles sont plus sensibles à leurs états émotionnels et à ceux d'autrui, et ce trait est si omniprésent dans différents milieux que je lui ai consacré un chapitre entier. Des années plus tard, reprenant contact avec les filles dyslexiques rencontrées en consultation, j'ai tout de même été étonnée de les retrouver dans des emplois centrés sur les relations humaines : éducatrices en garderie, thérapeutes et porte-parole de personnes ayant des troubles d'apprentissage. Des sept femmes dyslexiques que j'ai retrouvées, six étaient diplômées d'études supérieures en éducation, en psychologie ou en travail social, et quatre d'entre elles travaillaient en garderie. Leurs capacités d'empathie et de communication avaient orienté leurs carrières. Un jour, on m'a invitée à assister à une conférence des *Ambassadors,* un groupe d'entraide pour adultes ayant des troubles d'apprentissage qui donnent des conférences pour raconter comment ils s'en sont sortis. Quelle ne fut pas ma surprise de constater qu'il n'y avait que des femmes dans ce groupe. Bien que la dyslexie soit un trouble éminemment masculin, quand il s'agit d'éduquer et de communiquer l'expérience personnelle, ce sont les femmes qui répondent à l'appel.

J'eus beau rencontrer six fois plus d'hommes que de femmes dyslexiques, parmi eux, aucun n'avait opté pour une profession dans l'enseignement ou la relation d'« aide » – psychologie, travail social, éducation des jeunes enfants ou conseil. Tous avaient choisi un travail qui créaient un produit – restauration, cinéma, fonds de placement, franchises – et s'intéressaient moins aux interactions humaines qu'aux résultats eux-mêmes. Comme je recherchais des histoires à succès, mon échantillon n'était pas aléatoire. Cependant, il existe peu de travaux sur le cheminement professionnel de personnes dyslexiques qui ont réussi, et aucun d'eux ne porte sur des adultes diagnostiqués à l'âge adulte, comme Charles Schwab, de la société de courtage éponyme. Ce dernier a compris pourquoi il avait toujours eu du mal à lire lorsqu'on a diagnostiqué la dyslexie de son fils, en 1988. Ayant toujours excellé dans les mathématiques et les sports, Schwab dit qu'il doit son admission à Stanford à ses talents de golfeur. « Le vilain petit secret, c'est que je pouvais à peine lire. Encore aujourd'hui, je lis très lentement. » Comme les dyslexiques présentés plus tôt dans le chapitre, Schwab avait l'impression de posséder un talent compensateur. « En cours de route, j'ai frustré certains de mes associés parce que je pouvais voir l'aboutissement d'une chose plus vite qu'eux, j'allais au devant des conclusions », a-t-il dit à un journaliste du *New York Times*. « Je passe directement de A à Z[47]. » Même chose pour d'autres hommes dyslexiques que j'ai rencontrés à l'âge adulte, également plus centrés sur les conclusions. L'un passe son temps à acquérir des franchises commerciales chancelantes, puis les rajeunit et les vend à profit : il réussit sans avoir jamais terminé ses études universitaires. Un autre a fait des études universitaires en Angleterre et possède sa propre entreprise d'architecture paysagère, qu'il dirige avec l'aide de la technologie : un logiciel de reconnaissance de la voix pour rédiger, une machine KRM qui lit les textes imprimés à voix haute, un GPS au lieu de cartes et des trucs mnémoniques qu'il a inventés pour contourner ses difficultés de langage et de mémoire. Le système d'éducation britannique a joué un rôle déterminant dans son succès, dit-il. « Le système scolaire nord-américain repose essentiellement sur l'éthique du travail. On croit qu'il suffit de travailler plus fort pour réussir. Mais c'est faux. Cela ne marche pas. On finit simplement par se fatiguer. En revanche, en Grande-Bretagne, la méthode est beaucoup plus proactive. Mes professeurs me disaient : "Vous avez un trouble d'apprentissage et vous le savez. Pourquoi ne pas dicter vos travaux et les faire taper ?" Mais en fin de compte, la différence essentielle entre les études et le travail, c'est qu'au travail, personne ne s'intéresse à la manière dont on parvient au but. »

Ce qu'ils et elles font de leur dyslexie

Et où se trouve ce fameux « but » s'avère être au cœur du puzzle. Les femmes et les hommes présentés dans ce chapitre ont poursuivi des objectifs compatibles avec leur profil développemental – et ils cadrent remarquablement bien avec les travaux actuels sur les différences entre hommes et femmes dyslexiques. Les hommes ont choisi des carrières leur permettant de contourner les obstacles que sont pour eux la lecture et l'écriture. Ils ont privilégié la fabrication d'un produit. Les femmes, moins nombreuses, ont étudié plus longtemps, obtenant plus de diplômes universitaires et moins de diplômes techniques et professionnels que les hommes, et ont été nettement plus nombreuses, nous l'avons vu, à choisir un travail les mettant en relation avec les gens. Par ailleurs, plus de femmes que d'hommes ont opté pour le travail à temps partiel[48]. Ainsi, les choix professionnels des hommes et des femmes dyslexiques se présentent comme un microcosme des choix de la population en général. Avec des profils cognitifs qui reproduisent les différences sexuelles *moyennes*, ces hommes, dont les capacités visuo-spatiales sont largement supérieures à leurs aptitudes langagières, ont fait des choix qui correspondent aux tendances moyennes de leur sexe. Bien sûr, on pourrait s'attendre à ce que l'individu, homme ou femme, justement du fait de son individualité, fasse des choix qui s'écartent de la norme. Mais les parcours individuels et les chiffres racontent finalement la même histoire : des différences sexuelles d'ordre qualitatif dans les résultats scolaires et, enfin, dans les choix de carrière.

Rien d'ordinaire chez ces hommes qui ont plus de probabilités que les femmes de développer des difficultés de lecture. Ils ne sont certes pas meilleurs ou plus intelligents qu'elles. Leurs choix de carrière, qui accordent la préférence aux objets plutôt qu'aux personnes, reflètent leurs forces et faiblesses, et ne dénotent pas un jugement de valeur quant aux mérites des diverses professions. Pourtant, à scolarité égale, il n'est pas difficile d'imaginer l'emploi le plus rémunérateur : informaticien ou enseignante, chef cuisinier ou éducatrice en garderie, propriétaire de franchise ou travailleuse sociale. Comme beaucoup de femmes dans la population générale, les femmes dyslexiques choisissent des carrières au sein desquelles l'expérience à vivre – les relations, l'enseignement, le conseil – est une fin en soi. Au final, les femmes gagnent en moyenne 20 % de moins que les hommes et optent pour des emplois qui leur permettent de concilier travail et vie de famille. Dans ces décisions, les femmes semblent accorder moins de poids à la valeur marchande de leurs choix et plus à d'autres facteurs, comme la flexibilité, l'épanouissement dans le travail ou le plaisir[49].

Voilà ce qu'ont découvert trois économistes à partir d'un échantillon de 562 bacheliers et bachelières, très représentatif de la société américaine. Les femmes optaient en très grande majorité pour des études dans le

domaine de l'éducation et des arts et lettres, même en sachant qu'elles gagneraient moins d'argent que si elles étudiaient les sciences ou l'administration[50]. On pourrait s'attendre à ce que les femmes diplômées de la
faculté des arts soient plus instruites et que plus on est instruit, plus on
gagne d'argent. Mais non. Même avec des ambitions universitaires plus
grandes et une performance scolaire systématiquement supérieure, les
filles et les femmes – surtout celles issues des minorités – qui vont à l'université en plus grand nombre choisissent à l'âge adulte des emplois souvent
moins lucratifs[51]. Bien qu'il existe encore des pratiques salariales inéqui-
tables pour un même travail, l'écart salarial dont je parle est d'un tout autre
ordre. Les femmes qui choisissent des domaines et des emplois moins rémunérateurs influencent elles-mêmes les chiffres, comme si elles disaient :
«Voici le travail que je veux faire. Voici l'horaire qui me convient. Et ça
vaut la peine de gagner un peu moins pour l'obtenir. »

Mais pourquoi diable feraient-elles une chose pareille ?

Chapitre 3

Quand les femmes décident d'abandonner le navire

Début 2005, les choix professionnels des femmes firent la une des journaux. Avec la guerre en Irak, les poursuites contre les soldats impliqués dans le scandale d'Abou Ghraib, la fonte de la calotte glaciaire et le bilan toujours plus sinistre des victimes du sida en Afrique, le nombre de professeurs féminins dans les facultés de sciences était désormais un sujet d'intérêt public. Le recteur de l'Université Harvard, Larry Summers, avait été le catalyseur de cet intérêt, s'interrogeant sur la faible représentation des femmes dans les départements de sciences, de mathématiques et de génie. S'agissait-il de différences innées entre les sexes pour les matières scientifiques de haut niveau, les maths et les carrières d'ingénieur ? Ou la discrimination jouait-elle encore contre les femmes ? Tout en suivant le débat qui tournait à l'empoignade, je pensais aux talentueuses femmes de science que j'avais connues au fil des ans. Leurs compétences, en maths comme ailleurs, ne semblaient nullement déficitaires. Au contraire, tout portait à croire qu'elles disposaient d'un éventail de possibilités, justement en raison de leurs aptitudes innées et de leur formation. Avaient-elles choisi la médecine, la psychologie ou la pédagogie comme prix de consolation après avoir été découragées par une carrière en physique ou en génie ? La réponse se trouvait sous mes yeux, et il me suffisait de sortir de chez moi pour la voir.

*　*　*

Située à quelques pâtés de maisons d'une grande artère commerciale, ma rue bourgeoise donnait sur un paysage urbain plutôt ordinaire. J'y voyais le facteur piétiner notre modeste platebande pour éviter le détour par le trottoir, des nounous asiatiques et antillaises se promener avec des poussettes et, de temps à autre, un drôle de type se faire tirer par une meute de chiens comme s'il tenait un bouquet de ballons à l'horizontale. Les rues principales étaient encore bordées de magasins à un dollar, de monts-de-piété et de centres de réadaptation, mais dans cet ancien quartier populaire maintenant très recherché, il fallait habituellement deux salaires pour se payer une des élégantes maisons bien alignées au charme suranné. La rue était plutôt déserte durant la journée. Quand je faisais mes courses le midi, je croisais surtout des chômeurs et des retraités.

Après 15 années dans ce quartier, je remarquai en 2000 un nouveau phénomène. De plus en plus de femmes bien éduquées et professionnellement établies ne se trouvaient visiblement pas à leur travail. Mon élégante voisine tirée à quatre épingles, qui jusque-là travaillait à plein temps dans un mégacomplexe industriel du sud de la ville, sort promener son chien à la montagne un mercredi matin à 10 h 30. Elle m'adresse un sourire derrière ses verres fumés et me salue de la main tout en faisant grimper son terrier dans la voiture. De l'autre côté de la rue, je remarque une connaissance, habituellement à son travail de professeure d'université à temps plein, qui part faire de la marche rapide, les écouteurs sur les oreilles. Elle balance les bras lestement, parfaitement moulée dans sa tenue sportive. Derrière elle, l'employée de maison en tablier balaie les escaliers, renvoyant des centaines de samares dans les airs. Entre-temps, ma voisine *tenniswoman,* une avocate qui vit quelques maisons plus loin, a démarré sa tondeuse et fait des allers-retours sur sa minuscule pelouse qu'elle transforme en un véritable tapis. Contrairement à nous, elle n'a pas eu d'emploi rémunéré depuis des années. C'est une mère à la maison.

Mais ni moi ni ces femmes que j'ai vues dans la rue un jour ouvrable ne nous considérons comme des femmes au foyer. J'ai pris un congé sans solde, cessant temporairement mon activité de psychologue clinicienne et de chargée de cours à l'université, pour écrire des articles et des livres, tout en m'accrochant à une identité de travailleuse malgré une infinité d'interruptions domestiques. Mais que font ces autres femmes chez elles au beau milieu de la journée? Bien installées dans une carrière scientifique ou universitaire, elles ont leur titularisation, de bons salaires, une gamme complète d'avantages sociaux et même droit à des aides familiales. Elles n'ont plus de jeunes enfants à la maison. Certaines n'en ont jamais eu. Que font-elles là ?

Bien établies et suffisamment privilégiées pour pouvoir choisir, ces femmes font un tournant en milieu de carrière. Sans se considérer au chômage, elles souhaitent faire le point et se retirent momentanément de la course, dont les exigences sont souvent pénibles. Ce sont les « décrocheuses », des femmes qui choisissent de sortir du système dont Lisa Belkin, journaliste au *New York Times*, a fait le portrait en 2003. Des femmes ambitieuses, performantes et très instruites. Elles quittent des emplois à responsabilités après s'être rendu compte que leur définition de la réussite ne correspondait pas à celle de leur milieu – ou à la vision qu'elles en avaient en début de carrière. « Je ne tiens pas à connaître une ascension fulgurante jusqu'au poste d'associée d'un prestigieux cabinet », disait une avocate qui avait décidé de rester à la maison avec ses trois enfants. « Je ne veux pas être célèbre ; je ne veux pas conquérir le monde. Je ne veux pas de ce genre de vie », disait une autre. Selon Belkin, ces femmes rejetaient leurs influents milieux de travail, et non le contraire. L'article a fait scandale. Dans la blogosphère, de nombreuses analystes féminines ont ridiculisé ces « décrocheuses », disant qu'elles n'existaient pas vraiment, ou qu'elles étaient complètement déconnectées de la réalité, ou encore qu'elles ne formaient qu'un petit groupe sans intérêt. Joan Walsh, dans un article de *Salon* publié le lendemain, disait que « le portrait de Belkin était un instantané en temps réel d'une petite cohorte de femmes dans la trentaine, blanches et privilégiées, qui auraient complètement changé d'avis dans dix ans ».

Mais l'exode était réel, et il a bel et bien eu lieu, non seulement dans mon quartier, mais aussi dans la plupart des universités, cabinets d'avocats, sociétés d'ingénieurs et de comptables en Amérique du Nord et en Europe. Bien que déterminées au départ, les femmes sont nombreuses à abandonner en cours de route, et il ne s'agit pas juste d'une petite cohorte de jeunes mamans dans la trentaine blanches et privilégiées, mais de femmes de tous âges et de tous milieux. Les femmes sont 2,8 fois plus susceptibles que les hommes de quitter leur poste en sciences et en génie pour des emplois dans d'autres secteurs, et 13 fois plus susceptibles qu'eux de cesser complètement toute activité professionnelle, sans que cela ait un rapport avec le mariage ou des enfants en bas âge. Elles délaissent leur carrière, qu'elles aient une famille ou non[1].

J'étais particulièrement curieuse du sort des femmes qui avaient fait une carrière universitaire en sciences, en informatique ou en génie, au sein de départements où elles avaient toujours été minoritaires et où elles l'étaient encore des décennies après qu'on leur en avait ouvert les portes. Le mouvement féministe des années 1970 a créé des brèches dans ces bastions masculins, souvent considérés comme des baromètres pour l'égalité des sexes. Or, malgré d'importants efforts pour rendre les départements de génie et d'informatique plus accueillants, dont des mesures offrant aux étudiantes des programmes spéciaux et des bourses, les chiffres des femmes n'ont toujours pas atteint le quota espéré. En fait, les femmes qui ont des dispositions scientifiques sont nombreuses à se tourner vers d'autres disciplines – écologie, biologie, pharmacie, dentisterie, psychologie et médecine. Et beaucoup de celles qui étaient parties pour une carrière en physique ou en génie s'en éloignent à un rythme régulier. Ces femmes compétentes qui ont investi des années dans leur carrière sont attirées par autre chose, l'éducation de leurs enfants dans certains cas, mais pas forcément, comme nous allons le voir.

Les femmes présentées ici ne manquent pas d'aptitudes pour les sciences ou les mathématiques et ont déjà fait leurs preuves. Il ne s'agit pas de savoir si elles possèdent l'intelligence et la compétence voulues pour réussir en sciences, mais de voir l'usage qu'elles choisissent d'en faire. Ruth Simmons, présidente de l'Université Brown et membre du groupe d'experts de la National Academy of Sciences, a bien formulé la question lors de la parution du rapport 2006 sur la diversité : « Pourquoi les femmes ne choisissent-elles pas ces domaines alors que les besoins nationaux et les débouchés sont si énormes ? » Pourquoi, en effet ? Comme l'a montré l'économiste californienne Catherine Weinberger, les diplômées en informatique et en génie touchent des salaires de 30 % à 50 % plus élevés que celui de la diplômée universitaire moyenne[2]. Si le salaire était le facteur déterminant, on s'attendrait à ce que la combinaison des débouchés et de la compensation financière incite les étudiantes à choisir ces disciplines et à y rester. Savoir que des femmes talentueuses abandonnent de leur propre gré des carrières scientifiques pourrait atténuer la culpabilité collective ressentie face à leur faible représentation.

Fuir, disent-elles

Donna, la femme à la tenue de sport parfaite, avait abandonné sa carrière en informatique depuis quelques années déjà quand je l'ai rencontrée[3]. Après 16 années d'enseignement universitaire, elle en a eu assez le jour où elle s'est endormie sur le rapport de recherche d'un collègue. Elle n'était certes pas la première à bâiller sur la prose ampoulée d'un prof, mais ce fut pour elle une révélation. Le cœur n'y était plus. L'enseignement avait été son premier emploi à temps plein et elle en avait fait le tour. « C'est un peu comme épouser son ami de cœur du secondaire. Je n'étais plus motivée. Je suis une personne très pratique, tournée vers le service aux autres », disait-elle, ajoutant qu'elle espérait agir auprès de vraies personnes dans son prochain travail, un travail où le résultat de ses efforts aurait un sens à ses yeux. En attendant de trouver cet emploi, elle était ponctuellement consultante, faisait du sport régulièrement et prenait une part plus active aux activités parascolaires de ses enfants.

De l'extérieur, on aurait pu croire que Donna avait le travail idéal : son poste de professeure titulaire à l'université, beaucoup de flexibilité, un mois de congé l'été, sans compter le respect de ses pairs, ce qui n'était pas rien dans son milieu intellectuel. Elle était compétente et disait ne pas avoir rencontré de discrimination institutionnelle. Ses enfants allaient à l'école et elle était aidée pour les tâches ménagères. Mais, tout en publiant suffisamment d'études pour mériter son statut et assurer confortablement sa position, Donna avait commencé à remettre en question la valeur de sa discipline et à y trouver moins d'intérêt. « Ça ne me dit plus rien, surtout que 90 % de la recherche dans mon domaine, c'est… » Elle n'a pas terminé sa phrase, mais simplement agité la main comme si elle chassait une mouche.

Donna se sentait non seulement déconnectée du sujet, mais aussi martyrisée par son travail. Comme elle était la seule femme du département, c'est vers elle que les étudiants se tournaient pour obtenir de l'aide, et on la sollicitait régulièrement pour assurer la parité hommes-femmes dans les comités. « J'avais tendance à me montrer maternelle, dit-elle avec résignation. "Tu n'as personne pour te diriger? Viens, je vais m'occuper de toi." Les hommes, eux, disaient simplement "Ça ne m'intéresse pas." Et je me retrouvais avec tous les étudiants dont personne ne voulait. C'était mon erreur. Je les prenais sous mon aile. »

Le piège du mentorat

Quelques mois plus tard, je suis tombée sur un article sur le mentorat, par un économiste connu des médias pour avoir démontré un lien entre la beauté et la réussite financière. C'est d'ailleurs ce qui a valu à Daniel Hamermesh, de l'Université du Texas à Austin, une mention de Jay Leno au *Tonight Show*. Mais ce qui a réellement retenu mon attention, c'est un article que Hamermesh avait publié sur son site : « Les conseils d'un vieil économiste aux jeunes femmes qui entrent dans la profession. » Il disait à ces dernières, qui seraient très peu nombreuses au sein des départements d'économie, de ne pas se sentir flattées par les invitations à siéger dans des comités, de laisser à d'autres les thèmes « féminins », comme la discrimination sexuelle, et d'éviter de materner les étudiants, activités vers lesquelles elles seraient probablement portées, mais qui leur vaudraient peu de points au moment de solliciter la titularisation[4].

« Jusqu'à récemment, deux jeunes femmes occupaient les bureaux contigus au mien. L'incessant va-et-vient d'étudiants était frappant, tout comme le fait qu'elles acceptaient volontiers de parler longuement avec eux en dehors des heures de bureau. Les étudiants ne voient pas les vieux professeurs comme des figures maternelles – même si j'enseigne à des classes nombreuses, on ne se bouscule pas à ma porte, sauf la semaine précédant les examens. Beaucoup d'étudiants croient que vous êtes là pour les prendre en charge, mais vous n'êtes pas leur mère. Consacrer beaucoup de temps à l'un ou à quelques-uns d'entre eux, les rencontrer en dehors des heures prévues et intervenir dans leurs problèmes personnels, c'est rendre un bien mauvais service aux autres étudiants, et à vous-même[5]. »

L'expérience de Donna donnait raison à Hamermesh : trop de mentorat peut ajouter aux malheurs d'une femme universitaire en milieu de carrière. Mais d'autres femmes, comme j'allais le découvrir quelques semaines plus tard au cours d'une soirée, ne voyaient pas les choses du même œil. Une professeure d'université assise à mes côtés me disait à quel point elle était débordée en cette période de fin d'année. Alors qu'elle-même devait terminer ses corrections, elle s'inquiétait de la nervosité de ses étudiants à l'approche des examens, de leurs problèmes d'argent et de logement. Les demandes des étudiants l'avaient décidée à annuler un voyage en Europe qu'elle devait faire avec son mari dès la fin des cours, me dit-elle, et ce, même si ce dernier pensait y aller quand même. Quand je lui demandai si ses collègues masculins bichonnaient leurs étudiants de cette façon, elle reconnut que son approche n'était pas courante, excepté chez ses collègues féminines ou gays. « Mais l'éducation est une affaire d'entraide et de disponibilité », me dit-elle en me passant les hors-d'œuvre, ses yeux verts braqués sur moi.

Les femmes universitaires adoptant *de facto* un rôle de mère avec les étudiants en demande est particulièrement courant dans les départements traditionnellement masculins comme les mathématiques, l'informatique, la physique et le génie, où il y a pénurie d'oreille compatissante aux âmes en peine des deux sexes. Cela rend plus difficile pour les professeurs femmes de refuser leur aide aux étudiants en détresse. Mais deux autres facteurs sont sources de conflits d'intérêts pour celles qui veulent d'une part se ménager du temps et d'autre part se faire une place dans une discipline où elles sont pionnières. Le premier, c'est la participation aux comités qui, croit-on, doivent compter au moins une femme. Cela signifie que, dans certaines disciplines, les femmes collaborent à plus d'activités administratives que les hommes et ont donc moins de temps pour leurs propres recherches. Ces pratiques bien intentionnées visent à donner la parole aux femmes, mais, paradoxalement, elles entament peut-être leur ressource la plus précieuse, le temps.

Le second obstacle est la pression du mentorat. On a fait grand cas de la rareté des enseignants mentors pour les femmes faisant carrière dans les mathématiques, la physique et l'informatique, où l'absence de modèles féminins est presque unanimement décriée comme un facteur dissuasif pour les femmes[6]. Cela paraît plausible. Faute de voir des femmes dans certaines professions, les nouvelles venues croiront peut-être ne pas en être capables non plus. Mais les idées communément admises ne résistent pas toujours à un examen minutieux. L'absence de modèles féminins n'a pas empêché de nombreuses femmes de s'inscrire en droit, en médecine, en pharmacie, en médecine vétérinaire et en biologie, des disciplines qui, autrefois dominées par les hommes, attirent désormais un nombre équivalent sinon supérieur d'étudiantes. Par ailleurs, peu de données indiquent que les femmes ont plus de difficulté que les hommes à établir des contacts professionnels. Selon Belle Rose Ragins, professeure d'administration et spécialiste du mentorat au Wisconsin, les femmes s'attendent à des préjugés à leur endroit. Mais, selon une étude réalisée auprès de 510 employés et cadres, les femmes ont autant de chances d'accéder au mentorat que les hommes[7]. De même, rien n'indique qu'avoir un mentor ou un professeur de sexe féminin soit ce qui persuade une femme de choisir une carrière en sciences ou en mathématiques et de s'y tenir[8]. En fait, le contraire est parfois vrai. Ronald Burke et Carol McKeen ont interrogé 280 femmes diplômées en début de carrière sur leurs rapports avec des mentors des deux sexes et ont relevé peu de différences. La suivante, cependant, mérite d'être mentionnée : les femmes encadrées par d'autres femmes se sentaient plus soutenues, mais aussi davantage préoccupées par l'idée d'abandonner[9]. Les femmes mentors se sont peut-être montrées sincères quant à leur insatisfaction professionnelle. Dans le cas de Donna, lui avoir demandé d'encadrer des étudiants au moment où elle remettait en question son propre choix de carrière aurait pu précipiter sa fin et celle de ses protégés.

L'universitaire qui a réussi et tout donné à sa carrière, au détriment de sa vie personnelle, risque de décourager ses protégés. L'étudiant se dira peut-être que cela n'en vaut pas la peine. Pendant mes études, à la fin des années 1970 et au début des années 1980, il n'était pas rare de rencontrer des professeurs femmes amères ou sans enfants, ou les deux. Une femme avec qui j'envisageais de faire mon doctorat m'a interrogée sur l'occupation de mon mari et demandé si je comptais avoir des enfants[10]. (« Oui » n'était pas la bonne réponse.) Comme l'écrit Virginia Valian dans *Why So Slow*, la *wonder-woman* qui accomplit des miracles pour arriver à tout caser risque de faire paraître la vie universitaire peu accessible aux simples mortelles. « Il est faux de croire qu'une femme brillante peut servir de modèle à ses semblables. Au contraire, beaucoup se sentiront inférieures, car pas en mesure d'imiter le modèle » (ou *d'être* le modèle, aurait-elle pu ajouter). Il est plus utile d'offrir des conseils précis pour donner le meilleur de soi que d'incarner un modèle, poursuit Valian[11]. Et cela est à la portée des professeurs des deux sexes.

Donna avait été la seule femme du corps enseignant de son département. Puis elle était partie. Ceux qui tiennent les statistiques allaient devoir retirer une professeure en informatique, et certains y verraient peut-être de la discrimination. Mais Donna était partie parce qu'elle n'éprouvait plus d'intérêt pour un travail qu'elle trouvait finalement abstrait et désincarné, pas parce ce qu'elle se sentait maltraitée. Après quelques années d'interruption, elle a trouvé un nouvel emploi à temps plein : enseigner des applications informatiques aux professeurs d'une autre université. Elle encadrait les chercheurs, les aidait à exploiter les technologies les plus récentes dans leurs travaux. Elle n'avait plus à mener ses propres études. Désormais, elle interagissait quotidiennement avec des collègues, évaluant leurs besoins et déployant son savoir-faire technologique.

La force des objectifs intrinsèques

Donna a choisi une expérience enrichissante plutôt que le prestige et l'argent. Mais est-ce le choix des femmes en général ? Précisons d'emblée que les *objectifs intrinsèques*, par exemple vouloir changer les choses ou être solidaire d'une communauté, sont souvent en opposition directe avec les *objectifs extrinsèques*, comme les compensations financières ou la réussite sociale. En 2006, à la tête d'une équipe de 10 chercheurs internationaux s'intéressant aux motivations de 1 854 étudiants de disciplines variées dans

15 pays, le sociologue Frederick Grouzet a montré que cette dichotomie était présente dans l'ensemble des pays. Les buts intrinsèques et extrinsèques sont souvent en contradiction, d'où la faible probabilité qu'on puisse poursuivre les deux à la fois[12]. Pendant ce temps, plusieurs autres études ont montré que les femmes sont, en moyenne, plus motivées par les récompenses intrinsèques du travail. Apporter une contribution dans un domaine particulier et changer les choses passent, en moyenne, pour les femmes, avant le salaire élevé, la sécurité de l'emploi et les avantages sociaux[13]. Ainsi, les femmes qui réalisent qu'elles s'endorment sur leur bureau ont plus de chances de partir à la recherche d'un nouvel emploi que de rester, les yeux rivés sur la titularisation, la promotion, le bureau le plus convoité, etc.

Au moins 3 vastes études réalisées au cours des 30 dernières années ont révélé que, pour les femmes, les avantages intrinsèques l'emportaient sur les à-côtés. La plus récente, la *500 Family Study*, publiée en 2005, a brossé un portrait nuancé de la vie professionnelle de travailleurs ayant divers niveaux de revenus et d'études[14]. Au moyen d'entretiens approfondis, d'observations, de comptes rendus d'activité et d'enquêtes, les chercheurs ont relevé l'emploi du temps des parents et enfants de plus de 500 familles américaines à deux salaires. Cette enquête parmi les plus ambitieuses jamais entreprises a indiqué, entre autres, que les gratifications intrinsèques et l'autonomie dans l'emploi augmentent en fonction du niveau d'études des femmes. Les femmes très instruites comme Donna étaient davantage portées à chercher des postes qui présentent un défi. Ces femmes avec un haut niveau d'éducation préféraient également travailler à temps partiel, contribuant ainsi au phénomène d'abandon de leur carrière de deux manières : en voulant que leur travail ait un sens et en limitant les heures qu'elles étaient disposées à y consacrer. Par ces deux choix, elles écartent les emplois très lucratifs et les promotions.

Étrange, mais vrai

Voulant mettre la main sur toutes les données professionnelles transculturelles possibles, je fis une découverte intéressante. Plus les femmes jouissent de stabilité financière et de protections juridiques dans le monde du travail, moins elles semblent choisir le parcours masculin classique. Si elles avaient été une copie conforme des hommes, on se serait attendu au contraire, à savoir qu'ayant toute la latitude voulue, elles auraient été plus nombreuses à choisir les emplois des hommes. Mais quand on regarde quel travail choisissent les femmes dans les pays leur offrant le plus d'opportunités – Canada, Royaume-Uni, Allemagne de l'Ouest, Suisse, Norvège, États-Unis et Japon –, on constate les taux les plus élevés de disparité entre les sexes[15]. Plus le pays est riche, plus femmes et hommes optent pour des métiers différents. Cette observation étonnante s'applique aux domaines les plus souvent choisis et au nombre d'heures travaillées. Elle reflète le conflit entre motivations intrinsèques et extrinsèques relevé par Frederick Crouzet et ses collaborateurs. Supposons qu'un bienfaiteur secret vous permette de choisir le travail que vous voulez *vraiment* faire. Continueriez-vous à faire ce que vous faites, en y consacrant le même nombre d'heures ? Choisiriez-vous l'emploi le mieux rémunéré ? Le conflit entre les buts intrinsèques et extrinsèques nous est familier : choisir un métier lucratif ou écouter son cœur. Je soupçonne que les libertés dont jouissent les femmes dans les pays occidentaux industrialisés – qui ont tous adopté des lois en matière d'égalité des chances – les autorisent à poursuivre des satisfactions plus intérieures, peut-être au prix d'emplois plus lucratifs et prestigieux[16].

J'ai mentionné plus haut les travaux de Catherine Weinberger, qui ont montré que les femmes ingénieures ou informaticiennes avaient des salaires de 30 % à 50 % plus élevés en moyenne que les femmes ayant choisi d'autres disciplines. Se pourrait-il que, quand les récompenses extrinsèques sont primordiales, les femmes soient davantage portées à choisir ces disciplines ? Si l'on regarde le ratio de fréquentation des cours de physique, essentiels pour se diplômer en génie, on constate que plus de femmes de pays en développement s'inscrivent en physique à l'université. Un rapport publié par l'American Institute of Physics en 2005 indique que, dans le monde entier, les femmes ont nettement moins de probabilités d'étudier la physique que les hommes, mais qu'il existe un fossé économique. Au Japon, au Canada et en Allemagne, par exemple, environ 5 % des femmes s'orientent vers une carrière en physique, mais aux Philippines, en Russie et en Thaïlande, le nombre de femmes en physique est relativement élevé, atteignant un taux de 30 % à 35 %[17]. Des 21 pays ayant participé à l'enquête, ceux qui affichent la plus forte proportion de femmes diplômées en physique – la Pologne et la Turquie, avec respectivement des taux de 36 % et 37 % de femmes dans ce domaine – sont également les pays où les taux d'émigration vers d'autres pays de l'Union européenne sont les plus élevés et où l'État offre peu de soutien financier aux femmes et aux familles. Pour la plupart, il s'agit de pays où les hommes comme les femmes connaissent de fortes difficultés financières, travaillant souvent dans des emplois non spécialisés peu rémunérés, et émigrent à la première occasion pour envoyer de l'argent à leur famille[18].

Vers quel pays se tournent ces émigrants ? Le plus souvent vers des pays comme les Pays-Bas, l'Allemagne et le Royaume-Uni (où il se trouve que les physiciennes sont peu nombreuses – respectivement 5 %, 10 % et 20 %). En 2004, une ingénieure bulgare d'un haut niveau de formation, ne parvenant pas à trouver un emploi dans son pays, faisait passer, dans un journal pour l'emploi, une annonce donnant à réfléchir : « Daniela Simidchieva, mère de trois enfants, possède un QI de presque 200, ainsi que cinq maîtrises. De plus, l'association Mensa de Bulgarie l'a reconnue comme la femme la plus intelligente du monde. Daniela a la formation nécessaire pour travailler comme ingénieure industrielle, professeure d'anglais et ingénieure électrique, et pourtant elle ne parvient pas à trouver un emploi avec un salaire de plus de 200 $ par mois[19]. »

Le contraste entre la situation de Daniela Simidchieva et le statut prestigieux accordé aux femmes ingénieures en Amérique du Nord montre que la valeur accordée au diplôme d'ingénieur varie selon les cultures. Mais cela ne nous dit pas que les femmes qui bénéficient de toute une panoplie de choix de métiers n'élisent pas la physique ou le génie. De nombreuses femmes dans les démocraties occidentales choisissent ces disciplines et y excellent. Cela indique seulement qu'il n'existe nulle part au monde une proportion égale d'hommes et de femmes dans ces domaines et que, en moyenne, l'écart entre les choix professionnels des femmes et des hommes est plus grand dans les économies plus riches. Ainsi, l'hypothèse selon laquelle les femmes feraient automatiquement les mêmes choix que les hommes si elles en avaient la possibilité ne tient pas la route. En revanche, il n'est pas rare de rencontrer en Europe ou en Amérique du Nord des ingénieures et des informaticiennes venues des Philippines, de Chine ou des républiques de l'ex-Union soviétique et qui travaillent comme nounous, manucures ou qui occupent d'autres emplois peu qualifiés[20]. Il serait intéressant de savoir si ces femmes instruites ont carte blanche dans leur choix d'études. Plusieurs ingénieures de Russie et de Chine que j'ai interviewées m'ont dit que l'État, l'établissement scolaire ou leur famille avait décidé pour elles[21]. Pendant ce temps, dans les pays les plus généreux en matière de formation et de prestations sociales, dont la Suède, la Finlande et l'Allemagne, les femmes optent moins souvent pour les choix des hommes ; et la ségrégation dans le milieu du travail n'en devient que plus marquée.

Une politique qui garantit l'égalité des chances, l'un des fondements de la démocratie, ne garantit pas l'égalité des résultats. Si c'était le cas, alors les pays progressistes qui ont développé une politique plus familliale et offrent plus d'opportunités aux femmes, comme la Suède et la Norvège, devraient afficher une ségrégation dans le monde professionnel *moins* marquée que les pays en développement, comme le Swaziland et le Sri Lanka. Or, c'est tout le contraire : plus les gens ont le choix, plus on voit de différences sexuelles par métiers dans le monde du travail. Donc, si les femmes des pays les plus riches choisissent, en moyenne, des domaines différents de ceux des hommes, la discrimination est-elle la seule raison ? En partie, oui. Mais cela n'explique pas tout.

Pour ce qui est des circonstances, Sonia faisait partie de celles qui ont de la chance. Elle avait pu faire un doctorat dans la discipline de son choix. Pourtant, 12 ans après avoir soutenu sa thèse en géographie, elle décida qu'elle ne voulait plus travailler à l'université. Elle s'était rendu compte dès la fin de ses études qu'elle « n'était pas faite pour la rédaction de demandes de subvention, la compétition et la pression », mais elle s'était retenue de le dire à son directeur, qui avait reconnu son potentiel et la poussait à aller de l'avant. Elle termina son doctorat, « parce qu'elle était douée pour les études », et déménagea avec son mari dans une ville universitaire, où elle décrocha un poste dans un établissement prestigieux. En tant que professeure, elle était convaincante, mais le cœur n'y était pas. Elle n'avait aucune envie de se démener pour obtenir la titularisation. « Je n'étais pas faite pour enseigner à des adultes, gérer une pleine charge de cours et faire de la recherche. La pression était trop forte pour moi. Je voulais une vie plus simple. » Alors Sonia accepta un poste administratif à temps plein, où sa tâche principale consistait à rédiger des demandes de subvention et des rapports annuels. Elle découvrit vite que ce travail administratif n'était pas la solution. Mariée et mère de 2 enfants, elle avait maintenant 40 ans, un doctorat en sciences et un nouveau patron qui menait la vie dure à tout le monde. Cet homme critiquait l'égalité de l'accès à l'emploi, et comme elle avait elle-même des doutes, elle se sentait particulièrement vulnérable à son intimidation.

Alors Sonia a sauté le pas et décidé de prendre une année sabbatique, une période qu'elle a passée « à danser sur la tête d'une épingle », dit-elle. Contrairement à de nombreuses femmes pour qui un congé d'un an pour réfléchir à leur vocation serait l'équivalent du nirvana, Sonia en parlait comme l'une des pires périodes de sa vie. Du jour au lendemain, cette femme énergique, performante et habituée aux responsabilités n'avait plus d'échéances ni de projets. Et plus personne ne l'attendait à 9 h tous les matins. Pour passer le temps, elle a décidé d'enseigner comme bénévole dans une classe de soutien, à l'école de ses enfants, et y a découvert sa vocation. Elle se sentait enfin utile et capable de changer les choses. Elle s'est inscrite à l'université où elle avait été professeure et administratrice pour obtenir un bac en éducation. Aujourd'hui, elle a achevé sa transformation ; elle est devenue professeure de sciences en école primaire. Sa carrière universitaire lui paraît désormais bien lointaine : comme une autre vie qui lui rapportait plus d'argent et de prestige, mais qui répondait en fait aux aspirations d'autres personnes plus qu'aux siennes propres.

Je me suis demandé pourquoi il avait fallu près de 20 ans à Sonia pour décider qu'un poste universitaire en sciences ne lui convenait pas. Elle avait consacré 7 années à ses études supérieures, puis 12 à son travail, et tout ce temps elle avait douté. Comme Donna, Sonia disait à quel point il est difficile de changer d'orientation lorsque tout le monde vous considère comme la favorite. Quand on porte le poids de l'investissement et de l'espoir de ses parents et de ses professeurs, il faut souvent être victime d'épuisement professionnel pour prendre conscience que si on a choisi tel ou tel travail, c'était en fait la bonne idée de quelqu'un d'autre. En début de carrière, bon nombre de femmes performantes se conforment aux attentes d'autrui. C'est une variation du vieux thème féministe des femmes qui endossent les rôles prescrits par la société. Si elles ne sont plus assujetties à une vision patriarcale de leur rôle domestique, les femmes se retrouvent aujourd'hui à la merci d'attentes sur le travail considéré comme valable (ce qui demeure, semble-t-il, est le désir de plaire). Alors, même si elles sont plus intéressées par les lettres que par les maths et la science, elles suivent la seconde voie pour ne pas décevoir leur entourage, comme l'explique une professeure de droit d'une prestigieuse université de la Nouvelle-Angleterre dans un courriel dont l'intitulé était : « On m'a forcé la main. »

J'ai obtenu un baccalauréat en biophysique nucléaire et en biochimie à Yale (avec la mention très bien), après avoir été fortement incitée à m'orienter vers les sciences à un âge assez jeune. Cet encouragement était tout à fait positif et bien intentionné et se fondait sur mon intérêt sincère pour la science à l'époque. Cependant, il m'a poussée à poursuivre dans cette voie beaucoup trop longtemps. J'ai ensuite fait des études à la Harvard Medical School, dans le programme des sciences et technologies de la santé du MIT, puis on m'a octroyé une bourse de recherche, qui m'a valu un doctorat en médecine et toutes les conditions voulues pour poursuivre mes activités de recherche, jusqu'à ce que je trouve le courage de tout abandonner pour faire ce qui répondait mieux à mes intérêts et à mes talents. Au collège, je partageais ma chambre avec une étudiante en physique, qui avait obtenu 1 600 au test d'aptitudes intellectuelles et poursuivi jusqu'à la maîtrise avant d'arrêter pour devenir architecte et gagner très bien sa vie. Une autre amie, avec un résultat de 800 dans la section mathématiques du test, a fini par faire son droit. Nous étions toutes les trois de « bonnes » filles, désireuses de plaire à tout le monde, sauf à nous-mêmes. Avec le temps, cependant, nous avons fini par faire à notre idée. Mon mari y a été pour quelque chose, en me disant de tout envoyer promener et de faire ce qui me tentait. Alors, quand j'entends dire que la société décourage les femmes talentueuses d'aller en sciences, j'ai des doutes. Si j'en crois mon expérience d'étudiante, c'est le contraire, surtout pour des femmes vraiment douées et dans les cercles élitistes d'où proviennent les meilleurs scientifiques. Même à Yale au début des années 1970 et dans les labos de la Harvard Medical School au début des années 1980, je n'ai reçu que des encouragements, de l'aide, du soutien financier et des éloges quand je les méritais. Au bout du compte, cependant, ce n'était pas ce que je voulais faire. Peut-être bien qu'un vague découragement persiste, lié par exemple à la présence d'une vieille clique masculine ou au peu de flexibilité que cette carrière offre pour la vie familiale. Mais ces facteurs n'ont pas été déterminants pour moi ni pour les femmes que j'ai connues[22].

Des gens, des mots et des idées, mais pas les décimales de *pi*

Donna, Sonia et ma correspondante, toutes trois douées pour les mathématiques et les sciences, ont préféré un travail axé sur le service : moins obsédant et plus ouvert sur l'extérieur qu'une carrière universitaire. Pourquoi ces choix ? En moyenne, les femmes ont des intérêts plus variés et de meilleures compétences sociales et relationnelles que les hommes ; elles réussissent mieux à mesurer l'effet de leurs paroles et de leurs gestes sur les autres. La plupart des cognitivistes et des féministes de la « différence » s'entendent sur ce portrait[23]. Nous verrons au prochain chapitre la supériorité féminine en matière d'empathie, attestée par une masse de données, et nous avons déjà abordé les différences hommes-femmes dans les aptitudes langagières. Nous savons qu'il existe un fondement neurologique à la manifestation précoce du vocabulaire ainsi que de la mémoire et de l'expression verbale chez les filles. Dès le départ, les filles sont favorisées par leurs qualités interpersonnelles et communicationnelles, et elles perfectionnent celles-ci au moyen du jeu en grandissant, puis dans les contacts sociaux à l'âge adulte. L'une des nombreuses études montrant les capacités langagières supérieures des filles a examiné le développement du langage chez 3 000 faux jumeaux, l'un garçon, l'autre fille (ils ont en commun l'environnement prénatal, environ la moitié de leurs gènes et leurs parents). Robert Plomin, chercheur à l'Institut de psychiatrie de Londres, a démontré que dès l'âge de deux ans, les filles commencent à distancer les garçons sur le plan du vocabulaire. Les filles issues du même milieu prénatal et postnatal que leurs frères jumeaux ont montré des facultés de communication supérieures dès les premiers mois, un avantage vraisemblablement attribuable aux différences sexuelles d'ordre biologique[24].

Il se peut que cet atout dans les facultés verbales et l'empathie rendent les choix professionnels des femmes plus éclectiques[25]. Dans une étude qui a suivi pendant 20 ans près de 1 975 adolescents forts en maths, la psychologue Camilla Persson Benbow et ses collègues de l'Université Vanderbilt à Nashville ont établi que la majorité des garçons avaient fait une carrière en mathématiques ou en informatique, tandis que les filles s'étaient orientées vers la médecine et d'autres professions du secteur de la santé. Les choix des femmes étaient plus diversifiés et elles appliquaient leurs connaissances scientifiques dans un contexte holistique ou communautaire. Qu'elles aient des enfants ou non, elles travaillaient moins d'heures. Dans une étude ultérieure, David Lubinski, le mari de Persson Benbow, a repris cet échantillon et remarqué que ces femmes, brillantes en maths, possédaient aussi de remarquables qualités littéraires. Comme ma correspondante de la Nouvelle-Angleterre à qui l'on avait « forcé la main », elles auraient tout aussi bien pu faire des études en littérature, en droit ou en philosophie. En revanche, chez les hommes, l'écart entre les compétences scientifiques et les compétences verbales était nettement plus grand, et leurs choix de carrière plus restreints[26]. Cet écart m'est revenu en tête alors que je lisais le portrait de Terence Tao, professeur de mathématiques de l'Université de Californie à Los Angeles qui, à l'âge de 31 ans, avait déjà remporté la médaille Fields en mathématiques ainsi que le « prix des génies » MacArthur. Voici comment Kenneth Chang, du *New York Times*, décrit les jeunes années du professeur.

> À l'âge de cinq ans, Terence Tao a été inscrit à l'école publique et ses parents, avec l'aide des administrateurs et des enseignants, lui ont préparé un programme personnalisé. Il étudiait chaque matière à son rythme, progressant rapidement d'un niveau à l'autre en maths et en sciences, tout en restant plus proche de son groupe d'âge dans les autres matières. En anglais, par exemple, il s'énervait lorsqu'il devait faire une rédaction. « Je n'ai jamais trop compris de quoi il s'agissait, dit-il. Les questions étaient vagues, pas définies. J'ai toujours aimé les situations dans lesquelles des règles très claires indiquaient ce qu'il fallait faire. » Devant faire une rédaction sur ce qui se passait à la maison, Terry s'est promené d'une pièce à l'autre, faisant des listes détaillées des objets qui meublaient chacune[27].

À sept ans, le professeur Tao commençait à suivre les cours de maths du secondaire, mais il semble peu probable, d'après ce compte rendu, qu'il ait pu en faire autant pour les cours d'anglais. Les résultats de Benbow et de Lubinski sur les capacités plus variées des femmes donnent à penser que chez celles naturellement douées pour les mathématiques et les sciences, les capacités verbales se développent vraisemblablement en parallèle, d'où un éventail plus grand de débouchés et d'intérêts. Même les femmes très performantes ne sont pas des clones de leurs collègues masculins. Leurs aptitudes paraissent différentes. Pourtant, en insistant pour que les emplois soient répartis à 50-50 entre les sexes dans tous les domaines, on risque d'obliger des femmes à choisir des emplois dont elles ne veulent pas et des hommes talentueux à travailler dans des professions pour lesquelles ils ont peu d'aptitudes. Que faire, alors, dans les disciplines où les femmes sont maintenant plus nombreuses ? Faut-il inverser la tendance ? En biologie, les femmes décrochent 61 % des baccalauréats, et un écrasant 86 % dans les professions médicales[28].

On considère souvent que la forte présence des femmes en médecine est à la fois positive et négative. La bonne nouvelle, c'est que les femmes sont probablement plus centrées sur le patient, offrent un meilleur soutien psychologique et s'occupent davantage des pauvres et des laissés-pour-compte de la société[29]. La mauvaise, c'est que, de l'avis de beaucoup, la plupart des femmes travaillent moins d'heures que les hommes et prennent des congés pour avoir des enfants – et s'il y a plus de femmes médecins, cela veut dire moins d'heures d'ouverture des hôpitaux pour le public. (Il faut vraiment que les hommes soient considérés comme le modèle « normal » par défaut pour que l'on puisse considérer comme une mauvaise chose le fait de se retirer de la vie active pour avoir des enfants.) Cependant, contrairement aux femmes attirées par la médecine, qui offre à la fois des défis intellectuels, de la flexibilité et des contacts humains, beaucoup de scientifiques universitaires performantes et douées se retrouvent à aider les étudiants dans un milieu qui n'accorde pas beaucoup d'importance à l'aspect humain. Mais qu'arriverait-il si ces femmes exploitaient leur savoir scientifique dans un milieu différent ?

Margaret Eisenhart, professeure de sciences de l'éducation à l'Université du Colorado, et Elizabeth Finkel, ex-professeure à l'Université du Michigan reconvertie dans l'enseignement au secondaire dans le Maine, ont voulu répondre à cette question[30]. Elles ont analysé le fossé entre les sexes dans les départements de sciences et de génie, où la proportion de femmes à tous les niveaux oscille autour de 15 % ou 20 %. Puis elles ont comparé ces chiffres à quatre milieux où les sciences sont appliquées et mises en pratique : un cours de génétique enseigné par une équipe de recherche, un stage d'ingénieur en entreprise, un organisme de conservation et un groupe écologiste. Dans ces quatre milieux, le rapport hommes-femmes était de 50-50. Nos deux chercheuses ont voulu savoir pourquoi.

Eisenhart et Finkel ont montré que, dans ces contextes, les femmes étaient non seulement mieux représentées, mais aussi plus satisfaites de leur vie professionnelle. Les emplois comportaient un aspect pratique et leur donnaient la possibilité d'agir concrètement ; ils étaient aussi moins lucratifs et prestigieux que les postes en milieu universitaire ou dans le secteur privé. Si leurs horaires étaient plus flexibles et moins surchargés, elles ne manquaient pas de travail pour autant. Beaucoup acceptaient leur salaire de misère parce qu'elles se sentaient appréciées et engagées, parce qu'elles étaient dévouées à leurs collègues ou à une cause. C'était encore un scénario mi-figue mi-raisin. Côté positif : il existait des emplois en sciences où des femmes intelligentes et performantes éprouvent un engagement suffisant envers l'aspect moral et humain de leur mission pour la poursuivre. Côté négatif : ces emplois relevaient le plus souvent de projets financés par l'État, dont la durée de vie était incertaine, et étaient assortis d'un pouvoir de décision et d'un salaire inférieurs à ceux qu'on trouve dans le milieu universitaire. Pourtant, bon nombre de femmes étaient prêtes à accepter ces conditions si elles pensaient, en contrepartie, pouvoir changer les choses et servir une cause plus grande qu'elles-mêmes.

Les pressions du milieu universitaire

Ces femmes scientifiques n'étaient pas moins investies dans leur travail, mais elles accordaient de l'importance aux horaires et à la flexibilité. Pourtant, quand Larry Summers a mentionné que la semaine de 80 heures était la norme pour faire partie de l'élite universitaire en sciences, cela aussi fut violemment contesté par des femmes universitaires qui ont affirmé être tout aussi passionnées par leur travail que les hommes. Elles confirment en revanche que les femmes universitaires subissent une pression énorme. « Si on ne vous voit pas dans votre bureau les week-ends et les jours fériés, vous passez pour une flemmarde », disait une universitaire britannique. Monter son dossier en vue de la titularisation coïncide habituellement avec l'arrivée des enfants et les obligations familiales. À ce moment, soit on est promue, soit on est virée. Ce système rigide risque de moins attirer les femmes. « Aussi longtemps que l'universitaire idéal correspondra à une personne qui travaille 60 heures par semaine 40 années de suite, surprise !, les hommes seront surreprésentés, disait Joan C. Williams, la directrice de WorkLife Law à l'Université American[31]. Ici encore, on suppose que le modèle masculin est celui que les femmes devraient imiter en tous points. Mais un système conçu pour les hommes peut-il vraiment répondre aux besoins des femmes ? Pour répondre par l'affirmative, il faudrait admettre dès le départ que les sexes sont interchangeables. Les femmes sont à la hauteur, le problème n'est pas là, mais le parcours habituel menant à la titularisation présente d'évidents conflits pour les femmes dans la trentaine, des conflits qui n'auraient sans doute pas surgi si elles avaient pu participer à l'élaboration du système de promotion universitaire il y a quelque 200 ans. Comme ce n'est pas le cas et qu'une faction féminine importante veut prouver que les différences sexuelles n'existent pas, la rigidité du système a parfois raison des femmes qui refusent de se priver d'enfants ou de les reporter d'une décennie. Quelle entreprise n'apprécie pas des employés qui travaillent 60 heures par semaine ! Il n'y a donc pas lieu de s'étonner que de nombreuses universitaires mères de jeunes enfants tirent leur révérence les unes après les autres.

On pourrait croire que les hommes mariés à des universitaires ont des vues plus égalitaires, et que les conjoints se partagent la prise en charge des enfants, mais c'est un autre mythe. Steven Rhoads, professeur spécialisé dans les politiques publiques à l'Université de Virginie, le pensait également. Selon les résultats de l'étude nationale qu'il a menée auprès de professeurs d'université des deux sexes, 75 % des femmes considéraient que leur mari devrait partager les tâches à parts égales – soins des enfants, tâches ménagères et travail rémunéré –, mais seulement un peu plus de la moitié des maris étaient de cet avis. Toutefois, les femmes passaient beaucoup plus de temps avec les enfants et, dans les universités offrant un congé parental rémunéré, 67 % des femmes ont saisi l'occasion, contre 12 % seulement des hommes. Mais quant à ces derniers, ils n'en ont pas profité de la même façon[32]. « On nous a raconté que des hommes profitaient du congé parental pour étoffer leur dossier de publications », écrivait Rhoads, ajoutant qu'il s'était laissé dire qu'un établissement avait changé le règlement après avoir pris connaissance des résultats. Une femme racontait qu'à son retour d'un congé de maternité, un collègue masculin lui avait demandé si cela s'était bien passé. « J'ai fait bon usage de mon temps », lui a-t-elle répondu. « Vous avez donc avancé dans vos travaux », a-t-il conclu. Mais ce n'est pas ce qu'elle avait voulu dire.

Si la plupart des mères profitent du congé pour passer du temps avec leur bébé et que les pères sont plus nombreux à s'en servir pour publier, on se trouve en présence d'un système qui, posant au départ qu'hommes et femmes sont identiques, punit les femmes. L'application unisexe des politiques familiales expose les femmes à une discrimination plus grande, et non le contraire. Une étude officieuse menée dans une très prestigieuse université de la Nouvelle-Angleterre a révélé que le congé parental avait un effet paradoxal : aucune des femmes qui avaient pris un tel congé au cours des 15 dernières années n'avait obtenu sa titularisation, alors que les quelques hommes qui s'en sont prévalus l'ont tous obtenue, à quelques exceptions près. « Cette étude n'a jamais été publiée et on ne la prenait pas très au sérieux, mais on la mentionnait régulièrement dans l'évaluation des dossiers pour la titularisation, résumée en quelques mots : "Après un congé parental, la femme retrouve une pile de dossiers en retard, l'homme, lui, revient avec un livre sous le bras" », m'a écrit une jeune professeure[33]. Cela a incité l'établissement à modifier sa politique pour accorder un congé additionnel aux mères, réduisant en partie l'injustice des avantages parentaux prétendument équivalents. Même si l'université avait trouvé une solution originale, personne ne voulait aborder la question ouvertement, ni mentionner le nom de l'établissement ou faire en sorte qu'on puisse le reconnaître. Le sujet était tabou. Cette politique de l'autruche face aux différences entre les sexes, à l'éducation des enfants et à la productivité n'est probablement pas étrangère au fait que la moitié des professeurs femmes du sondage de Rhoads songeait à abandonner avant d'atteindre la titularisation, contre un quart des hommes[34]. Si personne n'ose parler de ces problèmes – même pas les professeurs qui ont un poste à vie –, il y a peu de chances que la nouvelle mère ou la professeure qui envisage de fonder une famille soulève la question.

L'effet attraction-répulsion

Chez les scientifiques, on remarque que même le mariage a des répercussions différentes sur les sexes. Si les carrières en sciences et en génie attirent les hommes mariés et pères, elles ne retiennent pas leurs épouses, selon les sociologues Yu Xie, Kimberlee Shauman et Anne Preston, qui ont suivi les carrières de scientifiques en épluchant les données de recensement de plusieurs décennies. Le mariage et les enfants contribuent peut-être au bonheur des femmes, mais les éloignent des métiers de scientifiques ou d'ingénieures, et les poussent vers d'autres professions[35].

La productivité des scientifiques mariés dépasse de 10 % celle des célibataires. Cette avance est surtout vraie pour les hommes, qui sont plus nombreux à être mariés que leurs collègues féminines[36]. Les universitaires nord-américaines – formant l'un des clubs de professionnelles célibataires les plus importants du monde – qui sont embauchées quelques années après la fin de leur doctorat ont 50 % moins de chances d'être mariées que leurs collègues masculins, et 61 % plus de chances de ne pas avoir d'enfants. Sur l'ensemble des femmes actives, elles affichent le taux de fertilité le plus faible. Pas plus du tiers des femmes qui acceptent un poste menant à la titularisation avant d'avoir un enfant sera mère. Voilà ce qu'ont constaté Mary Ann Mason, doyenne des études supérieures et professeure de droit à Berkeley, et son collègue Marc Goulden, qui ont examiné les dossiers de 30 000 docteurs et réalisé un sondage auprès de 4 400 professeurs de l'Université de Californie en 2004[37]. Il se peut que les femmes scientifiques ne trouvent pas le temps d'établir des relations intimes en dehors du travail pendant leurs années de procréation. Ce fut le cas d'Adriana Iliescu, cette professeure universitaire roumaine qui, en 2005, à l'âge de 66 ans, donnait naissance à une fille après 9 ans de traitement contre l'infertilité, incluant don d'ovules et de sperme. « J'ai toujours été tellement prise par ma carrière que je n'ai jamais eu la chance de bâtir une relation et de fonder une famille. Une fois à la retraite, je l'ai amèrement regretté. Mais je n'ai jamais perdu espoir », a-t-elle expliqué aux journalistes[38].

Les femmes doivent faire des choix avant que l'horloge biologique ne décide pour elles, ce qui explique vraisemblablement pourquoi elles récoltent 61 % des diplômes de premier cycle en sciences, mais seulement 17 % des doctorats. Celles qui finissent par choisir une carrière universitaire en sciences l'abandonnent deux fois plus souvent que les hommes. Selon les questionnaires remplis par 1 688 scientifiques qui ont abandonné cette voie, les femmes ne quittent pas le milieu universitaire pour les mêmes raisons que les hommes. Ces derniers sont attirés par des salaires et des débouchés plus intéressants ailleurs. Les femmes, comme nous l'avons vu, y renoncent pour des raisons à la fois existentielles et pragmatiques, s'apercevant finalement qu'elles préfèrent un travail qui les interpelle davantage. D'autres constatent que les exigences du travail universitaire en termes de temps sont incompatibles avec la vie de famille[39]. Toutefois, un élément est commun à tous ceux qui décrochent, hommes et femmes : ils n'abandonnent pas leur carrière parce qu'ils y sont forcés. La plupart des gens la quittent parce qu'ils le peuvent ; ils ont d'autres options qui leur permettent de passer du temps avec leur famille, si telle est leur priorité, ou de poursuivre d'autres intérêts. Avoir des choix veut aussi dire pouvoir travailler dans le secteur privé, où les salaires sont plus élevés. Les femmes sont plus nombreuses à choisir la première option et les hommes, la seconde.

Préparer sa sortie

Dans une boulangerie française où l'on avait aménagé un coin café, j'ai rencontré Anita, une ingénieure dans la quarantaine qui s'était reconvertie depuis plusieurs années déjà. Après avoir construit sa carrière, elle était retournée sur les bancs de l'école pour devenir enseignante. Ironiquement, elle choisit d'enseigner les mathématiques et les sciences dans une école spécialisée, même si elle avait abandonné une belle carrière en génie pour se consacrer à une activité plus traditionnellement féminine. Le fait d'être mère n'a pas joué dans sa décision, m'a-t-elle dit. C'était plutôt un choix de vie.

Petite et costaude, une paire de lunettes pas tout à fait nettes posée sur le nez et un bandeau retenant sa coiffure afro, Anita est une enseignante dévouée, quoique un peu distraite, depuis 14 ans. Invitée dans sa classe, j'ai été frappée par l'absence de décoration en cette fin d'année scolaire et le délabrement général : les murs étaient lézardés, la peinture s'écaillait par grosses plaques et, malgré la chaleur de juin, les fenêtres étaient fermées. Un drap rose déchiré était punaisé sur des tablettes où reposaient les dernières fournitures de l'année. Des avocats en pot chétifs décoraient le bord des fenêtres et il n'y avait que deux ordinateurs poussiéreux et une horloge déréglée. La classe était vide, à l'exception de quelques élèves rentrés tôt de la récréation. Aucune craie en vue sur le bord du tableau.

Mais dès qu'Anita est entrée, l'atmosphère s'est électrisée. Une fois tous les élèves assis par groupes de quatre, elle leur a demandé avec autorité de sortir leurs cahiers pour réviser la multiplication des grands nombres décimaux. D'une voix retentissante, elle a lu les équations et pendant que les élèves les notaient, elle circulait autour des tables, jetant un coup d'œil sur les cahiers pour voir qui avait déjà perdu le fil. Un à un, elle vérifiait les cahiers, puis regardait chaque élève droit dans les yeux pour voir s'il avait compris. Pendant qu'elle s'exécutait, je me demandais pourquoi Anita avait choisi de se consacrer aux enfants plutôt qu'aux systèmes de ventilation et aux ponts. Elle m'a répondu franchement :

> Lorsque j'ai commencé à travailler comme ingénieure, je me suis dit que je n'aimais pas ça du tout. Ah bon, le courant électrique va de X à Y. Et puis après ? J'étais malheureuse et je ne voulais pas continuer. J'ai décidé de me réorienter, autant pour moi que pour ma famille. L'enseignement correspond mieux à la personne que je suis : il reflète mon côté humain. Quand j'étais ingénieure, je n'ai jamais senti qu'on valorisait les relations humaines, et je n'aurais jamais eu la possibilité d'aider les gens, d'établir des liens avec les enfants et de les mener vers la réussite. La science est cartésienne, mais les êtres humains ne sont pas des machines. Ils sont complexes, et c'est cela qui m'intéresse. Je préfère gagner trois ou quatre mille dollars de moins par an et sentir que je suis ouverte à de nouveaux défis, que je peux évoluer. Au secondaire, on m'a poussée et encouragée à faire des études de génie parce que j'étais bonne en maths et en sciences, mais si j'avais pu choisir, je serais devenue infirmière. J'ai toujours su ce que je voulais, mais mes professeurs hommes et mon père m'ont déconseillée d'abandonner le génie parce que la société valorise moins l'enseignement. C'est très bien qu'on veuille attirer plus de femmes dans ces disciplines, mais encore faut-il qu'elles soient d'accord.

En dépit des inévitables frustrations de l'enseignement – manque de financement, classes surpeuplées, troubles de comportement chez les enfants –, Anita n'a aucun regret. Elle a fait des études de génie après y avoir été poussée. Dans les premiers temps, elle espérait utiliser sa formation pour concevoir des postes de travail ergonomiques destinés aux handicapés, mais elle a fini par travailler sur le développement de lotissements haut de gamme. Elle voulait aider les autres, mais ses aspirations ne concordaient pas avec le travail valorisé par la société. Aujourd'hui, sa formation d'ingénieur a façonné son enseignement, dit-elle, et lui a donné la possibilité d'aider les gens, d'interagir avec les enfants tout au long de sa journée de travail.

Ses compétences comblent une importante lacune, car la plupart de ses collègues ne veulent pas enseigner les mathématiques. Cependant, Anita aimerait s'aventurer dans une troisième carrière d'ici quatre ou cinq ans : le travail social.

Étudiantes universitaires réalisant des expériences sur la pression atmosphérique, en 1899.

« Comment peux-tu savoir que tu n'aimes pas ça si tu n'as jamais essayé ? »

Bien que membre d'une minorité visible et issue d'une famille d'immigrants, Anita n'a pas été victime des circonstances. Elle a reçu une bonne éducation, ses parents et ses enseignants l'ont encouragée et elle était dotée d'aptitudes évidentes pour les mathématiques et les sciences. L'absence de débouchés n'a pas été un obstacle non plus. Cependant, elle n'avait pas de véritable intérêt pour sa discipline et n'a pas trouvé le moyen de pratiquer une science utile, comme elle dit. Loin d'être un cas isolé, la démarche d'Anita a été confirmée par deux études – l'une ancienne et l'autre récente – montrant que ce n'est pas parce qu'on a l'occasion et la capacité de faire un travail qu'on a envie de le faire. Les motivations et les intérêts comptent, et ceux-ci ont toujours été évalués par les conseillers d'orientation au moyen d'inventaires d'intérêts professionnels, des listes interminables de questions mesurant l'attrait de divers emplois – travail à l'intérieur ou à l'extérieur ? solitaire ou social ? encadré ou autonome ? Même pendant les énormes changements sociaux des années 1960 et 1970 et la seconde vague du féminisme, on a constaté qu'il se dégageait de ces tests des différences sexuelles systématiques, que l'on pourrait résumer rapidement comme ceci : « les femmes préfèrent travailler avec des personnes et des êtres vivants et les hommes avec des objets inanimés et des processus physiques[40] ». Dans l'étude sur 20 ans de Benbow et Lubinski, cet intérêt pour les gens était l'une des raisons pour lesquelles les femmes douées en mathématiques choisissaient plus souvent la médecine clinique que la physique ou le génie. Pour les hommes doués, c'était le contraire. Ainsi, la compétence n'est pas seule en cause, car beaucoup de femmes possèdent les aptitudes cognitives nécessaires pour les mathématiques et les sciences, mais choisissent tout de même d'autres voies (et, bien sûr, beaucoup d'autres, douées pour les mathématiques et les sciences, deviennent des scientifiques).

L'exposition, l'occasion leur auraient-elles fait défaut ? Pour expliquer la rareté des femmes dans les carrières en mathématiques et en sciences, on invoque souvent leur faible participation aux cours de maths et de sciences au secondaire. Voici ce qu'en disait un article de la revue *Science* paru en

1993 : « Au moment où les jeunes femmes terminent le secondaire, elles ont suivi beaucoup moins de cours de maths et de sciences, à tel point que bon nombre d'entre elles excluent d'emblée ces disciplines à l'université[41]. » Autrement dit, c'est le fait de ne pas être familiarisées avec les sciences dès le secondaire qui empêcherait les femmes d'aller vers ces disciplines[42]. Plus simplement, si elles n'ont jamais mangé d'aubergine, comment sauraient-elles qu'elles n'aiment pas ça ? Cela pourrait être le cas, et c'était peut-être vrai dans les années 1970 lorsque fut formée l'actuelle génération de scientifiques, mais cela ne l'est plus aujourd'hui. En 1997, lorsque les sociologues Yu Xie et Kimberlee Shauman examinèrent les dossiers de 57 000 étudiants – soit le nombre de personnes que peut accueillir le Shea Stadium ou le Colisée de Rome –, il en ressortit clairement non seulement que les filles étaient aussi nombreuses que les garçons dans les cours préparatoires de maths et de sciences au secondaire, mais aussi qu'elles y obtenaient de meilleures notes[43]. Bien qu'ils aient suivi les mêmes cours avancés de maths et de sciences au secondaire, les jeunes hommes et femmes, en général, finissaient par s'orienter dans différentes directions. Les chercheurs du Center for Women and Work, de l'Université Rutgers, voulurent en savoir plus. En 2002, ils interrogèrent 1 104 étudiants inscrits au même programme avancé sur les raisons qui avaient motivé leur choix de spécialité à l'université. Pour les hommes, c'était surtout l'intérêt qu'ils avaient développé dans les cours avancés suivis au secondaire qui les avait convaincus d'étudier la science. Pour les femmes, c'était l'existence d'autres intérêts et la possibilité de concilier travail et famille qui avaient déterminé leur orientation. Elles étaient bonnes en sciences, aimaient les sciences et avaient les compétences requises, mais ne tenaient pas forcément à en faire une carrière[44].

Dans le registre des « j'aurais voulu, j'aurais dû, j'aurais pu », de nouvelles données montrent que c'est une bonne idée de faire confiance aux choix des femmes plutôt que de les pousser vers des études qui ne les attirent pas. Claude Montmarquette, un économiste qui a travaillé avec des collègues de Montréal et de Suède, fit une découverte surprenante après avoir analysé les choix de spécialité et les profils scolaires de 562 Américains qui étaient étudiants à l'université en mai 1979. Les chercheurs firent appel à un modèle mathématique pour prédire les résultats que ces étudiants auraient obtenus s'ils avaient choisi une autre discipline. Par exemple, 52 % des hommes inscrits en études de commerce obtinrent leur diplôme, mais si, avec le même profil, ils avaient plutôt opté pour les arts et les lettres, seuls 42 % auraient terminé leurs études avec succès. Les hommes choisissaient en fonction de l'argent qu'ils s'attendaient à gagner sur le marché du travail, compte tenu des chances de succès qu'ils s'octroyaient. Les femmes étaient moins influencées par des attentes salariales. Fait intéressant à noter, hommes et femmes évaluaient bien la probabilité de leur succès. Les femmes inscrites dans les majeures en sciences avaient autant de chances, sinon plus, de réussir que les étudiants des deux sexes ayant choisi d'autres majeures. Toutefois, les femmes qui avaient choisi l'enseignement ou les arts et les lettres auraient obtenu des résultats médiocres si elles avaient opté pour la science[45]. Les femmes, toutes majeures confondues, connaissaient leurs intérêts, leurs capacités, leur tolérance au risque ; elles savaient ce qu'elles voulaient et dans quelles disciplines elles réussiraient.

Kim a toujours su ce qu'elle voulait, notamment pourquoi elle a choisi le génie et pourquoi elle a quitté ensuite cette même voie. Entrée à l'université en 1977, elle s'est inscrite dans un programme qui comptait 400 étudiants, dont 40 femmes seulement. Cela ne l'a pas dissuadée. « Plus jeune, j'avais fait beaucoup de compétition de voile, un sport dominé par les hommes, et je m'y sentais à l'aise. Je me suis lancée dans mes études avec enthousiasme, j'ai été élue à l'association étudiante, bref, je me suis bien amusée à l'université, se rappelle-t-elle. Les professeurs étaient encourageants, et 99 % d'entre eux étaient excellents. » Et Kim a réussi, se classant dans les premiers 10 % de sa promotion. Elle possédait de solides qualités pour être ingénieure, et ses parents l'ont fortement incitée à poursuivre dans cette voie. Alors pourquoi a-t-elle tout arrêté ?

Assise à la terrasse d'un café par un beau vendredi après-midi, j'attendais Kim qui, croyais-je, allait me faire de douloureuses révélations. Vêtue d'une tenue de sport, Kim semblait ravie d'attaquer sa tarte aux abricots au lieu d'être au boulot. Chimiste pendant près de 20 ans et titulaire d'un

MBA, elle était désormais coach auprès d'une clientèle de professionnels. Elle avait décidé de changer de métier après avoir eu ses enfants et frôlé la mort. « Je voulais passer plus de temps avec les gens que j'aime. Et maintenant, je gère mon temps comme je l'entends. » Son choix n'avait rien à voir avec la discrimination ni le fait qu'elle soit la seule femme de son équipe, a-t-elle insisté. « J'en avais assez de mélanger des produits pétrochimiques et de déboguer des logiciels, c'est tout. La clique des hommes est forte dans ces milieux, mais il n'y a pas de plafond de verre. Quiconque est prêt à travailler pouvait gravir les échelons. » Même en étant la seule femme de son équipe dans une grande société pétrochimique, Kim ne se sentait pas exclue. « Les gars de l'usine me traitaient bien. Je portais de grandes salopettes et je me coupais les cheveux très courts, sinon ils étaient pleins de pétrole. J'étais une des leurs. » Elle voyait ce milieu comme « très compétitif, mais super ». Et même si elle a connu une expérience plutôt déplaisante avec un cadre qui aimait discuter des projets devant la photo d'une pin-up de *Playboy*, elle reconnaît que ce n'est pas typique du milieu. « La deuxième fois que j'ai vu cette photo derrière sa porte, je lui ai simplement dit : "Vous avez des filles, n'est-ce pas ? Aimeriez-vous qu'on les traite comme ça ?" Il était embarrassé. Je n'ai plus jamais revu la pin-up. »

Kim a minimisé le rôle des expériences négatives, considérant qu'elles n'étaient ni représentatives ni destinées à l'exclure. Elle a occupé divers postes d'ingénieure et de gestionnaire, obtenu un MBA, enseigné à l'université et, après avoir eu ses enfants, est devenue la « reine du multitâche, puis a fini par quitter le milieu. « Je n'ai jamais connu de discrimination ni de mauvais traitements. » Ce message, je l'avais déjà entendu de la bouche d'autres femmes qui avaient réussi une carrière scientifique. Cela donnait à peu près ceci : Il y a des gens peu scrupuleux qui se comportent de manière abominable. Est-ce qu'ils me visent en tant que femme ? Pas spécialement. Ce sont donc des facteurs internes plutôt qu'externes qui expliquent que ces femmes poursuivent leur carrière ou changent d'idée en cours de route.

La professeure Sara Witelson, une neuroscientifique canadienne, a choisi la recherche sur le cerveau humain, pas la physique. Mais, travaillant dans les sciences expérimentales depuis plusieurs décennies, elle aurait, m'avait-il semblé, un point de vue privilégié sur la vie des chercheurs. En 2005, j'assistai à une conférence à Hamilton, une ville universitaire de la zone fruitière du sud de l'Ontario, et j'allai lui parler de son travail sur la spécialisation des hémisphères cérébraux chez l'homme et la femme ainsi que de son examen du cerveau d'Einstein. Nous nous sommes rencontrées un vendredi après-midi dans son bureau, et notre conversation s'est poursuivie longtemps après le départ de son auxiliaire de recherche. Ses collègues partaient les uns après les autres, la saluant au passage, pendant qu'elle parlait de sa formation à la fin des années 1960, alors qu'il y avait peu de femmes dans son domaine. Les yeux foncés, le regard vif, les cheveux couleur de jais, elle m'adressait un sourire radieux et chaleureux, tout en me confiant qu'en 40 ans de carrière, elle n'avait jamais été exposée à la discrimination sexuelle.

« Non, je n'ai jamais connu ça », disait-elle.

« Comment ? » J'ai déposé mon calepin et je l'ai regardée.

« Aucune discrimination. Soit je ne l'ai pas perçue, soit je ne la recherchais pas. Si j'avais voulu devenir doyenne ou rectrice, ou si j'avais représenté une menace pour certains postes convoités, peut-être l'aurais-je subie. Mais la seule chose que je faisais et que j'essayais de bien faire, c'était ma recherche – ce que le directeur de mon département et le doyen ont toujours voulu que je fasse –, et il n'y avait aucun problème. »

Avait-elle senti que c'était plus difficile du fait qu'elle était une femme ? L'avait-t-on traitée comme ses collègues masculins ?

« Comment cela peut-il être plus difficile pour une femme ? Je veux dire, qui va empêcher une femme de faire de la recherche ? Ce n'est pas logique. Comment un directeur qui doit montrer au doyen de la faculté que son équipe est compétente et productive empêcherait-il une femme brillante, compétente et courageuse de faire ce qu'elle est censée faire ? Je ne peux pas dire que chaque jour le directeur venait me voir pour me demander "Tout va bien, Sandra ?" "Avez-vous besoin d'aide ?" " Avez-vous besoin d'un espace plus grand ?" Je veux dire que personne ne me tenait la main ou n'essayait de m'encadrer. Mais cela ne m'a pas contrariée, et si je voulais faire une demande de subvention, personne ne refusait de la signer. Je ne crois pas avoir vu de discrimination à l'endroit des autres femmes non plus. Je travaille dans un établissement extraordinaire, mais je ne crois pas que ce soit particulièrement inhabituel. »

Au risque de l'embêter, je suis revenue à la charge. « Donc, vous pensez avoir été traitée sur un pied d'égalité ? » Après deux heures de discussion ou presque, elle a déterré un incident survenu des décennies plus tôt, qui aurait pu être interprété comme discriminatoire. « Au moment de mon embauche, l'université a offert de payer mon déménagement. Après avoir déménagé, j'ai envoyé les reçus, comme prévu. J'ai reçu un appel du responsable financier, disant que puisque j'étais venue avec mon mari, j'aurais déménagé de toute façon, et qu'il ne croyait donc pas devoir me rembourser. Cela aurait pu passer pour de la discrimination. Mais je ne l'ai pas vu sous cet angle. Je crois plutôt que le type essayait de revenir sur sa parole. Je me suis contentée de répondre que j'étais désolée, mais que mon mari ait déménagé ou non n'avait rien à voir. J'avais accepté le poste et l'université avait accepté de payer le déménagement. C'était tout. Je n'en ai pas fait un plat, je ne me suis pas mise en colère, et je n'en ai pas parlé beaucoup. Tout dépend de la manière dont une femme perçoit les choses, et de son degré de sensibilité. »

De retour dans mon quartier, nous étions un groupe de mères assises sur l'herbe, regardant nos enfants dégoulinants de sueur courir après un ballon de foot. Plusieurs étaient médecins de famille. Plutôt que de changer de métier, elles avaient organisé leurs horaires de manière à garder du temps pour leurs enfants et d'autres intérêts, et ne faisaient donc pas des semaines complètes. Sachant que les femmes étaient plus nombreuses que les hommes dans les facultés de médecine et qu'elles obtenaient de meilleures notes qu'eux, comment se faisait-il, leur ai-je demandé, qu'elles choisissent en très grande majorité des spécialités comme la pédiatrie et la médecine familiale, moins lucratives que la chirurgie et la radiologie[46]? En 2005, l'étude du radiologiste canadien Mark Baerlocher et du spécialiste en santé publique Allan Detsky avait montré qu'on ne refusait pas aux femmes, contrairement aux hommes, leur premier choix de résidence. Les hommes avaient 1,6 fois plus de chances de se voir dire non que les femmes[47]. Or, avec plus de choix que les hommes, pourquoi aller vers des domaines moins payants? Si ce n'était pas de la discrimination, qu'était-ce donc?

Ces femmes ont parlé de la satisfaction qu'elles éprouvaient à suivre leurs patients pendant de nombreuses années, ce qui leur permettait de saisir les détails complexes de leur vie. L'une d'elles raconta qu'elle avait été séduite par son stage en chirurgie au début de sa formation. Comme il y avait pénurie de résidents chirurgiens, on l'avait autorisée à pratiquer elle-même une résection intestinale, sous la supervision d'un chirurgien expérimenté. L'intervention avait été un succès, et elle avait décidé sur-le-champ que la chirurgie et sa montée d'adrénaline étaient pour elle. Le lendemain, en songeant aux huit années de résidence ainsi qu'aux gardes le soir et les week-ends, elle a changé d'avis. « En fait, la médecine familiale était un choix de vie », disait cette mère de 4 enfants en se croisant les chevilles, le regard posé sur son fils de 11 ans qui gardait les buts. « Je n'ai jamais eu de mentor féminin, que ce soit en médecine générale ou dans une spécialité, là n'est pas la question. L'important, c'est que je ne suis pas de garde les soirées ni les week-ends, et que j'ai une vie en dehors du travail. »

Le parcours de ces femmes et les études citées mettent en relief ce qui devrait être un truisme : les femmes sont des êtres autonomes qui savent ce qu'elles désirent. L'une des belles victoires de la seconde vague du féminisme a été de donner aux femmes la possibilité et le droit de poursuivre leurs intérêts et leurs buts. Les femmes qui ont l'intelligence et l'ambition voulues pour devenir des scientifiques, des professeurs d'université, des ingénieures ne sont plus arrêtées par des formations inadéquates ou des idées sexistes démodées. D'ailleurs, depuis 40 ans, les femmes ont massivement envahi les facultés de sciences et beaucoup, comme Sandra Witelson, ont apporté une contribution exceptionnelle, surtout dans les sciences biologiques et cognitives. Donc, aucune donnée n'indique que les femmes ne *peuvent* pas réussir, ou qu'il leur manque quelque chose. Non, les femmes présentées ici font ressortir une autre réalité. Surtout en physique et en génie – des disciplines traditionnellement masculines considérées comme des baromètres de l'égalité –, les femmes peuvent obtenir ce qu'ont les hommes, mais beaucoup décident, après l'avoir obtenu, qu'elles n'en veulent plus. Une fois encore, l'hypothèse selon laquelle les femmes, lorsqu'elles en ont l'occasion, *devraient* vouloir ce qu'ont les hommes, selon laquelle le sexe masculin serait le modèle à imiter, celui en regard duquel il faudrait mesurer tous ses rêves et ses désirs, montre ses faiblesses.

Mais qu'arrive-t-il si de nombreuses femmes qui ont tout ce qu'il faut pour réussir une carrière en physique ou en informatique décident en fin de compte qu'elles ont d'autres intérêts ? Tout joue en leur faveur : la matière grise, des parents et des enseignants qui les ont encouragées, des mentors, l'autodiscipline, les bons cours, les bonnes références et même d'excellents postes. Pourtant, elles décident finalement qu'elles préfèrent la recherche sur les questions humaines. Ou l'intervention sociale, en devenant enseignantes, professeures de droit et travailleuses sociales. Ou avoir du temps pour leurs enfants en bas âge. S'agit-il de l'échec du système ou des femmes ? À cause de l'idée que les femmes sont une imitation imparfaite des hommes, de nombreuses femmes brillantes qui n'entrent pas dans le moule masculin se retrouvent infantilisées. Si seulement elles savaient ce qu'elles veulent *vraiment*, elles choisiraient la physique ! Malgré leurs réalisations, on les croit incapables de choisir par et pour elles-mêmes. On leur fait sentir qu'elles n'ont pas l'étoffe voulue.

Lorsque des femmes douées décident d'être médecins plutôt que physiciennes, enseignantes plutôt qu'ingénieures, elles choisissent de travailler et de passer du temps avec des gens, et non avec des objets. Beaucoup témoignent de la sensibilité à l'égard des autres. C'est là une disposition qui a une longue histoire et qui, comme nous allons le voir à l'instant, apporte aux femmes une grande satisfaction.

Chapitre 4

Empathie : les femmes ont l'avantage

Nulle femme n'est une île

L'article publié à la dernière page du journal était intitulé « Mon plafond de verre, c'est moi-même qui me le suis imposé », et il m'a plus réveillée que le café noir que je venais tout juste d'avaler. Une cadre supérieure promise aux plus hautes fonctions avait refusé le poste de vice-présidente d'une multinationale qui engrangeait des milliards et se sentait obligée de se justifier, mais sous le couvert de l'anonymat. Elle exposait une à une les mesures adoptées par son employeur pour promouvoir la réussite des femmes : télétravail, horaires flexibles, service de pressing et salle de sport, supplément de revenu pour la nounou et garderie sur place pour les enfants malades. L'entreprise figurait parmi les 100 meilleures des États-Unis et d'Europe. Pourtant, cette cadre partie pour la gloire avait décliné l'offre. Avec cette promotion, elle serait devenue le numéro trois d'une société de 12 000 employés établie dans plus de 60 pays, et une candidate au poste de PDG d'ici quelques années.

« Mon président ne pouvait pas en croire ses oreilles. Selon lui, c'était l'occasion d'une vie », me dit-elle au téléphone le lendemain. « Des entreprises comme la mienne mettent tout en œuvre pour aider les femmes à s'élever jusqu'au haut de l'échelle. Le hic, c'est que nous ne voulons pas toujours gravir les échelons[1]. »

Après avoir pris contact avec le journal et envoyé mes coordonnées ainsi que quelques renseignements, j'ai pu communiquer avec Elaine. J'espérais qu'elle pourrait m'éclairer sur les raisons qui poussent des femmes ultra-compétentes à se retirer de la course. Bien sûr, elle ne représentait qu'une seule voix, à la différence des études qui présentent un portrait à grande échelle, mais Elaine, elle, pouvait me fournir des précisions sur ses motivations. Elle avait envie de raconter son histoire, et nous avons pris rendez-vous.

Plusieurs mois plus tard, je prenais un vol à destination d'une ville industrielle sur le déclin, à une heure de route environ d'une grande métropole. Elaine m'avait dit de chercher une grande blonde au volant d'une grosse voiture noire à la sortie de l'aéroport, tout en me disant que la réalité n'était pas aussi glamour. En fait, elle était plutôt chic. Vêtue d'un pantalon et d'un pull noirs, elle dégageait une confiance tranquille, non dénuée d'ambition, comme j'allais l'apprendre. Encore dans la trentaine, elle avait gravi assidûment les échelons jusqu'à occuper un poste suffisamment élevé pour envisager d'acheter et de rénover une résidence victorienne à tourelles qu'elle me montra tandis que nous roulions vers le restaurant (finalement, elle a décidé qu'elle préférait des choses plus simples). Bref. Moins de cinq minutes après être montée dans la voiture, j'avais appris de cette femme d'affaires qui n'y allait pas par quatre chemins qu'elle avait, outre son travail, deux jeunes enfants, un mari et des parents, tous essentiels à sa vie et au bonheur réciproque des uns et des autres. Une promotion signifiait déménager et, même si elle en retirerait des avantages en termes d'argent et de niveau de vie, cela déstabiliserait sa famille. Elle aimait son travail, elle était respectée, sa vie personnelle était riche, alors pourquoi tout gâcher en voulant monter encore plus haut ? Occupant déjà un poste de direction, elle ne regrettait pas d'avoir refusé la vice-présidence. « Mon mari aime son travail, mes enfants sont très heureux et bien intégrés à leur milieu, et j'aime mon travail. Mon avenir à long terme aurait pu être renforcé, mais mon bonheur et ma valeur personnelle ne tiennent pas seulement à ma carrière. »

En clair, son message était le suivant : mon travail est essentiel, mais les besoins de ma famille le sont tout autant. Entre les lignes cependant, il fallait comprendre qu'il était en partie honteux de tenir de tels propos, d'où le pseudonyme, et pour le journal et pour ce livre. Rejeter une promotion n'est pas une tactique très habile, et encore moins lorsqu'on invoque un prétexte aussi passéiste que celui d'accorder le même poids aux êtres chers qu'aux réalisations professionnelles. Au cours du lunch, Elaine me parla de la réaction des hommes dans son entourage. « Quand j'ai dit non, le président m'a regardée et m'a dit "Je crois que vous êtes tombée sur la tête". Mon beau-père, un ancien PDG qui a trimballé ses cinq enfants autour du monde, est resté sans voix. Mais je n'étais pas seule en jeu dans cette décision. Il y avait mon mari et mes enfants. Ma fille de sept ans est sensible et la changer d'environnement aurait été risqué. Cela aurait pu marcher, mais si elle en avait souffert, je ne me le serais jamais pardonné. » Pas une once d'ambivalence dans sa décision. Elaine était sûre d'avoir fait le bon choix et voulait que son entourage le sache, même si elle préférait taire les détails. « Au travail, personne ne sait qu'on m'a offert cette promotion et beaucoup d'hommes seraient fâchés de l'apprendre, le poste ne leur ayant pas été proposé. L'entreprise veut désespérément des femmes à sa tête. » Pour équilibrer le rapport hommes-femmes à la direction, elle offrait des ponts d'or à toutes les femmes méritantes, pourvu qu'elles acceptent de déménager et, si tout se passait bien, de déménager encore quelques années plus tard. Elaine en connaissait une seule qui avait accepté : une célibataire.

Elaine était-elle représentative d'autres cadres dirigeants femmes ? Beaucoup de données indiquent qu'elles sont nettement plus nombreuses que les hommes à refuser des promotions par égard pour leur famille, y compris des femmes au sommet de leur carrière[2]. En 2006, l'analyste en placement Carolyn Buck Luce et l'économiste Sylvia Ann Hewlett ont voulu connaître le fin mot de l'histoire de l'« exode caché des cerveaux » féminins en réalisant une enquête auprès de 2 443 femmes titulaires d'un diplôme d'études supérieures ou d'une licence professionnelle. Les résultats ont révélé qu'une femme sur trois titulaire d'un MBA avait choisi de ne pas travailler à temps plein, contre un homme sur vingt au même niveau de diplôme, et que 38 % des femmes occupant des postes à responsabilité avaient refusé une promotion ou délibérément accepté un emploi moins bien payé[3]. Loin d'être écartées des postes clés, ces femmes les évitaient. Examinant leurs motivations, les chercheuses ont constaté qu'occuper un poste d'influence était l'objectif professionnel le moins important des femmes hautement qualifiées, tous secteurs confondus. Quatre-vingt-cinq pour cent d'entre elles accordaient plus de poids à d'autres valeurs, dont travailler avec des personnes qui leur inspirent du respect, pouvoir être « soi-même » au travail et avoir des horaires flexibles. Comme Elaine et la plupart des femmes présentées dans ces pages, la majorité des 2 443 femmes de l'étude « l'exode caché des cerveaux » n'avaient pas le sentiment d'avoir été écartées des postes les plus lucratifs. Leur autodétermination viendrait donc démentir la croyance populaire selon laquelle l'accès des femmes performantes aux plus hautes fonctions serait bloqué. Comme le disait Elaine, l'entreprise serait même probablement allée jusqu'à bonifier son offre en finançant un MBA à son mari ou l'école privée de ses enfants, et elle aurait envisagé un déménagement si toute la famille y avait trouvé son compte. Mais ce n'était ni une décision économique ni une volonté de conserver l'emploi de son mari qui avaient motivé sa décision. Son salaire était le principal apport financier de la famille, et Elaine aurait pu gagner encore plus d'argent si elle avait accepté la promotion qui lui était proposée. Tout simplement, les besoins de sa famille l'emportèrent.

Nous nous intéressons dans ce chapitre au rôle de l'empathie lors de tournants de carrière des femmes. L'empathie est la capacité de discerner les pensées et les sentiments d'autrui et d'y répondre par des sentiments et des gestes appropriés. Nous verrons que les femmes, en moyenne, possèdent un léger avantage empathique et nous montrerons comment celui-ci est étayé par la biologie, encouragé par l'environnement et mis en évidence par les choix professionnels. Bien sûr, la moyenne rassemble des millions d'individus dont l'identité est aussi difficile à repérer qu'une aiguille dans une botte de foin. Malgré tout, ce point de vue panoramique indique que la faculté de lire et de comprendre les émotions des autres est spontanée et simple pour de nombreuses femmes, qui, les unes après les autres, choisissent la profession qui leur convient et décident jusqu'où elles souhaitent grimper dans la hiérarchie.

L'histoire d'Elaine est celle d'une seule femme. Mais elle a été confirmée par de nombreuses études qui établissent que les femmes sont plus nombreuses que les hommes à adapter leur carrière en fonction de leur famille, surtout de jeunes enfants et de parents vieillissants. Si aujourd'hui les hommes aident leurs proches plus que jamais, ce sont les femmes qui limitent volontairement leur carrière lorsque les demandes de soins se font plus exigeantes. Une enquête américaine réalisée en 2005 auprès de 44,4 millions de proches aidants nous apprend que les hommes de la famille s'acquittent de 42 % des tâches au début d'une maladie, par exemple lorsqu'un parent âgé a besoin d'aide pour les courses et les rendez-vous. En revanche, lorsqu'il s'agit de quitter le bureau plus tôt, d'y arriver plus tard ou de prendre un congé pour aider un membre de la famille gravement malade, ce sont les femmes qui s'en chargent dans 84 % des cas[4]. Quand il s'agit d'aider un proche atteint d'un cancer, les filles et les épouses dépassent de loin les hommes[5].

Agit-on ainsi par choix ou par obligation ? Une journaliste du *New York Times* a posé la question à plusieurs femmes qui avaient fait carrière, puis quitté leur poste pour s'occuper de parents vieillissants. Voici quelques réponses. « Personne ne m'a demandé de faire ça, et cela n'avait rien à voir avec la culpabilité », a répondu Mary Ellen Geist, une présentatrice de journal télévisé de 49 ans, qui a abandonné son emploi lucratif à New York pour s'installer dans la maison familiale du Michigan et aider sa mère à s'occuper de son père de 78 ans, atteint de la maladie d'Alzheimer. « Je menais une existence très égoïste. Ma vie professionnelle était très valorisante. Mais ma vie se limitait au travail et je me sentais vieillir. Je pouvais apporter une aide concrète à mes parents. Cette expérience m'a ouvert le cœur et m'a permis de retrouver un sentiment que j'avais perdu. » Quand Rikki Grubb, une avocate formée à Harvard, a abandonné un poste d'associée pour s'occuper d'un parent vieillissant, plusieurs de ses collègues féminines lui ont dit qu'elles l'enviaient de pouvoir quitter ce « milieu de vautours » pour faire quelque chose qui ait du sens[6]. Ces deux femmes ont accepté de leur plein gré de voir réduire leur salaire et leur statut social pour s'occuper d'un proche.

Pour évaluer méthodiquement de telles décisions, la sociologue Phyllis Moen, du Minnesota, a interviewé 760 personnes sur les raisons qui ont motivé leur retraite anticipée. Dans le cas des femmes, c'était le plus souvent

pour s'occuper d'un proche, et dans celui des hommes, parce qu'ils détes-
taient leur emploi ou avaient accepté des indemnités de départ[7]. Rester à la
maison avec un enfant malade lorsque les deux parents travaillent est l'affaire
des femmes dans 59 % des cas. Les autres 41 % en partagent la responsabilité avec leur mari, mais se sentent déchirées lorsqu'elles ne sont pas là pour
soigner l'enfant[8]. En 2005, une enquête vivement controversée menée auprès d'étudiantes de prestigieuses universités du Nord-Est des États-Unis (les
« Ivy League ») a montré que 60 % des femmes avaient déjà décidé qu'une
fois mères, elles comptaient réduire leurs heures de travail ou se retirer complètement de la vie active[9]. Le désir de prendre soin des autres existerait donc
chez les femmes avant même que le besoin ne s'en présente. Dans une vaste
étude examinant le rôle de l'altruisme dans les choix de carrière et les décisions quotidiennes des adolescents, Mihaly Csikszentmihalyi, Barbara
Schneider et David Sloan Wilson ont suivi plus de 1 000 adolescents dans
12 localités pendant 5 ans. Voici, à titre d'exemple, deux questions extraites
de l'enquête : « Dans le travail que vous comptez faire plus tard, sera-t-il important d'aider les gens ? » et « Combien de temps consacrez-vous aux activités bénévoles ou communautaires en dehors de l'école ? » Les adolescentes
obtenaient des résultats supérieurs dans les « attitudes et intentions altruistes[10] ». Pour elles comme pour Elaine, la liberté de choix leur permet
d'agir en accord avec leurs sentiments d'empathie.

Leur force-t-on la main ? Nous avons déjà un élément de réponse dans la
manière dont les femmes en viennent à prendre ces décisions. Les occasions
d'avancement se matérialisent habituellement vers la fin de la trentaine et
dans la quarantaine, alors qu'elles ont donné la mesure de leur talent. Cette
période est aussi un bon moment pour réévaluer les priorités. Beaucoup ont
travaillé dur jusqu'à ce que leurs enfants entrent à l'école et elles n'ont plus
envie de se sacrifier. Elles ont prouvé leur valeur, mais cela leur a souvent
coûté. Désormais, elles veulent se faire plaisir, en continuant à travailler
bien sûr, mais sans se surmener ni faire des choix qui les écartent de leur famille à des moments importants. De l'extérieur, la situation peut sembler paradoxale. Chez les femmes qui ont travaillé d'arrache-pied pour bâtir leur
carrière, se faire plaisir veut parfois dire prendre le temps de répondre aux

besoins des autres plutôt que d'accorder par réflexe la priorité au travail. Cela pourrait passer pour de l'abnégation, voire un retour à une époque où les femmes s'occupaient de tout le monde. Cependant, cela peut aussi être un geste égoïste que de dire non à des demandes professionnelles qui dépassent les bornes pour passer quelques heures auprès de son conjoint ou de ses enfants, ou encore, pour prendre soin d'un parent malade. Pour bon nombre de femmes, faire preuve d'empathie à l'égard de sa famille peut l'emporter sur le prestige et l'argent, non pas comme un sacrifice personnel, mais comme une forme de réalisation de soi.

Dans son ouvrage *Maternal Desire*, Daphne de Marneffe, l'une des futures mères qui, encore étudiante, savait déjà qu'elle interromprait temporairement sa carrière, décrit avec lyrisme « l'extraordinaire plaisir » que la compagnie de ses enfants lui a apporté. Élever des enfants n'est ni une obligation ni une corvée (du moins pas tout le temps). Or, le sentiment d'empathie ne surgit pas soudainement lorsque l'on se sent l'obligation de prêter main-forte ou de s'interroger à la croisée des chemins. Même en l'absence d'obligations et de liens familiaux, les femmes sont plus souvent celles qui se relèvent les manches pour soulager la douleur d'autrui. Au Canada, les femmes comptent pour 90 % des bénévoles œuvrant auprès des personnes âgées, et 77 % des bénévoles du secteur de la santé. Enfin, elles représentent 75 % de l'effectif des organismes sans but lucratif, où elles touchent un salaire deux fois moins élevé qu'ailleurs[11].

Une expérience utopique

On croit souvent que les femmes se dirigent vers les emplois axés sur les relations humaines parce que leur entourage a réussi à les convaincre qu'il devait en être ainsi. À ce sujet, les anthropologues Lionel Tiger et Joseph Shepher ont publié en 1975 un ouvrage relatant une expérience sociale remarquable, l'étude de 34 000 personnes ayant vécu dans un kibboutz depuis la petite enfance. Apparu au tournant du XXe siècle et présageant la seconde vague du féminisme, le mouvement des kibboutz s'opposait fermement aux stéréotypes féminins et masculins. Il y était attendu qu'hommes et femmes s'acquittent – de plein gré – de toute tâche leur étant confiée.

Les enfants vivaient dans des dortoirs communs et des spécialistes de la puériculture s'occupaient de leur éducation, prenant soin d'élever pareillement filles et garçons. La télévision était limitée. Les parents passaient voir les enfants à l'heure des repas et du coucher, mais la cuisine était prise en charge par la communauté et un service de buanderie se chargeait de la lessive, de façon qu'il n'y ait plus de « deuxième journée de travail », celle des soins aux enfants ou des corvées ménagères. Cette vision utopiste visait à éliminer les obstacles de sexe et de classe, et l'on supposait qu'avec le temps, les différences entre les sexes s'estomperaient. Tous les emplois seraient répartis à 50-50 entre hommes et femmes.

C'est aussi ce que les deux anthropologues s'attendaient à constater, mais ni leurs observations ni les données n'allèrent dans ce sens. Après que quatre générations eurent tenté d'inculquer la neutralité sexuelle des rôles familiaux et professionnels, 70 % ou 80 % des femmes continuaient de se tourner vers des tâches axées sur la personne humaine, principalement l'éducation des enfants, tandis que la majorité des hommes préféraient travailler aux champs ou dans les usines, la construction ou la maintenance. Plus les gens avaient vécu longtemps dans le kibboutz, plus la polarisation des rôles était marquée. Parmi les femmes qui y avaient grandi, aucune ou presque n'avait voulu travailler dans la construction, et moins de 16 % d'entre elles avaient opté pour le travail agricole ou industriel. Du côté des hommes, aucun ne voulait s'occuper des enfants d'âge préscolaire et moins de 18 % d'entre eux avaient choisi d'enseigner au primaire. « Les profils statistiques que nous avons dégagés ont, étonnamment, montré que les hommes et les femmes semblaient vivre dans des communautés différentes et se retrouvaient surtout dans leur lieu de résidence. Nous avions l'impression d'étudier deux villages distincts. De plus, les hommes et les femmes se différenciaient de plus en plus, et non l'inverse, dans ce qu'ils faisaient et voulaient manifestement faire. Il s'agissait là d'une tendance forte, générale et répétée[12]. » Les femmes avaient demandé à être plus souvent auprès de leurs enfants que ne le permettaient les heures de repas et du coucher. Hommes et femmes avaient des préférences tranchées sur les métiers qu'ils souhaitaient exercer. On pouvait les exhorter, les cajoler et même les obliger à accomplir les tâches dont l'on jugeait souhaitable qu'elles soient remplies par tous, mais dès qu'ils s'exprimaient, leurs choix ne concordaient pas avec les attentes. Force fut de constater qu'il était impossible d'imposer aux femmes des rôles sexuellement neutres.

Bien entendu, les femmes n'ont pas le monopole de l'empathie ni des emplois axés sur les relations humaines. Les figures inspirantes qui influencent l'opinion et les politiques publiques sont souvent des hommes, généralement plus enclins à risquer leur vie pour aider les autres. À l'inverse, ce sont souvent des femmes qui soulagent tranquillement les souffrances individuelles[13]. À cet égard, l'exemple de Marguerite Barankitse est éloquent. Citoyenne sans fonction ni titre officiels, elle a, sans se ménager, adopté et élevé 10 000 orphelins victimes des génocides du Rwanda et du Burundi. En 1993, elle recueillit sept enfants au début de la guerre civile, trois Tutsis et quatre Hutus. Puis 25 autres, dont les parents avaient été assassinés sous leurs yeux. Un an plus tard, elle s'occupait de 160 enfants. Le temps que les « enfants de Maggy » se comptent par milliers, elle avait mis en place une infrastructure de parents-substituts et fondé des douzaines de petites entreprises pour subvenir à leurs besoins, tout en procurant formation et emploi à ceux qui avaient grandi. Stephanie Nolen, journaliste du *Globe and Mail*, a visité le village de Maggy. Quand elles croisaient les enfants, Maggy lui racontait leurs histoires. « Celui-là, je l'ai trouvé attaché au dos de sa mère, dans une pile de cadavres. Une grenade lui avait emporté la moitié du visage. Lui, sa mère est morte du sida. Celle-ci est une enfant du viol[14]. » Sa capacité d'empathie et d'action dans de telles circonstances est extraordinaire. Plutôt que de se fermer ou de se venger – comme l'avaient fait de nombreux hommes –, elle avait spontanément réagi en s'occupant des autres.

Pourquoi avoir adopté les premiers orphelins ?, lui avait-on demandé. « J'avais de la place dans ma maison, et c'est ce que ma mère m'a enseigné », avait-elle répondu. Comme la plupart des gens, elle croyait avoir appris l'empathie et l'altruisme dans sa famille. C'est en partie vrai. Des parents sympathiques qui expriment des émotions positives et valorisent les relations transmettent ces valeurs à leurs enfants, comme l'a montré la psychologue Nancy Eisenberg. Nous ne savons pas si les parents aimables et empathiques transmettent les gènes de l'amabilité et de l'empathie à leurs enfants ou si les enfants apprennent ces comportements au contact de leurs parents. Probablement les deux. Cependant, nous savons que garçons et filles reçoivent le message différemment.

Marguerite Barankitse, entourée de quelques-uns des 10 000 orphelins qu'elle a recueillis après la guerre civile au Rwanda et au Burundi.

Au début des années 1990, Nancy Eisenberg et ses collègues ont montré deux films à 94 étudiants universitaires des deux sexes, d'abord un documentaire montrant un enfant atteint du spina bifida, qui devait susciter de la sympathie, puis un court métrage mettant en scène un autostoppeur dans la voiture d'un personnage habité de pensées diaboliques et muni d'un couteau, qui était censé provoquer de l'angoisse, un sentiment nettement plus pénible pour l'observateur. Eisenberg voulait savoir s'il était possible de différencier la sympathie (un sentiment d'identification et de tristesse devant les souffrances de l'autre, qui pousse à vouloir aider) de la détresse (le désir de fuir les sentiments désagréables que suscite la situation d'une autre personne). Il s'agit de deux aspects de l'empathie, puisque ressentir l'expérience de l'autre est la première étape dans les deux cas. Toutefois, la sympathie suppose que l'on se fait du souci pour l'autre et que l'on veut réduire sa souffrance, alors que dans la détresse, on cherche plutôt à réduire sa propre souffrance[15].

Après avoir mesuré les traits de personnalité et les antécédents familiaux des étudiants de l'étude, l'équipe a voulu déterminer le meilleur prédicteur de la sympathie. Était-ce la personnalité ou le contexte familial qui jouait dans la capacité de s'identifier au personnage et de prendre sa situation à cœur ? Ce ne fut ni l'un ni l'autre, mais le sexe de l'observateur. Ce sont les femmes qui ont ressenti le plus d'empathie pour l'enfant, et ce sont elles aussi qui ont le plus réagi à la détresse de l'autostoppeur piégé dans la voiture du psychopathe, leurs mains devenant moites pendant la projection (la sudation des mains et des pieds indique qu'il s'agit d'une réponse automatique, démontrant que les femmes n'essayaient pas de faire étalage de leur sensibilité). Des différences individuelles sont également ressorties : les femmes qui ont réagi le plus fortement avaient grandi dans des familles où l'on exprimait ouvertement ses émotions[16]. Les résultats du Dr Eisenberg laissent entendre que l'empathie aurait des racines biologiques et environnementales. (Sur une note plus personnelle, c'est sans doute la testostérone qui a permis à mes fils de regarder impassiblement les otages se faire tabasser dans *L'homme de l'intérieur*, de Spike Lee, et l'expérience qui les a incités à me prévenir de fermer les yeux.)

Quelques années plus tard, Alan Feingold obtint des résultats semblables. Alors étudiant en deuxième cycle à Yale, il recherchait rien de moins que des traits communs à… tout le monde, sans distinction d'âge ni d'origine. Il procéda à une analyse des résultats de 110 études de personnalité menées sur une période de 52 ans dans 7 pays et releva des différences sexuelles communes à toutes les cultures de son vaste échantillon. En moyenne, les hommes étaient plus affirmés que les femmes, quel que soit leur pays d'origine, l'année de l'étude, leur âge et leur scolarité. En revanche, les femmes étaient généralement plus anxieuses, confiantes envers les autres, sociables et « portées à la tendresse », et ce, qu'il s'agisse de Polonaises ou de Canadiennes de 18 ans comme d'Américaines, de Finlandaises, d'Allemandes ou de Chinoises de 65 ans. Ces deux traits, affirmation et propension à la tendresse, différenciaient nettement les deux sexes[17]. Chez les filles et les femmes de toutes les cultures, la tendance à réagir aux émotions et aux besoins des autres explique sans doute pourquoi elles sont plus nombreuses à fournir de l'aide aux autres, et ce, presque partout où l'on a étudié la question.

Nancy Eisenberg et Alan Feingold ont montré que la capacité d'imaginer les pensées et les sentiments d'autrui est plus développée chez les femmes. Bien sûr, ces dernières ne sont pas toutes plus tendres et moins affirmées que les hommes, loin s'en faut. Il suffit de penser à Catherine II ou à Margaret Thatcher pour se rappeler que les moyennes statistiques englobent les extrêmes de part et d'autre de la courbe. En général cependant, les femmes décodent mieux les expressions faciales des autres, reconnaissent plus rapidement leurs émotions et leur douleur, et cette aptitude ressort systématiquement, quelle que soit la méthode utilisée pour l'étudier[18].

Une échelle pour mesurer l'empathie

En établissant un lien entre la recherche et la vie de tous les jours, nous serions tentés de croire que la femme est toujours plus empathique que l'homme, mais nous aurions tort. La variation individuelle est grande et les moyennes ne révèlent pas grand-chose au sujet d'une personne en particulier. Prenons l'exemple de la taille. En général, les hommes sont plus grands, mais nous connaissons tous de grandes femmes et de petits hommes. Les prédispositions génétiques déterminent les limites de la taille, mais la situation particulière de chaque personne, que ce soit ses habitudes alimentaires ou son état de santé, influencera la taille atteinte. Il en va de même pour l'empathie. La capacité d'empathie de chacun se situe à l'intérieur d'une fourchette, puis est modifiée par l'expérience. Contrairement au yin et au yang, à la dichotomie Mars et Vénus, où le sexe opère un clivage entre les deux camps, on constate dans l'empathie un chevauchement. Voici ce qu'ont montré le cognitiviste Simon Baron-Cohen et son équipe de l'Université de Cambridge lorsqu'ils ont évalué le quotient d'empathie (QE) des hommes et des femmes. Ce professeur modeste, à la voix empreinte de douceur, est l'un des rares hommes intéressés par la recherche sur les différences sexuelles. Le ton mesuré de ses écrits tranche avec ses idées, à savoir que, en moyenne, les caractéristiques biologiques différentes des hommes et des femmes affectent la manière dont ils perçoivent et analysent le monde. Nous reviendrons aux nombreuses preuves qu'il apporte à l'appui de ses thèses. L'important, pour le moment, c'est le test d'empathie qu'il a élaboré avec ses collègues pour différencier les personnes qui reconnaissent facilement l'état émotionnel des autres et celles qui y sont relativement aveugles.

Le test de QE, conçu pour saisir un trait de personnalité stable, peut aussi relever des différences subtiles entre les groupes. En l'utilisant pour mesurer les niveaux d'empathie de 197 adultes, les chercheurs ont trouvé, comme prévu, que les femmes obtenaient des résultats nettement supérieurs aux hommes. Ces dernières identifiaient les sentiments d'autrui avec plus de facilité et s'y montraient plus sensibles que les hommes[19]. Il y avait tout de même beaucoup d'hommes et de femmes dont la capacité d'empathie se situait au milieu de l'échelle, mais en bas de l'échelle, on retrouvait surtout des hommes et en haut, des femmes[20].

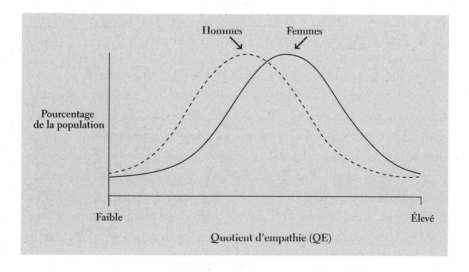

Le test a également servi à explorer d'autres facteurs, dont la différence entre l'empathie et le désir de plaire. Après tout, certains diront que l'empathie consiste à deviner ce que les gens veulent et à le leur donner. Par contre, l'étude n'a trouvé aucun lien entre les items du test mesurant d'une part l'empathie pure et d'autre part le désir de plaire, de s'intégrer et d'être socialement accepté. Ce sont deux choses différentes, heureusement. Et selon moi, vouloir plaire est l'affaire des chouchous et des petites filles modèles – pour m'en tenir aux épithètes les plus polis. Si les résultats avaient indiqué que plus de femmes répondaient à cette description, il aurait peut-être fallu s'en méfier.

Si les résultats des tests de QI ne sont pas différenciés en fonction du sexe, comme nous l'avons vu, ceux du QE le sont : les différences hommes-femmes sont très prononcées dans les réponses à des énoncés tels que : « Il est facile pour moi de me mettre à la place de quelqu'un d'autre », « Je peux saisir rapidement et intuitivement comment l'autre se sent » ou « Je sais si l'autre cache ses véritables émotions[21]. » On peut parler d'empathie comme Baron-Cohen, de sympathie comme Nancy Eisenberg ou de disposition à la tendresse comme Feingold[22]. Peu importe la terminologie, en règle générale, les femmes réussissent mieux à saisir les états émotionnels et les intentions d'autrui – et les ressentent parfois aussi profondément que s'il s'agissait des leurs. Et, évidemment, cela joue un rôle dans leurs décisions.

La biologie de l'empathie : l'œuf ou la poule ?

L'empathie est si étroitement liée à des déclencheurs internes et externes qu'il est difficile de savoir ce qui vient en premier. Les données démontrant une qualité plutôt féminine sont nombreuses. Reste à savoir si les bases de l'empathie sont déjà établies avant que les femmes ne découvrent leurs rôles culturels. Il existe des signes d'un échafaudage biologique propice. Les femmes établissent un contact visuel plus soutenu que les hommes lorsqu'elles communiquent[23], se montrent plus empathiques envers leurs proches[24] et, surtout, démontrent ces signes dès la petite enfance, bien avant qu'elles n'aient assimilé les attentes culturelles[25]. Des études réalisées auprès de jumeaux révèlent que la capacité de comprendre les situations sociales – ce qui requiert de l'empathie – est largement innée, et que de grandes différences entre garçons et filles sont surtout observables chez les jeunes enfants[26]. S'intéresser au visage de quelqu'un annonce déjà les débuts de l'empathie, car c'est là que s'inscrivent les signes de l'émotion. Or, quelques jours après la naissance, la majorité des filles manifestent plus d'intérêt pour un visage humain que pour un mobile mécanique. C'est l'inverse pour les garçons : sur 102 bébés, 43 % des garçons ont fixé le mobile plus longtemps, contre seulement 17 % des filles[27]. Par ailleurs, les filles répondent plus rapidement à la détresse des autres, pleurent plus longtemps lorsqu'un autre bébé pleure et ont l'air triste quand les autres le sont. Dès leurs premiers pas, elles affichent des signes évidents de sympathie : elles demandent ce qui ne va pas, cherchent à réconforter et expriment leur inquiétude par des expressions faciales adéquates. Le réconfort qu'une petite fille offre à une personne triste pourrait passer pour de la mièvrerie, sauf que le comportement a été observé à maintes reprises au cours des 30 dernières années[28]. Alors peut-on comparer l'empathie à un besoin variable, mais essentiel, au même titre que la nourriture, le sommeil, le sexe ou le contact humain ?

Quand j'ai commencé mes recherches pour ce livre, je n'avais des hormones qu'une connaissance rudimentaire. Les athlètes en prenaient pour bâtir leur masse musculaire, les contraceptifs en contenaient et, à ma grande consternation, les vaches s'en voyaient administrer pour produire plus de lait. Il y en avait aussi dans la perfusion intraveineuse qui a accéléré la venue au monde de ma fille et ma mère en prenait pour prévenir les crises cardiaques. Comme beaucoup, j'ignorais la forte influence que des facteurs biochimiques comme les hormones peuvent exercer non seulement sur les humeurs, mais aussi sur l'architecture du cerveau avant même la naissance. Pour comprendre les origines de l'empathie et les conséquences de sa présence ou de son absence, il faut passer par les hormones, qui jouent un rôle central.

Les hormones sont les catalyseurs de la différenciation sexuelle. À la conception, le sexe est déterminé par la présence ou l'absence du chromosome Y, mais le cerveau, lui, est féminin et le demeure jusqu'à la huitième semaine de grossesse, lorsque le gène SRY (Région de détermination sexuelle du chromosome Y) déclenche le gène de détermination du sexe, appelé gène TDF (Facteur de détermination testiculaire). Les minuscules testicules, une fois formés, sécrètent de la testostérone tout au long du second trimestre de la grossesse. Cette hormone active l'expression des caractères masculins du cerveau au fur et à mesure du développement, à la manière de l'image qui apparaît petit à petit quand on plonge un négatif dans le révélateur. En s'appuyant sur des études réalisées sur des animaux – on ne peut manipuler les hormones prénatales chez les humains –, les scientifiques pensent que certaines régions du cerveau sont non seulement transformées par les hormones, mais aussi pourvues de récepteurs androgènes. Ce qui signifie que le rôle des hormones sexuelles ne se limite pas à une figuration prénatale, établissant la dose d'empathie héritée, mais se poursuit toute la vie durant. D'autres changements sont modelés par l'expérience et par une seconde infusion d'hormones à la puberté[29].

Tout ne se passe donc pas comme si un bouillon chimique prénatal déterminait la sensibilité de l'enfant à naître aux sentiments des autres et que les leçons de vie et les soins affectueux n'y étaient pour rien. Le niveau d'empathie d'un parent et la manière dont il s'acquitte de son rôle – par exemple, une surveillance appropriée et la fréquence avec laquelle il vient en aide aux autres – agissent sur l'empathie de l'enfant. En bas âge cependant, les filles sont plus sensibles à l'éducation parentale[30]. Les mères qui encouragent leurs enfants à exprimer leurs sentiments, qui les écoutent lorsqu'ils sont contrariés et les aident à gérer leurs émotions par la résolution de problèmes ont plus de chances de voir leurs enfants, garçons et filles, ressentir de la sympathie face à la détresse d'autrui. Toutefois, une différence sexuelle existe. Les filles manifestent plus souvent leurs sentiments, par exemple en réconfortant un bébé qui pleure[31]. Donc, même avec des caractéristiques environnementales identiques, la biologie donne aux femmes une longueur d'avance, en déclenchant le processus de compréhension des émotions et en apportant une récompense sous forme d'hormones du plaisir – sans oublier la satisfaction témoignée par les autres – chaque fois qu'elles répondent à ces émotions. Je reviendrai sous peu à la question du plaisir, mais pour l'instant, imaginons que hormones et comportement fonctionnent en réponse l'un à l'autre. La présence de certaines hormones et l'absence de certaines autres contribuent au comportement empathique, par exemple prendre dans ses bras un enfant apeuré. Or, le fait de réconforter l'enfant libère des hormones qui rendent le geste profondément satisfaisant et augmentent les chances qu'il se reproduise.

Même les hommes qui sont formés pour être attentifs aux sentiments des autres disent ne pas pouvoir égaler l'empathie innée des femmes. Un ami psychiatre ayant derrière lui dix années de formation et trente d'expérience clinique me demanda avant un concert le sujet du chapitre sur lequel je travaillais. C'était celui sur l'empathie. « Oh, les gens me disent que je ne suis pas très doué pour ça, me dit-il avec une note de regret dans la voix. Je l'ai regardé, incrédule, mais il ne blaguait pas. Cet homme bon, perspicace était loin d'être distant, mais il n'était pas non plus connecté émotionnellement aux autres avec l'intensité qu'il sentait chez sa femme et ses collègues féminines. S'il avait su que son environnement prénatal y avait été pour quelque chose, 60 ans plus tôt, il aurait peut-être été moins triste, car c'est probablement à ce moment-là que sa dose d'empathie lui avait été attribuée. Comme l'ont montré Simon Baron-Cohen et ses collègues, qui suivent le développement d'un groupe d'enfants dont on a mesuré le taux de testostérone fœtale par amniocentèse, plus la quantité de testostérone à laquelle le bébé a été exposé *in utero* est élevée, moins celui-ci établira de contact visuel à l'âge d'un an[32], moins son vocabulaire sera développé à deux ans, moins il socialisera avec d'autres enfants à quatre ans et moins nombreux seront ses centres d'intérêt[33]. Les enfants étant aujourd'hui des écoliers, les chercheurs ont pu observer l'action de la testostérone sur les aptitudes sociales et communicationnelles ainsi que sur le niveau d'empathie. Chez les enfants âgés de six à neuf ans, un taux élevé de testostérone fœtale (elle est sécrétée à des degrés variables dans les deux sexes, mais en quantité plus grande chez les garçons) est associé à de faibles résultats dans deux tests mesurant l'empathie, les filles obtenant toutefois des résultats supérieurs aux garçons[34]. Ces niveaux d'empathie biologiquement déterminés semblent stables à mesure que les enfants grandissent. Une autre étude, réalisée par des psychologues montréalais, a établi que les niveaux d'empathie et d'entraide mesurés à la maternelle avaient peu changé à la fin du primaire[35]. Ainsi, le niveau d'empathie de mon ami a pu être fixé avant même sa naissance, avant même que ses parents ne puissent le traiter différemment de ses sœurs et bien avant qu'il n'entreprenne sa formation de psychiatre.

Conçues pour le bien-être, pas pour la vitesse

Si la capacité d'empathie est prédéterminée par les hormones sexuelles, pourquoi les femmes sont-elles constituées de façon à ressentir plus vivement les émotions d'autrui ? Du point de vue de l'évolution, des facteurs biologiques ont préparé les femmes à se spécialiser dans la lecture des émotions et des besoins de leurs proches – un talent qui a favorisé la survie de leurs bébés en l'absence de langage. Ce n'est pas une coïncidence si la distance séparant le visage de l'enfant qui tète et celui de sa mère est parfaite pour le contact visuel. La mère qui regarde tendrement son enfant pendant l'allaitement, imaginant le bien-être et le confort de son petit, ne songe guère aux 180 millions d'années qu'il a fallu pour peaufiner l'interaction qui unit leurs intérêts. Les enfants de mères intuitives, pleines de sollicitude, ont eu de meilleures chances d'être nourris et protégés pendant le long apprentissage qui les a menés jusqu'à l'âge adulte, tandis que ceux qui avaient des mères indifférentes risquaient plus de mourir de faim ou d'être dévorés par des prédateurs. Les mères plus empathiques transmettaient leurs traits non seulement par les gènes, mais aussi par leur présence affectueuse. Chez les mammifères, les bébés allaités, dorlotés et câlinés reproduisent ces comportements auprès de leur progéniture, et ceux-ci mettront en marche des capacités génétiques qui influeront à leur tour sur la manière dont la prochaine génération élèvera ses petits. Ainsi, l'éducation des petits – au sein de laquelle l'empathie joue un rôle central – n'agit pas en sens unique : la mère transmet une partie de son bagage génétique à l'enfant, bien sûr, mais peut aussi, par son *style* parental, agir sur l'expression des gènes de son petit.

Ce sont les travaux en génétique comportementale de Michael Meaney qui m'ont enseigné toutes ces choses. Occupant un bureau près du mien, à l'Université McGill, le professeur Meaney a constaté des différences individuelles innées dans la manière dont les rates s'occupent de leurs petits. Celles qui adoptaient un style parental particulier mettaient en mouvement chez leurs petits des fonctions génétiques qui modifiaient les émotions de ces derniers et leur capacité de gérer le stress. « Dans des conditions normales, les mères qui lèchent beaucoup leurs rejetons sont moins anxieuses et leurs bébés femelles le sont moins également », m'a-t-il expliqué dans la voiture, en me raccompagnant chez moi après le travail. Les mères anxieuses sont moins attentives et toilettent moins leurs petits. Poursuivant leur expérience, le professeur et son équipe ont jumelé les rates très maternantes et des nouveau-nés qui n'étaient pas les leurs, et ont constaté que les soins donnés par les mères adoptives activaient dans les gènes des petits une capacité de régulation du stress. Ainsi modifiée par des soins attentionnés, l'activité génétique a permis aux petits d'être moins craintifs. Pourvu que tout aille bien dans leur milieu environnant, ces rates plus détendues transmettent l'expérience maternante *qu'elles* ont reçue à leurs propres petits, altérant de la même manière les circuits cérébraux de ces derniers. Il ne s'agit pas simplement de rates décontractées qui s'occupent de leurs petits génétiquement décontractés, mais plutôt d'un comportement maternel qui met en branle chez les petits une réaction génétique apte à calmer la réponse au stress[36]. Il se peut que les mères plus anxieuses communiquent une menace environnementale à leur progéniture, préparant celle-ci à se tenir en alerte. Cette exquise sensibilité des petits aux signaux de la mère a pu être façonnée par la sélection naturelle, croit le Dr Meaney, de sorte que les petits qui répondent ont de meilleures chances de survivre. Cette astucieuse étude montre comment le comportement maternel, les hormones, l'empathie, le stress et les gènes interagissent, chaque élément transformant l'autre, parfois de manière définitive.

Bien sûr, ce sont des rats et nous sommes des humains. Et les rats ne connaissent pas grand-chose aux dilemmes des mères – faire passer les besoins des enfants en premier ou accepter la promotion tant vantée? Il est donc difficile d'attribuer un comportement empathique aux rates, mais certains circuits hormonaux et neuronaux sont communs à tous les mammifères. Un mécanisme permettant à la femme et à son enfant de se communiquer réciproquement leurs états émotionnels favoriserait la survie, et les travaux de Michael Meaney, entre autres, démontrent l'existence d'un tel mécanisme. Des circuits semblables sont vraisemblablement à l'œuvre chez les macaques de Barbarie, établis en Afrique du Nord et à Gibraltar, qui en se toilettant les uns les autres atténuent leur stress. Les primates grégaires socialisent et forment des alliances par le toilettage. Prenons l'exemple d'un salon de coiffure, il semble aller de soi que la personne qui se fait coiffer bénéficie des avantages de la détente tandis que celle qui la coiffe reçoit, en gratification, une trentaine de dollars sans oublier un généreux pourboire. Or, une étude passionnante de Kathryn Shutt, de l'Université de Roehamptom à Londres, a montré que, pendant que la femelle macaque nettoie le pelage d'un autre macaque, elle éprouve *elle-même* moins de stress, comme en témoigne la sécrétion de cortisol, une hormone liée au stress. Plus elle consacre de temps au toilettage des autres, moins elle est stressée. Par contre, la chercheuse n'a pas constaté de réduction du stress chez l'individu bichonné. Pour les macaques femelles, en tout cas, il est donc préférable de donner que de recevoir[37]!

Revenons maintenant aux humains. Shelley Taylor, psychologue à l'Université de Californie à Los Angeles, fut la première à émettre l'hypothèse d'un lien étroit entre les soins attentionnés et les réactions au stress. Interviewant des femmes atteintes d'un cancer sur la manière dont elles géraient leur stress, elle a été frappée par le nombre d'entre elles qui attribuaient leur résilience à leur réseau social. Le soutien que ces femmes ont trouvé dans leur entourage – enfants, conjoints, amis – les a aidées à combattre la maladie[38]. La chercheuse s'est alors demandé si ces réseaux sociaux offraient une protection plus globale (elle s'est dit à ce moment que ce serait une bonne idée d'avoir des enfants). Le fait de se tourner vers les autres lorsqu'on se sent menacé pourrait-il déclencher une réaction biochimique?

Du point de vue de l'évolution, ce qui a poussé nos ancêtres femelles à sentir la détresse de leurs petits et à s'occuper d'eux pourrait également pousser les femmes à rechercher des rapports d'amitié dans les périodes difficiles, a-t-elle pensé. Sous l'effet de la menace, s'occuper de ses propres enfants est une bonne stratégie, et les facteurs biologiques à l'origine de ce comportement auraient fait l'objet d'une sélection. Mais outre la réaction classique du combat ou de la fuite quand l'adrénaline et les hormones sonnent l'alerte, Taylor a montré que les femmes répondent au stress par une réponse « amicale », tendant instinctivement les bras vers les autres femmes du cercle restreint. Or, quels en seraient les avantages au plan de la survie ? Si les femmes avaient élevé leurs enfants en collaboration – s'échangeant la garde des petits par exemple –, l'empathie mutuelle et la prise en charge des enfants auraient protégé les plus vulnérables d'entre eux. Cependant, pour que cela fonctionne, il aurait fallu que ce soit donnant donnant : pour éviter d'être celle qui rend service mais à laquelle les services ne sont jamais rendus, les femmes devaient posséder une autre aptitude : savoir détecter les mensonges et lire dans les pensées, plus précisément savoir saisir les expressions faciales, les motivations et les contextes sociaux afin de s'assurer que les autres femmes sont sincères et qu'elles retourneront bien les services concédés.

Les deux aptitudes auraient travaillé en tandem – pouvoir lire les expressions faciales et, *simultanément*, discerner les pensées et motivations cachées –, car l'une sans l'autre a une valeur limitée dans le monde réel. Par exemple, les personnes qui ont le syndrome de Williams, un trouble génétique rare causé par l'absence de développement de quelque 25 gènes (sur un total d'environ 30 000) au moment de la méiose, s'intéressent aux autres et sont très sociables ; elles apprécient et recherchent les contacts et, en dépit d'une intelligence inférieure à la moyenne, savent lire les expressions faciales. Elles réussissent suffisamment bien à évaluer les sentiments et les intérêts d'autrui pour faire une première ouverture et, grâce à leurs capacités langagières relativement développées, elles racontent des histoires intéressantes, émaillées de commentaires à saveur émotive. Mais comme elles maîtrisent mal l'abstraction et ont de la difficulté à voir au-delà des apparences, elles ne saisissent pas les subtilités qui permettent à la plupart des gens d'anticiper ou d'évaluer les intentions d'autrui. Elles ne savent pas si elles doivent refuser ou accepter lorsque la maîtresse de maison les invite à rester alors qu'il est minuit passé ou si elles peuvent faire confiance ou non à un étranger qui les aborde amicalement. Même si elles réussissent à lire les visages, elles ne réussissent pas à lire les intentions des autres, et sont donc malheureusement limitées aux préliminaires d'une relation. Dans ce cas-ci, posséder un seul ingrédient de l'empathie est un accident rare de la nature (une personne sur 7 500). Chez la grande majorité d'entre nous, les deux aptitudes ont probablement évolué en parallèle, nous permettant de trouver notre chemin dans les relations sociales complexes de la vie en groupe, et pour les femmes, de compter les unes sur les autres pour s'échanger la garde des enfants en situation de stress[39].

Voilà l'hypothétique « stratégie » de l'évolution. Les hormones seraient à l'origine du déclenchement des deux comportements : s'occuper des autres et tisser des liens. L'ocytocine, qui favorise l'attachement, les sous-tend tous deux. Elle est libérée à des moments critiques dans les relations personnelles, atténuant les réponses au stress et calmant suffisamment les mères pour qu'elles puissent s'occuper de leur enfant et le réconforter. Sécrétée durant l'orgasme, l'accouchement, l'allaitement et les soins donnés à l'enfant, l'ocytocine fait naître un sentiment d'intimité et de relaxation. De concert avec les opioïdes endogènes libérés en situation de stress, elle entraîne chez les mères des effets sédatifs et analgésiques, apaisant et récompensant immédiatement les femmes qui se tournent vers les autres quand elles sont en difficulté[41].

L'ocytocine, cependant, n'est pas seulement une drogue de bien-être que le corps se plaît à produire. Contribuant aussi à la lecture des émotions faciales et favorisant la confiance envers autrui, elle est le vecteur social par excellence. Deux études menées à l'Université de Zurich l'ont montré. La première, une étude en double insu avec placebo, visait à déterminer si l'ocytocine pourrait rehausser l'empathie chez les hommes, leur permettre de mieux lire les émotions exprimées dans le regard des autres. La moitié des hommes de l'étude s'est donc vaporisé une dose d'ocytocine dans le nez, l'autre, un placebo. L'hormone a effectivement bonifié un aspect de l'empathie, aidant les hommes qui en avaient reçu à inférer des émotions et intentions subtiles et difficiles à lire à partir de photographies de visages[42]. Il s'agit là d'une première exploration du rôle de l'ocytocine dans l'empathie masculine. Il serait également intéressant de voir si une dose d'ocytocine peut aussi augmenter l'empathie des femmes.

La seconde étude s'est inspirée de la même méthode pour déterminer si l'ocytocine favorise la confiance. Michael Kosfeld, Markus Heinrichs et leurs collègues prédirent qu'elle augmenterait la confiance d'investisseurs masculins, et ils eurent raison. Dans le cadre d'un jeu de placement, les hommes du groupe ocytocine firent plus confiance aux autres joueurs, leur remettant deux fois plus d'argent à investir que les hommes du groupe placebo. L'ocytocine a favorisé leurs comportements sociaux, mais amoindri leurs défenses naturelles, et l'on peut comprendre en quoi une confiance trop poussée peut être désavantageuse. Elle a réduit la méfiance des hommes dans des situations sociales, mais sans les rendre plus calmes ou insouciants une fois seuls. En ce sens, elle a surtout agi comme un catalyseur social, facilitant les contacts avec autrui[43].

Les deux études soutiennent l'idée que la capacité d'empathie et de confiance à l'égard d'autrui est facilitée par une hormone sécrétée en plus grande quantité chez les femmes – lorsqu'elles ont des enfants et s'en occupent, lorsqu'elles ont des relations sexuelles et lorsqu'elles vont vers les autres[44]. Voilà donc une preuve que les facteurs biochimiques sous-tendent certaines des différences comportementales entre les sexes. La testostérone, produite en plus grande quantité chez les hommes, modifie peut-être des connexions neuronales liées à la lecture des états émotionnels des autres. L'ocytocine semble avoir l'effet contraire : elle aide les femmes à deviner ce qui se passe dans la tête des autres, à savoir si elles peuvent leur faire confiance pour se tourner vers eux en situation de stress, et à ressentir du plaisir et du soulagement une fois l'aide obtenue.

Ce désir d'obtenir un soutien social, surtout de la part d'autres femmes, est l'un des comportements qui distinguent le plus les hommes des femmes en situation de stress[45]. Le campagnol, un petit mammifère qui rappelle la souris et qui partage de nombreux gènes avec les humains, réagit lui aussi différemment au stress selon son sexe. Mis en situation de nager sans arrêt pendant trois minutes, les mâles réagissent en allant vers les femelles, tandis que ces dernières refusent, leur tour venu, d'aller vers les mâles et recherchent plutôt la compagnie d'autres femelles[46]. Le petit échantillon d'études réalisées auprès d'humains indique que les étudiantes du secondaire et de l'université recherchent et reçoivent le soutien d'autres femmes plus que les étudiants masculins n'en reçoivent de qui que ce soit. En tant qu'adultes, les femmes comptent davantage sur leurs amies que sur leurs maris[47]. Quatre-vingt pour cent des femmes disent parler de leurs difficultés personnelles à leurs amies plus souvent que ne le font les hommes[48]. Affronter seul les difficultés est peut-être une marque de courage pour les hommes, mais chez les femmes, on croit plutôt que l'union fait la force.

À cet égard, l'exemple de Terry Fox est poignant. En 1980, ce jeune homme de 21 ans, amputé d'une jambe à cause d'un cancer des os, a traversé le Canada en boitant sur une prothèse afin d'amasser des fonds pour la recherche. Il a soulevé une immense vague de sympathie chez les Canadiens, surtout lorsqu'il a mis fin à son périple après 5 373 km, parce qu'une nouvelle tumeur était apparue. Dans tout le pays, des élèves du primaire ont pris leurs stylos et leurs crayons pour rédiger des lettres et faire des dessins en signe de soutien. On trouve dans les archives Fox des milliers de dessins de garçons qui montrent le jeune homme courant seul sur la route, alors que la majorité des filles se sont dessinées aux côtés du jeune homme, l'un et l'autre « se rassurant et s'entraidant pour terminer la course », écrit Douglas Coupland dans sa biographie de Fox[49].

L'empathie chez les animaux

Compte tenu des décisions complexes que nous prenons en devinant les sentiments et les états d'esprit des autres, il semblerait que l'empathie soit unique à notre espèce. Il est peu probable que les animaux puissent lire ce que les autres ressentent au même titre qu'Elaine a anticipé les besoins émotionnels de sa famille ou que les fillettes ont imaginé la douleur de Terry Fox. Pourtant, des données laissent entendre que les mammifères possèdent les rudiments de l'empathie. Lorsqu'ils ressentent un sentiment d'urgence chez les membres du groupe, ils réagissent avec empressement, quoique seuls des sentiments de panique et de douleur, liés à la survie, semblent être communicatifs (et non les sentiments de gratitude ou d'extase, malheureusement). Ce phénomène, que les biologistes appellent la contagion émotionnelle, explique pourquoi les bébés se mettent à pleurer lorsqu'un autre bébé pleure et pourquoi les souris sont plus sensibles à la souffrance lorsqu'elles voient l'une des leurs se tordre de douleur. Un animal qui voit un des siens souffrir devient moins tolérant à la douleur[50].

Une brebis apeurée fait détaler le troupeau entier, mais l'empathie animale peut prendre des formes plus nuancées que la fuite. Un rat albinos qui voit un compagnon de cage en détresse, suspendu dans les airs par un harnais, actionnera la barre qui fera descendre son voisin, puis lui tournera autour. Les rhésus, singes de la famille des macaques, semblent eux aussi conscients du bien-être des membres de leur espèce. Devant choisir entre une chaîne qui leur donnera une quantité normale de nourriture et une autre qui leur en donnera deux fois plus, mais administrera en même temps un choc électrique à un autre singe, les deux tiers des singes choisissent la plus petite quantité de nourriture (deux singes ont refusé de tirer l'une et l'autre, se privant de nourriture pour éviter une décharge à leur voisin). Plus le singe était proche de la « victime », moins il était porté à lui infliger de la douleur en échange d'une récompense. En fait, chez les primates, la familiarité engendre la sollicitude. Un macaque réagit plus fortement aux cris d'alarme d'un autre s'il reconnaît que ce sont ceux d'un partenaire de toilettage[51]. Il est difficile d'imaginer qu'un rat ou un singe puisse avoir une capacité d'empathie pure ou se mettre à la place d'un autre, mais à un niveau très élémentaire, on voit facilement l'utilité que peut avoir pour la survie la capacité de ressentir le malaise d'un membre de son espèce : faute de réagir rapidement à ce qui le trouble, on risque de se faire piéger soi-même.

Le comportement animal s'apparente davantage à l'empathie humaine lorsqu'il traverse la frontière des espèces. Dressant des parallèles entre humains et autres primates dans son ouvrage *Le Singe en nous*, le biologiste Frans de Waal décrivait comment, en 1995, une gorille nommée Binti Jua avait sauvé un garçon de trois ans tombé dans l'habitat des gorilles au zoo de Chicago. La gorille s'occupait alors de sa propre fille, mais a tout de même ramassé le garçon, l'a pris délicatement sur elle, lui donnant quelques petites tapes rassurantes dans le dos, puis l'a remis au personnel du zoo, inspirant aux politiciens et aux associations de beaux discours poétiques sur la tendresse simiesque. On compara le comportement de la gorille à celui des humains, et non le nôtre au sien.

Plus facile de s'imaginer descendre du bonobo (un petit chimpanzé), capable d'adapter son comportement aux besoins d'une autre espèce, même une dont la taille atteint une fraction de la sienne. Voici l'histoire que relate de Waal au sujet d'une femelle bonobo nommée Kuni : elle voulut ranimer l'étourneau qui venait de heurter la vitre de son repaire ou, du moins, l'empêcher de se blesser davantage. Kuni prit l'oiseau sonné, le remit sur ses pattes et, constatant qu'il ne bougeait pas, le lança dans les airs, mais l'oiseau ne donna que quelques coups d'ailes. Kuni grimpa alors au sommet de l'arbre le plus haut, « se retenant au tronc par les pattes pour pouvoir tenir l'oiseau dans ses mains », rapporte de Waal. Puis, lui déployant les ailes, elle lança encore une fois dans les airs l'oiseau, qui atterrit sur le bord de la douve. Kuni descendit alors et monta la garde le temps voulu, protégeant le blessé contre les petits coups que de jeunes bonobos curieux auraient pu lui donner. Et ce, jusqu'à ce qu'il s'envole enfin[52]. Nous ne savons pas si Kuni voyait l'oiseau comme un être vivant ayant des sentiments distincts des siens ou si elle voulait simplement qu'il se comporte comme un oiseau. Il est peu probable que ce soit de l'empathie comme nous l'entendons, mais ce pourrait en être l'ancêtre, sinon un indice de la manière dont se sont développés des mécanismes sophistiqués grâce auxquels les femmes réussissent à imaginer la vie intérieure d'une autre personne.

La neuroscience de l'empathie

Imaginez une caméra capable de voir l'intérieur du cerveau d'une personne en train d'évaluer les pensées et les sentiments des autres. Avec l'imagerie par résonance magnétique fonctionnelle (IRMf), on peut non seulement observer la géographie du cerveau, mais aussi le parcours des pensées, perceptions et impulsions motrices qui le traversent. C'est le moyen qu'ont utilisé Tania Singer et ses collègues du University College de Londres pour obtenir des images de fines tranches du cerveau en temps réel. L'ordinateur affichait les zones du cerveau, reproduites en images 3-D, qui s'activaient lorsque le sujet ressentait de la douleur et lorsqu'il observait la douleur d'un proche. Certaines aires s'activaient dans les deux cas, révélant que la sensation de notre propre douleur et les sentiments éprouvés face à celle des autres partagent un même circuit. Sur celui-ci, on retrouve des parties plus « anciennes » du cerveau – le tronc cérébral et le cervelet qui contrôlent des fonctions primaires communes à tous les vertébrés comme le rythme cardiaque, l'excitation et la coordination physique – et des parties plus évoluées – l'insula antérieure (IA) et le cortex cingulaire antérieur (CCA) qui jouent un rôle dans l'influence qu'exercent les sentiments sur le jugement et le processus décisionnel[53]. Or, des dommages au CCA, qui agit en quelque sorte comme un mécanisme d'auto-surveillance, causent parfois de l'impassibilité et de l'apathie, et donnent l'impression que la personne affectée se soucie peu de faire bonne impression ou de se tromper. Avec son équipe, Singer a aussi constaté que l'activité dans l'IA et le CCA indique des écarts individuels dans le degré d'empathie. De subtiles différences dans le fonctionnement de ce circuit pourraient-elles expliquer que certains se soucieront des répercussions de leur comportement sur autrui et d'autres non ? Sur cette question s'en greffe une autre. Comme il est bien connu que les femmes ressentent plus la douleur physique que les hommes – elles perçoivent plus rapidement les brûlures et l'eau glacée, elles sont deux fois plus nombreuses à souffrir de douleurs chroniques et s'avèrent plus sensibles à la douleur lorsque leur taux d'œstrogène diminue[54] –, se pourrait-il que cette sensibilité aiguë les rende aussi plus sensibles à la douleur des autres ?

Même sans ce préambule, la plupart des gens diraient que les hommes ont plus de difficulté à identifier les sentiments des autres. Un article d'un journal britannique décrivait leurs difficultés à reconnaître la colère, la peur et le dégoût dans le visage des femmes, confirmant qu'ils n'ont pas la moindre idée des émotions d'autrui[55]. Et des données viennent appuyer ce qui aurait pu n'être qu'un stéréotype. À l'aide d'une autre technique d'imagerie médicale – la tomographie par émission de positrons (TEP) –, Geoffrey Hall, Sandra Witelson et leurs collègues ont relevé des différences sexuelles dans la perception des émotions. La TEP consiste à injecter dans le sang des isotopes radioactifs, couplés à une molécule d'eau ou de sucre, qui sont attirés vers les parties du cerveau qui demandent l'afflux de sang le plus grand. Les sujets de l'expérience, comprimés à l'intérieur d'un appareil en forme de beignet géant, regardaient des images, entendaient des sons ou des scénarios. Les détecteurs enfouis dans le « beignet » captaient les signaux émis par les isotopes et montraient les parties du cerveau les plus actives.

Plus nuancés dans le compte rendu de leurs résultats que le journaliste, Witelson et Hall ont établi que les hommes mettaient plus de temps à traiter les émotions et à y répondre. Chez les femmes, à la vue de photos d'expressions faciales, on observait de l'activité dans les deux hémisphères ainsi que dans l'amygdale, le siège des émotions profondément enfoui dans le cerveau. Chez les hommes, la perception des émotions se limitait habituellement à un seul hémisphère ; et quand la tâche devenait plus complexe – faire correspondre une voix à un visage –, le scanner montrait une plus grande activité dans le cortex droit préfrontal. (Le cortex est formé d'une mince couche striée de cellules, qui enveloppe le cerveau et intervient dans l'apprentissage et l'analyse.) Des études avaient déjà montré que chez les femmes, le corps calleux – le paquet de nerfs reliant les deux hémisphères – est plus épais, d'où une transmission plus rapide des messages neuronaux. Chez les femmes, donc, comme avec le langage, la configuration cérébrale responsable du traitement des émotions semble occuper plus de place et être munie d'un réseau de distribution plus efficace. Cela dit, les scientifiques en sont venus à supposer que le cerveau des femmes traite les émotions plus promptement. Hall et Witelson rapportent que, en moyenne, les hommes sont davantage portés à s'arrêter pour réfléchir, tandis que les femmes réagissent aux émotions des autres plus viscéralement, comme à « la menace d'un gros animal[56]. »

Turhan Canli, un jeune neuroscientifique de l'Université de New York à Stony Brook, a obtenu des résultats semblables. Examinant le cerveau de 24 personnes au moyen de l'IRMf, ses collaborateurs et lui ont découvert qu'hommes et femmes utilisent différents réseaux neuronaux pour traiter des images évocatrices. Chez les femmes, des réseaux plus étendus de l'hémisphère gauche étaient activés à la vue d'images à forte charge émotionnelle, ce qui se répercutait sur la qualité du rappel de ces images trois semaines plus tard[57]. Comparées aux hommes, elles accordaient à leurs expériences émotionnelles une valeur plus intense et utilisaient l'hémisphère gauche (plus particulièrement l'amygdale) pour les traiter. Chez les hommes, c'était le contraire : les stimuli émotionnels intenses activaient un réseau comprenant l'amygdale droite. Ainsi, le traitement différencié en fonction des hémisphères reflète peut-être aussi la manière dont les sexes stockent les souvenirs. Sachant que le langage est latéralisé dans l'hémisphère gauche et que la plupart des femmes y stockent aussi les souvenirs à caractère émotionnel, les chercheurs se sont demandé si les femmes n'utilisaient pas un langage interne pour traiter et évaluer leurs émotions au moment où elles les vivent. Chez les hommes, le stockage des émotions se ferait plus automatiquement – dans l'amygdale droite. En résumant la littérature sur le sujet, Canli a émis l'hypothèse que les femmes se remémorent plus rapidement et plus intensément leurs souvenirs, et, comparées à leur conjoint, se souviennent plus vivement de leur première sortie, des dernières vacances et d'une récente dispute. Cela n'étonnera pas la plupart des couples, mais cette étude donne du poids à de telles observations en montrant comment les mécanismes neurobiologiques des femmes contribuent à la plus grande efficacité du stockage et du rappel de leurs expériences émotionnelles.

Pour pouvoir accéder aux émotions afin de se les remémorer, d'en parler ou de les utiliser dans la prise de décisions, il faut d'abord les reconnaître. Raquel et Ruben Gur, deux neuroscientifiques de l'Université de

Pennsylvanie, ont établi à l'aide de l'IRMf que les femmes, étant donné leur configuration neuronale, ont un léger avantage dans la reconnaissance des émotions. Ils ont montré à des bénévoles des photos d'actrices, leur demandant d'indiquer l'émotion exprimée. Quand l'actrice était heureuse – l'émotion la plus facile à reconnaître, hommes et femmes obtenaient d'aussi bons résultats, mais quand elle était triste, les hommes réussissaient dans 70 % des cas, contre 90 % pour les femmes[58]. « Il fallait que le visage de la femme soit très triste pour que les hommes réussissent », dit Ruben Gur. « Les détails subtils leur échappaient complètement, même si leur cerveau travaillait beaucoup plus dur pour traiter l'image. » Les parties du cerveau participant à la régulation des émotions n'étaient pas les mêmes chez les hommes et les femmes. En général, chez les femmes, l'activité se concentrait dans la partie la plus récemment évoluée du système limbique, le gyrus cingulaire (là où Tania Singer a relevé des différences individuelles dans les réponses empathiques à la douleur d'autrui), et chez les hommes, elle se concentrait dans la partie la plus ancienne du système limbique, un vestige de l'évolution qui provoque souvent une action directe. « Cette différence pourrait expliquer la propension des hommes à l'action physique et celle des femmes aux tactiques verbales, a-t-il poursuivi. Frapper quelqu'un est l'acte de l'ancien cerveau limbique, et dire "je suis en colère contre toi" est celui du nouveau. »

Quel rapport, donc, entre ces mécanismes et la vie professionnelle ? Si, chez les femmes, les événements émotionnels sont généralement perçus, vécus et remémorés avec une plus grande intensité, et qu'ils sont aussi stockés dans plus d'une région du cerveau, il serait normal que leurs attachements émotionnels soient davantage pris en compte dans leurs décisions. En fait, cela pourrait s'appliquer non seulement à l'empathie, mais aussi à des émotions comme le ressentiment ou une colère justifiée face à des politiques injustes en milieu de travail. Dès lors, au moment où les femmes prennent des décisions d'ordre professionnel, l'étendue de leur réseau neuronal amène peut-être à portée de conscience leurs émotions personnelles ainsi que les besoins et les émotions d'autrui.

L'effet « goutte qui fait déborder le vase »

Sachant qu'elles sont ainsi raccordées à leur empathie, qu'advient-il des femmes bardées de diplômes qui occupent des postes à responsabilité auxquels elles consacrent au moins 60 heures par semaine ? Vivre dans les valises, être disponible 24 heures sur 24, 7 jours sur 7, répondre aux imprévus et respecter des délais serrés sont les conditions assorties aux postes les plus prestigieux. Économiste et auteure principale de l'étude « l'exode caché des cerveaux », Sylvia Ann Hewlett a établi que 21 % des professionnels les mieux rémunérés occupent de tels emplois, et que moins du cinquième d'entre eux sont des femmes. Par contre, lorsque celles-ci les acceptent, elles sont deux fois plus nombreuses à décrire les retombées négatives de leur choix sur leurs familles ; elles voient un lien entre le comportement de leurs enfants – résultats scolaires, consommation de télévision et habitudes alimentaires – et les pressions qu'elles subissent elles-mêmes au travail. C'est un « véritable portrait de culpabilité », comme l'écrit Hewlett. Ces postes extrêmes avaient peut-être les mêmes effets chez les hommes, mais ils étaient deux fois moins nombreux à s'en préoccuper[59].

S'agissant de postes extrêmes, la conscience des besoins d'autrui peut finir par être un handicap si la promotion est la mesure du succès. Voici l'histoire d'Ingrid, ex-cadre supérieure du secteur de l'automobile, qui a accepté de me parler de son expérience à la condition que je ne révèle pas son nom. Cinq ans avant notre rencontre, elle avait coutume de prendre un vol de nuit pour une journée de réunions en Europe. Elle partait avant de mettre les enfants au lit et rentrait le lendemain après que son mari ou la nounou les avait couchés. Les journées de 16 heures étaient monnaie courante mais, comme elle le dit, elle était accro à l'adrénaline (90 % des hommes et 82 % des femmes disent faire ces métiers de fous pour la poussée d'adrénaline). « Je m'intéressais beaucoup aux finances de l'entreprise, j'adorais les exploits de l'ingénierie, les nouveautés des différents modèles, etc. » Ingrid avait participé à deux fusions, prête à gérer d'éventuelles pertes de confiance des consommateurs et des investisseurs. C'est elle qu'on appelait à 2 h du matin lorsqu'il y avait un pépin ou une crise de relations publiques, et ce, même si elle avait deux jeunes enfants. Acceptant le joug de la disponibilité 24 heures sur 24, 7 jours sur 7, à longueur d'année, elle avait gravi les échelons.

Pourtant, assise par terre dans sa chambre à coucher où nous nous étions réfugiées pour parler tranquillement, Ingrid ressemblait davantage à une femme qui fait des confidences qu'à une brillante dirigeante s'efforçant de projeter une certaine image, une image masculine, dit-elle. « Il n'y avait pas beaucoup de femmes dans mon milieu, et j'ai tout fait pour ne pas en avoir l'air. Nous étions la première génération de femmes à tenir le rythme de travail des hommes et nous devions montrer que nous en étions capables. » Jeune quinquagénaire, Ingrid avait un visage séduisant, intelligent, des pommettes saillantes, des yeux verts et une auréole de boucles dorées. Étant l'une des premières femmes dans un milieu essentiellement masculin, elle ne s'était jamais sentie exclue. Cependant, elle ressentait une indescriptible pression interne qui la faisait donner le maximum d'elle-même, travaillant des semaines de 60 à 80 heures alors qu'elle avait de jeunes enfants et faisant la sourde oreille à ses autres besoins. De son propre aveu, elle voulait à tout prix être une personne qui compte. Pourquoi avait-elle fini par décrocher malgré son ambition ?

Ingrid avait un mari et une nounou qui prenaient la relève à la maison, et personne n'a jamais remis en question sa compétence et son engagement à l'égard de son travail. Cependant, ses commentaires trahissaient un conflit entre son poste extrême et ses émotions. « J'étais à bout. Je ne voyais jamais les enfants, je n'étais même pas là pour les border. Je ne leur ai jamais préparé un repas. » Au départ, elle croyait que les femmes étaient une copie conforme des hommes, et si les hommes pouvaient être à la hauteur, elle aussi. « Même quand j'étais à 120 %, je trouvais que ce n'était pas assez. Je n'arrivais pas à dire non. Nous étions la première vague de femmes, mais à trop vouloir, nous n'avons pas compris que les gens n'auraient même pas levé un sourcil si nous étions rentrées à la maison de temps à autre. Je ne savais pas à quel point j'étais malheureuse. » Au moment où une nouvelle fusion et un nouveau déménagement se préparaient – avec une alléchante promotion au poste de vice-présidente–, elle ne put plus s'imaginer faire encore un sacrifice personnel. En assistant à des politicailleries plutôt déplaisantes, elle se rendit compte que l'entreprise se souciait peu de ses sacrifices. Aucune somme d'argent, aucune option d'achat d'actions n'aurait pu la retenir. Elle ne voulait plus qu'une seule chose : se rapprocher de sa famille et rattraper le temps perdu.

L'empathie est-elle dangereuse ?

Nous avons vu comment les hormones et de subtiles différences dans le cerveau des hommes et des femmes contribuent à un modeste avantage féminin sur le plan de l'empathie. Cette plus grande sensibilité aux besoins d'autrui explique peut-être pourquoi les femmes ressentent plus de désarroi que les hommes. Selon les sociologues Catherine Ross et John Mirowsky, les femmes éprouvent de la détresse 30 % plus souvent que les hommes, et ce n'est pas seulement parce que les hommes ont tendance à garder leurs émotions pour eux[60]. Les femmes ressentent vraiment tristesse, mal-être et anxiété plus intensément et plus souvent. Quand de tels sentiments deviennent omniprésents, elles font des burn-out ou des dépressions, un trouble deux fois plus répandu chez les femmes que chez les hommes, toutes cultures et classes sociales confondues[61]. Ronald Kessler, un épidémiologiste à Harvard, a réalisé une vaste étude de population sur les femmes et la dépression : il attribue la prévalence de la dépression chez les femmes non seulement à des facteurs génétiques et hormonaux, mais aussi à l'engagement émotionnel plus grand des femmes dans la vie de leurs proches. Les femmes ne sont pas victimes d'un plus grand nombre d'événements malheureux, mais elles ont des réseaux plus étendus, si bien qu'elles sont vulnérables non seulement aux événements éprouvants de leur propre vie, mais aussi à ceux que vivent les personnes qui leur tiennent à cœur[62].

Le cercle des proches – il y a ceux qui en font partie et les autres – est un aspect important du puzzle de l'empathie. La compétition féminine est le second écueil de ces femmes, qui peuvent être plus sensibles aux formes voilées d'agressivité. Les femmes savent de quoi je parle – ces coups bas qui font dérailler de nombreuses professionnelles à mi-carrière. On s'imagine que les femmes, surtout lorsqu'elles sont sous-représentées, se serrent les coudes, mais beaucoup se comportent comme des loups solitaires, rivalisant avec d'autres pour gagner la reconnaissance de la direction. Dans mes entretiens avec des professionnelles, il a souvent été question de sabotage entre collègues féminines, et je me demande encore pourquoi il y a si peu de recherches empiriques sur la question (les travaux portent surtout sur les chimpanzés, les enfants et les cultures dites primitives). Sachant que j'ai moi-même été exclue par des femmes superviseures, que j'ai reçu en réponse à ma chronique des douzaines de lettres de lectrices racontant le traitement injuste subi aux mains d'autres femmes et que des amies et collègues me rapportent le même phénomène, je comprends mal qu'il n'y ait pas d'études plus sérieuses sur l'exclusion féminine.

Si les femmes sont plus empathiques, elles n'en choisissent pas moins leurs allégeances. Elles s'opposent à des femmes qu'elles considèrent comme des menaces pour leur réputation, leur emploi, leur conjoint ou leurs enfants (j'y reviendrai dans le chapitre traitant de la compétition), et s'identifient à celles dont elles ressentent viscéralement les blessures et les déceptions. Les femmes disent réserver leur inquiétude et leur réconfort à leurs enfants, meilleurs amis, parents et famille élargie[63]. Tracer des frontières autour du réseau de soutien est une bonne stratégie évolutionniste, comme l'a montré l'établissement de relations d'entraide et d'amitié – nourries par l'ocytocine – en réponse aux situations de stress. Les mêmes circuits neuronaux et hormonaux s'activent quand la femme doit établir la priorité entre impératifs du travail et impératifs familiaux. Ainsi, on a fini par attribuer à l'empathie – un aspect seulement de la cognition humaine – une valeur morale en la considérant soit sous la teinte rosée de l'altruisme maternel, soit comme un carcan empêchant les femmes de se réaliser.

L'empathie politisée : une émotion tombée en disgrâce

Dans un contexte politique, de nombreux auteurs s'intéressant à la question des sexes dénigrent ou refusent d'admettre la plus grande capacité d'empathie des femmes. On craint ici que toute différence sexuelle, surtout en rapport avec les sentiments maternels, puisse être utilisée pour entraver les femmes. Ironiquement, c'est précisément à cela que conduit la neutralisation des sexes. En mettant dans une seule et même catégorie des femmes avec des degrés d'empathie variables, en les rendant identiques les unes aux autres et indifférentiables des hommes, on restreint leurs options. Un vent de folie a soufflé sur la blogosphère en décembre 2005 après la publication d'*American Prospect* par Linda Hirshman, ancienne professeure d'études des femmes à l'Université Brandeis. Dans cet essai, elle disait que les femmes instruites qui veulent élever leurs enfants perdent leur temps à s'occuper de tâches non rémunérées et peu valorisées. Celles qui veulent des enfants feraient mieux de trouver un mari moins instruit pour s'occuper d'eux. « La famille – avec ses tâches manuelles, répétitives et socialement invisibles – est un aspect nécessaire de la vie mais, comparativement à des sphères publiques comme le marché ou le gouvernement, elle ne permet pas d'atteindre le plein épanouissement », a-t-elle écrit. Selon l'auteure, tout écart à la répartition 50-50 des emplois valorisés est la faute des tenantes du « féminisme du choix », qu'elle considère comme un échec puisque de nombreuses femmes instruites optent pour des vies professionnelles différentes de la sienne ou des choix masculins habituels. Mais ce portrait est incomplet : le désir de s'occuper des autres n'est pas toujours un arrangement strictement économique. De nombreuses femmes qui réduisent leurs heures de travail ou choisissent des emplois flexibles pour passer du temps avec leur famille ne voient pas les enfants comme « une charge de travail » et ne se considèrent pas comme des nounous qui se retrouvent avec un salaire horaire inférieur à ce qu'elles gagneraient comme avocates ou analystes à Wall Street. Ce n'est pas parce que les données scientifiques montrent que de nombreuses femmes sont plus empathiques que les hommes qu'il faut en conclure qu'elles *doivent* ou *devraient* faire de telles concessions. Plutôt, ces données expliquent pourquoi certaines femmes tiennent à les faire.

Sur le plan politique, on dit que les femmes ont trop ou trop peu d'empathie pour leur propre bien ou pour le bien commun. Pour Jane Fonda, l'empathie de ses jeunes années n'était autre que la « maladie de vouloir faire plaisir », qu'elle a maintenant remplacée par la religion, dit-elle. Sandra Day O'Connor, juge de la Cour suprême américaine, a été critiquée pour son manque d'empathie : parce qu'elle a rendu une décision fondée sur la constitution américaine plutôt que de faire preuve d'« empathie à l'égard des femmes victimes de violence[64] ». On le voit, l'empathie suscite l'ambivalence. Par exemple, certains auteurs affirment que les femmes apprennent l'empathie parce qu'on les élève pour être de futures mères et enseignantes. Dans un essai sur la socialisation en fonction du sexe, la psychologue Eva Pomerantz et ses deux collègues résument cette position :

« On considère souvent que la femme est taillée pour le rôle de mère et l'homme, pour celui de soutien de famille. Ces croyances peuvent entraîner les parents à percevoir chez leurs enfants des caractéristiques stéréotypées (par exemple, croire que les filles sont dépendantes et les garçons indépendants) et à véhiculer des stéréotypes sociaux (par exemple, les filles doivent être sensibles et les garçons affirmés). Elles peuvent influencer les interactions des parents avec les enfants, les amenant à traiter les filles et les garçons différemment[65]. »

D'autres, comme Carol Gilligan, s'appuyant sur des références littéraires et des études de cas, ont fait l'hypothèse que les femmes construisent leur identité en s'occupant des autres et en s'apparentant à eux, position « morale » élevée qui peut contribuer à changer un système masculin surtout axé sur les règles :

« La sensibilité aux besoins des autres et le sentiment d'être responsables de leur bien-être poussent les femmes à tenir compte des voix autres que les leurs et à inclure dans leur jugement des points de vue différents », écrit-elle dans son ouvrage *Une si grande différence*[66]. D'autres encore affirment que, en matière d'empathie, toute différence fondée sur le sexe est imposée par la culture dominante, et ce, afin que les femmes puissent êtres exploitées par les hommes. La féministe Sandra Bartky définit cette position : « On peut croire que l'amour, l'affection et le don affectueux d'une nourriture morale sont des transactions qui relèvent du domaine privé et n'ont rien à voir avec le domaine macrosocial du statut de la femme. Mais c'est faux. [...] Dans la mesure où l'apport d'une nourriture

émotionnelle est une façon de se conformer aux besoins, souhaits et intérêts des hommes, cet apport peut être compris comme l'acquisition d'une
position sociale[67]. »

Ces points de vue ont en commun de considérer que l'empathie – décrite dans ce chapitre comme une caractéristique de la nature humaine
ayant des racines génétiques, neurologiques et hormonales – est imposée
aux femmes par des forces externes. De toute évidence, l'oppression des
femmes au fil de l'histoire nous a donné une vision négative de l'empathie.
Cependant, comme les possibilités des femmes se sont accrues depuis plusieurs décennies, il se peut que les rôles sexuels imposés de l'extérieur aient
moins d'influence que jadis, si bien que l'on peut maintenant voir l'empathie sous un nouvel angle. Les données de la neuroscience et de la
neuro-endocrinologie nous amènent plutôt à comprendre l'empathie
comme un élément biologique lié à la perception du plaisir, de la douleur et de la détresse. Nous pouvons désormais saisir le rôle de l'empathie
dans le processus décisionnel des femmes et dans leur capacité de gérer le
stress au jour le jour.

Le rôle de l'empathie dans la tendance féminine à rechercher les rapports sociaux, particulièrement en période de stress, est l'une des idées clés
de ce chapitre. Des données aussi solides que fascinantes montrent l'importance de ces rapports : en plus de contribuer au bonheur des femmes,
ils les protègent du déclin cognitif et favorisent leur mémoire et leur longévité. L'épidémiologiste Laura Fratiglioni a suivi 1 200 personnes vivant
à Stockholm et constaté que celles qui bénéficiaient d'un large réseau social affichaient le taux de démence le plus faible. Une étude américaine
réalisée auprès de 2 761 personnes âgées par l'épidémiologiste d'Harvard
Lisa Berkman et son collègue Thomas Glass a établi que les personnes en-
tretenant des liens sociaux avaient moins de chances de mourir jeunes[68].
Plutôt que d'assujettir les femmes, la capacité accrue d'empathie et celle
de nouer des liens se traduisent peut-être par une vie plus longue et de
meilleure qualité.

Nous ne sommes pas imperméables aux conventions sociales, cela va de soi, mais nous ne pouvons attribuer aux seules forces culturelles l'avantage empathique observé chez les filles et les femmes dès les premiers jours de la vie, dans des cultures, classes sociales et groupes d'âge différents. Dans chaque société, les femmes s'intéressent davantage aux autres, démontrent un comportement plus maternel, et accordent souvent plus de valeur à leur entourage qu'à la compétition[69]. Ces différences biologiques sont sans doute à la base de certains aspects de leurs choix professionnels : le type de travail qui les attire et le nombre d'heures qu'elles veulent y consacrer. Même avec l'évolution radicale des mœurs, des lois et des attentes sociales au cours de quatre dernières décennies, certains aspects des préférences féminines risquent peu de changer, par exemple le désir d'occuper une fonction conciliable avec la vie de famille ou qui exploite la capacité de tisser des liens. Étant donné que nous connaissons mieux les mécanismes de l'empathie, il serait peu probable que celle-ci ne joue aucun rôle dans les décisions des femmes et que des cadres accomplies comme Elaine et Ingrid décident du jour au lendemain que leur rôle est de rentrer dans le rang et de plaire aux autres. Une obéissance aveugle semble improbable dans ce groupe de femmes déterminées qui ont réussi. Au contraire, à des tournants de leur vie, elles se sont mises à la place des membres de leur famille et ont intégré leurs points de vue au leur.

On peut maintenant se demander ce qui se produit lorsque les gens *manquent* d'empathie. Au début des années 1990, j'ai connu trois garçons incapables d'empathie. Ils avaient de la difficulté à comprendre les émotions et les intentions des autres. La capacité de deviner les pensées d'autrui était étrangement absente. Les rapports sociaux à l'école leur demeuraient impénétrables, en partie parce qu'ils ne regardaient jamais personne dans les yeux. Il leur était impossible d'entrevoir, encore moins de comprendre la lueur dans les yeux qui accompagne une plaisanterie, les lèvres serrées qui trahissent la colère ou le sourcil soulevé qui signale le sarcasme ou l'étonnement feint. Ces garçons extrêmes, devenus aujourd'hui des hommes extrêmes, n'ont pas à mettre en balance des points de vue divers : ils ne sont conscients que du leur.

Chapitre 5

La revanche des Asperger

Mon rendez-vous avec Bob eut lieu un jour glacial de mars. Après avoir ouvert la porte, Bob m'a jeté un bref regard inexpressif et un « Oh ». Il est alors retourné à l'intérieur, me laissant le soin de savoir si je devais le suivre et où je devais ranger mon manteau. Sans doute pensait-il qu'il n'est pas si compliqué de trouver le placard d'entrée et que, puisque j'avais organisé notre entretien, je saurais bien me débrouiller. Ou peut-être n'était-il pas au courant des rituels sociaux qui accompagnent généralement ces moments délicats. Puisqu'il lisait un livre avant mon arrivée, il a repris sa lecture. Je l'ai suivi et me suis assise face à lui sur le canapé.

J'avais connu Bob à l'adolescence et je voulais voir ce qu'il était devenu. À l'époque, il était doué en mathématiques et en informatique, mais plutôt maladroit dans les relations sociales. Il avait quelques amis qui partageaient son intérêt pour *Star Trek* et *Donjons et dragons*, mais au sein d'un groupe d'ados, il se tenait toujours à la périphérie, ni tout à fait exclu ni tout à fait inclus. Il avait coutume de lâcher des commentaires au mauvais moment et de livrer ses réflexions insolites, quoique stimulantes et originales, d'une voix forte et caverneuse. Quand quelque chose le dérangeait, par exemple le bruit ou les taquineries, il devenait aussi irritable qu'un enfant et lançait des remarques vaguement menaçantes, du genre : « Ne me provoquez pas » ou « Taisez-vous donc ! » Les emportements de ce jeune costaud mesurant près de deux mètres pouvaient lui attirer des ennuis avec les adultes. Certains jeunes se moquaient de lui pour le déstabiliser, mais la plupart reconnaissaient que ce mordu de sciences, incroyablement intelligent mais vaguement décalé, ne ferait jamais de mal à une mouche.

Bob n'était pas seulement brillant en maths et en informatique, il était créatif et il s'amusait à imaginer les mondes alternatifs de la science-fiction. Toutefois, une mystérieuse absence d'intérêt pour les autres tranchait avec ses talents remarquables. J'étais curieuse de savoir s'il avait réussi à exploiter ses forces et à compenser ses faiblesses.

Âgé de seulement 23 ans, Bob n'était pas un produit fini. Il envisageait une carrière en programmation de jeux informatiques et faisait un baccalauréat en informatique. Entre-temps, il avait remporté un tas de prix en mathématiques et atteint un niveau de compétition en judo. En regard de la définition du succès chez les hommes, il s'en tirait plutôt bien, surtout si l'on considère que près de 75 % des hommes américains et britanniques ont déjà abandonné les études à son âge[1]. Par ailleurs, ses faibles aptitudes sociales ne créaient pas chez lui d'angoisse existentielle. « Je ne m'aperçois pas de la présence des gens, sauf s'ils sont dans ma ligne de mire », me dit-il avec son franc-parler pour expliquer qu'il n'avait établi aucun contact dans ses cours, et ce, un trimestre avant la fin du bac. « Je m'assieds toujours au même endroit, j'écoute le professeur et c'est à peine si je remarque qu'il y a des gens dans la classe. »

Son comportement était l'antithèse du mien, moi qui suis toujours à l'affût d'éléments humains à l'horizon. Du seul cours d'informatique que j'ai suivi à l'université, je ne me souviens que des étudiants. Pendant que le professeur parlait sans tarir de la programmation en Fortran pour l'analyse statistique, j'appréciais les taches de rousseur de la sculpturale beauté irlandaise assise au premier rang. La fluidité des mouvements du prof, qui se déplaçait au tableau comme un chat sauvage, avait aussi retenu mon attention – je m'étais laissé dire qu'il faisait partie d'une troupe de danse moderne. Vingt-huit ans après avoir suivi ce cours, je me souvenais du visage de plusieurs étudiants – à tour de rôle, nous exécutions nos programmes et partagions la frustration de devoir recommencer à maintes reprises jusqu'à ce que nous trouvions la petite virgule manquante dans des douzaines de lignes de code. Je me rappelle même l'expression latine qu'un crack de l'informatique à queue-de-cheval m'avait enseignée – *anguis in herba* (le serpent sous l'herbe) –, mais du Fortran, absolument rien.

Mon goût pour les interactions sociales est donc aux antipodes de celui de Bob pour les faits, les machines et les systèmes. Quand il parlait de lui, Bob s'animait et partait dans de longues digressions sur d'obscurs centres d'intérêt, apparemment indifférent au fait que je ne comprenais rien aux acronymes qu'il employait, notamment les RPG et DD, respectivement les jeux de rôle (RPG pour *role-playing game*) et *Donjons et dragons*. L'interrompant au milieu d'un de ses monologues, je compris qu'il avait complètement oublié ma présence. « Je ne me rends pas toujours compte que les gens n'ont pas mes connaissances et quand on me demande de me mettre à la portée du premier débile venu, je perds patience », dit-il en fixant le plafond, ne pigeant pas que j'étais la débile de service. Incapable de comprendre que les autres n'avaient pas accès à ses pensées et ne voyaient pas le monde de son point de vue, il passait parfois pour « quelqu'un de brusque », a-t-il reconnu. Ses parents, l'un ingénieur, l'autre informaticien, essayaient de l'aider, mais la tâche était ardue ; selon lui, ils avaient eux aussi des difficultés de communication et ne pouvaient donc pas lui donner l'exemple[2]. Qu'ils lui aient montré comment s'y prendre ou non, Bob ne voyait pas l'intérêt de communiquer pour établir un contact humain. À un moment donné, le téléphone a sonné et il a répondu en disant « Allô. Il n'est pas ici », et a raccroché. Je lui ai demandé pourquoi il n'avait pas échangé quelques mots avec son interlocuteur, qu'il connaissait de toute évidence. « Je n'aime vraiment pas le téléphone. Je communique avec les gens par courrier électronique, mais juste parce que c'est pratique. Le téléphone m'irrite. »

Je ne connaissais pas le syndrome d'Asperger lorsque j'ai connu Bob. Au cours des années 1940, dans un étrange synchronisme, le syndrome avait été décrit en même temps par le psychologue viennois Hans Asperger et par le psychiatre américain Leo Kanner. Cependant, il avait fallu attendre les années 1990 pour que les cliniciens le découvrent, grâce à la neuroscientifique Uta Frith qui traduisit en anglais un article allemand d'Hans Asperger. À partir de là, j'ai commencé à mieux comprendre les traits de Bob et de deux autres jeunes patients. Tous trois étaient d'excellents penseurs qui lisaient sans difficulté, mais aucun n'établissait de contact visuel ni ne savait parler à tour de rôle dans une conversation, deux aptitudes qui émergent habituellement dans les premières années de vie. J'avais enfin un moyen de comprendre le décalage entre leurs capacités intellectuelles, de loin supérieures à celles de leurs camarades, et leurs aptitudes sociales, nettement déficientes.

Le syndrome d'Asperger, une forme d'autisme de haut niveau, se caractérise par une grave altération de l'interaction sociale, mais sans les déficiences intellectuelles qui accompagnent souvent les formes plus sévères de la maladie. Les premiers signes apparaissent lorsque l'enfant *est censé* manifester des aptitudes sociales, par exemple regarder les gens dans les yeux, montrer du doigt les animaux et les gens qu'il voit, partager ses jouets et sa nourriture, et jouer à faire semblant. Le syndrome devient patent quand l'enfant grandit ; celui-ci développe alors des centres d'intérêt restreints, souvent obsessionnels, ainsi qu'une horreur de tout changement dans sa routine quotidienne. Pourtant, apparaissent des îlots de compétences qui semblent nier l'existence d'un trouble cognitif. Comme Bob, beaucoup sont très doués dans un ou plusieurs domaines. En fait, le syndrome d'Asperger se définit un peu par ce qu'il n'est pas ; contrairement aux formes d'autisme plus graves – souvent accompagnées de lourds handicaps –, l'intelligence, l'ouïe, la vision et le langage ne sont pas atteints. Même si ceux qui en souffrent sont parfois maladroits ou mal à l'aise en classe, ils ne présentent pas de troubles de motricité ni d'apprentissage. Ils ne se balancent pas, n'ont pas le regard fixé dans le vide et ne s'autostimulent pas comme les autistes qui semblent vivre dans un univers muet et incompréhensible, coupés des autres. Les personnes présentant le syndrome d'Asperger, des hommes dans au moins 90 % des cas, sont souvent d'avides lecteurs et parleurs, ainsi que des musiciens, joueurs d'échecs et mathématiciens doués[3].

Donc, qu'est-ce qui ne va pas ? Étonnamment, malgré leurs dons, ces personnes n'arrivent pas à discerner ou interpréter les signaux révélant les pensées et les sentiments des autres. Avec son profil en dents de scie, Bob affichait les caractéristiques du syndrome : malgré d'excellentes aptitudes intellectuelles, il était incapable de déchiffrer le point de vue d'une autre personne.

En accord avec l'esprit freudien de l'époque où le syndrome est apparu, on a d'abord blâmé les mères. Dans l'une des théories psychologiques les plus destructives et aberrantes du XXᵉ siècle, les psychologues Bruno Bettelheim et Leo Kanner ont attribué les troubles du spectre autistique (TSA) au manque de chaleur maternelle, aux « mères frigidaires », ajoutant stigmates et culpabilité aux difficultés déjà démesurées que connaissaient les parents d'enfants douloureusement déphasés par rapport à la vie familiale, qui ne réagissaient pas à l'affection ni même à la communication. Heureusement, cette théorie est totalement discréditée aujourd'hui. Nous savons maintenant qu'il s'agit d'un trouble fortement héréditaire, dont les racines biologiques inhibent la capacité de comprendre les autres et d'interagir. Nous y reviendrons un peu plus loin.

Au milieu des années 1980, une expérience ingénieuse réalisée à l'Université de Londres par Simon Baron-Cohen, Uta Frith et Alan Leslie a permis pour la première fois de mettre le doigt sur l'élément manquant dans l'autisme. Pour déterminer si les enfants saisissaient que d'autres pouvaient penser différemment d'eux, ce qu'ils ont appelé la « théorie de l'esprit », les chercheurs ont comparé trois groupes d'enfants à qui ils avaient remis des poupées et autres accessoires. L'expérience était la suivante : si les chercheurs cachaient une bille devant l'enfant, mais *après* le « départ » de la poupée, l'enfant dirait-il que la poupée « savait » ce que lui seul avait observé ? Ou comprendrait-il que la poupée absente n'avait aucun moyen de savoir où se cachait la bille ? Les psychologues ont montré que les enfants qui se développent normalement, mais aussi les enfants déficients, étaient en mesure de saisir que la poupée ne pouvait pas avoir la même expérience qu'eux. En revanche, les enfants autistes, quoique plus intelligents, ne pouvaient attribuer aux autres un état mental différent du leur. Donc, l'absence d'une « théorie de l'esprit » les désavantageait dans les situations sociales, où l'on ne peut comprendre les choses sans avoir une idée des pensées et des sentiments d'autrui.

Comme vous l'avez sans doute constaté, il existe un lien entre la théorie de l'esprit et l'empathie. Les aptitudes sociales et communicationnelles sont précisément les zones qui s'activent dans le cerveau féminin riche en connexions. Contrairement aux femmes que nous avons rencontrées dans les chapitres précédents – dont les décisions étaient tributaires d'une sensibilité aux autres et d'une façon de voir plus globale –, les hommes présentant le syndrome d'Asperger paraissent complètement fermés aux indices émotionnels et essentiellement focalisés sur des faits. Baron-Cohen parle d'un « cerveau hypermasculin », et des études ultérieures ont démontré que les hommes atteints du syndrome présentent une excellente maîtrise de l'information prévisible et systématique, un trait plus répandu chez les hommes, mais obtiennent des résultats inhabituellement faibles dans le test d'empathie. Les personnes présentant le syndrome d'Asperger et d'autres troubles autistiques cherchent à comprendre le fonctionnement des choses, que ce soit une boîte de vitesses, les règles d'un RPG ou les habitudes migratoires des hirondelles[4]. Étant donné leur maîtrise de systèmes complexes, il est d'autant plus difficile de comprendre leur aveuglement aux sentiments d'autrui. Comment peut-on être si sensible aux détails dans un domaine en particulier et ne pas en avoir seulement conscience dans l'interaction sociale ?

Plusieurs réponses sont possibles, mais une chose est sûre. En voyant le monde sous un seul angle, en adoptant un point de vue si littéral, l'observateur peut se montrer choquant ou blessant, sans intention de méchanceté. Faute de pouvoir se mettre à la place de son interlocuteur, il lui est impossible de prévoir l'effet de son commentaire. Voici la première question d'un jeune homme dans ce cas, que j'ai revu des années après l'avoir suivi en clinique : « Qu'est-il arrivé à votre "juifro ?" » J'ai souri, mais il semblait perplexe. « Pourquoi riez-vous ? Vous êtes juive et vous aviez une coiffure "afro", que lui est-il arrivé ? » Malgré sa grande intelligence, il n'avait pas saisi les règles sociales tacites, qui déconseillent les remarques sur l'apparence et l'ethnicité, aussi sincères soient-elles. En fait, la difficulté à se détacher de sa propre expérience et à reconnaître l'existence de sentiments chez autrui le fait paraître indifférent, comme s'il considérait les gens comme des objets. Malgré une tendresse et une affinité pour les faibles, Brian, avec peu d'empathie cognitive, ne comprenait pas pourquoi « des fois [ses] remarques n'avaient pas l'effet escompté ». En disant d'une ex-petite amie qu'elle était « du matériel d'occasion », il ne voulait pas être insultant, mais juste préciser qu'elle avait été sa copine et qu'elle était maintenant avec un autre. Après avoir été informé qu'il est blessant d'être comparé à un objet inanimé « usé », il a accepté l'information comme s'il s'agissait d'une règle grammaticale – une chose bonne à savoir qu'il veillerait à appliquer à l'avenir, mais sans vraiment comprendre l'intérêt de tout cela. Il avait suivi des cours de littérature pendant quelque temps parce qu'il s'intéressait à la science-fiction, mais il ajouta candidement qu'il écrivait toujours à la première personne, jamais à la troisième, et que les cahiers d'étude qui résument l'intrigue et proposent des questions d'examen éliminaient le besoin de lire des romans. Il lisait pour apprendre des faits et suivre des événements, non pour se plonger dans l'univers mental d'une autre personne ou ressentir ce qu'elle ressent.

✳   ✳   ✳

Malgré cela, le syndrome d'Asperger a séduit l'imagination du grand public : une pléthore de livres et de films ont transformé l'aspect excentrique de la maladie en un sentiment existentiel d'être à part et une fidélité à soi-même. Ce trouble psychologique connu d'une poignée de scientifiques il y a une quinzaine d'années a été popularisé par le personnage d'un avocat dans la série *Boston Justice*. L'incapacité de se mettre à la place des autres et d'accorder de l'importance à leurs pensées y est présentée comme un comportement honnête, libérateur, amusant même. Dans la réalité, le syndrome est généralement une source de frustration pour ceux qui en souffrent. Mais en même temps, il favorise le comportement axé vers un but précis et la maîtrise de systèmes complexes. Il en résulte une forme d'hyperbole masculine : une personne qui focalise sur les faits et néglige l'univers souvent caché des émotions. Neuf ou dix fois plus répandu chez les hommes que chez les femmes, le syndrome d'Asperger est en quelque sorte un trait extrême sur le continuum masculin. Se confondant avec l'excentricité, les compétences liées au syndrome sont orientées vers des centres d'intérêt courants chez les hommes, notamment l'informatique, l'ingénierie, les mathématiques, la physique et l'économie.

Un manque d'empathie est certes un handicap, mais qu'adviendrait-il si Bob trouvait une niche où l'on valorise les solitaires qui se dévouent corps et âme à une tâche, résolvant systématiquement les problèmes ? Et si les hommes étaient plus nombreux que les femmes à présenter une version modérée du syndrome de Bob ? Dans ce chapitre, il s'agit d'hommes extrêmes dont les lacunes sociales sont compensées par des talents dans des disciplines techniques, dont la physique. À l'instar des hommes dyslexiques rencontrés au chapitre 2, qui sont venus à bout de leurs difficultés d'écriture et de lecture grâce à leurs habiletés spatiales et à leur monomanie, les hommes présentant un syndrome d'Asperger illustrent peut-être certaines tendances masculines portées à leur extrême.

Prenons le basket-ball professionnel pour montrer comment un trait biologique extrême peut favoriser un type de succès. Il n'est pas nécessaire de mesurer plus de deux mètres pour être une star dans ce sport. En fait, dans la NBA (la National Basketball Association), la taille moyenne des 20 meilleurs joueurs de tous les temps est de 2 mètres, et un joueur renommé comme Bob Cousy ne mesure que 1,85 mètre. Mais de nombreux joueurs étoiles frôlent les sommets : Wilt Chamberlain mesurait 2,2 mètres, tout comme Shaquille O'Neal ; Kareem Abdul-Jabbar fait 2,2 mètres et mon préféré, Yao Ming, 2,3 mètres.

Les individus aux extrémités de la courbe normale nous renseignent sur les ingrédients du succès *dans une activité donnée*. Dans le cas des hommes affectés du syndrome d'Asperger, leur talent isolé dans la connaissance des systèmes et leur incapacité à saisir les rouages intérieurs des autres font d'eux d'excellents candidats à certains types de travaux.

« L'échec d'intégration sociale est compensé par une originalité particulière de pensée et d'expérience, qui pourrait se traduire par des réalisations exceptionnelles plus tard dans la vie », écrivait Uta Frith en décrivant pour la première fois le syndrome d'Asperger[5]. Quand j'ai enfin rencontré cette perspicace neuroscientifique, dans son bureau à l'Université de Londres, en 2006, nous avons parlé de la pauvreté des rapports humains dans le syndrome d'Asperger – quelques rares amis, un isolement social poignant et non voulu. J'avais eu un avant-goût des aptitudes sociales de la professeure, qui avait organisé notre rendez-vous en s'adaptant à mon horaire, prévoyant le temps nécessaire pour que je me rende à son bureau et puisse repartir quelques heures plus tard sans rater mon vol. En la rencontrant, je fus frappée par la bienveillance de son approche : elle possédait une excellente compréhension des faits et une sympathie réelle à l'égard de l'Asperger. Les rares femmes affectées par ce syndrome semblent avoir de meilleures capacités sociales que les hommes, avait-elle remarqué. Son intuition était juste. Les données recueillies par son collègue, le professeur de psychiatrie David Skuse, chez 700 enfants présentant divers troubles autistiques semblent indiquer que des mécanismes génétiques différents sont à l'œuvre chez les hommes et les femmes autistiques. Bien qu'elles soient exclues de l'univers social complexe des adolescentes, les filles communiquent mieux et ont des intérêts plus conventionnels. « Il est rare que les filles ayant un trouble autistique soient fascinées par les chiffres et l'accumulation d'obscures connaissances », a précisé le Dr Skuse[6].

Les hommes affichent des comportements plus extrêmes. Mais peu importe l'étrange juxtaposition de forces et de faiblesses, et l'étroitesse de leur compétence, les gens au sommet de leur discipline sont fascinants à observer. Des personnes comme Bob ont-elles plus de chances que le commun des mortels de devenir le Yao Ming de l'informatique ? Allons maintenant à la rencontre de quelques hommes extrêmement doués qui ont transformé le paysage de la physique, de la musique et des mathématiques. Ces hommes sont soupçonnés d'avoir des traits de type Asperger, mais leurs déficits coexistent avec des dons extraordinaires.

Les prodiges

À la fin des années 1700, le scientifique anglais Henry Cavendish fut le premier à isoler l'hydrogène et à formuler la composition chimique de l'eau et de l'air. Il avait installé un laboratoire dans sa maison de Clapham, dans la campagne anglaise, et élucida le fonctionnement des charges électriques et la conductivité des solutions. Brillant inventeur, il était solitaire et souffrait d'une timidité « confinant à la pathologie », selon un de ses biographes. Il cherchait à comprendre de quoi l'univers était fait, et semble avoir réussi. Comme l'écrit Bill Bryson, dans *Une histoire de tout, ou presque…*, il a notamment découvert ou anticipé, et sans le dire à quiconque, la loi de conservation de l'énergie, la loi d'Ohm, la loi de Dalton des pressions partielles, la loi de Richter des nombres proportionnels, la loi de

Charles des gaz, et les principes de la conductivité électrique. Pourtant, il ne laissait personne s'approcher de lui ni même le voir. On conseillait à ceux qui voulaient le consulter « de traîner dans son voisinage comme par accident et de lui parler d'un air absent[7] ». Le neurologue Oliver Sacks a bien saisi les traits autistiques de Cavendish et, en 2001, il en a dressé un portrait clinique à partir des descriptions de ses biographes. En voici un extrait : « Un esprit terre à terre et une franchise hors du commun, une ténacité extrême, une passion pour le calcul et l'exactitude, des idées non conventionnelles défendues avec obstination, une disposition à employer une langue rigoureusement exacte, même dans ses rares communications non scientifiques, et une incompréhension virtuelle des comportements sociaux et des relations humaines[8]. » Ces traits, alliés à une intelligence indéniable, une grande capacité de systématisation, à la solitude et à une insensibilité aux commentaires négatifs des autres, créaient les conditions idéales d'une existence solitaire, mais aussi d'une remarquable contribution à la science.

Glenn Gould, brillant mais singulier pianiste canadien décédé en 1982, se caractérisait aussi par une sorte d'inconscience sociale. Catalogué comme un candidat au syndrome d'Asperger par son biographe, le psychiatre Peter Ostwald, et par Oliver Sacks dans l'introduction de son livre, Gould était apprécié du public, mais réputé pour sa réclusion et son hypocondrie. Le diagnostic rétrospectif est par nature un exercice imparfait, et Gould était si excentrique et si visiblement anxieux qu'on aurait pu lui accoler plus d'une étiquette. Pourtant, son approche hautement mathématique de Bach combinée à sa fragilité dans les situations sociales, son exquise précision musicale alliée à sa hantise des mains à serrer, de la conversation et des imprévus, rappellent le syndrome d'Asperger.

À 20 ans, Gould décrit dans les termes suivants son approche systémique de la musique dans le quatuor pour saxophone de Webern : « Le premier mouvement est de forme ternaire et de texture canonique. Il débute avec une introduction de cinq mesures qui met à nu les propriétés des intervalles sériels en quatre groupes de trois notes, réitérés en écho, dans un canon inversé, par une série transposée deux demi-tons plus bas. » À l'opposé de cette perception pointue des formes, dans une lettre à son agent, il confie son horreur de la nature imprévisible du monde social. « Ce qui est vraiment inquiétant, c'est que la sphère autour de cette chose semble s'étendre. Au début, ce n'était que la crainte de manger en public, maintenant c'est la terreur de me trouver quelque part coincé parmi des gens, même toute espèce de rapports avec eux m'effraie[9]. » Pour Gould, les émotions d'autrui étaient déroutantes et peu pertinentes. Incapable de deviner les pensées et les sentiments des autres, il était mal à l'aise en leur compagnie et c'est pourquoi il donnait l'impression d'un être brusque, voire impoli. Finalement, ses peurs l'ont conduit à limiter ses interactions sociales.

Il est facile, cependant, de diagnostiquer des personnes décédées. Qu'en est-il des génies actuels ? Prenons le cas du mathématicien Richard Borcherds, qui a remporté la médaille Fields en 1998, la plus prestigieuse distinction dans son domaine. Dans un article du *Guardian,* Borcherds a mentionné qu'il soupçonnait être atteint du syndrome d'Asperger, et Simon Baron-Cohen l'a ultérieurement inclus, à titre d'exemple de « cerveau hypermasculin », dans son ouvrage *The Essential Difference.* Professeur de mathématiques à l'Université de Cambridge, Borcherds perd ses moyens face aux gens, qu'il considère comme des êtres complexes, mystérieux et difficiles à comprendre parce qu'ils ne sont pas en conformité avec les lois de la physique ou des mathématiques[10]. Il évolue dans l'univers du téléphone portable et du courriel, mais ne bavarde jamais, activité qui le dépasse totalement. Son indifférence aux subtilités sociales et ses centres d'intérêt restreints ont fait de lui un paria lorsqu'il était enfant mais, paradoxalement, ont créé les conditions qui l'ont mené à l'excellence à l'âge adulte. Pour lui, il n'est pas question de se laisser distraire par la famille, les courriels et les mondanités, de s'embrouiller dans les manigances de bureau ou dans les problèmes des étudiants. Ce qu'on pense de lui ne l'atteint pas, car il est étranger aux pensées et sentiments des autres. Baron-Cohen aborde les conséquences de son insouciance sur sa famille : « Alors qu'il était adolescent, sa mère s'inquiétait de ce qu'il n'était pas encore rentré. Lorsqu'il est finalement arrivé à la maison, elle lui dit d'une voix anxieuse : "Oh, Richard. Pourquoi ne pas m'avoir appelée pour me dire où tu étais ?" Ce à quoi il a répondu : "Pour quoi faire ? *Je* savais où j'étais[11]." » Rien d'autre n'importait à Borcherds que sa seule perspective. S'il a réussi à l'âge adulte, ce n'est pas pour avoir su s'adapter aux attentes des autres, mais parce qu'il a trouvé un milieu où l'on acceptait sa monomanie et son égocentrisme.

En cela, les facultés de sciences et de mathématiques offrent un milieu propice. Comme nous l'avons vu au chapitre 2, le manque d'interactions humaines et la ténacité nécessaire pour réussir dans le milieu universitaire scientifique finissent par rebuter parfois des femmes talentueuses aux intérêts multiples. La haute technologie attire également les cerveaux hypermasculins. C'est un truisme de dire que ce domaine exerce une forte attraction sur les hommes ; malgré d'énormes budgets et programmes institutionnels consacrés au recrutement des femmes en informatique, ces dernières se montrent peu intéressées par les technologies de l'information, et leur nombre est en déclin. La représentation féminine dans les départements d'informatique n'a guère bougé malgré les efforts de la National Science Foundation, du National Physical Science Consortium, de Google, d'IBM, de Lucent, de L'Oréal, de l'Association for Women in Science, et autres groupes qui ont offert des millions de dollars pour attirer les femmes en physique et en informatique. (En 2004, les femmes comptaient pour 17 % environ des licenciées en informatique, contre 19 % en 2000[12].) À l'autre extrémité du continuum, les hommes atteints du syndrome d'Asperger n'ont guère besoin d'incitatifs pour se tourner vers l'informatique et son monde prévisible. Beaucoup d'entre eux considèrent les systèmes d'exploitation comme un ersatz du cerveau, et se tournent vers des algorithmes pour essayer de décoder les émotions humaines. (Nous allons plus loin faire la connaissance d'un expert en technologie de l'information qui explique la colère comme le déclenchement d'une minuterie interne, et un brillant jeune homme qui préfère les courriels aux interactions sociales parce que les émoticônes lui sont plus transparents que les expressions faciales.)

Bien sûr, tous ceux qui s'intéressent aux machines intelligentes ne souffrent pas d'un trouble autistique. Craig Newmark, le fondateur de craigslist.org, est un brillant entrepreneur à la pointe de la technologie qui ne présente pas de syndrome d'Asperger. Il s'est peut-être retrouvé en marge dans son enfance, mais il est loin d'être un solitaire aujourd'hui. Depuis 12 ans, il publie gratuitement sur son site des annonces grâce auxquelles des personnes aux quatre coins du monde peuvent trouver au pied levé un appartement, un animal de compagnie ou quelqu'un avec qui sortir le soir même. Son site est le septième plus visité sur le Net, après Google et e-Bay[13]. Avec 10 millions d'utilisateurs mensuels dans 190 villes, craigslist.org a fait fondre les revenus publicitaires de magnats de la presse, et de nombreux conglomérats médiatiques cherchent à reproduire dans leurs pages l'honnêteté, la spontanéité et les valeurs communautaires du site. Pourtant, ce fondateur iconoclaste se décrit en ces termes : « Intellectuellement, j'étais bon, mais émotionnellement, j'étais stupide. Je n'arrive pas à comprendre les gens, je les prends au pied de la lettre. » Il avoue s'être toujours intéressé à la physique quantique, mais le journaliste Philip Weiss le décrit dans *New York Magazine* comme « l'une des personnes les plus socialement handicapées qu'[il ait] rencontrées depuis la réunion des anciens du secondaire[14] ». Le site phénoménal qu'il a créé est en partie une antenne de son propre modèle de socialisation. Il a été l'un des premiers à mettre les gens en réseau dans le cyberespace, et tout a commencé avec ses propres contacts. Un blogueur l'a surnommé « le catalyseur de contacts », un titre ironique pour quelqu'un qui se dit incapable de comprendre les gens. Les autres lui sont peut-être impénétrables, mais *lui*, en revanche, est dénué de tout artifice ou vanité. Lorsque je l'ai appelé pour lui demander de l'inclure dans ce livre, il a spontanément accepté : « Bien sûr, si ça rend service à quelqu'un. » Grâce à un amalgame particulier de compétences techniques, de centres d'intérêt parfaitement cernés et, comme je l'ai découvert, d'une absence totale de gêne, il a réussi à lancer son business. Une comédie* débile des années 1980 en a fait son sujet, mais heureusement la revanche des *nerds* a réellement eu lieu. D'où la question : sont-ils plus nombreux qu'avant ?

---

* Jeff Kanew, *Revenge of the Nerds*, 1984. Un *nerd* désigne une personne à la fois socialement handicapée et passionnée par des sujets liés à la science et aux techniques. Le terme est devenu plutôt péjoratif. (En effet, un *nerd* est asocial et polarisé sur ses centres d'intérêt.) *(NDT)*

Un trouble à la mode

L'autisme a toujours existé, mais il fait maintenant partie du paysage public. On trouve partout des références culturelles aux troubles autistiques – à la télévision, dans les livres, au cinéma. En 2007, les films *Snow Cake*, *Autism : The Musical* et *Mozart et la baleine* sont sortis à quelques mois d'intervalle, et une œuvre comme *Napoleon Dynamite*, dont le personnage éponyme asocial n'est pas sans rappeler le syndrome d'Asperger, est rapidement devenue un film culte. Depuis que le syndrome d'Asperger a été inclus dans les troubles du spectre autistique (TSA), il est devenu plus visible et reconnaissable, et les diagnostics ont suivi la tendance. Pourtant, l'idée d'une forme plus subtile de l'autisme a semé la confusion. Contrairement aux autistes savants classiques que le public a découverts – par exemple Raymond Babbit joué par Dustin Hoffman dans *Rain Man* ou Christopher Boone, le personnage mis en scène par l'auteur britannique Mark Haddon dans son roman *Le Curieux Incident du chien mort dans la nuit* –, les personnes touchées ne battent pas des mains, ne font pas de crises de colère et ne se répètent pas en boucle. Même si une naïveté sociale enfantine enrobe leurs aptitudes intellectuelles très développées, leurs compétences langagières sont normales et peuvent fonctionner dans le monde réel[15].

Les TSA ont longtemps été très rares – environ 1 personne sur 10 000. Mais depuis que les symptômes et les formes plus légères de la maladie sont mieux connus, on a révisé cette estimation pour la porter à 1 personne sur 200. Certains avancent cependant que les cas diagnostiqués augmentent pour d'autres raisons, notamment l'entrée relativement récente des femmes dans le monde du travail rémunéré et l'inéluctabilité de l'attraction mutuelle. Hommes *et* femmes ayant des tendances à la systématisation se côtoyant désormais et ayant de bonnes chances de se trouver des affinités, on a émis l'hypothèse que deux partenaires « systématiseurs » pourraient engendrer des enfants démontrant une systématisation encore plus marquée (et moins d'empathie cognitive) que l'un ou l'autre de leurs parents. Bob est l'enfant de tels parents, et Simon Baron-Cohen a montré le même phénomène chez d'autres enfants d'ingénieurs, de physiciens et d'informaticiens[16].

Dans un passé pas si lointain, il n'existait *pas* de lieu consacré à la haute technologie et à l'informatique, donc peu d'endroits où les « systématiseurs » pouvaient exploiter leurs compétences aussi publiquement. Étant donné leur prestige accru, ces derniers deviennent plus attirants aux yeux d'éventuelles partenaires.

Le boum technologique peut avoir contribué à la visibilité de l'autisme, surtout dans Silicon Valley, où les cas de TSA sont 20 fois plus nombreux qu'il y a 15 ans[17]. Certains ont cru voir dans cet intrigant phénomène sociologique une forme d'épidémie, mais les inquiétudes relatives aux déclencheurs environnementaux se sont avérées non fondées. En fait, *aucune* région du monde n'échappe à l'autisme et à son corollaire, les hommes aux traits extrêmes, et ce n'est pas une question de culture, mais de biologie, comme me l'a appris ma rencontre avec Daniel Tammet, l'un des hommes les plus exceptionnels qu'il m'ait été donné de rencontrer. Possédant des dons extrêmes et des marottes plutôt nombreuses, Daniel est un homme atypique. Qui vit aux antipodes des grandes places en béton de Silicon Valley.

Savant britannique atteint du syndrome d'Asperger dont j'avais lu l'histoire dans le *Guardian*, Daniel Tammett peut mentalement calculer 37 puissance 6, diviser 13 par 97 jusqu'à la 100ᵉ décimale et réciter de mémoire 22 514 décimales de *pi*, ce qui lui a valu un record européen. « J'ai mémorisé 22 514 décimales de *pi*, et techniquement je suis un handicapé. Je voulais simplement montrer qu'une déficience n'est pas toujours invalidante », me dit-il, maniant élégamment la litote pendant que nous bavardions dans sa jolie demeure du Kent, en bordure de mer. Il faisait référence à son syndrome d'Asperger, qui lui faisait compter les coutures du chemisier de l'intervieweuse plutôt que de la regarder dans les yeux. Vu son attention au détail, le multitâche est impossible ; par exemple, la conduite d'une voiture est hors de question, et il doit compter sur les autres pour se déplacer. Grâce à sa prodigieuse mémoire visuelle, il peut mémoriser une chaîne quasi infinie de nombres ou apprendre une nouvelle langue en une semaine. Néanmoins, je me demandais comment il fonctionnait dans le monde réel. Outre des records mathématiques, qu'est-ce que ses capacités de calcul et de systématisation pouvaient lui apporter?

Je voulais savoir si Daniel réussirait à établir un contact visuel et à me serrer la main. Maîtrisant 10 langues, il n'aurait aucune difficulté à s'exprimer, mais pourrait-il tenir une conversation qui passe naturellement d'un sujet à l'autre, sans dérailler à cause d'interruptions ou d'expressions idiomatiques qu'il prendrait au pied de la lettre? S'il pouvait exploiter ses talents tout en éliminant les maladresses sociales involontaires typiques du syndrome, les signes habituels de la réussite — argent, reconnaissance et choix — seraient à sa portée. Il serait un exemple de l'homme extrême qui réussit malgré ses fragilités masculines, sinon grâce à elles.

* * *

Le train qui faisait la liaison Londres-Kent traversa des kilomètres et des kilomètres d'étroits jardins attenant à une serre et se succédant comme autant d'éclairs de verdure. Dans la littérature scientifique, on trouve souvent des termes de l'espace comme « martiens », « aliens » ou « androïdes » pour décrire ce sentiment d'étrangeté et de distance qui caractérise les personnes dotées du syndrome d'Asperger[18]. Dans le cas de Daniel, l'isolement était aussi géographique, pensai-je, après avoir franchi plus d'une centaine de kilomètres. Daniel m'avait dit de prendre un taxi à la gare, car sa maison était très isolée. « C'est trop loin pour venir à pied », m'avait-il dit lorsque je l'appelai pour l'avertir d'un léger retard. Essayait-il vraiment de se mettre à ma place ou cherchait-il à éviter que je ne bouscule sa routine? Il me confia plus tard que les événements imprévisibles le rendaient effectivement anxieux et que, autant que faire se peut, il tentait de se cloîtrer et de s'en tenir à une routine quasi militaire. « J'apprécie la vie solitaire. J'aime quand c'est calme, très calme. »

Le taxi me déposa devant un modeste pavillon aux rideaux en dentelle, au bout d'une rue à la lisière d'un village balnéaire. Un jeune homme vêtu avec goût, aux yeux bleus cerclés de lunettes en métal et aux cheveux coupés ras, m'accueillit en souriant timidement et en serrant la main que je lui tendais. Il vivait dans un décor tranquille et bien rangé, en compagnie d'un chat ronronnant, de livres et de vidéos. À l'extérieur, une spacieuse pelouse et des plates-bandes vides, avec un espace prêt à recevoir une serre dont l'installation était prévue pour le lendemain. La table de la cuisine était couverte de semis en pots prêts à être transplantés. Clairement, Daniel n'avait rien de commun avec le personnage de *Rain Man*. Il me regardait dans les yeux, avait des intérêts variés, bavardait et m'offrit une tasse de thé, symbole de l'hospitalité britannique s'il en est. Sur son terrain, les signes de son trouble étaient presque imperceptibles. Je n'avais pas remarqué sa barbe d'un jour, mais il me dit plus tard que sa motricité était si peu coordonnée qu'il ne pouvait se raser lui-même. D'autres signes subtils le trahissaient, mais il fallait vraiment les chercher. Daniel avait bien appris les leçons de la sociabilité et à moins de le lui avoir demandé, je n'aurais jamais su à quel point il était épuisant pour lui d'analyser, seconde après seconde, ce qu'il était convenable de dire et de faire, et ce qui ne l'était pas.

Son enfance avait été marquée par de poignantes difficultés, mais parvenu à l'âge adulte il était arrivé à maîtriser son environnement et à accomplir d'extraordinaires réalisations en mobilisant ses compétences inhabituelles. Il exploitait une petite entreprise de cours de langues étrangères, avait écrit son autobiographie et vivait assez bien de sa plume. Il avait acquis une certaine célébrité depuis qu'il était passé à la télé, où il avait fait démonstration de ses prodigieux talents, pour son livre *Je suis né un jour bleu* (Les Arènes, 2007). On lui demandait des autographes dans la rue, et cela lui plaisait. Désormais, il faisait la conversation avec des étrangers, type d'interaction qu'il n'avait maîtrisé qu'à l'âge adulte. Depuis, ses contacts avec le monde extérieur étaient plus nombreux. Il avait rencontré son ami sur Internet, puis, avec l'aide de ce dernier, et dans la foulée de ses apparitions sous les projecteurs, il s'était entouré d'un petit cercle d'amis.

Selon Daniel, sa position d'aîné dans une famille de neuf enfants l'avait aidé à acquérir des compétences sociales. Enfant, il n'avait pas d'amis, ne s'intéressait pas aux autres et s'occupait uniquement de coccinelles, de marrons et de mathématiques. Il partageait sa chambre avec son frère. « Nous vi-

vions dans des mondes parallèles », dit-il. « Mon frère jouait souvent dans le jardin pendant que je restais dans la chambre. Nous jouions rarement ensemble, mais quand c'était le cas, ce n'était pas un jeu à deux. Je n'ai jamais eu envie de partager mes jouets ou mes expériences avec lui... Je suis devenu de plus en plus renfermé et je passais presque tout mon temps dans ma chambre, assis par terre toujours au même endroit, absorbé dans le silence. »

Daniel se bouchait les oreilles pour accroître son sentiment de solitude, une sensation qui le réconfortait. Les bruits de la classe le dérangeaient à tel point qu'il s'enfonçait les doigts dans les oreilles. Élevé par des parents aimants, Daniel n'aimait pas le contact physique et, lorsqu'il était perturbé, il se cachait sous son lit. S'il avait besoin de réconfort lorsqu'il était à l'école, il allait vers l'un de ses frères et sœurs et lui touchait délicatement le cou de son index. Il m'a montré le geste en se posant le doigt dans le cou, comme s'il prenait son pouls. (Je doute du succès d'un tel geste dans la cour de l'école.)

La vie est devenue plus facile à l'adolescence, quand Daniel « a commencé à éprouver des sentiments pour d'autres que [lui] ». En vieillissant, il semble avoir développé une conscience sociale, comme s'il s'était calqué sur la compétence sociale qui se développe peu à peu chez les enfants, mais avec un certain décalage. « Quand j'étais petit, je parlais sans arrêt, jusqu'à ce que mes frères et sœurs me disent de me taire. » Cette impossibilité d'arrêter une activité une fois entreprise s'observe fréquemment chez les enfants d'âge préscolaire, mais se poursuit chez ceux qui ont le syndrome d'Asperger, et ce trait refait encore surface chez Daniel lorsqu'il baisse la garde en compagnie de proches[19]. Comme beaucoup d'hommes atteints du syndrome qui ont réussi, il avait été coaché par sa mère dans son enfance et connaissait les comportements à éviter lorsque la politesse était de rigueur. Remarquant qu'il observait toujours ses pieds en marchant – et butait régulièrement sur des obstacles –, sa mère lui apprit à relever la tête et à fixer un objet éloigné, puis à corriger le point focal au fur et à mesure qu'il avançait. Cette anecdote montre bien la relativité des choses simples et complexes, si intrigante pour les neurotypiques* que nous sommes.

---

* Qualifie une personne non autiste. Antonyme : neurodivergent. Ces termes sont utilisés par les autistes, leurs familles et les personnes spécialisées dans l'autisme dans le but d'éliminer les éventuelles connotations négatives que pourraient contenir les termes « normal » et « autiste », et aussi pour souligner, grâce à ces euphémismes, qu'ils ne considèrent pas l'autisme comme une maladie. *(NDT)*

Comment peut-on multiplier mentalement des nombres à quatre chiffres, mais ne pas savoir mettre un pied devant l'autre sans les regarder? Peu importe qu'il sache faire des calculs complexes ou qu'il maîtrise les codes sociaux, Daniel est habité par le sentiment d'une différence omniprésente qui lui fait dire qu'il « vit derrière un mur de verre ».

Cette différence se manifeste notamment dans la routine quotidienne – jour après jour, à la même heure, Daniel boit son thé de la même manière et mange précisément une quantité identique du même gâteau. Il n'apprécie ni la nouveauté ni les surprises. En même temps, sa souplesse perceptive traverse les frontières du sens. Grâce à de mystérieuses connexions, sa mémoire évolue dans un monde paranormal. Les nombres prennent des formes nettes et colorées, ce qui lui permet de lire des séquences interminables comme s'il scannait un paysage toujours changeant. Il a autant de facilité à nommer des milliers de décimales de *pi* qu'à imaginer et à décrire un documentaire touristique, dit-il. En psychologie, on désigne par le terme « synesthésie » le phénomène de perception d'une sensation dans un domaine sensoriel différent, qui serait peut-être attribuable à une forme de connexion cérébrale idiosyncrasique ou à une flexibilité neuronale inhabituelle d'origine héréditaire. Il s'agissait en tout cas d'un autre trait singulier du fonctionnement neurologique déjà si extraordinaire de Daniel. Sachant qu'il y a 1 probabilité sur 200 d'avoir un trouble du spectre autistique, 1 sur 100 d'être un autiste savant et 1 sur 2 000 d'être synesthète, Daniel est bien l'un des hommes les plus extrêmes qui soit[20].

La science des contraires

Les origines biologiques du cerveau hypermasculin de Daniel se trouvent confirmées par son histoire familiale et son développement. Différent dès le premier jour, Daniel a pleuré et est resté inconsolable toute sa première année de vie, les routines rigides et répétitives le réconfortant davantage que les câlins et l'interaction. Comme il était leur premier enfant, ses parents ne pouvaient reconnaître les signes précoces d'un trouble aux racines biologiques – détresse constante, absence de contact visuel, manque d'intérêt pour eux – ni savoir que leur bébé était hors norme. Les capacités langagières de Daniel se sont bien développées mais plus il grandissait, plus il préférait les nombres et les systèmes, et non les jeux imaginaires, interactifs ou sportifs propres à l'enfance. Les Transformers, les Power Rangers, les Pokémons et le foot – qui faisaient l'objet de l'intérêt de tous ses pairs – ne l'attiraient nullement. Il avait, pour sa part, un intérêt obsessionnel pour le monde naturel – le mouvement des nuages, les marées, le mouvement rythmique de la marche – et pour l'univers systématique des nombres. Lorsqu'on a diagnostiqué son syndrome d'Asperger à l'âge adulte, tout s'est expliqué mais, jusque-là, Daniel avait été, comme Bob, un enfant bizarre et doué, différent des autres.

Des données de plus en plus nombreuses laissent entrevoir une composante génétique au syndrome d'Asperger, et l'histoire familiale de Daniel va également dans ce sens. L'un de ses frères est aussi victime d'un trouble autiste, et son père a déjà souffert d'une grave dépression. La dépression et l'autisme se manifestent souvent chez les membres d'une même famille, et parfois chez la même personne (il y a non seulement une prédisposition biologique mais de nombreux déclencheurs environnementaux ; un trouble autistique n'est pas une partie de plaisir). Une étude a montré que 60 % des personnes avec le syndrome d'Asperger ont des antécédents familiaux de dépression, tandis qu'un membre de la fratrie a 35 % de risques d'avoir un TSA[21]. Chez les jumeaux identiques, si l'un souffre d'une forme d'autisme, l'autre risque d'en souffrir aussi dans 60 % à 90 % des cas. Les chercheurs de différents laboratoires espèrent pouvoir bientôt isoler les gènes en cause[22]. Il s'agit probablement d'un ensemble de gènes candidats, localisés à différents endroits, dont les effets sur le développement du cerveau sont variés et affectent la connectivité neuronale aussi bien que l'architecture cérébrale et le rythme de croissance.

Enfant, Daniel souffrait aussi d'épilepsie temporale. Or, la combinaison épilepsie, syndrome d'Asperger et aptitudes savantes est bien plus qu'une improbable coïncidence. Les trois syndromes sont unis par un fil neurologique, et le fait d'être de sexe masculin y joue un rôle. L'épilepsie regroupe un ensemble de troubles résultant d'un pépin dans la transmission des signaux électriques et chimiques qu'utilise le cerveau pour communiquer.

Des causes multiples sont à l'origine des crises : une architecture cérébrale inhabituelle, des courts-circuits dans les boucles de rétroaction ou, encore, de minuscules lésions ou cicatrices cérébrales. Des études réalisées sur des animaux donnent à penser que la production d'un niveau anormal de testostérone pendant la croissance du fœtus est l'une des causes des connexions défectueuses. Par exemple, des rats chez qui l'on a augmenté le taux de testostérone ont eu davantage tendance à faire des crises épileptiques, et d'une intensité plus grande, qui affectaient tout le système limbique (une région régulant les émotions). De telles expériences ne peuvent être réalisées sur des humains, de toute évidence, mais elles démontrent un lien possible entre les androgènes et le taux plus élevé de crises d'épilepsie temporale chez les hommes. Quel rôle joue la testostérone dans la configuration cérébrale des troubles autistes ? La piste hormonale expliquerait pourquoi 40 % des enfants autistes sont aussi épileptiques[23], et pourquoi au moins la moitié des savants connus ont également une forme d'autisme. Daniel se trouve donc au centre d'un diagramme de Venn à l'intersection de l'épilepsie, du syndrome d'Asperger et du syndrome savant, et les hommes sont fortement représentés dans les trois cercles. C'est là un club pour hommes dont les femmes ne voudront probablement pas faire partie. Dans les trois cas, les aptitudes principalement concentrées dans l'hémisphère droit dominent, dont les mathématiques, la musique, la mécanique et le calcul. Parallèlement, l'hémisphère gauche présente des déficits compensatoires qui affectent l'utilisation symbolique du langage et la résolution de problèmes[24]. Personnellement, je n'échangerais pas ma place.

Autrefois appelés « idiots savants », une étiquette offensante aujourd'hui abandonnée, mais qui rend bien le paradoxe du syndrome, ces hommes ont des aptitudes qui font d'eux des êtres d'exception dans certains domaines et des déficiences qui les placent tout en bas de l'échelle dans d'autres. Selon certains chercheurs, cela reflète le développement inégal des hémisphères cérébraux. Dans une série de publications, le psychiatre Darold Treffert et le psychologue Gregory Wallace ont expliqué comment les aptitudes associées à l'hémisphère gauche sont mises en péril chez des savants comme Daniel, alors que l'hémisphère droit développe plus de connexions neuronales pour compenser, d'où l'émergence d'aires de compétences opposées : dans l'hémisphère gauche, des lacunes dans le langage symbolique, l'interaction sociale et la résolution de problèmes d'ordre général, et dans le droit, une mémoire visuelle et des capacités de systématisation exceptionnelles. (Des mécanismes semblables sont peut-être à l'œuvre dans les « avantages compensatoires » en rapport avec la dyslexie, examinés au chapitre 2.) Les chercheurs citent les travaux de Norman Geschwind et d'Albert M. Galaburda, neurologues d'Harvard, dont la théorie tente d'expliquer pourquoi les garçons sont plus vulnérables non seulement au syndrome savant, mais aussi aux troubles développementaux de toutes sortes. En la qualifiant de « pathologie de supériorité », Geschwind et Galaburda montrent bien ces extrêmes paradoxaux.

> En temps normal, l'hémisphère gauche se développe moins vite que le droit, ce qui l'expose plus longtemps aux influences prénatales, dont certaines sont dommageables. Chez le fœtus mâle, la testostérone peut causer des dommages en ce qu'elle ralentit la croissance et nuit aux fonctions neuronales du vulnérable hémisphère gauche. Cela amène souvent le cerveau droit à compenser : il devient alors plus gros et plus dominant chez les hommes. Ainsi, non seulement le syndrome savant mais aussi d'autres formes de dysfonction du système nerveux central, dont la dyslexie, le retard de langage, le bégaiement, l'hyperactivité et l'autisme, sont plus fréquents chez les hommes que chez les femmes[25].

Mais l'histoire ne s'arrête pas au rythme de développement des deux hémisphères. D'autres facteurs biologiques, dont le patrimoine génétique, contribuent à orienter les aptitudes, comme dans le cas de Bob et de Daniel. Reste à savoir si les caractéristiques de ces cas extrêmes et celles de l'homme moyen appartiennent à un même continuum. Si nous considérons comme Baron-Cohen que les caractéristiques du syndrome d'Asperger produisent un cerveau hypermasculin, en comprenant le fonctionnement de ce cerveau nous en saurons davantage sur les raisons qui poussent les hommes vers des disciplines qui valorisent leur maîtrise des données et des systèmes.

Croissance, hypercroissance et élagage

Prenant un autre train depuis la gare centrale de Londres, je me rendis à l'Université de Cambridge pour rencontrer Simon Baron-Cohen et lui poser la question. En traversant le campus, j'admirai les édifices de style gothique, à la fois monumentaux et gracieux, ornés de blasons, de lions et de tourelles qui, à ma grande tristesse, évoquaient Poudlard plutôt qu'Henri VIII. J'étais au Trinity College de Cambridge, et en montant l'escalier de bois patiné jusqu'au bureau du professeur Baron-Cohen, au quatrième étage, je pensai à Isaac Newton, Bertrand Russell et Ludwig Wittgenstein, qui avaient gravi ces marches.

Les manières posées de Baron-Cohen ne laissent guère deviner la nature controversée de ses travaux. La quarantaine, grand, rasé de près, le nez chaussé de lunettes à monture métallique, l'homme était aussi distingué que son environnement. Éludant en douceur ses douzaines d'études, il s'interrogea avec moi sur le puzzle du syndrome d'Asperger. « Dans l'autisme, dit-il, l'hyperconnectivité neuronale est plus fréquente. » Cette hyperconnectivité de circuits locaux permet à la personne de rassembler une masse de détails dans un domaine particulier, mais sans avoir accès au tableau d'ensemble ou à une autre perspective. En même temps, d'autres connexions cérébrales à portée plus longue sont manquantes ou sous-développées. Dès lors, certaines fonctions sont suralimentées et d'autres sousalimentées, ces dernières étant isolées d'autres aires du cerveau, comme si elles étaient abandonnées.

Voici où cela devient intéressant. Si, comme le suggère le professeur, l'homme autiste est le cas extrême d'un continuum, en extrapolant à la population masculine générale on trouverait moins de connexions longue portée provenant des aires où s'effectue le traitement des stimuli du monde réel, dont les émotions. Il y aurait plus de connexions locales, permettant ainsi aux hommes, *en moyenne*, de systématiser davantage les détails, mais moins de réseaux neuronaux spécialisés dans le traitement des émotions d'autrui. Si on prenait en compte les différences individuelles, l'inverse s'appliquerait aux femmes, à savoir un plus grand nombre de connexions longue portée, grâce auxquelles la perception des émotions serait non seulement plus immédiate, mais aussi reliée à d'autres aires du cerveau. Comme nous l'avons vu dans les chapitres précédents, les professeurs Canli, Gur, Shaywitz et Witelson en sont arrivés à la conclusion que, chez les femmes, le corps calleux est plus dense et que les deux hémisphères se partagent plus également le traitement des émotions et du langage. Il existe également d'autres différences subtiles, notamment dans la demande d'oxygène du cerveau et le fonctionnement des neurotransmetteurs qui, chez les femmes, favorisent l'intégration au détriment de « l'examen détaillé d'un processus étroitement caractérisé », comme les Gur l'ont décrit[26]. Il pourrait s'agir là des bases neuronales des découvertes faites par Baron-Cohen, selon lesquelles la capacité de profonde empathie est plus répandue chez les femmes et l'implacable besoin de construire des systèmes plus fréquent chez les hommes. Bien sûr, des différences individuelles existent : il y a des femmes systématisatrices et des hommes empathiques, et des personnes des deux sexes qui présentent un bel équilibre entre systématisation et empathie. En principe, cependant, les deux façons d'aborder le monde se refléteraient dans l'affectation des ressources neuronales[27].

Je donne là une explication simplifiée de la complexité des facteurs anatomiques et physiologiques en jeu. Cependant, il demeure que chez les personnes autistes en particulier, les voies de communication entre certaines aires cérébrales semblent tronquées, entraînant une intelligence axée sur les détails, presque dépourvue de cohérence et incapable de comprendre le tableau d'ensemble. Ce sont les arbres qui cachent la forêt. Cela expliquerait que Bob énumère dans l'ordre alphabétique tous les traits négatifs de Homer Simpson (« la violence envers les enfants étant l'un d'eux ») sans saisir que Homer est un personnage caricatural, celui du père ridicule et ventripotent d'âge mûr vu par un enfant. C'est aussi pour cette raison que Daniel peut se rappeler des milliers de décimales de *pi* sans comprendre les principes de l'algèbre, et m'a dit : « Je vais me souvenir de votre foulard coloré, de vos longues boucles d'oreilles, de vos cheveux bouclés et de vos lunettes carrées. Mais dans une heure, je ne me souviendrai plus de ce que vous avez l'air. »

L'accumulation de connexions de faible portée et la pénurie de connexions de longue portée caractérisent le développement non coordonné du cerveau des enfants autistes que l'on étudie aujourd'hui. Cela se manifeste jusque dans la taille de la tête, me disait Baron-Cohen en route vers le restaurant, en mentionnant les travaux d'Éric Courchesne, un neuroscientifique de l'Université de Californie (San Diego). « Il a étudié la croissance du cerveau », ajouta-t-il.

De retour à l'hôtel, je fis quelques recherches et appris que le Dr Courchesne avait découvert un signe externe précoce de l'autisme. Se servant d'un simple ruban à mesurer (combiné à la plus sophistiquée IRM), il a montré que la croissance cérébrale des enfants atteints de troubles autistiques était anormale dans la première année de vie et continuait de l'être pendant encore un, deux ou trois ans, le cerveau atteignant la taille de celui d'un adolescent avec six ou huit ans d'avance. Ainsi, à 3 ans, un enfant atteint d'autisme peut porter la casquette de son père et, à 5 ans, il a la tête d'une personne de 16 ans[28]. Le Dr Courchesne et son équipe cherchent maintenant à comprendre ce qui se passe, observant l'accumulation de substance blanche et grise dans le lobe frontal – siège de la planification et de l'interprétation sociale – et dans le cervelet – une importante aire d'aiguillage pour l'attention et les mouvements dirigés. Ils se demandent également si les signaux génétiques pourraient déclencher de mauvaises connexions entre les hémisphères ou, encore, des épisodes d'inflammation dont l'intensité varierait. Après qu'on a cherché pendant des années l'existence de déclencheurs environnementaux, aucune étude n'a montré que les vaccins ou les allergies alimentaires pourraient causer l'autisme. Au contraire, de nouvelles données indiquent que les gènes et les hormones seraient les catalyseurs de la croissance et de la décroissance des réseaux neuronaux. Ces deux facteurs expliqueraient notamment que le syndrome d'Asperger est plus fréquent chez les hommes et fourniraient des pistes pour déterminer si les traits de type Asperger sont une version extrême de traits communs aux hommes.

Le facteur T

À mon retour de Cambridge, en franchissant le tourniquet de la gare, je vis une chose qui ressemblait à d'énormes testicules se dresser dans la foule de l'heure de pointe. Deux sphères de couleur chair, d'où surgissaient d'erratiques poils caoutchouteux, se dandinaient au-dessus de jambes vêtues d'un jean, le tout surmonté d'un visage rieur. La forme avançait vers moi, tendant un sceau blanc portant la mention « On casse les couilles au cancer ». Une idée originale pour financer la recherche sur le cancer des testicules. Les gens souriaient, lançaient de la monnaie, et tandis que je faisais comme eux, le déclic se produisit. Je ne cessais de me demander pourquoi bon nombre de garçons et d'hommes en général, mais particulièrement ceux qui présentent le syndrome d'Asperger, affichaient des tendances si contradictoires : une propension pour la connaissance systématique et des centres d'intérêt restreints d'une part, et une méconnaissance de l'univers relationnel plus expansif et verbal d'autre part. La clé était là : c'étaient les hormones produites par les testicules. Le professeur Baron-Cohen avait abordé les effets de la testostérone prénatale sur les réseaux neuronaux qui sous-tendent les aptitudes sociales. Il me fallait donc creuser davantage le rôle de la testostérone pour faire la lumière sur les choix professionnels des hommes – ingénierie, informatique et physique – et ceux des femmes – des professions qui leur permettent de déployer leurs aptitudes sociales supérieures.

Nous avons vu plus haut que les hormones mâles sont largement responsables de la masculinisation irréversible du cerveau du fœtus mâle. Doreen Kimura, une neuroscientifique canadienne qui travaille maintenant à l'Université Fraser, juste à la sortie de Vancouver, a montré l'action de la testostérone au cours de trois périodes cruciales du développement humain. Aujourd'hui à la retraite, le Dr Kimura continue de travailler et d'écrire et bien qu'elle m'ait confié « être fatiguée d'écrire sur les différences sexuelles », elle a tout de même accepté de me rencontrer pour en parler.

Ayant consacré les quatre dernières décennies à observer méticuleusement les différences sexuelles dans des aptitudes aussi variées que l'écoute ou le lancer de balle, le Dr Kimura trouvait déconcertant que des

scientifiques sérieux puissent nier les déclencheurs biologiques des différences entre hommes et femmes. Tout commence bien par les hormones,
me dit-elle. De six à deux mois avant la naissance, à l'âge de cinq mois,
puis de nouveau à la puberté, une infusion d'hormones mâles stimule le
développement d'aptitudes spatiales telles que la navigation, le tir ciblé et
la représentation mentale du mouvement d'objets tridimensionnels dans
l'espace – des domaines où les hommes sont avantagés[29]. Celles-ci se manifestent dès l'âge de trois ans, se maintiennent par la suite et sont obser-
vées dans différentes cultures. En revanche, les filles – qui n'ont pas été
exposées à la même quantité d'hormones mâles durant leur développement – sont, en moyenne, meilleures en calcul et en mémoire et fluidité
verbales, aptitudes qui influencent leurs choix professionnels, selon le
Dr Kimura. Des données tirées d'études sur les animaux *et* sur les humains
montrent que l'exposition précoce aux hormones mâles agit sur le comportement masculin typique, précisa-t-elle, me rappelant les célèbres expériences humaines « naturelles » sur lesquelles elle avait abondamment
écrit. Les filles atteintes d'hyperplasie congénitale des surrénales produisent
plus d'androgènes qu'elles ne le devraient, tout en demeurant des femmes
du point de vue génétique. De même, leur identité est féminine – elles se
considèrent et sont élevées comme des filles –, mais elles possèdent des
traits psychologiques et cognitifs plus masculins. Elles réussissent mieux
dans certaines tâches spatiales, préfèrent jouer avec des camions plus souvent que d'autres filles (quoique pas autant que les garçons), manifestent
moins d'intérêt pour les bébés et, à l'âge adulte, choisissent des professions
plus masculines, devenant, par exemple, ingénieures ou pilotes de ligne.
Ces travaux réalisés par Sheri Berenbaum et Susan Resnick, deux autres
femmes explorant les différences sexuelles, ont été étayés par de nombreuses études sur les effets de la testostérone chez les animaux, me dit le
Dr Kimura, concluant que la testostérone « contribue bien à transformer les
gens en garçons[30] ».

Pour le Dr Kimura, qui a si minutieusement mesuré les effets variables
de la testostérone dans le temps, la question des différences sexuelles d'origine biologique ne prête pas à discussion. Chez les hommes, les niveaux

de testostérone fluctuent selon les saisons et l'heure du jour et, étonnamment, leurs compétences spatiales suivent la courbe. Ils réussissent mieux dans les tâches spatiales au printemps, lorsque le taux sanguin de testostérone n'est ni trop élevé ni trop faible, mais moins bien dans les tâches de rotation spatiale le matin, lorsque le taux est élevé[31]. Sachant cela, je me suis interrogée sur le rôle de la testostérone dans le quotidien domestique. Qui devrait charger les bagages dans la voiture, lire la carte routière et parler à l'entrepreneur grincheux avant de partir tôt le matin pour un voyage en voiture au printemps? Le fait que je me sois occupée des délicates négociations avec le type et que mon mari ait rempli le coffre est-il un reflet de notre mariage ou de nos taux de testostérone? Peu importe, car cela appartient désormais à l'Histoire, la répartition de ces tâches ayant été établie il y a belle lurette.

Plus récemment, Baron-Cohen et son équipe ont publié une étude établissant un lien entre les taux élevés de testostérone fœtale, les centres d'intérêt restreints et les lacunes sociales. L'équipe a mesuré le taux de testostérone fœtal chez 58 femmes enceintes, puis suivi le développement des enfants sains, cherchant des liens entre la testostérone, le langage, le contact visuel et les habiletés sociales. En ce qui concerne le langage, aucune différence entre les sexes n'a été relevée, mais un lien a été établi entre le sexe de l'enfant, son niveau de testostérone fœtal et son développement social. Plus le taux de testostérone était élevé dans le liquide amniotique prélevé au deuxième trimestre de la grossesse, moins le bébé d'un an était porté à maintenir le contact visuel avec un parent. Également, un taux de testostérone fœtale élevé a permis de prédire de faibles habiletés sociales et des intérêts restreints à l'âge de quatre ans. Il y avait une différence sexuelle donnant aux filles l'avantage dans les relations sociales et ces filles, comme on peut s'y attendre, présentaient des taux de testostérone fœtale moins élevés[32].

On ne peut toutefois conclure que ces différences sont causées par la testostérone fœtale, puisqu'il est impossible de savoir lequel des deux facteurs vient en premier. Tout de même, le bon sens nous dit que des niveaux de testostérone élevés donnent sans doute au cerveau qui se développe un avantage quant à la résolution de problèmes spatiaux et un désavantage dans la lecture des émotions et des intentions d'autrui. La testostérone joue non seulement un rôle dans la fréquence des troubles développementaux chez les hommes, mais pourrait aussi être l'élixir qui oriente nos intérêts, jetant des ponts entre des aires du cerveau qui nous aident à décider sur quoi focaliser notre attention et comment occuper notre temps.

C'est en faisant le pied de grue devant le bureau de Georges Huard que je compris à quel point le syndrome d'Asperger mobilise l'attention de la personne qui en est atteinte. C'était la troisième fois qu'une personne souffrant de cécité mentale me faisait attendre. Tout en fixant la photo du président nordcoréen Kim Il-sung, arrachée d'une revue et collée là où devait se trouver le nom de Georges, j'appuyai sur la touche recomposition automatique de mon téléphone et entendis la sonnerie du téléphone de Georges derrière la porte fermée à clef. Contrairement aux autres bureaux du département de physique, le sien n'avait pas de plaque portant son nom et son titre, seulement un numéro, le PK2470.

Trois quarts d'heure plus tard, Georges répondit à son téléphone portable – c'était ma quatrième tentative. « Avezvous oublié notre rendez-vous ? » lui demandai-je en essayant de dissimuler mon irritation. Mais Georges répondit d'un ton enjoué, m'expliquant qu'il était absorbé dans la restauration du disque dur du Mac G4 866 MHZ de son collègue et n'avait pas remarqué la vibration de son téléphone. « Je dois me concentrer sur une seule chose à la fois. Je ne suis pas comme vous, les neurotypiques, je ne suis pas multitâche. » Il était dans un autre pavillon de l'université, à quelques coins de rue, et il me demanda de venir l'y retrouver.

Georges, 48 ans, travaille dans un laboratoire spécialisé dans les changements climatiques, plus précisément un consortium dirigé par quatre universités et deux ministères. En tant que technicien informatique, il s'amuse avec les superordinateurs Cray-SX-6, aide les scientifiques à déboguer leurs logiciels et s'occupe du dépannage technologique. Sa prédilection pour les systèmes fait parfaitement l'affaire de ses employeurs et la non-conformité de ces derniers fait celle de Georges. « Dans un milieu scientifique, les gens sont généralement calmes, j'y suis à ma place. Je ne pourrais jamais travailler dans le monde des affaires, où les gens passent leur temps à s'arracher les cheveux. J'ai de la difficulté à discerner l'humeur des autres », me dit-il sur le chemin du restamant. Il s'est excusé du contretemps, mais s'intéressait davantage à mon parcmètre, m'expliquant qu'avec un certain code je pourrais utiliser tous les parcmètres du quartier gratuitement sans prendre de contravention.

Georges Huard,
un accro des gadgets,
dans son café préféré.

Avec ses lunettes d'aviateur, sa moustache, ses longs cheveux poivre et sel ramassés en queue-de-cheval, Georges ressemble à un chanteur de rock. Son expression est avenante et agréablement délivrée de toute émotion négative. « Le cynisme me démotive. Je préfère un état d'émerveillement », m'a-t-il dit plus tard sans aucune trace d'ironie. Je lui ai demandé s'il avait des amis. « J'ai une poignée de vieux copains fidèles. On se rencontre dans des endroits propices à l'émerveillement, par exemple aux portes ouvertes des universités, où l'on peut voir les dernières technologies. » Georges ne connaît guère l'ambivalence. Le respect de règles strictes définit son travail, son identité et même son apparence. En 30 ans, il n'a rien modifié de sa coupe de cheveux ni de sa garde-robe, et achète toujours ses pantalons au même endroit. Il s'identifie à la contre-culture des années 1970, dit-il, qu'il considère comme une époque où l'on tolérait et respectait les différences individuelles. Il refuserait de travailler dans un endroit où on lui imposerait un code vestimentaire, où on l'obligerait à se couper les cheveux, un point sensible chez lui. Il tient à ses cheveux longs, non pour s'opposer à l'ordre établi, mais parce qu'il les aime ainsi et répugne à transformer tout aspect de son apparence ou de ses habitudes.

Georges voit le monde en noir et blanc et dresse des analogies entre les machines et les états mentaux. « Les valeurs des gens sont comme des langages de programmation. Par exemple, le Cobol ressemble à un système de valeurs complexe et désuet. Le Basic se rapproche davantage de la libre-pensée et le Fortran prend modèle sur la démarche scientifique. » Enfant, il était incapable de comprendre les émotions des autres ; selon lui, quand sa mère se fâchait lorsqu'il parlait sans arrêt des arachnides – des araignées, pour les neurotypiques –, c'est qu'une minuterie se déclenchait dans sa tête. Depuis son premier contact avec l'ordinateur, il a adopté le vocabulaire de l'informatique pour décrire ses activités et ses états, faisant peu la différence entre les machines et les humains. « Je disais "erreur de syntaxe" lorsque je commettais un impair et "erreur de système" si le faux pas était assez grave pour gâcher une soirée et entraîner un reject. Si on m'interdisait de faire quelque chose que j'aimais, je disais "pirate dans le système". Je me déconnectais de l'école et me reconnectais à ma maison. » Sachant assez tôt qu'il était différent, Georges a créé un site Web pour que d'autres puissent se renseigner sur le syndrome d'Asperger, dont lui et son frère sont atteints. Dans un passage où il est question de son adolescence, il explique la douleur que lui causait son incapacité à décrypter les codes sociaux. Si vous ne pouvez imaginer ce que les autres pensent de vous, comment adapter votre comportement pour vous intégrer au groupe ? Mais il y a un point positif : une curiosité non dénaturée est un excellent moyen de devenir un expert dans un domaine donné.

> Compte tenu de mes intérêts et de ma différence (apparence, ton monocorde et toujours ma difficulté à décoder les indices non verbaux), j'ai été la cible de nombreuses taquineries… Obsédé par le temps, j'adorais régler des minuteries, jouer avec des chronomètres et regarder les montres dans les vitrines des bijouteries. J'aimais aussi les calculatrices, surtout la HP-

55, parce qu'elle avait un chrono de 100 heures. Je connaissais par cœur la gamme de calculatrices de Hewlett-Packard. J'ai même eu une HP-55. À l'adolescence, j'ai eu une passion qui allait m'ouvrir des portes. C'étaient les ordinateurs. Sur ma HP-55, munie de 49 instructions de programmation et de 20 registres, j'ai appris les rudiments de la programmation. Au secondaire, j'ai appris le Basic sur un ordinateur HP-2000 (rattaché au réseau par un modem acoustique de 300 bauds et un terminal imprimant Decwriter 2)[33].

Grâce à cette fascination pour les ordinateurs, Georges a réussi à se trouver une niche professionnelle et s'est entouré de gens – tous des hommes – ayant les mêmes intérêts que lui. Est-il possible que cette obsession durable pour les machines intelligentes soit le résultat d'un stéréotypage sexuel familial et scolaire ? Je ne crois pas. Quelque chose dans sa configuration biologique l'a poussé à sortir son assistant numérique personnel Wi-Fi pendant le lunch et à télécharger avec enthousiasme une photo de la calculatrice programmable dont je me servais en 1979. Et l'engin est apparu, recouvert du même faux bois que les panneaux de la familiale de mon père, avec des touches carrées infiniment petites qui émettaient un clic mécanique. Je faisais mine de m'intéresser car, après tout, Georges essayait de nous trouver un point commun. Il m'est venu à l'idée qu'il n'y a pas mieux que des hommes comme Georges pour mettre en valeur les points forts de la plupart des femmes. Pendant que je cherchais à cerner le côté humain du syndrome – ses répercussions sur les relations, la famille et le travail de Georges –, lui voulait à tout prix me montrer ses appareils électroniques portables : un bidule comptait les minutes et les secondes jusqu'au week-end, un autre les minutes et les secondes écoulées depuis sa naissance et un troisième, les millisecondes jusqu'à la fin de son bail. « Statistiquement parlant, je suis sûr que rien de grave ne m'arrivera au cours des 100 prochaines heures. Donc, je programme mon Ironman (sa montre) pour qu'elle compte 100 heures à rebours, puis je recommence. Cela me calme, comme la cigarette que fumerait un neurotypique. » L'ardeur mise à déconstruire ses processus de pensée était non seulement instructive, mais aussi attachante. Comme Bob et Daniel, Georges voulait établir un lien et appréciait le contact humain. Tous trois souhaitaient ce contact, même si cela ne leur venait pas naturellement. Ils se rapprochaient des autres en leur expliquant le fonctionnement de leur cerveau.

Georges vit seul par choix. « Interagir avec les gens au quotidien me demande beaucoup d'efforts, et il me faut des pauses entre les interactions avec mes collègues de travail. » Mais nous aurions tort de croire que Georges et d'autres hommes présentés ici ne veulent pas avoir une vie sociale ou se faire des amis. Georges m'a dit apprécier les gens « pourvu qu'ils ne soient pas grincheux ». Cependant, il serait incapable d'occuper un emploi qui requiert de décoder les états émotionnels et les intentions d'autrui. « Si mon travail m'obligeait à surveiller mes relations avec les autres et l'impression que je donne... » Il a fait une pause, cherchant à trouver les mots justes pour exprimer l'ampleur de la difficulté. « Ce serait comme si l'on vous demandait, à vous, de piloter la navette spatiale. Vous interagissez avec des gens tous les jours. Pour moi, c'est du traitement humain. Et il me faut beaucoup de temps *off* entre les brèves périodes de traitement. » Nous avons bavardé encore et abordé les relations de couple, observant qu'il est rare pour les personnes présentant le syndrome d'Asperger de rencontrer des compagnes de vie. Le besoin d'une solitude prolongée ou le manque d'empathie risquent de nuire à la relation, ai-je suggéré. Également, l'impossibilité d'évaluer l'effet d'un commentaire pourrait être une source de frictions. Et il y a moins de réciprocité, n'est-ce pas ? Oui, en un sens, a répondu Georges, en ajoutant qu'il y avait autre chose : la plupart des gens possédant ce syndrome étant des hommes, avec un ratio de 9 ou 10 hommes pour 1 femme, à moins d'être gay, les chances sont minces de rencontrer une partenaire Asperger.

Nous avions examiné le problème sous deux angles différents. Je m'intéressais à la couleur et à la texture de l'expérience humaine, je voulais en décrire les infinies nuances. Il s'intéressait aux statistiques. Georges souhaitait balayer l'incertitude en maîtrisant les systèmes – son ordinateur, l'écoulement du temps et les appareils de mesure. Nous étions aux antipodes l'un de l'autre, incapables de nous mettre à la place l'un de l'autre.

Peu importe l'expérience que j'avais acquise en programmation et en informatique, je n'étais pas plus intéressée par le fonctionnement des ordinateurs que par celui du parcmètre. Il s'agissait de systèmes que j'avais appris à utiliser à des fins précises. Et peu importe la quantité de contacts humains que Bob, Daniel et Georges avaient eue dans leurs familles nombreuses, l'univers émotionnel des autres leur demeurait inaccessible. Il fallait leur enseigner comment interagir au même titre que j'avais dû apprendre le Fortran, étape par étape. Outre leur détermination à maîtriser un domaine, ils ont réussi en partie parce que des adultes leur ont enseigné pas à pas les codes relationnels et qu'ils ont eu l'intelligence de les mettre en pratique.

Ainsi, l'exacerbation de certaines caractéristiques plus répandues chez les hommes produit des cas comme Bob, Daniel et Georges[34]. Lorsqu'il s'agit de comprendre des systèmes et non les motivations d'autrui, ces hommes sont des hyperboles. Le temps et l'encadrement aidant, ils ont fini par maîtriser les routines sociales essentielles, puis se sont dirigés vers des disciplines qui valorisaient leurs points forts et s'accommodaient de leurs lacunes. Qui plus est, bon nombre de symptômes se sont atténués avec l'âge[35]. C'est pourquoi les petites manies de beaucoup d'entre eux passent nettement mieux dans certains milieux de travail qu'à l'école. Ils apportent une contribution grâce à leur approche systémique, concrète et ciblée. Pour réussir sur le marché du travail, ils doivent trouver des emplois solitaires qui exigent la connaissance de systèmes complexes, et non de finesses sociales. Des carrières en mathématiques, en physique et en informatique leur conviennent à merveille, et dans ces milieux, ils ont rencontré d'autres hommes comme eux.

Ce serait tellement plus simple si les hommes et les femmes étaient identiques, avec les mêmes facteurs biologiques influençant leur développement et leurs intérêts. Pourtant, plus on examine ces hommes extrêmes, plus on voit de manifestations subtiles de certaines de leurs tendances chez les hommes en général. J'ai tenté de montrer la façon émouvante avec laquelle leur compréhension limitée des signes sociaux transforme le monde en une expérience concrète, où la langue est interprétée littéralement et les réactions d'autrui difficiles à capter. Étant moins sensibles aux points de vue des autres, ils démontrent aussi moins d'empathie à l'égard de leurs besoins. Pour ces hommes qui cherchent des disciplines où l'on récompensera leur systématisation, les débouchés sont moins nombreux et les doutes moins présents. Une capacité d'empathie moindre n'est peut-être pas souhaitable, mais elle simplifie tout de même les choix de vie.

Nous avons vu comment ces hommes extrêmes, chez qui un immense fossé sépare les points forts des points faibles, gravitent vers des emplois qui mettent en valeur un champ de compétences restreint. Mais qu'en est-il de la version inverse, c'est-à-dire des femmes dont le profil est plus équilibré ? Avec l'ascension des femmes à des postes exigeants et prestigieux, on s'attendrait à ce que celles qui possèdent d'excellentes compétences verbales et sociales, de bonnes capacités de résolution de problèmes, des ambitions et centres d'intérêt plus nombreux *et* une empathie bien réglée rencontrent moins d'obstacles sur la route du succès matériel. C'est ce que nous allons maintenant voir, en quittant le monde des hommes extrêmes qui travaillent dans des champs étroitement circonscrits pour examiner celui des femmes talentueuses qui occupent des postes extrêmes.

Chapitre 6

Personne n'a demandé à Caroline si elle voulait être le père

La première fois que j'ai rencontré Sandra, c'était lors d'une soirée qu'elle et son mari donnaient en l'honneur de collègues récemment mariés. Tout était parfait, la nourriture, la conversation, son élégant tailleur pure laine. Ses deux garçons, l'un encore bébé, l'autre petite tête blonde de moins de cinq ans, sont venus nous dire bonsoir juste après le bain, puis se sont silencieusement éclipsés avec la gardienne. D'autres employés s'activaient à la cuisine et, au fur et à mesure que les services se succédaient, il devenait évident que la soirée avait été planifiée par une pro. Rien ni personne n'avait été oublié. Le cadeau de mariage, un coffret de bois sculpté qui circulait pour que chacun y dépose ses vœux de bonheur, donnait à l'événement une touche cérémoniale, comme s'il s'agissait d'un rite de passage et non d'une réunion de copains de travail. À la fois avocate spécialisée dans le contentieux d'entreprises et mère de deux tout-petits, Sandra se devait d'être organisée, mais cette soirée avait exigé davantage que dresser quelques listes. Elle avait songé à chacun et pris soin d'asseoir côte à côte des gens partageant des affinités, de lancer les premières conversations et de placer un mot aux bons moments pour assurer la fluidité des échanges. Une fois la soirée bien en train, elle se laissa aller dans sa chaise, une jambe repliée sous elle, et eut un petit sourire de contentement.

Quand je l'ai revue quelques années plus tard, Sandra avait remisé ses tailleurs impeccables et cessé de travailler 14 heures par jour pour les litiges en entreprise. Après une douzaine d'années de ce régime, elle avait remercié ses aides domestiques et professionnelles et renoncé à la planification de soirées parfaites. Quand je lui ai demandé pourquoi, Sandra m'a expliqué qu'elle se sentait en contradiction avec son travail depuis des années. Dans les premiers temps, elle s'accommodait des nuits blanches passées à travailler et aimait la montée d'adrénaline qui accompagnait l'effort déployé pour défendre une cause. Mais après 12 années d'horaires éreintants, juste après une affaire opposant 112 plaignants et 11 accusés, elle s'était sentie épuisée. L'un de ses fils, sensible, montrait des signes de stress avec des crises de larmes et des problèmes de comportement à l'école. Elle avait eu le sentiment qu'il exprimait les tensions de leur vie familiale ; et le médecin lui avait conseillé de prendre un peu de repos pour recharger ses propres batteries. Ce fut le début d'un arrêt prolongé – qu'elle n'avait pas encore fini d'évaluer. Elle voulait continuer à travailler, mais quelque chose d'essentiel clochait – quelque chose de déphasé qu'elle n'arrivait pas à nommer.

Sandra avait tout essayé pour trouver un emploi épanouissant lui permettant de réconcilier les exigences de sa carrière d'avocate avec sa vie de famille. Elle était passée d'une grande boîte à une petite et de nouveau à une grande, puis à un poste d'avocate conseil en interne. Son itinérance finit par la convaincre que l'emploi parfait, dans le domaine du droit, n'existait pas, du moins pour elle. Elle mit deux ans pour se décider à abandonner, mais elle n'envisageait pas du tout de rester à la maison avec les enfants. « Je me suis étonnée moi-même. J'ai grandi en pensant que le monde du travail était merveilleux. Après avoir vu ma mère à la maison, je me sentais si chanceuse de travailler. Je croyais que le travail était essentiel à mon épanouissement. J'étais naïve. Le travail, c'est juste le travail. »

Sandra croyait être la seule à vivre une telle expérience, mais non, comme elle l'apprit lors d'un événement social auquel elle avait convié huit avocates qui avaient abandonné la profession après avoir exercé pendant plus de dix ans. La demi-heure qu'elle avait prévue pour les présentations s'est étirée sur quatre heures, chacune des avocates parlant longuement des raisons de sa démission. Elles en avaient eu assez des horaires et des exigences de travail inhumaines, même une fois devenues associées de leur cabinet ou après avoir choisi un statut de salarié, leur permettant de travailler un peu moins. Et, comme Sandra, elles avaient quitté leur job, soit pour rester à la maison parce qu'elles avaient un enfant fragile ou pour reprendre leurs études, ce qui leur permettrait de mieux gérer leur temps. Ces femmes qui avaient réussi voulaient travailler, mais le droit était impitoyable. Une avocate dans la quarantaine a même avoué qu'elle porterait le deuil si sa fille de 19 ans voulait faire du droit. « Ce n'est pas une vie », avait-elle dit.

* * *

Selon l'American Bar Association, en 2001, le salaire moyen d'un avocat associé était de 806 000 $, soit 33,5 fois le salaire annuel moyen aux États-Unis, et il est probablement plus élevé aujourd'hui. Même si ce n'était que la moitié, ce serait déjà beaucoup. Pourtant, de nombreuses femmes déclinent cette occasion de toucher un salaire si astronomique. En fait, elles claquent la porte des cabinets 60 % plus souvent que les hommes[1]. Peu importe le salaire proposé et le nombre de conseillers en conciliation travail-famille recrutés par l'entreprise, les associées talentueuses quittent les cabinets après quelques années. Selon une étude réalisée auprès des diplômés en droit de Harvard, les femmes avaient de meilleures chances que les hommes d'être embauchées par les cabinets les plus prestigieux mais, au bout de dix ans, seulement le quart d'entre elles y était demeurées pour devenir associées (contre la moitié des hommes). Les femmes comptent maintenant pour 16,8 % des associées dans les grands cabinets américains, dont l'état d'esprit peut être résumé par la question de l'avocat-conseil de haut vol de New York, David Boies : « Vous préférez dormir ou gagner[2] ? »

Les femmes qui veulent devenir associées « reviennent au travail à la vitesse de l'éclair après un accouchement » et se sentent obligées de travailler encore plus qu'avant la naissance de leurs enfants, selon la sociologue Fiona Kay. Pour ressembler davantage aux hommes, elles dissimulent leurs besoins physiques et émotionnels, et tout le monde semble accepter cela. Linda Robertson, avocate expérimentée de Vancouver, dit au congrès annuel 2007 de l'Association du Barreau canadien que les avocates travaillant dans les cabinets ont si peur d'avoir l'air peu productives qu'elles dissimulent leurs cancers ou leurs problèmes cardiaques. « J'ai trop d'amies qui ont un cancer et ne le disent pas à leurs collègues de peur de paraître faibles[3]. » Inutile de dire que beaucoup de femmes ne peuvent pas tenir ce rythme. Au Canada, où 60 % des étudiants en droit sont des femmes, celles-ci représentent 26 % des avocats en libéral ; les pourcentages sont semblables en

Grande-Bretagne[4]. L'écart entre ces deux chiffres est en partie tributaire de la « génération stéréotypée », aujourd'hui dans la soixantaine et principalement constituée d'hommes. Mais il reflète également une autre réalité, notamment la défection des femmes qui, après avoir été embauchées dans des cabinets d'avocats dans les années 1970, ont ensuite fait le choix de postes dans l'éducation, au gouvernement ou dans l'industrie[5]. Voulant savoir pourquoi les femmes étaient si nombreuses à enseigner dans les facultés de droit au Royaume-Uni, où le salaire moyen était d'environ 35 000 £, soit l'équivalent de ce que touche une hôtesse de l'air, le *Sunday Times* a posé la question à Louise Ackers, professeure de droit à l'Université de Leeds. « Beaucoup de femmes comme moi – j'ai quatre enfants – considèrent que les horaires interminables ne sont pas adaptés à la vie de famille », a-t-elle répondu sans détour[6]. La motivation de trouver un emploi mieux adapté doit être forte pour accepter une baisse de salaire de 86 %. Nous verrons dans ce chapitre pourquoi autant de femmes font de pareilles concessions, et nous nous pencherons en particulier sur celles qui semblent aux antipodes des hommes extrêmes rencontrés jusqu'ici. Très à l'aise pour s'exprimer, instruites et cultivées, ces femmes possèdent pour la plupart d'excellentes qualités relationnelles. Elles peuvent faire n'importe quel travail ou presque. Alors pourquoi ne choisissent-elles pas l'emploi qui leur rapporterait 800 000 $ net par an ?

« Ma décision n'a rien à voir avec le fait que je sois une femme ou une mère. C'est une question de personnalité, de valeurs », disait Sandra, tandis que nous nous installions dans les coussins vert pâle de son canapé. Très distinguée, même enrhumée et vêtue d'un survêtement, cette femme de 45 ans s'était battue avec ses choix, d'autant plus qu'elle avait le sentiment qu'elle décevrait sa famille en abandonnant le droit. Son mari, médecin, était absolument contre cette idée. Entre autres considérations, il pensait qu'elle allait mourir d'ennui. Son père, un ancien membre du Congrès américain, avait toujours eu des attentes très élevées à son égard. Elle attendit qu'il soit agonisant pour lui dire qu'elle quittait son emploi. Même sa carrière comme juriste avait été perçue comme « sa forme de

■ Des membres en liesse de la promotion 2006 de la Harvard Law School.

rébellion », car il ne voyait pas en quoi ce travail allait permettre à sa fille de transformer le paysage intellectuel. Comme dans le cas des femmes scientifiques très performantes, la famille de Sandra, surtout les hommes, tenaient mordicus à ce qu'elle réussisse dans la sphère publique. Elle en était capable. Médaillée d'or de la faculté de droit, diplômée d'une des plus prestigieuses universités américaines et stagiaire auprès des meilleurs, les grands cabinets l'avaient chassée. Elle avait essayé les deux et maintenant, elle voulait mettre ça de côté, au moins pour un temps.

Pour expliquer l'exode des femmes comme Sandra, on blâme tour à tour une culture mâle hostile, la discrimination et la pénurie de femmes tutrices. Il y a une trentaine d'années, ces explications avaient du poids, mais deux autres sont plus convaincantes aujourd'hui. Beaucoup de ces femmes performantes se sont rendu compte qu'elles avaient d'autres ambitions que gagner un tas d'argent et comme elles avaient épousé des hommes semblables à elles-mêmes, elles pouvaient se permettre d'agir en fonction de leurs priorités. Au chapitre précédent, nous avons parlé d'« homogamie », à savoir la formation d'unions entre des personnes ayant des affinités. Le principe s'applique aux avocats travailleurs et bien payés, dont

50 % sont des femmes qui épousent des professionnels qui leur ressemblent. Il est très agréable d'avoir un salaire à six chiffres, mais la plupart des familles n'ont pas besoin de deux salaires si élevés pour bien vivre. Cela dit, pourquoi les hommes, eux, n'abandonnent-ils pas ? Beaucoup le font. Mais n'étant pas des clones de ces derniers, les femmes sont de loin plus nombreuses à vouloir déguerpir ou chercher des solutions de rechange, surtout quand le droit leur offre des choix aussi austères.

En écrivant que « la moitié des femmes les plus riches, les plus privilégiées et les plus instruites du pays restent à la maison avec leurs bébés au lieu de participer à l'économie de marché » parce que « le plafond de verre se trouve à la maison », Linda Hirshman ne parlait sûrement pas d'avocates comme Sandra[7]. Ces femmes dites d'« élite » peuvent non seulement prétendre aux meilleures écoles et aux diplômes les plus prestigieux, mais aussi s'offrir les meilleurs domestiques. Dans la mesure où quelqu'un était payé pour faire la lessive chez Sandra, la réalité ne se limitait pas à la répartition des tâches. Sandra était motivée par les qualités existentielles de son travail et ses priorités. Comme d'autres femmes décrites au fil de ces pages, elle tient à ce que son travail soit conforme à ses valeurs. Elle avait fait une maîtrise en philosophie, dit-elle en riant, parce qu'elle cherchait « le sens de la vie ». Quand elle entra à la faculté de droit, c'était « pour changer le monde ». Allait-elle vraiment se démener 15 heures par jour alors qu'elle ne voyait plus aucun sens à ses efforts, sinon un dollar de plus sur son compte en banque ?

En somme, il y avait conflit entre la valeur marchande de Sandra l'avocate et ses propres valeurs. « J'étais une bonne étudiante, alors on m'a orientée vers le droit des entreprises », dit-elle pour expliquer comment elle s'était retrouvée à des postes en entreprise très bien rémunérés. Après avoir dû licencier un employé, elle s'est sentie « en rupture avec ses valeurs, déloyale ». À son désenchantement s'ajoutait son empathie pour ses enfants, dont elle ressentait qu'ils avaient besoin de plus de temps qu'elle ne pouvait leur en donner. Intelligente, ambitieuse, travailleuse, bien instruite et bien entourée, Sandra n'était pas la proie de facteurs externes ; aucun plafond de verre ne l'empêchait d'atteindre ses objectifs, disait-elle.

Tout simplement, elle sentait une discordance entre le droit qu'elle exer-
çait et ce qu'elle attendait de sa vie professionnelle. « Je ne cherchais pas
la gloire. Ce n'était pas ça mes valeurs. J'étais modeste. Et je n'avais pas de
plan de carrière. » Le monde de l'entreprise l'avait détournée de son ambition première, celle de changer les choses, car « c'est ce qui arrive quand
on n'a pas de plan préétabli ».

Sandra s'est sentie seule durant cette période de transition, mais le bouleversement qu'elle a vécu est caractéristique des femmes qui avaient massivement opté pour des carrières typiquement masculines dans les années
1970 et 1980. Pour la plupart, ces milieux n'ont rien fait pour s'adapter
aux femmes – et personne n'attendait cela d'eux. Pourtant, la formidable
transformation qui s'opérait allait avoir d'immenses répercussions sur la
profession juridique. Entre 1971 et 1991, le nombre d'avocates a progressé
de 800 %. Aucune autre profession « masculine » n'a connu un apport féminin aussi marqué depuis que les lois favorisant l'égalité des chances ont
révolutionné le monde du travail. Cependant, il n'y a pas eu bousculade
pour modifier la formule de promotion et d'adhésion au titre d'associé. Le
nombre d'heures facturées est resté le même et a même augmenté sous la
pression de la concurrence internationale, et pour un poste à hautes responsabilités, on exige aujourd'hui entre 1 800 et 2 000 heures par an.
Compte tenu du contexte et de la mollesse des mesures adoptées, les récents accommodements, dont des promotions sans le titre d'associé, le travail à temps partiel et les horaires flexibles sont souvent des noms de code
pour une voie de garage.

À leur grand étonnement, beaucoup de femmes se sont aperçues
qu'elles n'étaient pas à leur place. Des études réalisées auprès d'avocates
montrent qu'elles sont moins heureuses de leur travail que les hommes et
qu'elles ont deux fois plus de probabilités qu'eux de le quitter[8]. Même dans
les cinq premières années d'exercice, les jeunes avocates se disent moins
satisfaites par la valeur sociale et le cadre de leur travail que les hommes,
comme le rapporte Ronit Dinovitzer, une sociologue de Toronto qui a réalisé une enquête auprès de 9 200 avocats américains diplômés en 2002.

Son rapport reflète une situation que l'on observe dans tout le monde développé : plus d'hommes en libéral, mais deux ou trois fois plus de femmes professeures ou dans des organismes sans but lucratif, qui choisissent de gagner le tiers du salaire de leurs collègues du secteur privé. Dinovitzer ne croit pas que cette différence hommes-femmes opposant la recherche d'argent à celle du sens va s'atténuer et prédit même qu'elle s'accentuera[9].

Diplômées, très instruites et disposant de plusieurs options attractives, les avocates sont un groupe bien représentatif des femmes actives diplômées. Et comme elles ont fait l'objet de plusieurs grandes études, voilà de quoi examiner le modèle masculin sous un autre angle. Étant donné la supériorité féminine dans les capacités langagières et relationnelles, la plupart de ces femmes sont avantagées. Les avocates sont parfaitement capables d'accomplir leur travail, le salaire est excellent et elles sont chassées par les cabinets. Pourtant, beaucoup découvrent tôt ou tard que l'attirance n'est pas mutuelle.

Les femmes adaptatives

Le parcours de Sandra n'est pas un phénomène unique : il s'inscrit dans une tendance sociale. Selon la sociologue britannique Catherine Hakim, l'absence de plan de carrière est la règle pour 60 % des femmes dans les sociétés développées. En fait, si on leur en donnait le choix, de 60 % à 80 % des femmes américaines et européennes choisiraient de travailler à temps partiel ou de rester à la maison à plein temps – même si elles avaient d'abord eu l'intention de travailler à plein temps et même si cette décision devait leur en coûter en termes de sécurité de l'emploi et de revenus[10]. « La grande majorité des femmes qui disent vouloir une carrière découvrent que leurs priorités changent après la naissance des enfants », écrit Hakim. Malmenant l'idée d'une sororité unie, Hakim a amassé des données d'enquêtes et de recensements nationaux européens et américains montrant que les femmes des sociétés modernes sont loin de présenter un portrait homogène. En fait, elles se répartissent à peu près également en trois groupes nettement distincts. Il y a celles qui veulent rester à la maison à temps plein, que Hakim dit « orientées-maison » (environ 20 %). Il y a celles qui donnent la priorité à leur carrière, les « orientées-travail » (environ 20 %). Le fait d'être femme ne désavantage pas ces dernières ; si elles ont les mêmes compétences et travaillent aussi dur que les hommes, elles obtiennent les mêmes gratifications qu'eux.

Le troisième groupe, soit les 60 % restantes, sont des femmes qui cherchent à concilier enfants et carrière, changeant d'emplois et d'horaires en quête de la combinaison parfaite[11]. Ces femmes « adaptatives » ajustent leur carrière en fonction des besoins de leur famille et de leurs propres valeurs, une tendance aussi forte dans des pays progressistes comme la Suède et la Norvège qu'aux États-Unis. Comme Sandra, beaucoup n'ont pas de plan arrêté à leur arrivée sur le marché du travail ou, si elles en ont un, celui-ci change à la seconde où elles voient le visage de leur bébé. Résultat, elles finissent par travailler à temps partiel, ont des CV remplis de trous et elles occupent des postes moins élevés que si la famille n'avait pas été leur priorité.

Adapter sa carrière à sa famille va de soi pour les femmes de ce groupe, qu'elles soient avocates, infirmières ou vendeuses. Ma propre expérience est fidèle à cette description : j'ai enseigné, fait de la clinique et écrit, travaillant tantôt à plein temps, tantôt à temps partiel, et ce, pendant les 20 ans où j'ai élevé ma famille. Tout comme celle de Sandra : en 12 ans, elle a changé de poste 4 ou 5 fois, une stratégie peu recommandée pour devenir associée dans un cabinet. Hakim parle de la « théorie de la préférence » pour pointer deux réalités. Les femmes ne veulent pas toutes la même chose. Et quand elles peuvent choisir, seulement 20 % d'entre elles environ font les mêmes choix que les hommes.

Quand je suis arrivée pour dîner avec Catherine Hakim à la London School of Economics, la sociologue, menue, vêtue de couleurs vives, était déjà là, m'attendant dans la foule bruyante de la cafétéria. Elle m'a tout de suite repérée et fait signe de sa main délicate ornée de bracelets. Pendant des années, Catherine Hakim a déclenché l'ire de la ligue féministe européenne en affirmant que les écarts salariaux entre les sexes étaient le résultat des préférences bien ancrées des femmes. Elle a ainsi acquis une

réputation de dame de fer qui n'a rien à envier à celle de Margaret Thatcher. Selon elle, les mesures sociales universelles visant à corriger les écarts
salariaux constituent de « vrais mensonges ». Son pire péché, selon ses dé-
tracteurs, est d'avoir affirmé que les mesures sociales ne permettront jamais à la majorité des femmes de tout avoir, puisque entre 10 % et 30 %
d'entre elles n'ont jamais voulu tout avoir, et que 60 % adaptent leurs ambitions aux besoins familiaux.

Catherine Hakim avance que si les femmes n'ont pas fait de grandes in-
cursions dans les bastions mâles plus homogènes, c'est en partie parce
qu'elles forment un groupe hétérogène dont les intérêts et les objectifs sont
contradictoires. « Si votre carrière vous intéresse vraiment, vous n'avez pas
de temps à consacrer à vos enfants et si vous tenez à élever plus d'un enfant,
vous manquez de temps, d'énergie et d'imagination pour faire une brillante
carrière », dit-elle. Voilà des paroles de défi. Impossible d'imaginer ce petit
bout de femme vêtue d'une robe bleu roi et d'une veste dorée s'en prendre
au premier venu. Mais les apparences sont trompeuses. « Si l'on me testait,
je suis sûre qu'on me trouverait un taux élevé en testostérone », me dit-elle
sans emphase pendant que nous choisissions nos plats à la cafétéria, en
ajoutant : « Leur pouding est excellent. »

On comprend assez bien que l'habit ne fait pas le moine. Cependant,
l'idée que des femmes qui travaillent puissent être en proie à un conflit
émotionnel à la naissance de leurs enfants est perçue comme une défail-
lance. Les femmes elles-mêmes sentent parfois qu'elles ne sont pas à la hauteur de leurs propres attentes, elles qui croyaient pouvoir combiner sans
difficulté emploi prestigieux et famille. « La plupart d'entre nous pensaient
travailler et avoir des enfants, en tout cas c'est comme ça que nous avons été
élevées – pas de problème. Mais nous avons été dupées. Aucune de nous
n'a imaginé à quel point c'est difficile », disait une cadre d'une société de
haute technologie à un journaliste du *New York Times* en 2006. L'article
examinait le déclin des femmes dans la population active en 2000, une tendance particulièrement prononcée chez les mères très diplômées occupant
des emplois très lucratifs, qui ont été nombreuses à repousser la venue du
premier enfant, le temps d'établir leur carrière[12]. Ce sous-ensemble de

mères « adaptatives » souhaitent souvent un emploi qui leur permette de ménager leur famille, mais trouvent que les postes prestigieux à temps partiel ou de 9 à 5 sont rares.

Et qu'en est-il des femmes qui partagent le point de vue typiquement « masculin », à savoir que la carrière a préséance sur les vicissitudes de la vie familiale, et donc restent sans enfants ? (C'est le cas de Hakim elle-même.) Ces femmes, exclusivement tournées vers leur carrière, sont une minorité, dit Hakim, et comme pour la plupart des hommes, c'est une bonne dose de planification et de stratégie qui les a menées là où elles voulaient aller. La moitié des femmes occupant des postes de cadres supérieurs ou dirigeants n'ont pas d'enfants, tout comme les professeures universitaires des départements de sciences et d'ingénierie[13]. Grâce à des méthodes contraceptives sûres, elles ont choisi comment canaliser leur énergie et planifier leur ascension. Hakim, pour sa part, a écrit six livres dans les huit dernières années. « Jamais je n'aurais pu y parvenir si j'avais eu des enfants. Un enfant, c'est un projet de 20 ans, et une carrière, de 20 à 40 ans. Les deux sont incompatibles[14]. »

Voilà le hic. Les femmes qui planifient leur carrière sont celles qui en récoltent les fruits, c'est-à-dire des salaires mirobolants et des promotions. Mais elles ne sont pas légion. Hakim s'est intéressée, entre autres, à l'American National Longitudinal Survey (une étude nationale longitudinale) qui examinait les aspirations professionnelles des femmes sur une période de 15 ans. En 1968, les enquêteurs ont demandé aux jeunes femmes quelles étaient leurs ambitions professionnelles, puis les ont interviewées une fois par an jusqu'en 1983, elles étaient alors âgées de 29 à 39 ans. Que prévoyaient-elles faire à 35 ans ? Les femmes qui planifiaient leur carrière étaient peu nombreuses. La majorité d'entre elles préféraient rester à la maison ou, sans but particulier, avaient fini par travailler. Contrairement aux planificatrices, les indécises avaient 30 % moins de chances de travailler que les femmes qui voulaient devenir avocates, par exemple. Chez celles qui planifiaient, 82 % travaillaient comme prévu à 35 ans, avec un salaire à l'avenant[15]. Mais elles ne représentent que le quart des femmes. La majorité va d'un emploi à l'autre, tantôt à temps plein, tantôt à temps partiel, tantôt au chômage, et les revenus ainsi que la mobilité ascendante s'en ressentent. Ce qui contribue puissamment à l'écart salarial entre les sexes.

Maintenant que les femmes ont des choix, leurs valeurs et leurs préférences orientent leur carrière. Pour Sandra, les choix étaient nombreux car elle avait touché un salaire élevé pendant des années et son mari aussi. Comme l'a dit le spirituel George Bernard Shaw : « C'est à cela que sert l'argent : on peut faire ce que l'on veut et non ce que les autres croient que l'on veut. » Sandra s'est laissé porter par les occasions, passant d'un emploi à un autre, à une interruption de deux ans, et enfin à un poste de professeure de droit à temps partiel. Ce parcours, loin d'être tracé d'avance, est conforme aux résultats obtenus par le professeur de Stanford Charles O'Reilly qui a suivi la carrière d'hommes et de femmes ayant obtenu un MBA. « En règle générale, les hommes savaient ce qu'ils voulaient, jusqu'au type de poste qu'ils occuperaient. Les femmes, bien qu'ambitieuses et habiles, avaient des plans plus vagues[16]. » En 2006, un article du *New York Times* décrivant le parcours de deux PDG confirme l'approche plutôt aléatoire des femmes. « Je ne tenais pas à être PDG, je ne savais même pas ce qu'était un PDG. Pour moi, l'important consistait à obtenir des A et à acquérir le plus de connaissances possible », expliquait Carol Bartz, ex-PDG du fabricant de logiciels Autodesk. Même son de cloche chez Maggie Wilderotter, la PDG de Citizens Communications : « Je ne me suis jamais dit : "Quand je serai grande, je serai médecin." » Des occasions se sont présentées au fil de ma carrière, c'est tout[17]. » Voici en quels termes Hakim décrit le caractère naturel des parcours tels que les femmes les racontent :

> Il y a une différence remarquable dans la manière dont hommes et femmes racontent l'histoire de leur vie. Les hommes mettent l'accent sur leur esprit de décision, leur détermination à faire les choses à leur manière, refusant des postes dévalorisants ou ennuyeux, surmontant les obstacles et les adversaires, soulignant leurs réalisations et les buts atteints. Chez les femmes, le récit de leur histoire se présente comme une

suite d'événements qui s'enchaînent harmonieusement, où tout ce qu'elles ont fait était le prolongement « naturel » de la situation, des actions des autres, des hasards. [...] La majorité des femmes, semble-t-il, ont de la difficulté à exprimer ouvertement leurs préférences en matière de travail et de mode de vie. Leurs intentions, plans, motivations et préférences disparaissent parfois dans le récit de leurs vies comme l'eau dans le sable[18].

Ce passage lyrique révèle non seulement deux approches de la carrière mais aussi deux façons de se raconter. Les hommes sont plus nombreux que les femmes à poursuivre un but dès le départ, sans perdre de vue la gratification. Le ton fanfaron dissimule par ailleurs les efforts déployés dans des emplois qui les rapprochaient de leurs objectifs à long terme sans pour autant leur apporter de satisfaction personnelle, une idée sur laquelle je reviendrai sous peu. Ces emplois conduisent peut-être à destination, mais ils ont un prix. La souplesse inhérente aux histoires des femmes inclut la tendance à incorporer des points de vue alternatifs, ce qui a différents coûts. Ce n'est pas tant le sentiment féminin que cela « ne se fait pas » d'avouer ses ambitions qui est en cause que le fait qu'elles envisagent leur carrière à partir de perspectives multiples, en réévaluant constamment leur position. Pour bien des femmes, le but est une cible mouvante.

Voilà ce qui arrive quand on n'a pas de plan

Si l'on m'avait demandé avant la naissance de mon premier enfant dans lequel des trois groupes d'Hakim je me situais, j'aurais répondu sans hésiter celui des femmes tournées vers leur carrière. Je ne croyais pas me sentir différente une fois le bébé arrivé ou, du moins, pas plus différente que son père. Toutefois, mes plans pour un retour au travail rapide sont tombés à l'eau lorsqu'un bébé ratatiné et braillard d'un poids insuffisant est apparu au lieu du poupon placide, robuste et tout rose que je me voyais déjà confier à une nounou. La petite avait besoin de prendre du poids rapidement et je devais l'allaiter à la demande pour rembourrer ses membres minuscules et la réconforter. Le travail me paraissait si loin pendant les premières semaines de sa vie où je me consacrais à la nourrir et à marcher avec elle dans tout l'appartement pour la calmer. L'isolement contrastait avec ma vie antérieure, faite de vestes à épaulettes et d'un agenda bien rempli.

Mes sentiments de protection m'ont bouleversée. J'avais besoin d'être avec elle, je voulais qu'elle soit en bonne santé. Alors à quoi pensais-je lorsque j'ai accepté de voir le patient d'un médecin de la clinique pédiatrique où je travaillais ? Ce collègue comptait parmi sa clientèle une famille importante qui avait des problèmes. Pouvais-je passer pour évaluer la situation ? La petite appuyée contre l'épaule pour répondre au téléphone, j'ai entendu le désarroi dans sa voix. Par le passé, ce collègue avait toujours été aimable avec moi. Je voulais lui venir en aide et, me suis-je demandé, aurais-je refusé si j'avais été un homme ? Ce serait un manque de professionnalisme de me retirer complètement de la vie active juste parce que je venais d'avoir un bébé. Or, le petit service s'est transformé en journées de recherche dans un domaine que je ne connaissais pas, et comme j'allais être appelée à la barre, il me fallait consacrer du temps à la préparation de mon témoignage. C'est un pas de deux que tout avocat connaît bien. Mon père, avocat, à qui j'ai demandé conseil, m'a dit : « Ce sera une bonne expérience pour toi. » Mon mari m'a dit : « Cela te fera du bien de sortir un peu » et mon collègue masculin me pressait de m'occuper de cette affaire. Mon patriarcat personnel m'encourageait à sortir et à travailler. Pendant que j'étais à la clinique, d'autres familles venaient me demander de l'aide, certaines avec urgence, d'autres avec insistance. Assez vite, je fus de retour au bureau – même si l'envie d'être avec mon bébé me tenaillait –, et chaque cri provenant de la salle d'attente provoquait une montée de lait, qui trempait mon chemisier, discrètement dissimulée sous ma veste. J'avais cédé aux pressions externes pour participer à la vie active. Comme Sandra, je faisais partie de la majorité, une femme dotée d'une grande capacité d'adaptation qui découvre à retardement qu'elle préférerait adapter sa carrière à sa famille plutôt que l'inverse.

Au début des années 1980, je n'étais pas seule à croire que les hommes et les femmes avaient des cerveaux presque identiques, mais que la socialisation nous avait amenés à jouer des rôles différents. Si mon mari, un père aimant, pouvait laisser sa fille squelettique après un congé de deux semaines et retourner travailler dix heures par jour sans plus de cérémonie, c'est que le scénario social lui dictait son comportement : il avait bien appris son rôle de pourvoyeur. Et si, de mon côté, je ressentais une détresse physique à m'arracher de mon bébé de six semaines – malgré la monotonie et l'isolement de la jeune mère –, c'est que j'avais intégré mon rôle maternel de dispensatrice de soins. Peu importe que ma mère et mes deux grand-mères aient travaillé en dehors autant qu'à la maison. Nous étions nombreuses à croire que si les femmes pouvaient dompter leur sentimentalité démodée, si les hommes étaient présents et disposés à donner plus souvent le biberon aux bébés, nous pourrions inverser nos rôles parentaux. J'étais amusée mais admirative lorsqu'un ami, lors d'un souper, s'était installé un appareil pour simuler l'allaitement, un réservoir de vinyle posé sur sa poitrine qui se dégonflait comme une poche de colostomie. Même s'il avait l'air un peu penaud, il était également fier, avec quatre enfants et une femme qui travaillait, d'entonner un refrain bien connu : « Je peux faire mieux que vous, je peux faire n'importe quoi mieux que vous. » À l'époque, nous supposions qu'hommes et femmes étaient égaux – non seulement égaux en matière de droits et de chances, comme ils devraient l'être, mais aussi en termes de psychologie et de comportement. Toute différence, y compris d'ordre physique, pouvait se corriger par la technologie, des mesures publiques ou la volonté. Voilà comment des idéaux sociaux ont brouillé les attitudes relatives à l'équilibre enfants-travail, un enjeu aussi personnellement et biologiquement motivé que la sexualité.

Toujours ce postulat que la femme serait juste une variante de l'homme. Mais, plus de deux décennies après la naissance de ma fille, l'imagerie cérébrale et la neuro-endocrinologie ont dévoilé l'action de nombreux facteurs biologiques dans les liens qui unissent la mère à son enfant. L'allaitement en particulier libère des hormones et des neurotransmetteurs qui induisent l'euphorie chez la mère, si bien que faire passer de la nourriture à un nouveau-né au moyen d'un tube chirurgical amélioré n'assure que la moitié du travail.

Je ne dis pas que seules les mères peuvent nourrir les bébés, mais que l'euphorie qui accompagne l'allaitement peut expliquer pourquoi elles désirent tant le faire. La prolactine, une hormone produite chez les femmes et les hommes, déclenche la lactation chez les femmes et circule lorsque la mère allaite son enfant et en prend soin. De même, l'ocytocine, une hormone opioïde que l'anthropologue Sarah Blaffer Hrdy a surnommée « l'élixir de la félicité », est aussi libérée pendant l'allaitement (sans oublier l'accouchement, les relations sexuelles et les caresses) ; c'est le moyen qu'a trouvé l'évolution de rendre agréables la proximité du bébé et l'impératif de l'allaitement. Le lait maternel en contient probablement, de sorte que le nourrisson a droit à un repas qui s'accompagne de la proximité physique et du plaisir[19]. Le donnant-donnant qui en résulte provoque des changements réciproques sur les plans cellulaire, hormonal et épigénétique de la mère et de l'enfant, et renforce leur attachement mutuel à travers l'allaitement et le contact épidermique. Il est difficile de démêler ces interactions complexes, mais une chose est sûre. Dans le cerveau féminin, des configurations ont évolué différemment, de façon à favoriser la survie des bébés. Déclenchées par une avalanche d'hormones à la naissance et durant l'allaitement, les interactions comportementales et émotionnelles qui s'ensuivent ne se volatilisent pas parce que des facteurs socioéconomiques exigent des nouvelles mères qu'elles travaillent. En fait, la séparation d'avec le nourrisson peut provoquer l'anxiété et la panique chez la mère allaitante, entraînant des symptômes semblables au sevrage de drogue, comme le décrit la neuropsychiatre américaine Louann Brizendine, dans *Les secrets du cerveau féminin*. Le contact intime régulier n'est pas seulement un besoin culturel, il est aussi physiologique. Après avoir connu les effets analgésiques et euphorisants de l'ocytocine toutes les *x* heures pendant la période de lactation, la mère se trouve soudainement coupée de son stock. C'est pour cette raison que les mères allaitantes qui viennent de reprendre le travail à plein temps sont si impatientes de rentrer chez elles. L'allaitement ne libère pas seulement le lait qui s'est accumulé toute la journée, il produit aussi une drogue naturelle qui réduit le stress, comme nous l'avons vu dans le chapitre sur l'empathie.

Venons-en maintenant aux pères ; ils prennent aussi soin du nourrisson, alors comment expliquer qu'ils n'aient pas développé de seins ? Ce serait commode. Les pigeons, les colombes, les manchots empereurs et les flamants des deux sexes régurgitent des aliments mêlés de mucus, ce qu'on appelle « lait de pigeon », alors pourquoi pas les hommes ? La réponse évolutionniste est que les premiers mammifères n'étaient pas monogames, tout simplement. Comme la femelle portait l'enfant en elle, le mâle ne savait pas s'il en était le père et ne se préoccupait donc pas de la survie du petit. La femelle a évolué de manière à pouvoir donner à sa progéniture une nourriture riche en calories et continuer à rechercher de la nourriture, tout en mettant ses petits à l'abri et en les dispensant d'avoir à trouver eux-mêmes leur nourriture avant qu'ils ne soient prêts à le faire. Les gènes responsables de la croissance des seins et de la lactation – ainsi que les hormones sexuelles qui régulent le processus – proviennent de cette époque et existent encore aujourd'hui. Chez les mammifères, le seul mâle qui a des seins est une chauve-souris qui vit en Malaisie, la roussette dayak, mais Linda Mealy, psychologue spécialisée dans l'évolution, souligne que l'on ne sait pas si les seins du mâle se développent après qu'il a consommé des phyto-œstrogènes ou s'il allaite vraiment ses petits. Si c'est le cas, il serait le seul mâle chez les mammifères – à l'exception de mon ami Michael – à s'y être essayé[20].

Quoi qu'il en soit des oiseaux et des chauves-souris, le lien entre l'allaitement et l'attachement maternel est décrit par Hrdy comme essentiel aux racines de l'empathie. Cependant, il se développe lentement. À la différence des Nord-Américains, censés éprouver une joie tapageuse dès la naissance de leur bébé, dans beaucoup de cultures on est au départ plus réservé. La véritable réponse émotionnelle vient après les dangereuses premières heures suivant la naissance, et c'est seulement à ce moment que la mère donne le sein au bébé, activant d'autres circuits hormonaux.

« Chez les Machinguenga et d'autres peuplades des basses terres de l'Amérique du Sud, la sage-femme coupe le cordon ombilical et dépose le nouveau-né à l'écart, et on ne s'en occupe guère avant d'avoir lavé la mère. Quelques heures plus tard, parfois le lendemain, la mère commence à allaiter l'enfant et c'est à ce moment seulement qu'elle commence à s'y intéresser[21]. »

Selon la description des anthropologues, les femmes mayas du Yucatán réagissent indifféremment au nouveau-né : pas de sourires ni de paroles ou d'exclamations, dit Hrdy. On a également observé qu'un échantillon de mères britanniques, pour la plupart mariées, en bonne santé et appartenant à un milieu privilégié, développait de l'affection pour leur bébé dans les jours ou les semaines suivant la naissance. Cette réaction en différé était moins probable chez les mères ayant déjà des enfants, sans doute parce que la prolactine circule plus abondamment chez les parents expérimentés et stimule plus rapidement le processus d'attachement. La prolactine et l'ocytocine ne sont pas spécifiques aux femmes, mais la délicate interaction entre hormones et comportement semble parfaitement réglée, avec l'allaitement comme point central.

La foire d'empoigne, version féminine

Quiconque a déjà regardé le documentaire animalier *Wild Kingdom* sait qu'une femelle peut se laisser mourir de faim et s'exposer au danger pour protéger ses petits. Pourquoi une femelle kildir – un oiseau pluvier qui niche au sol – feindrait-elle de boiter pathétiquement sur toute la longueur d'un terrain de baseball comme si elle était blessée à mort et n'attendrait que de servir de prochain goûter à un chien chapardeur ? Si la prolactine, en grande quantité, entraîne un comportement de protection, elle est aussi responsable de pareilles singeries. Elle active les réseaux neuronaux qui poussent l'oiseau à éloigner un prédateur s'approchant dangereusement de son nid. Le fait de défendre ses oisillons stimule alors encore plus sa production de prolactine.

Chez les mammifères femelles, les poussées d'hormones pendant la grossesse, l'accouchement, la lactation et les soins donnés à l'enfant remodèlent les circuits neuronaux du cerveau féminin et favorisent non seulement la présence affectueuse de la mère auprès de l'enfant mais améliorent aussi sa capacité d'apprentissage et de mémoire. Autrement dit, des données montrent que la maternité rend les mammifères plus intelligents. Les circuits hormonaux activés par le bluff du pluvier sont grosso modo ceux grâce auxquels les rates qui ont des petits s'orientent mieux dans un labyrinthe que celles qui n'en ont pas, selon Craig Howard Kinsley et Kelly Lambert, neuroscientifiques de l'Université de Richmond. Ces derniers ont montré comment de jeunes rates qui avaient été enceintes ou à qui on venait de donner des ratons trouvaient plus facilement la nourriture cachée que les rates jamais accouplées. La présence de petits, y compris chez les femelles n'en ayant jamais porté, stimulait la mémoire en libérant de l'ocytocine et en modifiant les circuits neuronaux[22]. Les habiletés spatiales nouvellement acquises sont permanentes et permettaient aux femelles de chasser et de trouver de la nourriture plus facilement. Cela semble contredire la sagesse populaire qui dit que la grossesse et la maternité embrouillent le cerveau – sans doute sous l'effet sédatif des mêmes hormones. Cependant, il semble y avoir un avantage : la maternité favorise certaines formes de résolution de problèmes, surtout quand les petits sont vulnérables.

Certes les hommes et les femmes n'ont pas des cerveaux interchangeables, et la maternité confère des avantages cognitifs. Les travaux de Kinsley et de Lambert rappellent les ressources mobilisées par les mères des garçons vulnérables dont il a été question dans ce livre. La mère de Daniel Tammet a enseigné à son fils les rudiments de l'interaction sociale ; celles de Daniel Paley et d'Andrew ont encadré les efforts de lecture de leurs fils et veillé à ce qu'ils reçoivent l'aide nécessaire ; et Sandra a reconnu les besoins émotionnels de son fils et décidé de réévaluer sa vie professionnelle. Nous attribuons souvent ce genre de soutien aux attentes culturelles à l'égard des mères, à savoir qu'elles feront le nécessaire pour aider leur enfant. Cependant, il y a probablement un facteur biologique qui les rend plus vigilantes à la détresse de leur enfant et aptes à trouver le moyen de la soulager. Cette hypersensibilité aux besoins des petits se manifeste dans l'étude de la réaction des parents aux cris de leur nourrisson. Des chercheurs de l'Université de Milan-Bicocca ont comparé l'activité cérébrale de parents et de non-parents en réponse aux photos de bébés en détresse et de bébés placides. Ils ont constaté qu'hommes et femmes réagissaient aux bébés malheureux, mais que « les réponses des mères étaient les meilleures et les plus rapides », a écrit Alice Proverbio.

Généraliser aux humains les résultats d'études sur les rats a ses limites, surtout que les hormones jouent un rôle plus important dans le comportement des animaux, et la culture dans celui des humains. Néanmoins, l'existence de voies neuronales maternelles communes ressort clairement des études réalisées auprès de mammifères et d'humains. Il s'agit de régions cérébrales riches en récepteurs hormonaux, notamment l'aire préoptique médiane (MPOA), soit une partie de l'hypothalamus profondément enfouie au centre du cerveau. La MPOA et ses connexions au cortex cingulaire, une crête de neurones involutifs qui entoure le corps calleux, contribuent à la régulation des humeurs et des émotions. L'ensemble du réseau est stimulé par l'ocytocine et la prolactine et, sous l'effet de l'œstrogène et de la progestérone, les neurones qui s'y trouvent grossissent et multiplient les connexions qui les rattachent à d'autres régions du cerveau impliquées dans la résolution de problèmes et les récompenses[23]. Pour récompenser la maternité, coûteuse en termes d'énergie et de liberté de mouvement, un mécanisme de compensation a pu évoluer de manière à procurer une satisfaction d'origine neurochimique en réponse aux soins donnés à l'enfant.

Le circuit du plaisir s'active dès qu'on prend un bébé dans ses bras, et c'est un phénomène que j'ai observé chaque fois qu'un nouveau-né se trouvait dans la salle d'attente de ma clinique. Je pouvais entendre les roucoulements aigus du contingent féminin qui s'était rassemblé autour de la nouvelle mère, admirant le bébé et attendant sa « dose » de contact avec lui. Ces femmes avaient certes choisi un travail qui les mettait quotidiennement

en contact avec les enfants, mais les bébés de moins de quatre mois exerçaient sur elles un magnétisme jamais démenti. Chez les rates, l'attachement est si gratifiant pour les mères qu'elles préfèrent leurs ratons à la
cocaïne si on leur donne le choix. Avant d'avoir des petits, elles affichaient
une préférence pour la drogue et elles y reviennent une fois que les petits
ont grandi. Sur le plan de l'évolution, cette courte période de l'attachement
semble salutaire, puisqu'une seule dose de cocaïne suffit à perturber le
comportement maternel. Joan Morrell, neuro-endocrinologue de l'Université Rutgers qui a réalisé cette astucieuse étude, a découvert que la cocaïne interfère avec les circuits neuronaux qui gouvernent le comportement
maternel, principalement avec l'aire préoptique médiane. Si celle-ci subit
des dommages, causés par la drogue ou la chirurgie, le comportement maternel disparaît complètement[24].

Revenons maintenant aux humains. L'examen de l'interaction mère-en-
fant au moyen de la neuro-imagerie montre que l'amour maternel est étroitement lié à son prédécesseur, l'amour romantique. Andreas Bartels, de
l'Institut Max Planck, et Semir Zeki, du University College de Londres, ont
étudié les régions neuronales activées chez les couples amoureux et posé
comme hypothèse que les mêmes régions correspondraient probablement
au cœur de l'attachement humain. Après tout, les deux types d'amour comportent des avantages du point de vue de l'évolution – les amoureux per-
pétuent la race et l'attachement maternel en assure la survie. Les
neuroscientifiques s'attendaient à ce que les deux manifestations psychologiques partagent les mêmes circuits neuronaux et hormonaux. Quand les
mères regardaient des photos de leur enfant, les parties du cerveau gouver-
nant le plaisir et la récompense s'activaient, mais pas de la même manière
qu'en réponse aux photos d'autres enfants qu'elles connaissaient. Qui plus
est, les régions activées chevauchaient en bonne partie les régions activées
par les sentiments d'amour romantique, précédemment identifiées par les
chercheurs. Ainsi, les deux formes d'attachement partagent certains circuits, réseaux et sites de liaisons hormonales. Mais des régions étaient
spécifiques à l'amour maternel, notamment le cortex orbitofrontal latéral et
la substance grise périaqueducale (SGPA), et s'activaient seulement quand

les mères regardaient des photos de leurs propres enfants. En s'appuyant sur d'autres études, les scientifiques comptaient trouver dans les réseaux chevauchants un grand nombre de récepteurs d'ocytocine et de vasopressine, un peptide associé. Or, ces régions centrales de l'attachement étaient effectivement riches en récepteurs hormonaux, d'autant plus que leur stimulation suscitait du plaisir chez la mère et supprimait tout sentiment négatif envers l'objet de son affection, son bébé[25]. Cela explique pourquoi tous les enfants sont beaux aux yeux de leurs mamans (j'ai vu des mères en adoration devant leur petit pendant que, moi, il me donnait des coups de pied et me crachait dessus). L'amour romantique est certes aveugle, et les réactions chimiques qui colorent la perception des amoureux sont aussi à l'œuvre chez les mères. Heureusement pour les bébés, qui sentent mauvais, font du tapage, sont effrontément exigeants et ne disent jamais merci. Pourtant, comme nous l'avons vu, quand les conditions environnementales sont favorables, les hormones poussent la mère à nourrir son petit, à reconnaître sa détresse et à tirer parti de toute connexion neuronale qui lui permettra de résoudre les problèmes liés à sa survie, et ces comportements libèrent l'hormone du plaisir, celle-là même qui procure le sentiment de bien-être après l'orgasme. C'est dire que le comportement maternel stimule les circuits cérébraux du bien-être.

En va-t-il de même pour les pères ? Les données actuelles proviennent d'études sur les animaux et montrent que la SGPA n'est activée que chez la femelle, selon Andreas Bartels. L'examen du cerveau des animaux révèle, dans de nombreuses études, d'importantes différences sexuelles dans le comportement maternel, mais aucune étude d'IRMf sur l'attachement n'a encore inclus d'hommes dans son échantillon. Comme je l'ai déjà mentionné, des données préliminaires indiquent que l'ocytocine administrée par un vaporisateur nasal augmente la confiance des hommes en situation sociale et leur capacité à déchiffrer les expressions faciales. L'ocytocine, libérée et « assimilée » chez les femmes durant l'accouchement, l'allaitement et les soins donnés à l'enfant, agit probablement comme le liant chimique qui unit la mère à l'enfant après la naissance et, ce faisant, renforce son avantage empathique préexistant.

Dans les chapitres précédents, nous avons vu que, chez les hommes, la testostérone réorganise les habiletés spatiales et sociales, jusqu'à des limites extrêmes dans certains cas. Les influences hormonales sur le comportement maternel des femmes sont tout aussi profondes, et cette réalité biologique ne peut faire autrement qu'influencer en retour leurs attitudes face au travail – par exemple leur désir de travailler à temps partiel ou, du moins, un nombre d'heures raisonnable. Des femmes talentueuses qui ont choisi des carrières typiquement masculines ressentent les influences biologiques tout autant que les femmes exerçant des métiers typiquement féminins. Autrement dit, les avocates performantes des cabinets prestigieux veulent elles aussi allaiter leur bébé et passer du temps avec lui et, quand cela s'avère impossible, beaucoup rendent leur toge. Les avocates doivent répondre non seulement aux exigences du travail – les milliers d'heures à facturer et les tâches administratives –, mais aussi aux exigences physiologiques de la maternité. Cette interaction hormones-gènes-environnement unique rend les femmes plus intelligentes, plus sensibles à leur bébé et plus en relation avec leur environnement, y compris pour le stress. Cependant, cette combinaison de facteurs constitue pour les avocates mères une épreuve qu'aucun avocat ne connaît. Elles ont des motivations et des stress différents, et leurs bébés ont leur propre façon d'y réagir. Voilà pourquoi on ne devrait pas s'étonner que les avocates mères, en moyenne, ne voient pas leur carrière surchargée sous le même angle que les hommes.

Néanmoins, les différences individuelles sont telles que des pères voudront absolument rester à la maison avec leurs enfants et que des mères tiendront à se vouer entièrement à ce genre d'emplois extrêmes. Est-ce à dire qu'il est facile d'inverser les rôles ? Voici une famille qui, vue de loin, semble avoir réussi.

Le prétendu plafond de verre

Un monde séparait l'élégante demeure de Sandra et ce bouiboui urbain où j'avais rendez-vous avec Caroline pour un petit déjeuner. Lorsque j'arrivai à 8 h pile, traînant mon porte-documents et mon sac de voyage, celle-ci avait déjà bu sa première tasse de café et m'attendait en lisant le journal.

Le sourire en coin, elle attira mon attention sur le grand titre de la page des affaires judiciaires : « Les avocats peuvent-ils être trop gais dans certains cabinets ? » Nous étions entourées de bureaucrates en costumes et chemises oxford qui, les yeux bouffis, cherchaient à se réveiller avant de se rendre dans les bâtiments tout près – où Caroline travaillait comme avocate –, jusqu'à l'arrivée de quelques employés de bureau et de deux hommes qui semblaient avoir passé la nuit debout. Avec son cardigan blanc et ses airs de jeune fille rangée, on aurait juré que Caroline était une enseignante, une bibliothécaire, une gentille personne aux manières douces. Cependant, il ne fallait surtout pas la sous-estimer. Dès que nous avons commencé à bavarder, je me suis dit que si j'avais un jour des démêlés avec la loi, je la voudrais à mes côtés, me dictant doucement des instructions au creux de l'oreille. Mais comme elle avait abandonné son poste d'avocate plaidante après être devenue associée, ce n'était pas possible.

Je m'intéressais au cas de Caroline parce que, comme Sandra, elle était une avocate exceptionnelle et une femme d'une intelligence aguerrie. Elle aurait pu choisir n'importe quel type de travail et en avait effectivement essayé plusieurs avant d'opter pour la fonction publique. Titulaire d'un Ph.D. en arts et lettres, elle aurait pu faire une carrière universitaire, mais elle avait plutôt décidé de changer le monde, m'a-t-elle dit avec un sourire désabusé. Elle avait eu « la chance » d'être embauchée par un cabinet réputé, où elle était restée dix années et était devenue associée, même après deux longs congés de maternité. Prendre, comme elle, presque une année de congé après un bébé témoignait d'un changement de mentalité dans le monde de l'entreprise, me dit-elle, puisque, quelques années plus tôt à peine, les femmes ne prenaient jamais plus de deux mois. Le mari de Caroline était également resté à la maison lorsque les enfants étaient petits. Maintenant qu'ils étaient un peu plus vieux, il travaillait à temps partiel, mais les tâches familiales demeuraient sa priorité : il conduisait les enfants à l'école et allait les y rechercher, s'occupait d'eux lorsqu'ils étaient malades, remplissait le frigo et veillait à toutes les petites tâches invisibles qui incombent au parent à la maison. Elle n'avait pas à se préoccuper de la garde des enfants ni des tâches domestiques. À partir d'un

certain niveau de revenus, « ça ne faisait, de toute façon, aucune différence » si un seul conjoint travaillait, a-t-elle dit en parlant des avocats et
des enfants. La plupart ont des nounous. Mais même avec la légendaire et
très enviée « femme » à la maison, condition essentielle au succès des
hommes selon la plupart des femmes qui travaillent, Caroline avait quand
même abandonné le droit de l'entreprise pour un salaire qui ne représentait qu'une fraction de ce qu'elle gagnait auparavant.

« On ne m'a pas montré la porte, bien au contraire. » Son employeur l'a
suppliée de rester. « Je n'ai jamais senti que les dossiers qu'on me confiait
étaient différents. En tant que femme, je n'ai jamais été mal traitée. J'avais
tout le soutien nécessaire. Au contraire, dans les grandes entreprises, ils
sont rétrogrades. Je crois que les grands cabinets s'évertuent à se débarrasser des pratiques discriminatoires, à bien accueillir les femmes. » Caroline
a eu des parrains et défendait des causes intéressantes.

C'était une question de système et non de sexe. Un système qui requiert
une entière disponibilité, des hommes comme des femmes, non seulement pour cumuler les heures facturées, mais aussi pour répondre aux demandes des clients. « On doit fournir un service au client, être disponible
dans la minute, faire de gros profits », dit-elle au sujet des horaires draco-
niens. Mondialisation oblige, tous les grands cabinets se disputent les
mêmes clients et espèrent les attirer en leur offrant le meilleur service ;
dans un tel milieu, le temps partiel, les horaires flexibles et le 9 à 5 ne
constituent pas des atouts.

Pour le cabinet, Caroline travaillait habituellement de 7 h 30 à 18 h,
ainsi qu'une soirée et 2 week-ends par mois pour atteindre son quota annuel de facturation, soit 1 800 heures. « C'était éreintant, bien sûr, mais il
y avait autre chose », a-t-elle dit en haussant légèrement le ton. « Mon fils
dormait encore quand je partais le matin et, le soir, rentrant après 18 h, je
me sentais comme le père des années 1950 qui joue avec les enfants une
quinzaine de minutes avant leur coucher. Avec mon mari, nous avions un
arrangement qui fonctionnait bien et le travail à temps partiel le rendait
heureux. Mais je passais à côté de quelque chose, que je ne pourrais jamais

rattraper. » Elle a répété sa dernière phrase, avec plus d'insistance cette fois-ci. « Et les choses n'allaient jamais s'améliorer. Je serais toujours occupée. Personne ne m'a demandé si je voulais être le père. »

Caroline ne se voyait pas comme une victime de la discrimination, mais comme une personne responsable de ses propres choix. En fait, elle n'a pas abandonné le travail à plein temps, mais a choisi de travailler dans la fonction publique, à un poste correspondant mieux à ses valeurs sociales et qui lui donne plus de flexibilité. Elle travaille encore de longues heures – elle se dévoue à son travail et aime travailler –, mais elle n'arrive plus à l'aube, sauf en cas d'échéance particulière. Dans le public, il est moins important d'être disponible à tout moment et de faire acte de présence. Caroline a sacrifié un salaire exorbitant et un poste prestigieux pour passer plus de temps avec ses enfants et pour travailler sur des dossiers qui ont plus de sens à ses yeux. Le changement a été salutaire pour elle, mais son ancien employeur, lui, a perdu une perle, une femme brillante et motivée qui aurait pu devenir une associée principale. Et pour les statistiques, ce serait encore une avocate qui gagne moins qu'un avocat.

Sandra et Caroline ne sont pas inhabituellement altruistes. En moyenne, parmi les avocats, les femmes migrent plus souvent que les hommes vers des emplois correspondant mieux à leurs valeurs, mais moins rémunérateurs. Elles s'imposent elles-mêmes un plafond de verre. « J'ai l'impression que les femmes attachent plus d'importance à la justice sociale », disait Caroline, parlant des raisons qui avaient poussé ses amies à faire leur droit et elle à passer du secteur privé à la fonction publique. Son impression est confirmée par le nombre de femmes qui disent choisir le droit afin de « promouvoir la justice sociale », selon l'auteur Mona Harrington, et qui font ensuite carrière dans l'aide juridique ou dans un secteur sans but lucratif, deux milieux dominés par les femmes[26].

Au moins 10 études montrent que les femmes, en général, considèrent les aspects sociaux du travail plus importants que les hommes, tandis que ces derniers sont davantage attirés par le salaire et les possibilités de promotion[27]. La récente étude réalisée auprès de 500 familles américaines (la

500 Family Study), décrite au chapitre 3, a montré que les gratifications intrinsèques de l'emploi, par exemple l'intérêt et les défis inhérents de la tâche, le soutien social et l'aspect humanitaire de la mission sont de puissants motivateurs pour la majorité des femmes et l'emportent sur les récompenses extrinsèques, telles que le salaire et les autres avantages. Bien sûr, les hommes aussi sont motivés par les défis du poste et la possibilité d'apporter une contribution. Mais ceux qui ont participé à l'étude s'intéressaient moins aux aspects sociaux et altruistes de l'emploi. Fait intéressant à noter, les motivations des femmes varient selon la profession et l'instruction. Les femmes managers accordaient plus d'importance que les autres au salaire et aux profits à long terme, contrairement aux avocates et aux juges, ce qui pourrait expliquer qu'il ne sert à rien de leur offrir encore plus d'argent pour les retenir. Comme nous l'avons vu au chapitre 3, plus la femme est diplômée, moins elle est susceptible de rechercher des gratifications extrinsèques. Ainsi, le salaire et le prestige du poste ont 37 % moins de chances d'attirer les femmes titulaires d'un baccalauréat. Ce résultat demeurait valide lorsqu'on prenait en compte la profession du mari. Les femmes n'étaient pas plus portées vers un emploi très bien rémunéré lorsque leur conjoint gagnait moins[28]. Par ailleurs, des données indiquent qu'on a intérêt à prendre au sérieux les motivations professionnelles de la mère : un lien plus étroit existe entre la satisfaction de la mère au travail et le bonheur de ses enfants adolescents, plus qu'avec le père. Autrement dit, les motivations et les sentiments de la mère par rapport à son travail se transmettent davantage aux ados que ceux du père[29].

Le paradoxe des genres

Nous savons que les femmes poursuivent des objectifs variés – carrière, famille ou les deux à la fois –, et que de 60 % à 80 % d'entre elles adaptent leur carrière en fonction des enfants. De même, nous savons que les avocates ayant le titre d'associée ont deux fois plus de chances que les hommes d'être insatisfaites de leur carrière, ce qui hâte leur départ[30]. Et, enfin, nous savons que les femmes sont deux fois plus nombreuses que les hommes à préférer les emplois ayant une dimension sociale aux postes plus lucratifs et prestigieux[31]. Reste maintenant à s'interroger sur le lien entre ces facteurs et le bonheur des femmes.

Personne ne s'attend à ce que les femmes soient plus heureuses au travail. Pourtant, lorsqu'on mesure la satisfaction professionnelle, les femmes battent les hommes à plates coutures. Les économistes appellent cela le « paradoxe des genres ». En tant que groupe, les femmes gagnent moins d'argent et sont rares au sommet de la hiérarchie. Dans des pays comme les États-Unis, le Japon, la Corée, la Suisse, la Suède, le Canada et la Grande-Bretagne, par rapport aux hommes elles se disent plus satisfaites de leur vie professionnelle[32]. On suppose que les besoins des femmes seront les mêmes que ceux des hommes et qu'elles seront très malheureuses s'ils ne sont pas comblés. Et si les femmes avaient autre chose en tête ? Si les femmes voyaient leur travail comme un élément isolé, jugé en fonction de sa valeur intrinsèque, alors l'exemple masculin comme modèle à imiter aurait un sens, comme c'est le cas pour de 20 % à 30 % des femmes. Mais si la majorité des femmes voient le travail seulement comme un élément d'un ensemble plus complexe, il serait normal qu'elles se disent plus heureuses d'un emploi qui leur laisse la possibilité de réussir dans d'autres sphères de leur vie. Dans le prolongement de cette idée, le sociologue Michael Rose, de l'Université de Bath, a réalisé une étude auprès de 25 000 fonctionnaires britanniques femmes et montré que le taux de satisfaction des femmes britanniques chute depuis le début des années 1990, alors que celui des hommes demeure stable. Ainsi, plus les valeurs et les pressions du travail des femmes se rapprochent de la norme masculine, plus leur satisfaction baisse. De toute évidence, les femmes sont nombreuses à ne pas vouloir consacrer de longues heures à des emplois prenants, et le font à contre-cœur[33].

Dans son livre intitulé *Le prix du bonheur*, l'économiste anglais Richard Layard explique pourquoi les salaires et les débouchés professionnels des femmes se sont améliorés au détriment de leur bonheur. C'est le fait de toujours vouloir réussir mieux que ses voisins qui est en cause selon lui. Les femmes avaient l'habitude de s'évaluer par rapport à d'autres femmes. Désormais elles se comparent à la fois aux femmes et aux hommes, alors elles risquent plus d'avoir le sentiment de ne pas être à la hauteur[34]. Mais d'après moi, il y a autre chose que cela. Pour la plupart, les femmes ont atteint des emplois définis par l'ambition masculine. En tournant les talons, plus de la moitié des avocates disent qu'elles rejettent cette idée de la réussite.

Une ténacité plus typiquement masculine peut avoir un coût en termes de bonheur et de santé. Pour occuper certains emplois de haut niveau, il faut être plus ou moins monomaniaque. Dans les échelons les plus élevés, le travail passe avant tout le reste. Si la réussite professionnelle est le seul but poursuivi, il n'y aura pas de conflit. En revanche, la poursuite de buts multiples ne peut se faire sans concessions – un autre angle utile à l'évaluation du paradoxe des genres. En choisissant un emploi moins extrême ou plus socialement engagé, les femmes expriment leurs préférences et exercent un contrôle sur leur vie. Elles seront peut-être moins riches, mais plus heureuses.

Quelle qu'en soit la raison, la relation complexe entre le bonheur des femmes et leur travail dépend aussi de l'équilibre travail-famille tant vanté. Une équipe britannique dirigée par Anne McMunn, une épidémiologiste du University College de Londres, a interviewé 1 171 femmes nées en 1946 toutes les décennies à partir de l'âge de 20 ans. Par rapport aux femmes qui avaient poursuivi un seul but, celles qui avaient été à la fois mères, épouses et travailleuses affichaient le meilleur état de santé – et la silhouette la plus mince. De façon similaire, une vaste étude canadienne dirigée par Heather McLean, à l'Université de Toronto, a montré qu'un juste équilibre travail-famille peut réduire le taux de dépression chez les femmes, pourvu qu'elles n'aient pas des conditions de travail trop difficiles[35].

Grâce aux choix qu'elles ont faits, les deux avocates présentées ici ont réussi à combiner trois objectifs : le travail, l'engagement envers des valeurs sociales et la vie familiale. Mais qu'en est-il des 55 % d'hommes et 20 % de femmes qui n'organisent pas leur vie ainsi ? Ils se consacrent sans honte à leur carrière et en récoltent les fruits en termes de promotion et de salaire. Charles O'Reilly, le professeur de Stanford déjà cité sur la question des hommes déterminés, compare la situation à un match de tennis. « Si, dans une organisation, vous considérez que la performance est fonction de la motivation multipliée par l'habileté, en d'autres mots, l'intelligence et l'effort, ce sera l'effort qui fera la différence au sommet. Le joueur qui exécute 500 revers par jour sera plus à même de l'emporter, à long terme, sur celui qui n'en fait que 100. » Ce sous-groupe de gens déterminés, que O'Reilly appelle « Identifiés masculin », est prêt à se jeter dans l'arène à n'importe quel prix, des horaires extrêmes aux déménagements fréquents en passant par le sacrifice de la vie de famille. Ce sont eux qui finissent par trôner au sommet de l'échelle salariale. Le poète et essayiste Samuel Johnson écrivait : « Peu de choses sont impossibles à qui est assidu et compétent… Les grandes œuvres jaillissent non de la force, mais de la persévérance. »

Au chapitre suivant, nous allons nous tourner vers un autre groupe de femmes brillantes. Elles ont fait ce qu'on attendait d'elles toute leur vie durant. Elles ont réussi haut la main. Mais pour une raison ou une autre, elles n'ont pas le sentiment d'avoir mérité leur succès. C'est ce qu'on appelle le « syndrome de l'imposteur. »

Chapitre 7

Le syndrome de l'imposteur

En 1997, alors qu'elle était à la tête du ministère de la Santé de Hong Kong, le Dr Margaret Chan donna l'ordre d'abattre 1,4 million de poulets et de canards pour contrôler la contagion des premiers cas d'une nouvelle souche de grippe aviaire. Puis elle acheta des vaccins pour un coût de 1,3 million de dollars. Il s'agissait de décisions impopulaires à une époque où personne ne croyait au danger que ces oiseaux pouvaient représenter. Les conseillers du gouvernement la critiquèrent, mais elle ne flancha pas. « Les sommes en jeu étaient négligeables, et les vaccins, une police d'assurance qui n'a heureusement pas servi », dit-elle. Sa perspicacité échappa à tout le monde, y compris elle-même. Cette année-là, la souche H5N1 de la grippe aviaire tuait six personnes à Hong Kong. Très semblable à la grippe espagnole de 1918 qui causa la mort de 40 millions de personnes en une année – la pire pandémie de l'histoire –, elle aurait pu provoquer un désastre mondial. On a ensuite confié au Dr Chan l'examen des cas de SRAS survenus à Hong Kong et, une fois l'épidémie jugulée, elle est entrée au service de l'Organisation mondiale de la santé. Après quelques années, en janvier 2007, elle fut promue directrice générale de l'Organisation. Néanmoins, elle attribue son succès à la chance, et non à sa compétence. Au journaliste du *New York Times* qui lui demandait comment elle était devenue l'une des figures les plus respectées du monde en santé publique, elle a répondu qu'elle s'était trouvée à la bonne place au bon moment[1].

Grâce à ses aptitudes, à sa détermination et à son jugement, le Dr Chan a sauvé d'innombrables vies, mais elle met sa réussite sur le compte de la chance, minimisant l'importance de sa contribution et ne profitant pas de l'occasion pour se mettre en valeur. Un autre médecin de ma connaissance, spécialiste en santé publique, m'a déjà dit qu'elle devait son expertise à un « coup de veine ». Elle sillonne le monde pour donner des conférences sur la tuberculose, s'adresse aux médias et participe à la rédaction des politiques publiques. Or, cette petite femme, vêtue avec élégance, se demande pourquoi on la traitait avec déférence. « Beaucoup de gens pensent que je suis une experte. Comment peuvent-ils croire une chose pareille ? Je suis tellement consciente de tout ce que je ne sais pas. »

Objectivement, des personnes comme le Dr Chan *sont* des spécialistes, mais comme bon nombre de femmes à un haut niveau de réussite, elles disent devoir leur réussite à la chance. Peu importe la reconnaissance qu'on leur témoigne, elles ont le sentiment qu'elles doivent travailler encore plus dur[2]. Pas tant parce qu'elles ont peur de l'échec : cette peur est universelle – les hommes comme les femmes s'inquiètent de ne pas être à la hauteur. Ce qui est particulier à beaucoup de ces femmes, c'est le sentiment de ne pas véritablement mériter le succès durement acquis. Elles sont atteintes par le « syndrome de l'imposteur » : elles croient que leurs réalisations sont des illusions et que leur situation professionnelle résulte de la chance ou d'une erreur colossale. Persistant bien après les premières semaines à un nouveau poste, l'impression de jouer au médecin, à l'ingénieure ou à la cadre supérieure transforme le travail en une lutte pour éviter qu'on ne découvre un jour la vérité. Ce sentiment peut avoir un effet paradoxal : il pousse certaines à se surpasser, à prouver aux autres et à elles-mêmes qu'elles peuvent relever chaque défi qui se présente, et en conduit d'autres à abandonner la partie. Dans ce chapitre, nous verrons pourquoi certaines femmes sont hantées par leurs succès au point d'abandonner et pourquoi d'autres puisent dans le doute de soi la motivation de réussir à tout prix, bûchant pour faire leurs preuves et éviter d'être démasquées.

La vraie femme veut-elle bien se lever ?

En 1978, deux psychologues d'Oberlin, Pauline Rose Clance et Suzanne Imes, parvinrent à un résultat inattendu dans une étude menée auprès de 150 femmes ayant accédé à des fonctions très élevées en droit, médecine, infirmerie, travail social et enseignement universitaire. Malgré leur consécration, leur rang et leur salaire, ces femmes se percevaient comme des charlatans. Elles ne croyaient pas à leurs propres réalisations et avaient l'impression que leurs compétences étaient un subterfuge[3]. Comment diable avaient-elles pu parvenir à cette position, se distinguer lors des examens, recevoir des distinctions ? Comme le dit Clance, aujourd'hui professeure émérite à Atlanta (Géorgie), chacune croit être la grande erreur de Harvard. Elles ont l'impression d'escroquer leur monde et qu'on les démasquera tôt ou tard.

Ce n'est pas grave, se dit-on, puisqu'elles réussissent de toute façon. Mais beaucoup de femmes reconnaissent que le doute freine leurs ambitions. « Le syndrome de l'imposteur limite souvent l'ascension. Des personnes à qui l'on a offert des promotions les refusent, se croyant incapables de réussir, et ce, même si des comités de sélection, des patrons, des chefs d'équipe et des responsables sont convaincus qu'elles réussiront à l'échelon supérieur. Elles se disent que les gens découvriront leurs lacunes », expliquait Clance avec son bel accent du Sud. Cette dernière mentionne le cas d'une agente immobilière qui obtenait un score élevé dans un test mesurant les sentiments d'imposture. Elle venait de signer une vente importante, mais hésitait à conclure la suivante, un contrat commercial très lucratif grâce auquel son chiffre d'affaires atteindrait un nouveau sommet, craignant de ne pas avoir autant de chance cette fois-ci. Comme on le voit, les imposteurs internalisent les éléments négatifs, mais n'accordent aucune importance aux événements positifs, aucune preuve n'étant assez forte pour les convaincre de leurs talents. Par conséquent, de nombreux prétendus imposteurs s'éliminent eux-mêmes de la course aux postes élevés et donnent l'impression d'avoir été expressément exclus. « J'évitais les situations où mes craintes risquaient de se matérialiser. Je postulais seulement aux emplois que j'étais certaine d'obtenir. C'est seulement quand j'ai su que je pouvais faire face à l'échec que j'ai commencé à prendre des risques », explique la spécialiste en tuberculose. Elle a découvert le syndrome de l'imposteur lorsqu'une infirmière, l'entendant parler de ses angoisses concernant un nouveau poste, lui a remis une pile d'articles. « Pour ces gens, c'était un syndrome. Pour moi, c'était la réalité », a-t-elle plaisanté, insinuant que les sujets interrogés dans les études *croyaient* être des usurpateurs, alors qu'elle l'était vraiment.

Dans les années 1970, au moment de la parution du premier article des chercheuses sur ce groupe de femmes aux fonctions très élevées qui doutaient d'elles-mêmes, « les gens disaient "c'est de moi qu'on parle" », me raconta Clance. L'intérêt pour le syndrome n'a pas faibli depuis. Le nombre grandissant de demandes d'entretiens qu'elle reçoit lui montre bien qu'il ne s'agissait pas seulement d'un phénomène ponctuel. « J'aurais préféré qu'il n'en soit pas ainsi. » En effet, depuis que la majorité des femmes travaillent et subissent des pressions de plus en plus fortes, il se pourrait que le sentiment d'imposture soit en augmentation. En 2003, Susan Vinnicombe et Val Singh, deux sociologues américaines du Center for Developing Women Business Leaders, examinèrent les cheminements professionnels de 12 cadres dirigeants (6 femmes et 6 hommes) d'une société internationale de télécommunications. Leurs parcours étaient semblables ; les obstacles mentionnés par les femmes n'étaient pas différents de ceux des hommes, et tous ont reconnu que les défis leur ayant été proposés en début de carrière les avaient aidés à se faire une place. Cependant, il y avait des différences liées à la prise en charge de leur rôle et à l'attrait du risque. Les hommes disaient avoir activement recherché des modèles ou des appuis, tandis que les femmes se souvenaient d'avoir été choisies par leurs supérieurs pour des missions spéciales. Les hommes mentionnaient avoir inconditionnellement accepté la chance de se prouver, tandis que les femmes disaient qu'il avait fallu les persuader. Voici en quels termes une femme décrit son ascension :

> Je n'étais pas du tout contente de ce changement, même si c'était une promotion. Je n'en voulais pas, je ne savais pas comment m'y prendre ; j'ignorais tout de la tâche. [...] Au bout du compte, mon supérieur m'a clairement dit que je n'avais pas le choix. C'est là que j'ai cédé. Il a dit : « Je veux que tu acceptes ce poste. J'y tiens vraiment. » Je me sentais incapable de faire le travail et je le lui ai dit, ce à quoi il a répondu : « Tu peux le faire, et tu le sais. » Peut-être le savait-il mieux que moi.

Une autre femme explique sa réussite par des facteurs qui n'ont rien à voir avec ses compétences.

Je dirais que sans la discrimination positive de X, je n'aurais pas eu le poste. Il voulait que le fauteuil de directeur général soit occupé par une femme[4].

En lisant les interviews de cette recherche, j'imaginais les hommes se fendant d'un triomphal « Oui », lorsqu'on leur offrait une promotion, et les femmes regardant autour d'elles comme pour dire « Qui, moi ? » Malgré cette différence d'attitude, hommes et femmes ont accepté les défis, poursuivi leur ascension et abouti au même niveau. Toutefois, les femmes étaient nettement plus ambivalentes, et loin d'exulter. Cette histoire m'a rappelé le cas d'une professeure en ingénierie biomédicale, Monique Frize, que j'avais interviewée en 2002 pour un article. Elle m'avait dit avoir réagi à la proposition d'une prestigieuse chaire de recherche comme à un mauvais présage. En dépit d'un parcours jalonné de succès, elle ne se sentait pas prête. « J'ai dit à mon mari que je serais un imposteur si j'acceptais ce poste. Mais, quand j'ai connu un succès incroyable, là, les hommes dans mon entourage ont commencé à me demander "quand vas-tu t'arrêter ?" » Depuis ce rendez-vous, elle a été nommée quatre fois docteur *honoris causa*, mais doute encore d'elle-même. « J'ai toujours peur d'être découverte lorsqu'on me confie un nouveau poste. Au bout de six mois, je commence à me sentir mieux, mais ce sentiment refait surface à chaque nouveau défi . »

Il est rare qu'on aborde la question de l'imposture, puisque le décalage entre le personnage public – celui qui reproduit le modèle masculin du succès – et l'expérience privée du doute de soi dissimule le phénomène au regard des autres. Après tout, quiconque cherche à cacher un défaut ne le divulguera pas à moins d'y être poussé. Ainsi se comporte-t-on dans une société qui considère une image de soi positive comme un préalable au succès. La doyenne d'une faculté d'ingénierie, imposteur haut placé de son propre aveu, qui ne voulait pas être nommée ici, s'est réjouie d'entendre une administratrice universitaire avouer ses doutes intimes. « Quand une rectrice d'université a parlé de son sentiment d'imposture lors d'une allocution publique s'adressant à 200 femmes scientifiques, nous étions toutes là, à hocher la tête et à se dire "Mon Dieu, elle aussi !" »

Così fan tutte

J'ignore si le sentiment d'imposture est universel, mais je sais qu'il est très répandu. Ma propre expérience de psychologue néophyte m'a doublement exposée à ce sentiment : au premier plan, le défi d'un nouvel emploi et à l'arrière-plan, l'angoisse d'être démasquée. Je me rappelle avoir écouté une femme mariée et mère de deux bambins me décrire son ambivalence angoissée au sujet de son identité sexuelle puis, dans une deuxième consultation, un jeune couple inquiet d'avoir tout juste adopté un enfant dont les antécédents familiaux étaient suspects. « C'est un vrai problème. Peut-être devriez-vous consulter un *vrai* psychologue », pensais-je. J'écoutais attentivement. Il semblait que je disais les bonnes choses. Les gens sortaient de mon bureau avec un programme et le sentiment d'avoir compris quelque chose. Mais je passais mon temps libre à rechercher dans les périodiques des réponses fermes, à me faire superviser et à écouter des conférences enregistrées, voulant à tout prix éviter qu'on se rende compte que j'y allais au pif.

Je ne savais pas que j'avais de la compagnie. Une étude réalisée auprès de psychologues américains sélectionnés au hasard révèle que 69 % d'entre eux se sentent des imposteurs[5].

Et une catégorie de femmes ayant très bien réussi professionnellement, dont certaines sont des célébrités, éprouvent aussi ce sentiment. Même après trois nominations aux Oscars et six aux Golden Globes, Michelle Pfeiffer disait dans une interview douter sérieusement de son travail. On lui demandait comment elle avait développé son talent. « Je crois encore qu'on va finir par découvrir que je ne suis pas très douée, que vraiment je ne suis pas très bonne et que toute cette histoire est une grave erreur. » Kate Winslet est aussi passée aux aveux : « Parfois, je me réveille le matin, avant d'aller sur un tournage, et je me dis je ne peux pas faire ça. Je suis une fraudeuse[6]. »

Beaucoup de gens croient n'être pas assez intelligents ou pas assez compétents, surtout à un nouveau poste. Des tests ont montré que 70 % de la population éprouvait un sentiment d'imposture de façon intermittente mais brève[7]. Ce qui différencie le syndrome de l'imposteur du simple doute de soi est que les sentiments peuvent perdre de leur intensité, mais ne disparaissent jamais complètement, quelles que soient les marques de reconnaissance. L'autre différence, c'est que, comme dans la dépression, l'arthrite et l'ostéoporose, ce sont plus souvent des femmes qui en souffrent de manière chronique. Dans le cas des hommes, les sentiments de doute occasionnés par un nouvel emploi sont passagers et moins intériorisés. Dans des études où l'on demande aux sujets s'ils croient pouvoir atteindre un résultat donné, les femmes ont une moins bonne opinion de leur capacité à agir et à contrôler la situation que les hommes[8]. Elles ne sont pas moins efficaces, mais *croient* l'être. Les hommes, eux, sont moins portés à parler de leurs doutes ou à les laisser influencer leur comportement. « Les hommes bluffent plus facilement », dit Valerie Young, une spécialiste du syndrome de l'imposteur. « Avant que les femmes ne posent leur candidature à un poste ou ne lèvent la main, elles doivent être sûres à 100 %, alors que les hommes se contentent d'en savoir 50 % et improvisent pour le reste[9]. »

En sciences, par exemple, attendre d'être sûr à 100 % peut ralentir les efforts, sinon les freiner carrément. Beaucoup de femmes sont « plus prudentes dans leurs recherches et plus hésitantes à conclure tant qu'elles ne sont pas certaines de pouvoir "prouver" leurs conclusions », disait une scientifique à qui l'on avait demandé de commenter différentes approches méthodologiques dans le cadre d'une vaste étude de l'Université Harvard. Lors d'entretiens, hommes et femmes ont reconnu le perfectionnisme qui caractérise souvent le travail des femmes scientifiques. C'était l'une des différences sexuelles relevées par les deux professeurs d'Harvard, Gerhard Sonnert, sociologue, et Gerald Holton, physicien et historien de la science : tous deux ont suivi le cheminement de tous les boursiers post-doctoraux financés par la National Science Foundation entre 1952 et 1985, soit près de 700 chercheurs. Lorsque 200 d'entre eux furent interviewés en entretien individuel, les hommes comme les femmes dirent que les femmes étaient plus méticuleuses, souvent parce qu'elles craignaient l'échec ou la critique. En règle générale, leurs publications avaient une portée plus vaste, et étaient plus longues et mieux documentées. Cela dit, elles publiaient moins, contribuant ainsi à une productivité féminine bien connue dans le monde de la science, même si l'écart va en diminuant[10]. Comme nous l'avons vu, les congés de maternité et les congés familiaux sont en partie responsables de cet écart, mais le désir de présenter une recherche inattaquable joue également.

Si elles ont le sentiment d'être des imposteurs, les femmes scientifiques voudront à tout prix éviter qu'une négligence ne révèle leur escroquerie. Le contraste entre une assurance qui frise la fanfaronnade et un engagement quasi-paranoïaque envers la tâche à accomplir est l'intrigue secondaire du roman d'Allegra Goodman, paru en 2006, sur la découverte scientifique et la jalousie. Dans *Intuition*, Sandy Glass est un scientifique prêt à tout pour avoir la primeur d'une découverte. « Il avait le caractère idéal pour gérer les grandes découvertes et la gloire imminente. La demande de subvention adressée à l'INS serait sensationnelle – un véritable chef-d'œuvre. Comment pouvait-il en être si sûr ? Parce qu'il l'avait déjà rédigée. Marion l'ignorait encore. Elle aurait été scandalisée d'apprendre qu'il avait ébauché tout le texte dans ses grandes lignes. Il n'avait inclus ni les calculs, ni les tableaux, ni les chiffres réels, évidemment, puisqu'il les attendait encore. En secret, cependant, il avait tissé la trame du dossier, développant les résultats préliminaires de Cliff et analysant longuement leur signification potentielle. » Et sa collaboratrice, Marion, est décrite comme une femme décontractée et prudente à l'esprit très conservateur. « Je ne veux pas précipiter les conclusions, l'avertit-elle. Et je ne te laisserai pas le faire à ma place. Il n'est pas question de jouer la réputation du labo sur des résultats incomplets[11]. »

C'est de la fiction, bien sûr, mais le conflit qui oppose le désir de Sandy d'être le premier, malgré le risque, et le perfectionnisme prudent de Marion rend bien le fossé entre les sexes. Orgueil ou sang-froid, appelez ça comme vous voudrez, de nombreuses femmes très performantes admettent en être dépourvues. « Mes collègues masculins du MIT diront tous que personne n'a jamais douté de leur succès. Leur vie durant, leur entourage s'attend à ce qu'ils réussissent dans toutes leurs entreprises. Aucune femme scientifique ne peut en dire autant, quelle que soit sa compétence », écrivait une professeure de psychologie (qui s'est décrite comme une « paranoïaque » lorsque je lui ai demandé si je pouvais utiliser son nom). Cette assurance vient en partie de la manière dont les hommes perçoivent les attentes d'autrui, mais peut-on vraiment dire que le perfectionnisme et le fait de douter de soi-même sont le privilège des femmes ?

Elles manquent d'optimisme, ils « externalisent »

D'innombrables données indiquent que les femmes disent éprouver plus d'anxiété et de culpabilité que les hommes. L'énorme méta-analyse d'Alan Feingold le confirme, tout comme l'étude la plus approfondie sur les états mentaux des Américains, dirigée par Ronald Kessler, à Harvard. Les résultats de ce dernier montrent que les femmes souffrent beaucoup plus de troubles de l'humeur et d'anxiété que les hommes. En jargon psychologique, on dit que les hommes vont, en moyenne, « extérioriser », c'est-à-dire diriger leurs comportements négatifs vers le monde en général, sous forme d'agressivité, de colère, d'abus d'alcool ou de drogues, tandis que les femmes ont tendance à « intérioriser », c'est-à-dire tourner vers l'intérieur leurs pensées négatives, sous forme de tristesse, de culpabilité, d'anxiété et de honte[12]. Un groupe de chercheurs, dirigé par la psychologue Stephanie van Goozen, aujourd'hui en poste à l'Université de Cardiff, a examiné comment les gens réagissaient à des commentaires négatifs sur leur travail. Les hommes réagissent plus souvent à la critique par la colère, et les femmes, par la tristesse ou la honte. (Les femmes se mettaient tout aussi souvent en colère, mais en réponse à ce qu'elles percevaient comme des attaques personnelles, pas lors d'évaluations négatives de leurs résultats[13].) Quel que soit le contexte, les femmes ont plus tendance à réfléchir sur elles-mêmes, à ruminer et à rechercher les causes des événements dans leur propre comportement.

Face aux problèmes qui surgissent, les femmes sont-elles plus portées à en chercher les causes à l'intérieur d'elles-mêmes et les hommes à l'extérieur ? Cela semble être le cas si l'on en croit la littérature et la culture populaire, peuplées de personnages masculins qui s'efforcent bravement de réussir, mais en vain, de Willy Loman dans *Mort d'un commis voyageur* à Larry David dans *Larry et son nombril*. Même si la vie est semée d'embûches, ces types ne se considèrent jamais comme la source de leurs problèmes. Ils se battent contre des facteurs externes : ils cherchent à transformer les paysages urbains ou sociaux, les pouvoirs surnaturels, les enfants parasites et les imbéciles de ce monde. Leurs problèmes sont autour d'eux, jamais en eux.

Ce point de vue littéraire rejoint les observations de la recherche. Bon nombre d'études montrent que les hommes qui voient le succès leur échapper accusent des facteurs externes, dont une compétition malhonnête (l'autre équipe a triché, le test était difficile, la route était verglacée). Les femmes, en moyenne, se blâment (j'aurais dû faire plus d'efforts, j'ai étudié le mauvais chapitre, j'aurais dû être plus attentive). Les recherches confirment également que si les femmes sont portées à intérioriser l'échec, elles attribuent souvent leurs succès à des causes extérieures[14], surtout quand le succès est inattendu. Une étude classique du début des années 1970, intitulée *What Is Skill for the Male Is Luck for the Female* (« ce qui est de la compétence pour un homme est de la chance chez une femme »), examinait comment hommes et femmes interprétaient ce qu'ils faisaient. L'hypothèse de départ était que, compte tenu des stéréotypes, les gens diraient automatiquement que les hommes étaient meilleurs dans certaines tâches (nous étions dans les années 1970 après tout). Constatation inattendue : lorsqu'on leur demandait d'évaluer leur propre performance, les hommes pensaient pouvoir faire mieux que le modèle observé pour les tâches typiquement masculines *comme* pour les tâches typiquement féminines, tandis que les femmes ne s'attendaient à faire mieux que dans les tâches typiquement féminines. Lorsque les femmes réussissaient mieux dans l'ensemble des tâches, c'était selon elles un coup de chance.

Connais-toi toi-même ?

Depuis, de nombreuses études ont confirmé deux réalités concernant l'autoévaluation. *Primo,* personne n'est très doué dans ce domaine. Nous sommes même mauvais, quand l'évaluation est une question de vie ou de mort. Les infirmières prédisent mal dans quelle mesure elles ont maîtrisé leur savoir-faire dans les premiers soins, et les adolescents se croient plus calés avec les préservatifs qu'ils ne le sont en réalité. Les propriétaires d'armes à feu ne savent pas s'ils ont bien compris les règles de sécurité, et les étudiants en médecine ainsi que les internes en chirurgie ont une mauvaise évaluation de leurs résultats aux examens de connaissances chirurgicales. En d'autres mots, la confiance en soi est largement surévaluée et n'est que vaguement liée à la performance[15]. Dans des domaines où la reconnaissance est floue, rare ou trop tardive, le lien entre les deux est encore plus ténu. Des personnes qui se croient intelligentes ne le sont pas forcément, certains étudiants n'ont qu'une faible idée de leur performance et les managers s'accordent souvent plus de compétences et d'aptitudes en relations interpersonnelles qu'ils n'en ont[16]. Malgré l'injonction de Socrate, la plupart des gens se connaissent assez mal. Ils surestiment leur perspicacité et leur rendement, si bien qu'il ne sert à rien de les interroger à ce sujet. En termes simples, il *fait* bon avoir confiance en soi, mais cela ne veut pas dire que l'on *est* bon.

Secundo, il existe des différences sexuelles quant à l'autoévaluation de la performance dans les tâches cognitives. Ainsi, les femmes sont plus nombreuses à croire qu'elles feront mal, même quand elles réussissent très bien[17]. Leurs prévisions ne déterminent pas leur performance mais peuvent influencer leurs décisions ultérieures. Les psychologues Joyce Ehrlinger et David Dunning, de l'Université Cornell, ont montré que les femmes qui croyaient avoir échoué à un examen de sciences – alors qu'elles avaient bien réussi – ont refusé de participer à un concours. Leur opinion d'elles-mêmes n'a pas nui à leur performance – pas de prophétie autoréalisatrice ici – mais a déteint sur leur envie de se représenter ultérieurement à un concours[18]. En termes de compétition, cela peut s'apparenter à de la discrimination ; dans la réalité cependant, les femmes se retirent elles-mêmes de la course, en s'appuyant sur une autoévaluation erronée. Carol Bartz, la PDG rencontrée au chapitre précédent – qui pensait que sa carrière avait été une question de chance –, se demandait si certaines femmes n'évitaient pas de se lancer dans la course aux postes de direction parce qu'elles croyaient qu'elles ne pourraient pas gagner. « Les femmes passent beaucoup de temps à angoisser. Elles obtiennent les diplômes les plus élevés, puis restent dans l'ombre parce qu'elles se disent qu'elles n'iront pas très loin, de toute manière. » En méjugeant leur propre compétence, elles se retirent ou se laissent distancer. Entre-temps, les optimistes, qu'ils aient tort ou raison de l'être, ont le champ libre.

Exposant moins volontiers leur vulnérabilité que les femmes, les hommes interviewés qui avouaient leurs doutes étaient persuadés qu'il fallait s'attendre à des sentiments d'insuffisance chez quiconque entreprend de faire ses preuves. S'ils doutaient d'eux-mêmes, c'était à cause d'un chaînon manquant dans leur éducation ou leur milieu. Leur sentiment d'imposture ne tenait pas à une faiblesse psychologique, mais à une lacune matérielle ponctuelle. Bref, ce n'était pas leur faute. Le phénomène de l'imposture ne suscitait ni honte ni isolement chez la plupart d'entre eux ; c'était plutôt une question sans importance ou un sujet de plaisanterie, comme dans cette confession de l'acteur Mike Myers : « Je crois encore que la police des nuls va venir m'arrêter. » Sous-entendu ? En dépit des pensées qui me hantent la nuit, le monde reconnaît mes réalisations. Les preuves sont là. Pourquoi remettre ça en question sur la place publique ? Ou comme Mort Zuckerman, milliardaire, magnat de la presse, commentateur et influent personnage de la scène politique, qui dénigre son ascension rapide au poste de PDG dans son premier emploi dans l'immobilier, en 1962 : « Les gens croyaient que je savais de quoi je parlais. Je ne les ai pas détrompés[19]. »

Même les jeunes hommes fragiles présentés dans ce livre semblaient à l'aise pour parler de leurs réalisations, contrairement au manque d'assurance de certaines femmes, malgré des dizaines d'années d'expérience et de réalisations. À titre d'exemple, voici en quels termes Harry – que j'avais suivi plusieurs années pour l'aider à gérer son trouble déficitaire de l'attention avec hyperactivité (TDAH) et son syndrome de La Tourette – relatait ses premières journées dans l'enseignement au secondaire : « Quand j'enseigne, je n'ai jamais aucun doute ni aucune inquiétude. Je suis sûr de moi devant mes élèves. » Mais qu'en est-il de son attention instable et de ses tics intermittents ? Arrive-t-il à garder son sang-froid ? Prenant toujours quotidiennement trois médicaments pour contrôler ses symptômes, Harry estimait que ces difficultés étaient secondaires. « Je sais que tous les regards sont tournés vers moi, mais je ne pense jamais à ça. » Et Andrew, depuis qu'il était devenu chef? Avec ses antécédents scolaires et son inexpérience en cuisine, avait-il l'impression d'être un poseur? Croyait-il secrètement tromper tout le monde? « Je n'ai jamais ressenti une telle chose, car dès mon arrivée, un peu précipitée, on m'a confié beaucoup de responsabilités. Je n'avais pas le sentiment de faire semblant, je savais qu'on me faisait confiance puisqu'on m'avait donné le poste. » Andrew a intériorisé son succès et relativisé ses petits échecs par le contexte: « On me criait après tout le temps, mais cela fait partie du métier. Tout le monde commet des erreurs, il suffit d'en tirer les leçons. Si vous répétez les mêmes erreurs, alors les gens penseront vraiment que vous êtes un imposteur. » Harold, un jeune Afro-Américain talentueux, croyait au départ ne pas avoir les références et les aptitudes requises pour son nouvel emploi d'analyste dans un groupe de réflexion. « Avec le recul cependant, j'ai été rassuré. Il y a eu un problème et j'ai été capable de le résoudre. J'en ai conclu que ce travail était à ma portée. » Quels qu'aient été ses sentiments d'inadéquation au début, ils s'étaient volatilisés trois mois plus tard. Harold s'est accordé le mérite de ses réalisations et a imputé les obstacles à des facteurs hors de son contrôle. Son histoire contrastait de façon saisissante avec une étude révélant que 93 % des étudiantes afro-américaines de premier cycle ont encore le sentiment d'être des imposteurs, attribuant leur réussite à la chance et non à leurs compétences[20].

Un pessimisme qui a du punch

Tout le monde n'est pas d'accord avec l'idée que le syndrome de l'imposteur touche surtout les femmes. Pourtant, ce n'est pas une coïncidence si l'une des rares personnes à s'intéresser au phénomène enseigne dans la prestigieuse université de filles Wellesley, où ce syndrome est couramment répandu. Julie Norem, professeure de psychologie qui a intégré la notion d'imposture dans ses études sur la pensée négative, dit ceci au sujet des imposteurs: « Ils ne s'amusent pas et leur performance, bien qu'elle soit à la hauteur, ne leur apporte aucune satisfaction. De même, leur crainte d'être démasqués nuit beaucoup à leurs amitiés. » La professeure s'intéresse à la manière dont ils s'adaptent. Même si la satisfaction n'est pas au rendez-vous, leur anticipation, leur autocritique et leur tournure d'esprit pessimiste ne les conduisent pas toujours à l'échec. En fait, les stratégies qu'ils mettent en œuvre leur permettent plutôt de compenser leur sentiment d'insuffisance, et en étant surpréparés et surqualifiés par rapport à leurs pairs, ils réduisent leur anxiété et favorisent leur performance. Norem parle de « pessimisme défensif ». Compte tenu de leurs attentes exagérément faibles, les imposteurs consacrent leur temps et leur énergie à examiner tout ce qui pourrait aller de travers. En imaginant tous les scénarios désastreux et en cherchant à les éviter, ils atténuent leur angoisse grâce à des gestes concrets, dit-elle. « Ceux et celles qui appliquent cette stratégie sont plus satisfaits de leur vie. »

Encore plus fascinante est l'idée que le doute conduit à travailler encore plus dur. Les travaux sur les grands maîtres d'échecs réalisés par deux cognitivistes, Michelle Cowley et Ruth Byrne, du Trinity College de Dublin, montrent que les joueurs les plus expérimentés prévoient jusqu'à huit coups d'avance et essaient de contrer leurs propres hypothèses. À l'opposé de cette stratégie « négative », les novices sont portés à l'optimisme et subissent une défaite écrasante[21]. Voilà le paradoxe des douteurs : ils remettent toujours en question ce qu'ils sont en train de faire, se disant qu'ils se trompent peut-être. En cherchant à combler les lacunes de leur savoir, ils en viennent à maîtriser parfaitement leur discipline. C'était le cas de la spécialiste de la tuberculose, dont toutes les réussites étaient un « coup de chance ». Afin de faire ses preuves, elle devait en faire toujours plus, toujours plus de recherches, toujours plus de lectures. « Je trimballe toujours une pile d'articles à lire. Je commence seulement à m'habituer à donner des conférences. Je ne suis jamais assez préparée et je vérifie chaque référence. » Résultat, elle enchaîne les promotions.

Intérioriser

Il n'est guère poli de demander aux gens s'ils ont le sentiment d'être des imposteurs. Pourtant, lorsque j'ai mentionné que j'écrivais sur le syndrome de l'imposteur, des femmes bien établies m'ont fait des aveux spontanés :

« J'ai éprouvé ce sentiment pendant des années, c'est tellement bizarre ; je me disais que ce ne pouvait pas être moi qui prenais ces décisions », disait la directrice générale d'un hôpital, qui avait rapidement gravi les échelons pour se retrouver à la tête d'un réseau d'hôpitaux de soins pointus. Même si elle était responsable de plus d'un millier de professionnels de la santé et de leurs patients, et avait été promue à des postes comportant de plus en plus de responsabilités, le sentiment d'imposture ne la quittait jamais. De même, une femme médecin titulaire de plusieurs diplômes universitaires, récompensée pour services à la collectivité et à l'université, chef d'un service clinique dans un hôpital universitaire et mère de quatre enfants, a agité mollement la main, me regardant au-dessus de ses lunettes de vue pour me dire : « Vous aussi, je suppose, avez été dupe. J'attends encore que quelqu'un, quelque part, s'en rende compte. La première fois que je suis allée à Harvard, je m'attendais à ce que quelqu'un me dise : "Vous n'êtes pas celle que vous croyez être !" » C'est peut-être l'impression de ne jamais en savoir assez qui pousse cette femme à préparer son dossier d'admission pour un autre cursus universitaire. Vingt ans d'expérience, une pratique clinique, une série de publications et des prix n'auront pas suffi . Elle voulait un autre diplôme pour donner suite à la bourse de recherche reçue d'Harvard. « Je veux faire ces études, mais j'ai peur. Ces gens ne me connaissent pas, ils vont découvrir la vérité et me dire : "Tricheuse, va-t'en ! Tu ne mérites pas d'être ici." »

Le sentiment d'imposture est plus intense au début d'un nouvel emploi et augmente au rythme des défis et des pressions du travail, d'où une anxiété accrue et une tolérance moindre au risque. Conjugué au perfectionnisme et à la crainte de l'échec, il pousse parfois les femmes à vouloir monter toujours plus haut. Cependant, en niant leurs propres talents, ces femmes ne cultivent guère leur sentiment d'accomplissement. L'absence de satisfaction peut précipiter le départ d'une professionnelle performante et bien payée ou gâcher son plaisir du travail. « Une grande proportion de personnes ont déjà expérimenté ces sentiments un jour ou l'autre, mais environ 30 % d'entre elles les vivent avec une intensité qui nuit à leur travail et à leur vie », dit Pauline Clance. Lorsque cela se produit, le syndrome confine à la dépression, un autre trouble caractérisé par une distorsion des attributions et deux fois plus répandu chez les femmes que chez les hommes.

L'autre trouble sans nom

Aucune étude n'examine la relation entre le syndrome de l'imposteur et la dépression, bien qu'un mode cognitif soit commun aux deux. Déclenchée par des facteurs biologiques et des stress environnementaux, la dépression se caractérise par une déformation de la pensée, qui finit par se concentrer sur le mauvais côté des choses et à en nier le bon. Les personnes déprimées généralisent souvent à partir de quelques mauvaises expériences, croient que les choses sont pires qu'elles ne le sont en réalité et imaginent que des risques peu probables les menacent. Comme Joe Btfsplk dans *L'il Abner*, elles se voient elles-mêmes et leur avenir à travers un brouillard, peu importe leurs capacités[22]. Cela ressemble à la pensée de l'imposteur, pour qui les expériences réelles du succès n'ont qu'un effet limité sur ses attentes futures. Quelles que soient les réalisations de la femme imposteur, celle-ci croit qu'elle ne réussira pas son prochain coup et craint d'être découverte. Comme le dit le pionnier de la psychologie positive Martin Seligman, que nous avons rencontré au chapitre 1 pour ses recherches sur l'autodiscipline, croire que l'on n'a aucun contrôle sur sa destinée est un état mental relié à la dépression. Selon sa théorie, les personnes qui attribuent les événements négatifs à des facteurs internes (tout est de ma faute) et les événements positifs à des facteurs externes (j'ai eu de la chance) courent un risque accru de dépression dans des périodes de stress[23]. Faute de ne pouvoir contrôler les événements positifs, on peut considérer sa situation comme désespérée.

Malgré les points communs, il ne faut pas confondre le syndrome de l'imposteur et la dépression, qui persiste dans le temps et perturbe la vie au quotidien. L'imposteur n'éprouve peut-être pas de satisfaction insouciante face à son travail, mais en agissant concrètement en vue de la réussite, il risque moins d'être paralysé par le doute. Le sentiment d'imposture s'apparente à la dépression chez les personnes qui ont de faibles capacités d'adaptation et se laissent envahir par la rumination. Un état sous-jacent de stress chronique, allié à des facteurs génétiques et biochimiques, peut se transformer en une dépression clinique faute de diagnostic et de traitement. La dépression touche 9,5 % de la population – plus de 12 millions de femmes aux États-Unis. C'est le problème de santé mentale le plus répandu chez ces dernières. Bien qu'il y ait presque toujours un événement déclencheur, les facteurs biologiques y jouent un rôle central[24]. Des raisons connues – gènes, hormones et différences d'origine cérébrale – expliquent pourquoi les femmes sont plus affectées que les hommes, et plus vulnérables également à certaines périodes de leur vie. Le travail ne cause pas la dépression bien sûr, mais peut faire perdre pied à des femmes lorsqu'elles subissent un stress chronique et croient ne pas pouvoir le contrôler[25].

Le syndrome de l'imposteur a ceci de paradoxal qu'il peut conduire les femmes soit à se retirer de la course, soit à travailler beaucoup plus dur. Chez bien des femmes, l'omniprésence du doute est l'envers de la réussite. Tout en se conformant au modèle masculin du succès, certaines femmes continuent de remettre en question l'adéquation du modèle à leurs aspirations. Pour elles, la priorité n'est pas de s'autopromouvoir ou de bluffer pour s'élever dans la hiérarchie, mais d'être reconnues pour leurs compétences, leurs valeurs et leurs qualités intérieures. Au bout du compte, ce ne sont pas *moins* de femmes compétentes qui se retirent d'elles-mêmes, mais beaucoup de femmes douées qui n'entrent pas dans l'arène. Dans un moment d'hésitation, elles laisseront le champ libre à des candidats plus assurés mais peut-être moins qualifiés. Sur cette note revigorante, revenons aux hommes pour déterminer s'ils sont, en moyenne, plus portés sur la compétition et la volonté de gagner que les femmes.

Chapitre 8

La compétition : une affaire d'hommes ?

Un après-midi où je suis allée chercher mon neveu de trois ans dans son lit, après sa sieste, je me suis demandé si la compétition n'était pas innée chez les hommes. Couche et grenouillère trempées, Jack s'agrippait aux barreaux et fixait le rai de lumière entre la porte et le cadre lorsque j'apparus. Je savais qu'il s'attendait à voir sa mère, et j'ai pris l'initiative de parler un peu avant de lui faire la bise. « Il paraît que c'était ton anniversaire. » Il a acquiescé avec méfiance. « Et tu as reçu un gros cadeau. Un tricycle ! » Encore un signe de tête. « C'est un beau cadeau. Moi aussi, j'ai reçu un vélo pour mon anniversaire, et je m'en sers tous les jours. » Il ne me lâchait pas des yeux pendant que j'approchais de son lit. « Le mien est plus rapide que le tien », dit-il en me défiant presque de son regard sombre. « Je peux aller plus vite que toi. »

La tendance masculine à affronter le premier venu est le sujet du présent chapitre. Comme Jack, tous les hommes n'ont pas ce qu'il faut pour triompher de rivaux plus costauds ou plus expérimentés qu'eux. Néanmoins, l'attrait de la compétition et le recours à l'agressivité pour établir leur position sont prouvés depuis fort longtemps et dans presque toutes les cultures. Pour obtenir ce qu'ils veulent, pour être le mâle dominant ou tout simplement pour le plaisir, les garçons de 3 à 12 ans se poussent, se frappent, se taquinent, s'insultent, se défient et s'attaquent nettement plus que les filles, partout dans le monde[1]. Le volume de données sur l'agressivité et la recherche de prestige chez les hommes crée à lui seul un rare consensus. Presque tous les sociologues s'entendent pour dire qu'ils sont en moyenne plus agressifs et plus agressivement compétitifs que les femmes, et les preuves sont claires dans tous les contextes, de la garderie au terrain de jeux, et du champ de bataille au conseil d'administration.

Les hommes comme les femmes ont l'esprit de compétition, mais quiconque entre dans une salle de classe abandonnera sur-lechamp l'idée que garçons et filles le font avec les mêmes moyens. Une étude réalisée auprès de filles et de garçons âgés de quatre et cinq ans a montré comment chaque groupe s'y prenait pour atteindre un but. Dans cette expérience, les enfants devaient collaborer pour regarder un dessin animé. La compétition et les stratégies physiques étaient 50 fois plus fréquentes chez les garçons, tandis que les échanges verbaux et le changement à tour de rôle l'étaient 20 fois plus chez les filles[2]. S'ils ont le choix, les garçons de 9 et 10 ans rivalisent ouvertement 50 % du temps alloué au jeu et les filles, seulement 1 %. Les garçons choisissent le plus souvent des jeux avec des gagnants et des perdants ; les filles préfèrent les activités où elles jouent à tour de rôle et font des pauses pour l'interaction sociale[3]. Ces styles de jeu divergent au point que garçons et filles s'en tiennent aux activités de leur groupe pour s'adonner à leurs jeux préférés. Se pourrait-il que les garçons singent tout bonnement le comportement compétitif et macho après l'avoir observé chez d'autres garçons ? Nous verrons sous peu comment les forces biologiques les poussent à pratiquer des jeux rudes et à rechercher la concurrence, ce qui leur permet de s'exercer amplement à impressionner les autres, à défendre leur territoire, à gagner et à perdre. Des hommes plus agressifs et compétitifs peaufinent leurs talents en s'adonnant à des formes culturelles d'agression telles que des jeux informatiques violents et des jeux de *paintball*. Ces passe-temps ne les rendent pas agressifs, mais sont agréables pour ceux qui le sont déjà.

L'atout des hommes en matière de rivalité ne signifie pas que les femmes sont passives ni qu'elles renonceront toutes à se battre. Individuellement, certaines sont bien plus compétitives que certains hommes, mais en moyenne, leurs rivalités s'expriment plutôt par des signes sociaux subtils, commérages et commentaires mesquins que par des provocations physiques. De même, comme les enjeux sont souvent d'ordre social, il est difficile de savoir qui a accumulé plus de points, d'argent ou obtenu le meilleur score. Le seul fait d'avoir à participer à une compétition booste la performance des hommes, alors que cela affaiblit celle des femmes.

Voilà ce qu'ont constaté les économistes Uri Gneezy et Aldo Rustichini en examinant les résultats de courses d'écoliers israéliens de quatrième année pendant les cours de gymnastique. Dans un premier temps, les élèves faisaient une course contre la montre sur une distance de 40 mètres, les filles couraient alors aussi vite que les garçons. Dans un second temps, les enfants couraient contre un élève de force égale ou faisaient une seconde épreuve contre la montre seuls. Gneezy et Rustichini ont montré que, contre un adversaire, les garçons couraient plus vite et les filles moins vite. En situation de compétition cependant, le résultat des filles variait selon le sexe de l'adversaire : elles couraient plus vite quand elles se mesuraient à un garçon, alors que chez les garçons, le sexe de l'adversaire ne faisait aucune différence[4].

Ainsi, les écoles mixtes ont peut-être du bon après tout, à la condition que les enseignants soient conscients que la soif de compétition varie selon les élèves. Même quand les habiletés athlétiques sont équivalentes, les garçons cherchent davantage à battre leur adversaire, révèle la psychologue Carol Weisfeld. Dans des parties de balle aux prisonniers, elle a formé des équipes mixtes de force égale : par rapport aux filles, les garçons esquivaient la balle plus souvent, s'emparaient agressivement des ballons libres et lançaient plus souvent le ballon sur d'autres joueurs. Ce faisant, ils l'emportaient 67 à 4 contre des filles aux scores habituellement élevés[5]. Sachant que la rivalité entre hommes et femmes adopte des formes différentes, que leurs buts divergent et que leur désir de compétition varie, il est pratiquement impossible d'établir des règles du jeu équitables. Aucun des deux sexes ne peut servir de norme pour l'autre.

La plupart des garçons structurent leurs activités de manière à ce qu'il y ait un champion, sans quoi ils n'en voient pas l'intérêt. Pendant des années, j'ai eu dans mon bureau un jeu de société thérapeutique, judicieusement surnommé le *non-jeu* par certains enfants, du fait qu'il n'y avait ni gagnant ni perdant. Les joueurs prenaient des cartes qui les invitaient à parler d'eux-mêmes et à découvrir les motivations des autres pendant qu'ils déplaçaient leurs pions sur le jeu. Les garçons étaient perplexes, jusqu'au jour où j'ai intégré des jetons de récompense. Si l'on n'a pas de points, à quoi ça sert? Même des garçons réservés étaient moins motivés par «le parcours» que par la maxime de l'entraîneur Vince Lombardi : «Gagner ce n'est pas tout, c'est la seule chose», et voyaient peu d'intérêt pour la «démarche». Comme nous le verrons, différentes approches de la compétition ont des effets étonnants, qui se répercutent sur les types d'emplois que recherchent hommes et femmes, ainsi que sur leur salaire et leur prestige une fois l'emploi obtenu.

Risquer le tout pour le tout

Les femmes ont toujours travaillé, bien sûr, même si leur labeur était plus aléatoire que celui des hommes. Dans ma famille, au moins trois générations de femmes ont eu un métier rémunéré à la maison ou ont trouvé du travail dans les environs. D'abord ma grand-mère, qui avait entrepris des études de médecine en Europe, mais a immigré dans les années 1920 avant d'avoir obtenu son diplôme. Une fois au Canada, elle a travaillé en usine jusqu'à ce qu'elle découvre un jour que la nourrice avait laissé ses enfants sans surveillance. À partir de ce moment-là, elle a cousu des cravates à la maison, contre rémunération à la pièce. Des bouts de tissu traînaient partout dans son appartement, et elle glissait ses petits contrats de couture entre d'autres, plus longs. Le travail sans relâche et la disponibilité 24 heures sur 24, 7 jours sur 7 ne sont pas des inventions de notre génération. Aujourd'hui, les femmes font plus de travail à la pige et à contrat que les hommes. Pour des raisons de flexibilité, elles sont plus nombreuses à être payées au mot, au coup de téléphone, à l'heure, à la leçon ou au projet, mais ce faisant, elles deviennent des télétravailleuses invisibles, échappant aux normes du travail et ne comptant pas parmi la main-d'œuvre officielle ayant une chance de gravir les échelons.

Les écarts salariaux sont d'autant plus marqués que de nombreuses femmes préfèrent des horaires flexibles à un salaire régulier. Outre le désir de garder du temps pour la famille, peut-il y avoir autre chose qui, du point de vue de la compétition, favorise de telles concessions chez les femmes ? Muriel Niederle, une économiste de Stanford, et sa collègue Lise Vesterlund se sont posé la question et ont conçu, en 2006, une expérience visant à faire la lumière sur la rareté des femmes aux postes de direction, où sévit la compétition[6]. Elles ont fait l'hypothèse au départ que si les femmes aiment moins la compétition que les hommes, même à compétences et à chances égales, elles se battront moins souvent pour les promotions et les emplois lucratifs.

Les deux économistes ont formé des groupes de quatre volontaires, deux hommes et deux femmes. Chaque groupe devait additionner le plus possible de nombres à deux chiffres en cinq minutes. Au premier tour, chaque personne recevait 50 cents par bonne réponse. Mais au deuxième, il s'agissait d'un prix à remporter : dans chaque groupe, la personne qui avait obtenu le plus grand nombre de bonnes réponses recevait 2 $ pour chacune. Les autres, les perdants, se retrouvaient les mains vides.

Aux deux tours, les femmes et les hommes obtinrent le même nombre de bonnes réponses. Les expérimentatrices proposèrent alors aux concurrents de faire un troisième tour, leur donnant le choix de la formule, soit le tournoi comme au deuxième tour, soit l'épreuve individuelle comme au premier. 75 % des hommes ont choisi le tournoi (le modèle où le gagnant remporte tout), contre seulement 35 % des femmes. Même en comparant les hommes et les femmes aux résultats équivalents, les femmes choisissaient 38 % moins souvent le tournoi. Ce n'était pas une question de compétences, car même les hommes qui n'étaient pas très bons en calcul préféraient la compétition, démontrant par là une confiance qui ne correspondait pas à leurs compétences et allait réduire leurs gains au final. Ainsi, à tâche et à compétences égales, et en l'absence de toute discrimination, la majorité des femmes se tiennent à l'écart de la compétition. Pourquoi ?

Niederle et Vesterlund proposent deux explications : une moins grande confiance en soi et une aversion au risque. La confiance, toutefois, n'explique pas tout, puisque même si on comparait les hommes et les femmes qui croyaient pouvoir gagner, les hommes avaient 30 % plus de chances de choisir le tournoi que les femmes. C'était plutôt le risque – celui de ne rien empocher si leur performance n'était pas la meilleure – qui les a effrayées. Selon les auteures, le tout-ou-rien est peu attirant pour la plupart des femmes, quelles que soient leurs compétences. Cette hésitation à mettre tous leurs œufs dans le même panier explique peut-être pourquoi peu de femmes rivalisent dans les jeux à zéro gain, dont la politique, où elles peuvent rafler gros ou tout perdre. Ou encore dans les disciplines scientifiques, qui exigent un investissement énorme en termes de formation, mais où une infime minorité a droit aux prestigieuses subventions et au brillant succès. Avec cette élégante étude, les deux économistes prouvent que les femmes sont moins nombreuses que les hommes à vouloir risquer le tout pour le tout.

Qu'en serait-il si les femmes pouvaient simplement demander ce qu'elles veulent au lieu de se battre pour l'obtenir ? Avec une faible tolérance au risque, les femmes acceptent moins volontiers de négocier en leur propre nom. Une autre économiste, Linda Babcock de l'Université Carnegie Mellon, a mis au point une expérience révélatrice après avoir été approchée par des étudiantes de troisième cycle qui voulaient savoir pourquoi leurs confrères masculins obtenaient leurs propres cours alors qu'elles se voyaient surtout proposer des postes d'assistantes. « Les femmes ne le demandent pas, tout simplement », lui avait répondu le doyen. Voici l'expérience qu'elle a alors conçue : on propose aux étudiants de leur donner une somme de 3 $ à 10 $ pour jouer une partie de Boggle, un jeu de vocabulaire. Une fois la partie finie, on leur dit : « Voilà 3 $. Ça vous convient, 3 $? » Les hommes demandaient plus d'argent neuf fois plus souvent que les femmes.

Même si les femmes estimaient qu'elles avaient été aussi habiles que les hommes et bien qu'elle se plaignent amèrement de n'avoir pas été suffisamment payées, elles acceptaient une moindre somme d'argent pour éviter d'avoir à négocier – la négociation étant un geste compétitif assorti de risques (le risque principal étant le refus). Voici l'exemple donné par Babcock : « Supposons qu'à l'âge de 22 ans, un homme et une femme également qualifiés se voient proposer un salaire annuel de 25 000 $. L'homme négocie et obtient un salaire de 30 000 $; la femme accepte sans négocier le poste à 25 000 $. S'ils reçoivent tous deux une augmentation annuelle de 3 % jusqu'à la fin de leur carrière, à l'âge de 60 ans, l'écart salarial annuel sera supérieur à 15 000 \$[7]. » Les femmes n'aiment pas négocier pour elles-mêmes et n'aiment pas plus que leurs subordonnés cherchent à négocier avec elles. Les dirigeantes ont tendance à pénaliser hommes et femmes qui ont tenté de négocier leur salaire. Et les patrons sont moins bien disposés vis-à-vis des femmes qui discutent leur taux de rémunération[8]. Reste que la négociation permet d'avoir de plus gros revenus. Même quand les femmes finissent par négocier, elles ont tendance à fixer des objectifs moins audacieux, et se retrouvent donc avec moins, écrit Babcock. Dans une négociation, l'autre partie peut s'en rendre compte et en retour mettre la candidate au défi de discuter en lui offrant moins. Comme Babcock me l'a rapporté au téléphone, les femmes demandent moins et obtiennent moins, tout simplement. L'intention n'est pas discriminatoire, mais l'effet l'est[9], et il prend racine dans la répugnance des femmes à bomber le torse et à se battre pour obtenir plus.

L'agressivité

En 1938, Virginia Woolf écrivait une réponse cinglante à une lettre publiée dans l'*Atlantic* qui exhortait « les filles des hommes instruits » à s'élever contre la guerre. Les hommes avaient du culot d'attendre des femmes qu'elles se rallient à leur cause, disait-elle. En voici un extrait.

> Le fait est indiscutable – dans le cours de l'histoire, presque aucun être humain n'a perdu la vie au bout du fusil d'une femme. La vaste majorité des oiseaux et des bêtes a été tuée par vous, et non par nous. Dès lors, que pouvons-nous comprendre de votre problème ? Et s'il nous est incompréhensible, quelle réponse pouvons-nous donner à votre question sur la façon dont on pourrait empêcher la guerre ? La réponse qui vient de notre expérience et de notre psychologie – pourquoi se battre ? – ne vous sera d'aucune utilité[10].

Woolf avait raison. Dans les guerres de territoire, de religion et de gangs, dans les combats à mains nues, les saisies de propriété, les duels, les bagarres et les fusillades, ce sont presque toujours des hommes qui s'affrontent[11]. Même si l'agressivité, le comportement criminel et l'effort acharné ne sont pas la même chose que la compétition, les motivations qui les sous-tendent sont apparentées[12]. Pour remporter le gros lot, mettre la main sur la partenaire sexuelle la plus convoitée ou occuper la position la plus puissante, il n'est plus nécessaire de recourir aux armes ni à la force physique. Cependant, il faut encore faire étalage de courage, comme l'a fait mon neveu de trois ans. Il faut se croire le plus rapide, le plus fort, le plus ceci ou cela, et le prouver en délogeant l'autre. Pour se faire élire à une fonction politique ou remporter n'importe quel jeu, il faut vraiment vouloir se battre. Prenons l'exemple de Sam Sullivan, élu maire de Vancouver en 2005 et décrit ironiquement par un journaliste du *Globe and Mail* comme un « tétraplégique candide et bon enfant, qui s'étonne presque qu'on vote pour lui ». Sullivan dégage peut-être cette image, mais c'est loin d'être son opinion de lui-même, comme l'a brutalement révélé un documentaire. « J'adore quand les gens me sous-estiment. Ils me donnent de petites tapes sur la tête, et je leur saute à la gorge. Je me jette sur mon adversaire, je lui écrase mon pied sur la gorge et je le maintiens là pour voir s'il respirera encore quand tout sera terminé. » Plus que la combativité, cet instinct d'agressivité, même s'il est dissimulé, est peut-être l'ingrédient essentiel d'une victoire avec un seul gagnant. Cela pourrait aussi expliquer pourquoi les femmes convoitent moins souvent les postes de dirigeant. Elles ne représentent que 5 % des dirigeants les mieux payés aux États-Unis et 15 % des membres du Congrès américain, en partie parce qu'elles préfèrent faire leurs preuves que piétiner leurs adversaires[13].

Pour David Brooks, chroniqueur au *New York Times*, ce mélange de compétition agressive et d'efforts correspond au *thymos* de Platon, pour qui l'âme était constituée de trois éléments : le noos (la raison), l'éros et le thymos, ce dernier étant la soif de reconnaissance. « Le thymos motive le meilleur et le pire chez l'homme. Il le pousse à rechercher la gloire et à s'affirmer agressivement au nom de nobles causes. Il le pousse à se mettre en colère si on ne reconnaît pas sa valeur. Parfois, s'il sent qu'on lui a manqué de respect, il peut tuer sous l'influence du thymos », a-t-il écrit en 2006. Portées à l'extrême, les blessures de la fierté peuvent pousser certains hommes à une folie meurtrière – qui n'est pas juste un phénomène *made in America*. Dans son ouvrage *Comment fonctionne l'esprit*, mon frère Steve décrit l'universalité des blessures au thymos au sein de cultures aussi diverses que celles de l'Écosse et de la Papouasie-Nouvelle-Guinée, où des hommes ont tué gratuitement après « une perte d'amour, une perte d'argent, ou une perte de foi[14] ».

On définit parfois l'agressivité comme une « énergie vigoureuse », et, dans la culture populaire, la frontière entre criminalité et héroïsme est floue. Pensons à Tony Soprano ou à Tupac, deux personnages qui allient la truculence moderne et une incompréhension totale des règles. Or, c'est un amalgame semblable d'orgueil et de prise de risque qui crée le paradoxe de l'homme fragile. Certains garçons et certains hommes agressifs, compétitifs, peuvent être dépeints comme des brutes, et d'aucuns jugeront qu'il est exagéré de les dire « vulnérables ».

À l'Université de Cambridge, J. Craig Venter remporte le pari qu'il avait fait avec le généticien Michael Ashburner. « Au début des réjouissances, nous avions parié que si le séquençage du génome était réussi, il se laisserait photographier à quatre pattes, avec mon pied sur son dos », raconte Craig Venter.

Une soif de compétition et de risque, jumelée à un faible contrôle des impulsions, explique les taux élevés d'accidents, de troubles du comportement, de violence et d'emprisonnement chez les hommes. Pourtant, cette même soif de compétition, si elle est canalisée et contrôlée, peut les pousser à poursuivre un objectif scientifique avec la même ardeur qu'ils poursuivraient un rival. Voyons maintenant jusqu'où ils pourront aller et ce qui les motive.

Châtiment et vengeance

« Douce est la vengeance — surtout pour les femmes », écrivait le poète romantique Lord Byron. Mais c'était deux siècles avant l'imagerie cérébrale et l'analyse des hormones sexuelles. Aujourd'hui, nous savons que le désir de punir et de se venger est plus agréable pour les hommes, et qu'il est lié à la production accrue d'adrénaline et de testostérone en situation de compétition. En situation de rivalité, les hommes produisent plus d'adrénaline. C'est le contraire pour la plupart des femmes, selon la psychologue suédoise Marianne Frankenhaueser. Ses travaux ont démontré que, compte tenu de leur système endocrinien, les femmes répondaient différemment à la compétition[15]. En fait, de nombreux hommes n'ont pas besoin d'être en colère pour se venger, mais seulement de quelques déclencheurs neurochimiques dans un environnement compétitif. En Grande-Bretagne, les supporters de football ont plus de probabilités de devenir violents quand leur équipe gagne. Ainsi, l'agression d'autres spectateurs est davantage liée à un état d'excitation généralisée qu'à la colère, la honte ou la déception[16]. De même, la seule chose dont des étudiants universitaires ont besoin pour avoir envie de punir un inconnu, c'est de manipuler un revolver. En 2006, les chercheurs américains Jennifer Klinesmith, Tim Kasser et Francis McAndrew ont découvert que l'étudiant moyen, habituellement insouciant, avait plus de probabilités de préparer une boisson méchamment épicée pour un inconnu après avoir manipulé un fusil qu'après avoir joué à un jeu de société. L'envie de punir était liée à la montée de testostérone qui avait suivi le contact avec le fusil[17].

L'action des hormones sur la cognition est une découverte récente, contrairement au lien entre les hommes et la punition. Dans les années 1970, plusieurs études ont montré, dans le cadre d'un exercice d'enseignement fictif, avec quelle facilité les garçons administraient une décharge électrique à d'autres enfants qui donnaient de mauvaises réponses. Par rapport aux filles, les garçons avaient tendance à augmenter l'intensité et la durée de la décharge. Des expériences plus récentes d'imagerie cérébrale ont révélé que les hommes avaient plus rapidement recours à la punition physique et prenaient un certain plaisir à la vengeance. Tania Singer, Klaas Enno Stephan et leurs collègues du University College de Londres ont appris à des hommes et à des femmes un jeu de stratégie où les joueurs pouvaient partager leurs profits avec les autres. Parmi les participants se cachaient des complices – des acteurs qui jouaient égoïstement et accumulaient leurs gains. Les psychologues s'attendaient à ce que les vrais sujets éprouvent de l'empathie pour les joueurs qui respectaient les règles et de l'antipathie pour les égoïstes. Ils testèrent leur hypothèse en administrant de douloureuses décharges électriques aux mains de tous les joueurs. L'imagerie cérébrale a révélé des différences sexuelles dans l'empathie ressentie pour la personne recevant le choc. Quand c'était un joueur égoïste, on enregistrait chez les sujets masculins l'activation de l'aire du plaisir – le noyau accumbens –, mais aucune activité dans les centres de l'empathie. Chez les femmes, en revanche, on enregistrait une activité empathique quel que soit le joueur recevant la décharge[18]. Loin de faire passer les hommes pour des monstres, il est probable que ces réponses, au cours de l'évolution, visaient à les rendre plus enclins à punir les tricheurs, écrit le Dr Singer dans un courriel qu'elle m'a adressé. Au fil du temps, les hommes en sont venus à contrôler le comportement des membres de leur groupe et à éprouver moins d'aversion à se débarrasser des resquilleurs et des tricheurs.

Il s'agit là de la vision à long terme, évolutive. Mais pour l'instant, cela signifie que le cerveau masculin est configuré pour que les hommes aient la gâchette facile et éprouvent du plaisir à voir leurs adversaires punis. Cette tendance a-t-elle un impact sur la compétition masculine en milieu professionnel ? Étant moins empathiques envers leurs adversaires, les hommes hésiteraient peu à les mettre hors-jeu. Voilà peut-être la clé du succès.

Ce qui ne vous tue pas…

Comme ils ont moins de freins intérieurs pour contenir leurs impulsions compétitives, agressives et vengeresses, les hommes finissent en prison (10 fois plus d'hommes en détention que de femmes[19]), se suicident (4 fois plus que les femmes[20]), tuent ou sont tués au travail (93 % des tueries sont le fait des hommes et 90 % des victimes d'accidents de travail mortels sont des hommes[21]). Les tireurs dans les écoles, qui risquent leur vie pour se venger d'humiliations réelles ou imaginées, sont toujours des hommes. Les accidents sont la quatrième cause de décès chez ces derniers, et surviennent deux fois plus souvent que chez les femmes[22]. Mais les conséquences ne sont pas toujours aussi catastrophiques. Des sites comme YouTube présentent des clips d'hommes audacieux qui fracassent des melons avec leur tête, sniffent une ligne de poivre noir, s'élancent d'un toit en planche à roulettes ou frappent un cocktail Molotov maison avec un bâton de base-ball[23]. Ce sont toujours des hommes qui courent des risques aussi absurdes.

Quand ils finissent à l'hôpital ou à la morgue, les protagonistes deviennent candidats aux prix Darwin, décernés à ceux qui, malgré eux, orchestrent leur fin ou leur quasi-fin, poussés par leur ambition démesurée et leur absence de contrôle de leur impulsivité. Certaines histoires sont comiques, d'autres tragiques, mais toutes ou presque parlent d'hommes s'exposant à des risques mortels. Des 403 prix attribués à des personnes ne faisant plus partie du pool génétique humain, 90 % l'ont été à des hommes[24]. Voici l'exploit du lauréat Larry Walters, un ancien camionneur de Los Angeles, qui a témoigné d'une approche inconditionnelle du risque. Il voulait voler depuis qu'il était enfant, et après avoir longtemps observé les avions, il a concocté un plan. Il a acheté 45 ballons-sondes météorologiques à un surplus de l'armée, les a accrochés à une chaise de jardin avec des courroies et a rempli d'hélium les 1,25 mètre de diamètre de ballons. Puis il s'est attaché, emportant avec lui des sandwichs, de la bière et un fusil à plomb. Il comptait s'élever jusqu'à une dizaine de mètres au-dessus de sa maison, se balader un peu dans les airs pour admirer le paysage en sirotant une bière, puis tirer quelques ballons avec le fusil pour redescendre lorsqu'il en aurait assez.

> Quand ses amis ont coupé la corde qui retenait la chaise à sa jeep, il ne s'est pas envolé doucement jusqu'à 10 mètres. Il est parti comme une flèche dans le ciel californien, tiré par 45 ballons contenant 10 mètres cubes d'hélium chacun. Il ne s'est pas arrêté à 30 ou à 300 mètres. Après avoir monté et monté, son engin s'est stabilisé à 5 000 mètres. À cette hauteur, il a pensé qu'il serait dangereux de tirer sur un ballon, que cela risquait de déséquilibrer la charge. Et là, il serait vraiment dans le pétrin. Il a donc dérivé avec sa bière et ses sandwichs pendant quelques heures tout en considérant ses options. À un moment donné, il a croisé un couloir de vol de l'aéroport de Los Angeles, et des pilotes des lignes Delta et Trans World ont envoyé un message radio signalant cette apparition bizarre. Finalement, il a rassemblé assez de courage pour crever quelques ballons et a lentement amorcé sa descente dans le ciel nocturne. Les courroies pendantes se sont prises dans des fils électriques, plongeant dans le noir un quartier de Long Beach pendant une vingtaine de minutes. Larry a fini par rejoindre la terre ferme, où des policiers de Los Angeles l'attendaient pour lui passer les menottes. Pendant qu'on l'emmenait, un journaliste lui a demandé pourquoi il avait fait ça. « Un homme ne peut rester assis toute sa vie à ne rien faire[25] », a-t-il répondu nonchalamment.

Margo Wilson et Martin Daly, spécialisés en psychologie évolutionniste, pensent qu'une telle prise de risque est un « trait de la psychologie masculine ». En 1999, trois psychologues de l'Université du Maryland ont voulu savoir si c'était vrai. James Byrnes, David Miller et William Schafer ont réalisé une méta-analyse de 150 études comparant la propension des hommes et des femmes à prendre des risques. Dans la presque totalité des études, ils ont trouvé que les hommes étaient davantage portés à prendre des risques que les femmes, et que les différences sexuelles étaient importantes, les plus marquées se rapportant aux paris, aux expériences dangereuses, aux risques intellectuels et aux défis physiques – ce qui expliquerait les résultats obtenus par Carol Weisfeld dans l'exemple de la balle aux prisonniers. D'autres différences, moins grandes, se rapportaient aux comportements liés à la cigarette, à l'alcool et aux relations sexuelles. Dans l'une de leurs analyses, les chercheurs ont constaté que les hommes prenaient des risques « même lorsqu'ils savaient que c'était une mauvaise idée », tandis que les femmes évitaient le risque, même en l'absence de danger, par exemple s'entraîner à passer un examen comme le SAT*.

« Les résultats laissent entendre, d'une part, que les hommes et les garçons vivent des échecs et des conséquences négatives plus souvent que les femmes et les filles, et d'autre part, que celles-ci connaissent moins souvent le succès qu'elles ne le devraient », disent les auteurs. Cette observation est intéressante, sachant que les faibles taux de réussite matérielle chez les femmes sont habituellement attribués à des facteurs externes. Contrairement à l'agressivité, qui diminue généralement avec l'âge chez les garçons, la prise de risque augmente chez les adolescents et les jeunes hommes[26]. Cela contribuerait à accroître l'écart entre hommes et femmes au moment du choix de la carrière – d'un côté, des jeunes hommes qui boivent, font la fête et abandonnent l'école, et de l'autre, des hommes qui choisissent des carrières très compétitives.

Pourquoi les hommes prennent-ils des risques ?

Qu'est-ce qui pousse certains hommes à s'aventurer dans des exploits imprudents, des paris aléatoires et des métiers physiquement dangereux, et d'autres à dépenser un temps fou et toute leur énergie mentale à se hisser au sommet de leur discipline, souvent au détriment de leur santé et à l'exclusion de tout le reste ? Deux explications sont possibles. La première tient d'une théorie de l'évolution rêvée au début des années 1970 par le biologiste et ex-militant radical Robert Trivers. En 1972, alors jeune professeur à Harvard, Trivers a publié un article qui cherchait à clarifier une énigme de Darwin. Dans sa théorie de la sélection naturelle, ce dernier supposait que mâles et femelles choisissaient leurs partenaires d'accouplement et que la survie de

---

* Examen standardisé utilisé sur une base nationale pour l'admission aux collèges et aux universités aux États-Unis. (NDT)

leur progéniture était déterminée par l'interaction des caractéristiques propres à chaque partenaire et par l'environnement ambiant. À l'époque, les biologistes avaient observé que les mâles se battaient férocement entre eux pour les femelles – parfois jusqu'à la mort –, et que les femelles choisissaient certains mâles plutôt que d'autres[27]. Mais il manquait un élément important. Sur quoi se fondait, exactement, le choix des femelles ?

Voici l'idée qu'avança Trivers, alors âgé de 29 ans : il fallait inclure dans l'équation non seulement les traits génétiques et l'environnement hôte, mais aussi l'investissement relatif de chaque partenaire dans la survie des petits. Cet investissement comprendrait l'apport métabolique – la production du sperme et de l'ovule – ainsi que le coût de la gestation, de la mise bas, de l'alimentation et de la protection contre de nouveaux venus. Si la femelle investit davantage tout au long de la grossesse, de la lactation et de la prise en charge des petits, elle ne peut, habituellement, en avoir qu'un par an. Le mâle, cependant, peut jouer sur plusieurs tableaux. Deux facteurs limiteront alors son succès reproducteur : le nombre de rivaux et le nombre de femelles voulant de lui. Des mâles très agressifs et costauds pourront éliminer la concurrence par la force brute et s'emparer des femelles de la même manière. Par ailleurs, les beaux m'as-tu-vu et les audacieux attireront l'attention des femelles, cultivant ainsi leur propre harem. Les mâles prudents feront tapisserie et, avec le temps, leur signature génétique s'amenuisera.

Suivant cette théorie, la prise de risque compétitive est donc programmée chez les mâles. La femelle, quant à elle, de par sa propre programmation génétique, investit énormément dans ses petits, les nourrissant et s'occupant d'eux jusqu'à leur maturité, et cet investissement lui coûte. De plus, une fois enceinte, c'est fini. Elle est engagée. Peu importe le nombre d'aventures qu'elle aura, elle ne peut mettre au monde qu'un certain nombre de petits durant sa vie – et elle est programmée pour les protéger au prix de sa vie –, tandis qu'un mâle qui a du succès et qui multiplie les efforts peut être père 10, 12 ou même 100 fois. Compte tenu des enjeux, la femelle choisira ses partenaires avec beaucoup de soin. Elle évitera les risques, car si elle meurt, son petit ne survivra pas. Un mâle plus extrémiste et audacieux, qui compte des millions de spermatozoïdes, pourra se battre pour attirer l'attention de partenaires multiples, engendrant des rejetons audacieux et investissant peu dans leur sort par la suite (ce qui a fait dire à l'anthropologue Donald Symons « le sperme est bon marché ».)

Moulay Ismail, le sanguinaire sultan du Maroc (1646-1727), a engendré 888 enfants. Du côté des femmes, le record revient à Madalena Carnauba, du Brésil, mariée à 13 ans et mère de 32 enfants. L'anthropologue Sarah Hrdy souligne toutefois que l'on manque d'informations sur le contexte. Dans le cas de Moulay, on ne sait pas combien d'enfants ont survécu ou combien ont été liquidés par des rivales plus compétitives. Néanmoins, la différence entre Moulay Ismail et Madalena reste de 856 enfants. Des exemples plus récents d'hommes ambitieux comprennent Daad Mohammeed Murad Abdul Rahman, un unijambiste de 60 ans des Émirats arabes unis, qui a engendré 78 enfants et vise la centaine d'ici 2015, ainsi que Nanu Ram Jogi, un fermier de 90 ans du Rajasthan qui est devenu le père le plus âgé de l'humanité lorsqu'il a engendré son 21e enfant, porté par sa quatrième épouse. « Les femmes m'adorent », a-t-il dit à sa famille venue voir sa fille Girija Rajkumari, deux semaines après sa naissance en août 2007. « Je veux avoir d'autres enfants. Je peux vivre encore deux décennies et faire des enfants jusqu'à 100 ans. Après, il sera peut-être temps d'arrêter[28]. »

Selon Trivers, le parent qui investit le plus dans sa progéniture est celui qui limite le nombre de petits – la femme donc. À elle de choisir avec qui elle s'accouplera, et son choix se porte sur l'homme qui prend les risques ou qui repousse agressivement ses rivaux. Ce sont les gènes de ce dernier qui ont survécu[29]. L'évaluation est crue, c'est sûr, mais si l'on en juge d'après les études sur les drosophiles, les libellules, les grenouilles, les tétras, les grouses, les éléphants de mer, les bousiers, les lézards et les babouins, sans oublier d'autres primates et souverains de la Renaissance comme Moulay, ça fonctionne. La variation est plus grande chez les mâles ; ils se livrent concurrence pour retenir l'attention des femelles, et certains seulement réussissent. Est-ce encore valable de nos jours ? Bien sûr, mais moins à titre de stratégie consciente qu'en sourdine à la motivation humaine. C'est comme un son de basse qui s'harmonise à des riffs, dont l'équivalent dans nos sociétés serait réussir, bien gagner sa vie et l'emporter sur les autres. Les hommes ne volent pas en delta-plane, ne sautent pas en parachute, ne participent pas à des courses de vélos de montagne et ne négocient pas agressivement pour obtenir le salaire le plus élevé comme s'il s'agissait de stratégies conscientes – ou même inconscientes – visant à attirer les femmes les plus fertiles dans leur lit. Les mécanismes biochimiques qui rendent ces activités agréables ont évolué en même temps que la prise de risque entraînait de grosses récompenses. Les hormones libérées durant ces exploits les font ressentir comme leur propre récompense.

Bien sûr, les hommes ne sont pas tous d'irresponsables frimeurs. Pas plus que les femmes ne cherchent toutes à éviter le risque, se contentant de montrer impérieusement du doigt un individu, depuis leur perchoir hors d'atteinte, comme pour dire : « Je prendrai celui-là. » Une vision aussi rigide nie la diversité humaine, et ne tient nullement compte de l'interaction complexe d'autres facteurs qui influent sur le choix de la femme, notamment son état de santé, la pression exercée par d'autres hommes ou femmes dans son cercle, l'aide potentielle pour l'éducation des petits et même l'existence de conditions environnementales favorables à la survie de l'enfant[30]. La grande force de la théorie de Trivers est qu'elle tient la route pour les deux sexes. Si l'un investit dans la progéniture, l'autre s'occupe de la concurrence, et vice versa. Par exemple, chez les phalaropes (une sorte d'oiseau bécasseau), c'est le mâle qui couve les œufs pendant que la femelle s'occupe de la compétition. Avec son masque noir théâtral contrastant avec sa gorge blanche et orange, la phalarope est une compétitrice, à la différence de la plupart des femelles d'autres espèces qui, à titre de « sélectionneuses », sont platement brunes et recherchent un partenaire aux couleurs vives. Il en est ainsi de la brune femelle du cardinal écarlate et du phalarope mâle, brun et blanc, qui cherche à passer inaperçu dans son nid.

Chez les humains, les deux parents se consacrent à leur progéniture et participent à la compétition, quoique différemment. Les femmes investissent encore davantage du fait qu'elles portent les enfants et s'en occupent, habituellement. Mais comme les deux parents veillent sur leurs rejetons pendant les longues années menant jusqu'à la maturité, les femmes doivent aussi rivaliser, principalement entre elles. Chez les humains, la femme n'est pas seule à choisir. Cependant, comme l'investissement est optionnel pour les hommes – pensez aux pères qui font de la figuration –, la compétition demeure plus forte entre eux et les choix plus nombreux pour les femmes, qui considèrent que la capacité d'investir dans les enfants est une caractéristique masculine attrayante. Dès lors, les hommes rivalisent ouvertement dans des concours de domination, de beauté ou de bonté, cherchant à se rendre attirants pour les femmes soit comme bons partis génétiques, soit comme bons pourvoyeurs.

Rivaliser côté cœur

En matière d'attirance sexuelle, le pouvoir du choix des femmes est encore d'actualité. Le 9 avril 2006, le Britannique Richard Wiseman, professeur de psychologie, a mis au point une expérience très intéressante. Il a invité 100 personnes assistant à l'Exposcience internationale d'Édimbourg à participer à 10 rencontres de *speed dating*, soit un millier d'échanges en face-à-face. Après chaque rencontre de trois minutes, les participants devaient noter le *sex-appeal* de la personne et décider s'ils voulaient la revoir. La moitié des femmes se décidait en moins de 30 secondes, contre le quart des hommes. Les femmes étaient toutefois beaucoup plus difficiles qu'eux, rejetant un nombre élevé de candidats au premier tour. Et il se trouve que la plupart des choix des hommes n'étaient pas réciproques. Les voyages venaient au premier rang des sujets de conversation – et non les livres ou les films, ces sujets ne suscitant pas de terrain d'entente parmi les participants. Cependant, les femmes étaient unanimes sur le choix de l'homme le plus attirant[31].

Si les sexes étaient identiques, hommes et femmes rechercheraient les mêmes caractéristiques chez leurs partenaires. Cependant, on observe chez les femmes une attirance quasi magnétique pour la compétition et la réussite masculines, et ce, partout dans le monde. En 1995, la psychologue Alice Eagly a examiné les préférences romantiques des femmes de différents pays et dressé un parallèle entre ces préférences et la position du pays par rapport à l'égalité des sexes. Elle croyait que dans les pays où elles participaient également à la vie politique et sociale, les femmes seraient moins attirées par les hommes qui gagnaient bien leur vie. Comme le disait l'affichette des années 1970, les femmes ont autant besoin d'un homme que le poisson d'une bicyclette. Or, les traits que les femmes trouvaient séduisants chez un partenaire variaient peu d'un pays à l'autre, et ce, quel que soit le nombre de femmes dans les instances politiques et à la tête des entreprises[32]. Même aux Pays-Bas, où l'on attache beaucoup de valeur à l'égalité des sexes, les femmes accordent 35 % plus d'importance que les hommes à la capacité du partenaire à bien gagner sa vie. Des femmes actives bien payées et des étudiantes ambitieuses préfèrent aussi les hommes ayant de bonnes perspectives de carrière[33]. Comme l'aurait prédit Robert Trivers, les hommes qui arrivent à communiquer leur capacité d'être de bons pères et de bons pourvoyeurs possèdent un extraordinaire *sex-appeal*. Voilà la conclusion à laquelle est arrivé David Buss, psychologue spécialisé en évolution de l'Université du Texas, après avoir examiné les goûts des femmes dans 37 sociétés. Des villages sub-sahariens aux villes des États-Unis et d'Europe du Nord, les femmes sont surtout portées vers les hommes qui ont du prestige et de l'argent. Analysant les résultats d'études réalisées sur une période de 57 ans, Buss et ses collègues ont montré que les femmes sont deux fois plus nombreuses que les hommes à considérer le potentiel de gains, l'application au travail et l'ambition comme des qualités très désirables. Bien sûr, elles valorisent aussi l'instruction, la bonté, la maturité et l'intelligence chez un partenaire, mais contrairement aux hommes, elles choisiront toujours celui qui a des ressources plutôt qu'une belle apparence[34]. Pour faire écho à la plaisanterie de Mark Twain, qui disait que l'habit fait le moine, les anthropologues John Marshall Townsend et Gary Levy ont montré à des femmes des photos d'hommes en uniforme de Burger King : ces dernières n'étaient désireuses ni de sortir ou coucher avec eux, ni de les épouser. Mais en voyant les mêmes hommes photographiés avec un costume et une montre de luxe, elles ont changé d'avis[35].

Dans le choix d'une partenaire, les hommes accordaient plus d'importance à la beauté et à la jeunesse de la femme, et ne se préoccupaient guère qu'elle porte un uniforme ou non. « Les hommes viennent de Mars et les femmes de Deloitte & Touche », titrait un article de journal rapportant que, dans une enquête réalisée auprès de 1 022 adultes, les femmes préféraient généralement un homme qui a un emploi stable et qui règle ses factures à temps, alors que les hommes choisissent une femme séduisante ayant le sens de l'humour. Même si les hommes commencent à tenir compte du pouvoir économique des femmes, selon David Buss, ce n'est pas leur priorité. Ce facteur se situe désormais au 13e rang, alors qu'il était au 17e en 1939. Cependant, reste qu'en matière d'amour, les femmes sont encore guidées par des motivations primitives, et que ce sont aussi des motivations primitives qui poussent les hommes à l'ardeur et à la compétition.

Les différences sexuelles dans les taux de blessure, de mortalité et dans la compétition pour les postes de direction lucratifs nous racontent la même histoire. Pourtant, les femmes se disputent aussi les hommes, mais cette compétition prend des airs de manipulation sociale indirecte et de harcèlement. Chez les primates, les femelles de haut rang peuvent harceler des femelles subordonnées au point de les empêcher de s'accoupler. Or même si la femelle harcelée réussit à choisir un partenaire, elle n'est en aucun cas capable de concevoir ou d'élever son petit[36]. Du point de vue de l'évolution, il n'y a pas pire humiliation.

Trivers a eu plusieurs éclairs de génie qui ont transformé à jamais les recherches en science du comportement. Ses théories avaient suffisamment de profondeur pour expliquer la propension des hommes à prendre des risques et le rôle de certains traits hypermasculins dans la mise en valeur du pedigree génétique de l'homme. Des décennies plus tard, les données recueillies par des centaines de chercheurs ont confirmé plusieurs de ses hypothèses. Cependant, la vie de Trivers a été marquée par l'instabilité et les démêlés avec la justice, et il a failli être hors-jeu[37]. Son histoire illustre donc parfaitement la tension entre le risque autodestructeur et son cousin germain, le succès spectaculaire.

L'élixir magique

Si la théorie de Robert Trivers explique pourquoi les hommes passent beaucoup de temps à rivaliser, la testostérone explique comment ils s'y prennent. Pendant que j'écrivais ce chapitre-ci, une énième carrière masculine s'envolait pour la gloire, puis se faisait presque aussitôt torpiller par la testostérone. À l'été 2006, Floyd Landis, un coureur cycliste américain de Pennsylvanie, fut brièvement champion du Tour de France. À mi-chemin de la course, il s'est effondré d'épuisement et a fait une chute dans une montée abrupte. Le lendemain, complètement rétabli, il a dépassé ses adversaires et a fini premier – enfin, jusqu'à ce que son second test révèle la présence de testostérone synthétique. On lui a retiré son titre. Landis a défendu sa réputation et son titre en exposant des irrégularités dans les rapports du laboratoire qui l'avait pincé. Néanmoins, en septembre 2007, le Review Board de l'Agence américaine antidopage le suspendait pendant deux ans. La leçon est claire : une simple bouffée de testostérone peut faire votre fortune ou votre ruine.

Il ne s'agit là que d'un exemple des effets paradoxaux de la testostérone. On l'associe à plusieurs comportements : fermeté, domination, affirmation, endurance et victoire. Cependant, elle provoque parfois un comportement agressif et antisocial. Comme nous l'avons vu, la testostérone naturellement produite masculinise le cerveau *in utero*, le programmant pour le jeu désordonné, les bagarres et les menaces pendant l'enfance et le préparant aux transformations qui surviendront à l'adolescence. Enfin, elle peut aider le jeune adulte à exercer la domination sociale prédite par Trivers[38].

Dans les nombreuses études sur les animaux, on a constaté que l'administration de testostérone aux mâles et aux femelles suscitait un comportement plus agressif. Des injections de testostérone élèvent la poule dans l'ordre hiérarchique de même qu'elles stimulent l'agressivité et le prestige de la femelle macaque tout en réduisant son intérêt pour ses petits[39]. Chez les jeunes hommes, la testostérone augmente régulièrement, atteignant des niveaux 20 fois plus élevés chez les garçons que chez les filles à la fin de l'adolescence. Bien que beaucoup de gens craignent les jeunes hommes, il faut savoir que l'agressivité ne se développe pas à l'adolescence. Elle vient naturellement aux petits garçons tôt dans l'enfance, comme le sait tout parent d'un enfant de deux ans qui frappe, mord et griffe. Chez certains, cependant, elle persiste. Après avoir suivi plus d'un millier d'enfants de la maternelle à la fin de l'adolescence, Richard Tremblay et ses collègues de l'Université de Montréal et de l'Université Carnegie Mellon ont montré que l'agressivité précoce chez un très petit groupe de garçons était annonciatrice de comportements violents une douzaine d'années plus tard. Dans ce groupe à haut risque, l'agressivité ne s'atténue pas avec l'âge, contrairement à la plupart des enfants qui apprennent l'autocontrôle et l'appliquent de plus en plus en vieillissant[40]. La testostérone explique peut-être pourquoi ces garçons (environ 4 %) n'apprennent pas à inhiber leurs pulsions agressives. Dans ce sous-groupe, l'agressivité a augmenté à mesure que les garçons devenaient plus intelligents et plus forts.

Pourtant, comme nous le verrons sous peu, la testostérone n'agit pas sur les filles comme sur les garçons, dont le cerveau a été imprégné avant la naissance. Le milieu prénatal joue un rôle crucial dans la réceptivité aux effets comportementaux de l'hormone. En moyenne, les filles et les femmes qui prennent de la testostérone synthétique ne développent pas de muscles et ne se mettent pas à se comporter comme des hommes juste parce qu'elles ont avalé l'élixir magique. Nous l'avons vu au chapitre 5, les filles atteintes d'hyperplasie congénitale des surrénales (HCS) possèdent les deux chromosomes X du sexe féminin, mais ont été exposées à des niveaux anormalement élevés d'hormones mâles *in utero*. Ne produisant pas l'enzyme qui convertit les androgènes en cortisol, leurs glandes surrénales produisent une quantité excessive d'hormones mâles dont les effets se manifestent tôt, notamment en virilisant leur corps et leur cerveau[41]. Comparativement à la moyenne des filles, elles sont deux fois plus nombreuses à préférer le jeu désordonné typique des jeunes garçons au même âge. Leurs aptitudes spatiales sont supérieures et elles sont plus compétitives, agressives et affirmées que les autres filles, y compris que leurs sœurs[42]. À l'adolescence, elles ont plus de chances de recourir à l'agressivité pour régler des problèmes[43]. Elles préfèrent jouer avec des garçons et, plus âgées, s'intéressent moins aux bébés, au mariage et à la maternité. Elles choisissent des carrières plus masculines que leurs sœurs ou leurs copines, par exemple pilote d'avion, ingénieure ou architecte[44]. Il est clair que les androgènes prénataux jouent plus que le rôle de différenciation sexuelle physique – des organes génitaux mâles chez le fœtus et un corps plus musclé et poilu chez l'adulte. La saturation prénatale d'hormones mâles agit aussi sur les préférences et le comportement des enfants, de sorte que les filles HCS ressemblent moins, d'un point de vue *psychologique*, aux autres filles et femmes. Aucune donnée ne permet d'avancer que leurs parents ou enseignants les ont traitées différemment d'autres filles. L'élément transformateur est l'exposition précoce aux androgènes.

De nouvelles études montrent que l'ocytocine pourrait avoir des effets similaires, jouant un rôle sur la croissance cellulaire prénatale liée aux habiletés sociales et à l'empathie. Des chercheurs ont constaté des niveaux d'ocytocine *in utero* et de son précurseur, l'OT-X, plus faibles chez les enfants autistes que chez les enfants se développant normalement. L'administration d'ocytocine à un moment crucial du développement pourra, dans l'avenir, faire partie du traitement de l'autisme[45]. D'ici là, sachant que les hormones sexuelles prénatales transforment le cerveau, nous sommes condamnés à penser avec nos gonades[46].

Gros bras et avocats : la testostérone et les choix de carrière

Si la testostérone agit sur les facultés intellectuelles et la propension au risque, rend-elle certains métiers plus attirants ? James McBride Dabbs, professeur de psychologie à l'Université Georgia State, a mesuré le taux de testostérone de 8 000 hommes et femmes occupant différents emplois. Contrairement aux athlètes comme Floyd Landis, les sujets n'ont pas eu à donner des échantillons d'urine, mais seulement de salive. Il a donc été facile de recruter des personnes de différents milieux pour participer aux

Olympiques de la testostérone, comme on a surnommé l'expérience. As-
sociant l'hormone à la jeunesse et à la virilité, les participants ont supposé
qu'il était préférable d'avoir un taux de testostérone élevé. Mais les résultats de Dabbs ont contredit leurs attentes. Les taux les plus élevés appartenaient aux acteurs, joueurs de football, ouvriers du bâtiment et sans emploi
(qui, a soupçonné Dabbs, n'étaient pas vraiment des chômeurs, mais des
types qui ne voulaient ou ne pouvaient conserver un emploi très longtemps). Les cols bleus l'emportaient sur les cols blancs. Les managers
avaient 46 % plus de testostérone que les programmeurs, les vendeurs 24 %
de plus que les enseignants, les travailleurs du bâtiment 24 % de plus que
les avocats, et les avocats plaidants en avaient plus que tous les autres types
d'avocats. Au bas de l'échelle, on trouvait les ministres du culte, les fer-
miers et les professeurs. Dabbs a testé des anciens combattants du Vietnam 20 ans après la guerre et constaté que plus le taux de testostérone
était élevé, plus le soldat avait été exposé au combat. Même chez les criminels, il existe une hiérarchie. Les criminels violents et indisciplinés
affichaient des taux supérieurs aux détenus non violents et dociles. Les
types les plus énervés, agressifs, qui prenaient le plus de risques avaient les
taux les plus élevés[47].

Chez les hommes, la testostérone n'est pas nécessairement liée à l'argent ou au prestige, comme aurait pu le laisser croire l'ego des sujets, mais
à une faible scolarité et au travail manuel. Les cols bleus forment des ghettos à prédominance masculine qui, en Amérique du Nord, n'ont pas eu la
vie facile depuis le recul des emplois manufacturiers et agricoles. Cela
pourrait expliquer le nombre élevé de chômeurs parmi eux.

Reste cependant que les androgènes – dont la testostérone – ne sont pas
le privilège des hommes ; les femmes en produisent également, mais en
quantité moindre. Alors affectent-ils les femmes de la même façon ? Aussi
paradoxal que cela puisse paraître, la réponse est non, et voici pourquoi. Si
les femmes étaient une copie conforme des hommes, on observerait les
mêmes schémas, c'est-à-dire que des taux élevés de testostérone chez les
femmes seraient associés à une faible scolarité et à des emplois peu valorisés. Or, la recherche révèle que c'est tout le contraire. Dans l'étude de

Dabbs, le taux de testostérone de toutes les avocates était supérieur à celui des femmes athlètes, des infirmières et des enseignantes. De même, les chercheurs du Nouveau-Mexique Frances Purifoy et Lambert Koopmans ont prélevé des échantillons sanguins chez des femmes d'âge varié et ont examiné les taux d'hormones en fonction de la profession. Ils ont trouvé des taux élevés d'androstènedione (qui se convertit en testostérone) et de testostérone chez les femmes qui avaient de grandes ambitions et des emplois prestigieux : étudiantes, cadres et professions avec une formation technique. À l'autre extrémité, on trouvait des femmes au foyer et des employées de bureau, qui avaient fait moins d'études avant de se marier et d'élever une famille. Or, si hommes et femmes étaient des clones, c'est le contraire que l'on observerait. Un résultat demeure intrigant : on trouve plus souvent des taux élevés d'androstènedione chez les femmes qui occupent des emplois axés sur les relations humaines et des taux élevés de testostérone chez les femmes dont le métier est lié à des objets[48]. Ainsi, le taux et le type d'hormones qui circulent dans le sang jouent un rôle non seulement dans l'aptitude à résoudre les tâches spatiales, à lire les émotions des autres, à faire confiance aux gens, mais aussi dans le choix d'un emploi.

N'empêche qu'il est difficile de croire que nos choix ont une existence biologique propre, surtout pour les femmes qui réagissent fortement aux commentaires tels que « la biologie, c'est le destin » ou « elle doit avoir ses règles ». Demandez à n'importe quelle femme si la fluctuation des hormones pendant les règles les rend agressives… Elle vous enverra sans doute au diable. L'anthropologue Elizabeth Cashdan, de l'Utah, a contourné le problème en mesurant les hormones (testostérone et androstènedione, plus œstradiol, le plus puissant des œstrogènes) chez de jeunes femmes, leur demandant ensuite d'évaluer leur propre position sociale et celle de leurs pairs. Elle a constaté que les femmes affichant les taux hormonaux les plus élevés avaient une très bonne opinion d'elles-mêmes et se croyaient très populaires auprès d'autres femmes, lesquelles n'étaient cependant pas du même avis.

Des taux élevés d'androgènes accentuent l'assurance et la fermeté chez les femmes, comme chez les hommes. Cependant, l'image que ces femmes se faisaient d'elles-mêmes, à savoir des leaders et des femmes très populaires, n'était pas confirmée par leur entourage. Cashdan examine ce décalage dans le contexte de l'évolution. Si les femmes rivalisent entre elles pour séduire des hommes qui subviendront à leurs besoins et à ceux de leurs enfants, les femmes compétitives et pleines d'assurance seront mal vues de leurs consœurs. (Et des hommes aussi, qui voudront être assurés de la nécessité de leur investissement. Dans des milieux où les femmes attendent peu de l'investissement paternel – par exemple, où les hommes ne restent pas longtemps dans les parages pour subvenir aux besoins de leur famille –, la rudesse et l'assurance pourront avoir plus de valeur auprès d'autres femmes.)

On a également établi un lien entre des taux élevés d'androgènes et un nombre de partenaires sexuels supérieur à la moyenne, ce qui pourrait être l'une des raisons pour lesquelles les autres femmes ne sont pas tout à fait d'accord pour que ces consœurs très affirmées soient des leaders[49]. Un manque de confiance envers les autres femmes et les préjugés sont exactement ce que Rocio Garcia-Retamero, psychologue de l'Institut Max Planck, à Berlin, a découvert en 2006 en examinant l'opinion que les femmes se faisaient de femmes chefs dans des secteurs « non féminins ». Fondant leurs attentes sur la théorie des rôles sexuels, Garcia-Retamero et sa collègue Esther Lopez-Zafra s'attendaient à trouver plus de préjugés contre les femmes chefs dans des secteurs traditionnellement masculins – par exemple celui de l'automobile – que dans des secteurs plus typiquement féminins, dont la confection de vêtements. Les résultats les ont étonnées. Hommes et femmes croyaient que les candidates féminines seraient promues dans les secteurs « féminins ». Toutefois, les hommes avaient moins de préjugés à l'endroit des femmes promues dans des secteurs « masculins » que les femmes n'en avaient. Celles-ci étaient nettement plus portées à se montrer discriminatoires envers les femmes en position de leader[50]. Comme pour le mentorat entre femmes, les préjugés de sexe ont plus de chances d'être le fait des femmes.

Dans une étude plus récente sur les hormones et la compétition, Cash-dan a demandé aux femmes de noter dans un journal les sentiments com-pétitifs et agressifs qu'elles éprouvaient durant les activités scolaires et sportives, les rencontres amicales et les sorties amoureuses, tandis qu'elle mesurait de son côté leurs taux hormonaux. Les femmes dont le journal mentionnait plus d'agressivité verbale affichaient des taux élevés de testos-térone et d'androstènedione. Et dans leurs relations avec les hommes, ces hormones atténuent les inhibitions, ce qui explique vraisemblablement pourquoi elles ne sont guère appréciées des autres femmes. Elles étaient davantage portées à exprimer leurs sentiments compétitifs par de l'agres-sivité verbale. Celles dont les taux hormonaux étaient inférieurs éprou-vaient aussi des sentiments compétitifs, mais avaient peu de chances d'y donner suite. Chez les hommes, les différences individuelles dans le flux et le reflux des hormones mâles déterminent en partie s'ils laisseront leurs élans agressifs et compétitifs s'exprimer dans l'action, tandis que chez les femmes, l'agressivité se manifeste verbalement[51].

L'agressivité au féminin étalée au grand jour

Quel que soit le contexte culturel, les femmes rivalisent davantage entre elles qu'avec les hommes[52]. Elles s'attaquent à leurs concurrentes de façon subtile, indirecte et secrète. Les études réalisées auprès d'enfants montrent que, par rapport aux garçons, les filles recourent moins à l'agressivité phy-sique, mais sont blessantes et excluent plus facilement les nouvelles venues, souvent dans les quatre premières minutes de l'interaction[53]. À l'adolescence, les garçons demeurent physiquement agressifs et âprement compétitifs, cher-chant à éliminer directement leurs adversaires, tandis que les filles agissent en sous-main pour cimenter leur position. Exclusion sociale, remarques mes-quines et tentatives visant à rallier les amies de la rivale sont les moyens mis en œuvre pour l'obtention du pouvoir. Moins déclarée et plus sophistiquée, l'agressivité féminine est plus difficilement observable[54]. Les femmes qui en sont la cible ont tendance à s'effacer doucement plutôt qu'à contre-attaquer, ce qui vient grossir les rangs de femmes qui font défection au travail. Jusqu'à une époque récente, il était politiquement incorrect d'insinuer que les femmes pouvaient se nuire au lieu de s'épauler. Un réseau d'entraide féminin dans le cadre du travail est un idéal et il existe souvent, mais ce n'est en aucun cas la règle[55].

On commence à étaler l'agressivité féminine au grand jour. Une chronique que j'avais consacrée à cette question chez les professeures d'université a suscité de nombreux commentaires de la part de mon lectorat. Certaines saluaient le courage dont je faisais preuve pour aborder un tel tabou, d'autres voulaient me raconter leur propre histoire. Voici un courriel reçu en 2005 :

> Je suis étudiante en doctorat à Oxbridge, et je viens juste de vivre un divorce scolaire traumatisant d'avec ma directrice de thèse depuis quatre ans. Dans mon cas, cette dernière a outrepassé les limites de l'irrespect. Elle était injurieuse à l'égard du personnel féminin et des étudiantes, qu'elle exploitait de façon éhontée. Elle pressait les étudiants comme des citrons, et leur criait dessus 24 heures sur 24. Ses étudiantes en doctorat travaillaient comme des auxiliaires de laboratoire non payées et se faisaient confisquer leur travail et leurs idées, qu'elle publiait sous son propre nom. Les conditions de travail stressantes qui régnaient dans notre labo ont rendu malades des gens parmi le personnel et les étudiants, les conduisant à prendre des antidépresseurs ou à consulter un thérapeute. Les nombreuses plaintes adressées à l'université sont largement demeurées lettre morte.

Il a fallu attendre qu'une nouvelle génération de jeunes femmes entrent sur le marché du travail, au début des années 1990, et soient supervisées par la première cohorte de femmes pour que les cas d'agressivité féminine commencent à voir le jour. Dans le monde des affaires, on commençait à dénoncer ce genre de situations et on a même conçu des stages pour adoucir le tranchant des femmes compétitives, dont les manœuvres en coulisses étaient considérées comme assassines[56]. Dans les années 2000, on a vu apparaître des livres aux titres évocateurs : *Mean Girls Grown up* (« les chipies à l'âge adulte ») ou *Tripping the Prom Queen : The Truth about Women and Rivalry* (« une peau de banane pour la reine de la fête : la vérité sur la rivalité féminine »). Après avoir été une affaire d'hommes pendant des décennies, la compétition entre les femmes sortait du placard. Selon David Geary, psychologue spécialisé en évolution, on peut s'attendre à trouver de la rivalité entre femmes à toutes les générations, surtout pour l'accès aux biens les plus convoités. Maintenant que les femmes occupent une place importante dans le monde du travail, elles rivalisent pour les promotions et la reconnaissance, et plus seulement pour les partenaires. « Plus l'enjeu est grand, que ce soit une promotion, une position prestigieuse ou un homme, plus cela déclenchera de jalousie », a-t-il écrit dans un courriel. À l'évidence, la compétition n'est plus seulement l'affaire des hommes.

Mais les hommes dominent encore les tournois, les courses et les jeux à somme nulle. Ils continuent de peupler les prisons et d'occuper les postes les plus importants en politique et dans la grande entreprise. Des 1 941 chefs de gouvernement du XXe siècle, 27 ont été des femmes. Dans les États non démocratiques, 85 % des hommes chefs ont été violemment déposés ou carrément tués ; dans les démocraties, ils avaient 1 probabilité sur 10 de se faire assassiner[57]. Les femmes, elles, ont d'autres moyens d'établir une hiérarchie, qui mettent moins en danger leur vie ou celle des autres.

Criminels et génies

Les femmes ont moins de probabilités non seulement de tuer, mais aussi de commettre un crime, quel qu'il soit. Aux États-Unis, les hommes commettent 15 fois plus de cambriolages que les femmes. Celles-ci ont trois fois moins de chances de commettre des voies de fait sur une personne autre qu'un homme, d'utiliser un fusil ou de déclencher une bagarre domestique[58]. Dans un article singulier, le psychologue Satoshi Kanazawa, de la London School of Economics, a exploré le rapport entre le crime et la réussite chez les hommes. S'inspirant de la biographie de 280 scientifiques, musiciens de jazz, peintres et écrivains, il a établi leur âge au moment de leurs plus grandes réalisations et comparé le graphique obtenu à la courbe d'âge des criminels. Il a trouvé que les hommes étaient à leur apogée entre 25 et 30 ans environ. Après, leurs réalisations chutaient radicalement, surtout s'ils se mariaient. Voici ce qu'il écrit : « Paul McCartney n'a pas écrit de chanson à succès depuis des années et passe maintenant son temps à peindre. J. D. Salinger vit en reclus et n'a rien publié depuis plus de 30 ans. Orson Welles n'avait que 26 ans quand il a écrit, produit, réalisé et joué dans *Citizen Kane* – pour beaucoup le meilleur film de tous les temps. La relation entre l'âge et le génie semble suivre la même courbe en sciences. » Kanazawa poursuit en notant que John von Neumann, James Watson et d'autres lauréats du prix Nobel ont fait leurs découvertes au plus tard à 25 ans. Il a ensuite comparé cette courbe à celle des criminels – dont l'activité atteint un sommet au début de la vingtaine – et constaté le même schéma : ascension rapide, grande activité et chute radicale. La courbe se présentait comme un chapeau de sorcière pointu. En comparaison, la courbe des femmes ressemblait davantage à un chapeau de cowboy – bords larges et fond plat –, et elles en atteignaient le sommet entre 45 ans et la fin de la cinquantaine, après les années de procréation.

Qu'est-ce que cela signifie pour les hommes ? Kanazawa invoque l'évolution pour expliquer qu'un même mécanisme psychologique pousse les hommes à commettre des crimes et à apporter de grandes contributions. La période de grandes réalisations coïncide avec la montée de testostérone liée à la recherche d'une partenaire et à la compétition. Au cours de l'évolution, les hommes se seraient affrontés pour obtenir la femme la plus jolie, la plus saine et la plus maternante, capable de porter et d'élever sa progéniture jusqu'à la maturité. Les gènes d'hommes ayant réussi par la violence, la détermination ou la ruse auraient été transmis jusqu'aux hommes actuels (qui, tout en respectant la loi, rivaliseraient pour produire des découvertes artistiques et scientifiques, considérées comme des « manifestations culturelles censées attirer des partenaires », selon Kanazawa[59]). Ce patrimoine génétique favoriserait la réussite dans des domaines très compétitifs, tout en augmentant le risque de blessure et de mort précoce. On pense ici à la formation des gangs de rue à l'adolescence, souvent un terreau fertile qui mène à une criminalité plus audacieuse.

Dans la littérature sur les carrières criminelles, les criminologues canadiens Carlo Morselli et Pierre Tremblay ont effectivement trouvé que les jeunes adultes étaient plus motivés et plus efficaces que leurs aînés. Les jeunes possédaient non seulement les mêmes caractéristiques que les hommes performants d'autres disciplines, mais « les contrevenants étaient plus à même d'exploiter les occasions financières que les contrevenantes[60] ». Si la violence et la compétition sont l'héritage génétique des jeunes hommes s'affrontant pour les femmes, de l'adolescence jusqu'à la naissance de leur premier enfant, il se pourrait bien que les efforts des hommes diminuent une fois les enfants nés. Il serait trop coûteux pour eux de poursuivre la lutte. Ils pourraient mourir – et leurs enfants se retrouver sans père et sans ressources. Comme l'affirme Kanazawa, pour cette raison, les hommes sont plus compétitifs lorsqu'ils sont jeunes. Au même titre que les réalisations scientifiques et artistiques des hommes mariés, les crimes violents reculent à partir de la quarantaine.

Aussi bizarre que cela puisse paraître, la carrière de criminels qui « réussissent » évolue comme celle des scientifiques performants. Dans le crime comme dans la science, on trouve de jeunes hommes qui commencent leur apprentissage à l'adolescence, la poursuivent dans des organisations plus étendues au début de la vingtaine, s'éloignent un peu pour donner du lustre à leurs exploits, et ont des parrains pour les encadrer. Dans une étude réalisée auprès de 268 détenus de 5 pénitenciers, Morselli, Tremblay et Bill McCarthy, un chercheur américain, ont trouvé que les criminels qui gagnaient le plus d'argent en commettant le moins de crimes (revenus de 105 000 $ contre 12 000 $) avaient été les protégés de mentors plus âgés, ces derniers les ayant choisis en fonction de leurs caractéristiques personnelles. Le mentor enseignait alors à son élève comment planifier les coups et éviter de se faire prendre. Il lui donnait aussi l'occasion de rencontrer des gens du métier[61]. Personnellement, cela me fait beaucoup penser aux études supérieures.

La différence cependant, c'est que de nombreux hommes très compétitifs réussissent mieux en dehors des structures scolaires, contrairement aux femmes, comme nous l'avons vu au premier chapitre. Les hommes qui ont bâti leur fortune sur leur intelligence et leur goût du risque considèrent parfois que l'école est pour les poules mouillées. Ceux qui ont des troubles d'apprentissage ou d'attention ne réussissent pas à l'école, mais ceux qui font preuve d'intelligence et aiment le risque trouvent des forces compensatoires, notamment la confiance en soi et la détermination.

Dans la cour des grands

En écrivant « je n'ai jamais laissé l'école nuire à mon éducation », Mark Twain résume l'histoire de nombreux hommes remarquables qui ont vécu jusqu'au milieu de XXe siècle et même après. Henry Cavendish, l'excentrique scientifique que nous avons rencontré au chapitre 5, a identifié l'hydrogène, décrit la composition de l'eau et mesuré la densité de la terre, mais n'a jamais obtenu de diplôme de Cambridge. Einstein espérait que sa thèse originale serait acceptée comme dissertation doctorale par l'Université de Zurich, mais ce ne fut pas le cas. Il finit par obtenir un doctorat en 1905, après quatre tentatives pour soutenir sa thèse et au terme de cinq années d'efforts. Charles Darwin a essayé d'étudier la médecine à l'Université d'Édimbourg, mais a abandonné, puis a trouvé le droit trop ennuyeux pour poursuivre sa licence. Son père considérait sa passion pour l'histoire naturelle comme des enfantillages. « Tout ce qui t'intéresse, c'est de tirer sur des chiens et d'attraper des rats. Tu es une disgrâce pour ta famille et pour toi-même. » Il a fini par étudier la théologie, et comme Bill Bryson l'écrit dans *Une histoire de tout, ou presque*, son rendement médiocre causait un grand souci à ses parents[62]. Avec le recul, les histoires de nombreux meneurs et génies semblent banales en regard des trois exigences conduisant à de grandes réalisations : une intelligence innée, au moins une décennie de dur labeur pour maîtriser une discipline, et une monomanie. Chapeautées par une détermination indéfectible, ces qualités éclipsent parfois les études, comme l'écrit le psychologue Dean Keith Simonton, dans son ouvrage *Greatness : Who Makes History and Why*.

> Ni George Washington ni Abraham Lincoln n'ont fait beaucoup d'études. Michael Faraday a dû quitter l'école à 14 ans et même Isaac Newton n'a jamais obtenu d'autre diplôme qu'un baccalauréat. Au XXe siècle, Harvard a vu trois de ses étudiants abandonner son enceinte sacrée pour aller triompher sans diplôme. Après avoir abandonné, Edwin Land a inventé la

lentille polarisée et l'appareil Polaroid Land. Buckminster Fuller a quitté dans des circonstances moins plaisantes, mais a tout de même trouvé le moyen de concevoir le dôme géodésique et une panoplie d'autres inventions. Bill Gates, le troisième et plus récent étudiant ayant abandonné ses études à Harvard, a fondé Microsoft, le leader incontesté du logiciel.

Au-delà de la simple anecdote, mentionnons quelques statistiques regroupant plus de 300 créateurs, leaders et célébrités nés entre 1841 et 1948 : 15 % d'entre eux n'avaient pas dépassé la 4ᵉ; 11 % avaient été à l'école secondaire, 19 % avaient terminé leur secondaire, 9 % avaient été à l'université, 19 % avaient obtenu le baccalauréat, 4 % avaient poursuivi aux études supérieures et seulement 19 % avaient obtenu des diplômes d'études supérieures. En somme, il y avait parmi eux beaucoup plus de types n'étant jamais montés sur l'estrade pour recevoir un diplôme d'études secondaires que de Ph.D[63].

Je ne dis pas que quitter l'école favorise le succès, mais je cherche à attirer l'attention sur l'incroyable dynamisme que procure une détermination nourrie à la testostérone. Nulle part ce phénomène n'est plus évident que dans les compétitions de jeux de cartes et de jeux de société. Un survol rapide des milliers de sites de jeux interactifs révèle que la plupart des joueurs n'ont pas fait d'études et que 96 % des meilleurs d'entre eux sont des hommes. Prenons le cas du Canadien Daniel Negreanu qui, à 30 ans, est l'un des meilleurs joueurs de poker de l'histoire. Comme on le lisait dans le *New Yorker* en 2005, depuis 1997, il a gagné 6 millions de dollars dans des tournois, et encore 6 millions dans des jeux en ligne et dans les casinos. Renvoyé de l'école secondaire pour y avoir organisé des parties de poker, Negreanu écrit des chroniques sur le jeu qui sont publiées dans 12 journaux, attire sur son site Web quelque 100 000 visiteurs par mois, publiera bientôt un livre et un DVD éducatif, et gagne encore plus d'argent grâce à des contrats lucratifs de promotion.

Comme Duddy Kravitz, le protagoniste de Mordecai Richler, Negreanu est l'archétype de l'autodidacte nord-américain. Cependant, son succès financier, fondé sur le risque et la détermination, ne relève pas de la fiction. Le sociologue d'Harvard Christopher Jencks a montré comment l'instruction n'explique qu'une petite partie de l'écart dans les revenus, et que « certains hommes valorisent l'argent plus que d'autres et sont prêts à faire des sacrifices extraordinaires pour en avoir[64] ». Voilà une raison qui explique pourquoi une femme titulaire de deux diplômes universitaires ne gagnerait qu'une fraction du revenu de Negreanu, une inégalité étroitement liée à la biologie de la prise de risques. Des hommes agressivement compétitifs peuvent réussir à l'école, mais ils utilisent aussi leur débrouillardise pour se distinguer ailleurs. Dans le *New Yorker*, l'auteur Kevin Conley rapporte que Negreanu dénigre les « matheux » qui comptent sur la théorie des jeux et les probabilités au lieu de l'intuition. Avec tout l'aplomb qu'on peut imaginer, Negreanu explique qu'il est des choses qu'on peut apprendre ailleurs qu'à l'école.

Je faisais une conférence à Ohio State et j'ai terminé en disant, pour blaguer, que j'allais lancer mon programme d'encouragement à abandonner l'école. C'était une plaisanterie, bien sûr, mais l'idée n'est pas si bête. Prenez un jeune de 18 ou 19 ans qui, après avoir passé son baccalauréat, aboutira dans un emploi sans avenir et gagnera 50 000 $ ou 60 000 $ par année. Moi, je prendrais ce jeune, je lui enseignerais à jouer au poker et, en trois mois, je lui aurais montré comment faire plus d'argent qu'il n'en fera jamais dans son petit emploi. [...] On dit qu'on « joue » à la Bourse, n'est-ce pas ? Le jeune pourrait aussi étudier et faire de l'argent à la Bourse, ce que la société valorise. Mais le joueur de poker, lui, voit tous ces idiots faire de mauvais placements et se dit : « Je pourrais faire mieux qu'eux. » Il étudie et il réussit[65].

C'est une bravade, bien sûr, mais il ne fait aucun doute qu'une pareille confiance en soi contribue à la réussite d'hommes comme Negreanu[66]. Cependant, on confond souvent ce sentiment d'invincibilité, de supériorité et de valeur personnelle avec l'estime de soi. En moyenne, les hommes possèdent une estime de soi supérieure à celle des femmes, mais la différence n'est pas énorme. Même si les hommes en ont plus, elle n'est pas forcément un ingrédient du succès ni une force du bien. Les personnes qui disent avoir une estime de soi très élevée agissent souvent comme des brutes ou des tyrans[67]. Comme l'agressivité et le goût du risque, l'estime de soi a des conséquences contradictoires, et le concept est flou. On ne peut la mesurer qu'en demandant aux gens s'ils en ont, ce qui revient à demander s'ils se croient intelligents, attrayants ou rigolos. Ceux qui possèdent une forte estime de soi mentionnent souvent qu'ils sont très intelligents, mais comme nous l'avons vu, il n'existe pas de lien entre l'opinion qu'on a de soi et les résultats aux tests d'intelligence[68]. Par ailleurs, les études sur la question sont principalement des corrélations, ce qui revient à dire qu'on ne sait jamais si la personne a une bonne estime de soi parce qu'elle joue bien au poker ou si elle joue bien au poker parce qu'elle a une bonne estime de soi.

Le psychologue social Roy Baumeister et ses collègues de l'Université Florida State ont voulu en avoir le cœur net. Après avoir dépouillé 15 000 articles sur le sujet, ils en sont arrivés aux conclusions suivantes : les gens qui ont une bonne estime de soi persévèrent plus longtemps s'ils croient que l'échec est possible. Ils savent mieux quand s'arrêter et quand s'accrocher, ce qui est utile non seulement au poker, mais aussi dans la vie professionnelle. Ils parlent plus souvent au sein d'un groupe. Ils se perdent moins souvent (quoique je me demande si un troisième facteur, comme la testostérone, ne stimule pas les habiletés spatiales et la confiance). Ils ont tendance à être moins inhibés et plus aventureux, et ont plus de probabilités d'être parmi les premiers de leur groupe à expérimenter la drogue et le sexe[69]. Contrairement à la croyance populaire, les brutes et les agresseurs ont souvent une très haute opinion d'eux-mêmes, leur agressivité étant souvent une réaction à un orgueil blessé[70].

Le goût du risque

Nous avons vu comment l'audace de Daniel Negreanu était liée à un esprit d'aventure. Bien que personne n'ait examiné la question de façon systématique, je soupçonne que ce culot est plus répandu chez les hommes. Les rares femmes qui se hissent jusqu'au sommet dans un univers aussi compétitif que le poker ont sans doute les mêmes caractéristiques et d'excellentes aptitudes dans le calcul des probabilités. Elles réussiraient également dans les hautes sphères de la grande entreprise, quoiqu'elles gagnent probablement plus d'argent dans les parties de poker aux enjeux élevés.

Tout comme l'estime de soi, la prise de risques a des avantages et des inconvénients. Comme nous l'avons vu, les taux de mortalité chez les hommes sont supérieurs. Les adolescents et les jeunes adultes sont plus exposés à la conduite dangereuse et aux accidents de la route mortels, à mourir dans l'armée après s'être portés volontaires, et à écourter leur espérance de vie pour cause de violence, d'accidents évitables, de consommation de drogue ou d'alcool[71]. Parmi les jeunes adultes, il meurt actuellement trois fois plus d'hommes que de femmes. La propension à prendre des risques apparaît dans l'adolescence, plafonne dans la jeune vingtaine et décroît par la suite. Ainsi, la mortalité des hommes par accidents ou homicides suit la même courbe que les réalisations des scientifiques, artistes et criminels. Même chose pour les métiers très risqués, à prédominance masculine, comme ceux de soldats, de policiers et de pompiers. Au moment où les taux de testostérone atteignent un sommet, les hommes recherchent la poussée d'adrénaline, pour le meilleur et pour le pire.

Frank Farley, psychologue à l'Université Temple, spécialisé dans l'étude du risque, parle du facteur T. T pour *thrill*, qu'on peut traduire par frisson, mais aussi pour testostérone[72]. Les hommes de type T refusent d'admettre qu'ils prennent des risques car ils croient tout contrôler. Le chercheur les a séparés en deux groupes : les T positifs – entrepreneurs, inventeurs, explorateurs, pilotes de course – et les T négatifs – joueurs, criminels et hommes s'engageant dans des pratiques sexuelles à risque. Il aurait été intéressant d'observer entre les deux une frontière nette, mais il y a chevauchement. En juin 2006, à l'âge de 24 ans, le quart arrière des Steelers de Pittsburgh, Ben Roethlisberger, roulait à moto sans casque et s'est fracassé le crâne, mais il n'a jamais admis qu'il s'agissait d'un comportement à risque. Après tout, son travail consiste à s'engager agressivement dans la mêlée, tête la première, en échange de gains phénoménaux : un contrat de 22 millions de dollars et plus de 17 millions en primes. Selon Farley, « en tant que quart arrière, on établit soi-même les règles. Et l'on vit avec les conséquences des décisions prises en temps réel, le fusil sur la tempe. Le jeu commence et tout va très vite[73]. » Comme le pare-brise qui lui a fendu le crâne.

Roethlisberger non seulement entre dans les catégories d'âge et de sexe des personnes exposées à un risque élevé mais incarne aussi la tendance masculine à s'orienter vers des emplois extrêmes, soit des emplois très risqués, salissants ou mortels. Dans son livre *Biology at Work*, Kingsley Browne, professeur de droit à l'Université Wayne State, a établi les emplois les plus dangereux à partir des statistiques du département du Travail américain. Par exemple, un pêcheur a 21,3 fois plus de risques de mourir au travail qu'un employé de bureau, un enseignant, un comptable ou un dentiste. Les métiers suivants, à l'exception de celui d'agriculteur, sont occupés à 90 % ou 95 % par des hommes. Les risques de décès, comparativement à ceux du travailleur moyen, sont donnés entre parenthèses : pêcheur (21,3), bûcheron (20,3), pilote d'avion (19,9), métallurgiste (13,1), chauffeur de taxi (9,5), ouvrier du bâtiment (8,1), couvreur (5,9), monteur de lignes électriques (5,7), camionneur (5,3) et agriculteur (5,1)[74].

Les statistiques britanniques sont semblables : l'exploitation forestière, la pêche et la chasse, l'agriculture, la métallurgie et le camionnage, des métiers à prédominance masculine, comportent les plus grands risques[75]. L'imprévisibilité – la partie excitante du risque – est l'élément commun, de même que la capacité de travailler seul tout en parcourant de vastes territoires sans supervision. Ces facteurs sont thématiquement groupés dans les questionnaires d'orientation que passent les élèves du secondaire au moment de choisir une carrière. Les emplois solitaires, au grand air et risqués plaisent en très grande majorité aux hommes[76].

Rivaliser pour le plaisir et le profit

Même en l'absence d'importantes récompenses pécuniaires, l'occasion de se mesurer aux autres et de gagner suffit à tenter de nombreux hommes. Jusqu'à maintenant, Joel Wapnick a remporté 63 305 $ dans des tournois de Scrabble. Il reconnaît que ses gains, répartis sur une période de 25 ans, ne l'ont guère enrichi. Comptant parmi les meilleurs joueurs du monde, il s'est classé premier en 1999, puis deuxième en 1993 et en 2001.

« C'est un jeu fascinant, un beau jeu de connaissance et de stratégie. » Voilà en quels termes s'extasie ce sexagénaire aux cheveux bouclés qui enseigne la musique à l'Université McGill. À l'étroit dans son bureau, entre le ventilateur de table, les piles de livres et les papiers jaunissants, le professeur Wapnick n'a rien d'un assoiffé de sensations fortes. La fenêtre grillagée derrière lui était si sale que le soleil de midi semblait faible, mais sur le bureau trônait un immense écran d'ordinateur, dont l'économiseur affichait un jeu de Scrabble grâce auquel nous avions assez de lumière pour nous voir.

« Au Scrabble, qu'est-ce qui distingue un champion d'un accro ?, lui ai-je demandé.

– L'esprit de compétitivité est très important.

– Et pourquoi y a-t-il si peu de femmes ?

– Le petit échantillon de femmes qui comptent parmi les meilleurs joueurs constitue un groupe expérimental sacrément réduit. Peut-être parce qu'il faut une nature impitoyable », a-t-il ajouté après un moment de réflexion. « Quand on entre dans le jeu, il faut vouloir gagner à tout prix. J'ai l'impression que les femmes abandonnent en cours de route. »

Selon Wapnick, le Scrabble est essentiellement un jeu « spatial qui fait appel aux mathématiques et aux probabilités ». À partir de ce qui se trouve sur le jeu, il faut évaluer la probabilité des lettres restantes et des lettres de l'adversaire. Mais l'essentiel, c'est de vouloir gagner coûte que coûte. « Quand j'ai commencé, je voulais seulement être parmi les meilleurs. Je m'en savais capable. Je sentais que je pouvais exceller à ce jeu. Le plus important, ce sont les tournois, et je suis bon là-dedans. » Wapnick a passé plusieurs heures chaque jour à mémoriser des mots comme « wilaya, gaiac et barey » épelés dans le désordre, par exemple « aaylwi, aaicg et abery », comme ils pourraient se présenter dans le jeu. Wapnick estime qu'il connaît l'orthographe désordonnée d'environ 120 000 mots – soit 100 000 de plus que vous et moi –, avec des sens si obscurs que cela frise le charabia.

Presque chaque année, environ 45 % des participants qui se qualifient pour les championnats nord-américains et internationaux sont des femmes, dont seulement 5 % se classent parmi les meilleurs. Ainsi, la répartition hommes-femmes des compétitions de Scrabble reproduit la pyramide de la haute direction : 46 % de la main-d'œuvre est féminine, mais il n'y a que 5 % de femmes parmi les dirigeants[77]. Même chose dans les compétitions de poker et d'échecs, une poignée de femmes de calibre mondial au poker et aucune aux échecs[78]. Au Scrabble, il n'y a eu qu'une championne mondiale, Rita Norr, en 1987. À l'heure actuelle, une Torontoise, Robin Pollock Daniel, est la meilleure joueuse au monde ; elle s'est classée 21e sur 635 participants à l'US Open de Scrabble, disputé à Phoenix en 2006. Mais les divas dans ce jeu sont l'exception. Les surdoués du Scrabble, principalement « des musiciens, des génies de l'informatique et des matheux » selon Pollock Daniel, se soucient-ils du sexe de leur adversaire ? « Si vous pouvez jouer et tenir une conversation décente, ça va. J'ai toujours été très bien acceptée par les hommes. »

Comme Wapnick, Pollock Daniel admet qu'il faut vouloir gagner. « C'est ce qui me distingue de la plupart des femmes, dit-elle. J'ai horreur de perdre. Quand je joue contre Joel – il a deux maîtrises et un Ph.D., un type vraiment brillant –, je suis convaincue que je vais le battre. Pourtant, j'entends toujours une petite voix féminine me dire : "Tu n'es pas à ta place. Tu te fais passer pour quelqu'un d'autre." C'est un truc de femmes. Je suis heureuse d'être reconnue par un chroniqueur de Scrabble comme l'une des meilleures joueuses, j'ai besoin de cette reconnaissance. Je me retrouve toujours dans le meilleur groupe, et il me faut la preuve que j'en fais partie. Je me demande si les hommes ressentent ça aussi. Beaucoup d'hommes se sentent méritants. »

Au cours d'un stage de formation en gestalt-thérapie, Pollock Daniel, une psychothérapeute qui a arrêté de travailler pour s'occuper de ses enfants et jouer au Scrabble, devait prendre le rôle de son alter ego secret. « J'ai choisi Rain Man. Comme lui, j'ai la capacité de faire des choses mentalement – le côté idiot savant de mon talent. Lui le faisait sans honte. » Elle croit que les femmes n'ont pas reçu de la société la permission de se consacrer six heures par jour à des activités telles que la mémorisation d'anagrammes et de mots de 7 lettres à forte probabilité, qui donnent un bonus de 50 points. Je suis prête à parier, toutefois, que même si elles avaient sa mémoire prodigieuse, peu de femmes voudraient l'imiter. Elles ont autre chose à faire. John D. Williams, directeur général de la National Scrabble Association, le confirme : « Les femmes sont trop occupées par la vie, tandis que les hommes sont plus déterminés et obsessionnels. J'ai rencontré peu de femmes connaissant le joueur ayant marqué le deuxième but des Blue Jays en 1987, ou la puissance du moteur d'une Chevrolet 1968 et d'une Buick 1969. C'est la même chose. Qui prendrait le temps d'apprendre 100 000 mots dont personne ne se sert dans la vie réelle ? Les hommes ont tendance à graviter autour de l'ésotérique. Pointez-vous à une convention *Star Trek*, 90 % des participants sont des hommes. » Terrence Tao, le jeune génie mathématique, gagnant de la médaille Fields et professeur à l'UCLA, est un expert des intégrales oscillatoires, des équations de dispersion non linéaires et des opérateurs multilinéaires, et Daniel Tammet, l'homme qui a mémorisé 22 500 décimales de *pi*, montrent jusqu'où peut aller la tendance à absorber des montagnes de données lorsqu'on y mêle l'esprit de compétition.

« Les femmes sont plus sensées que les hommes. Elles ne dépenseraient pas autant d'énergie pour le Scrabble. Pour quoi faire ? Pour être adulées par quelques centaines de personnes ? » dit Wapnick. Plus jeune, quand il a gagné le championnat mondial, il se souvient d'être retourné dans sa chambre et d'avoir sauté de joie. Aujourd'hui dans la soixantaine, gagner serait plutôt bien, mais ce n'est plus aussi important.

Pendant que je gribouille ses commentaires dans mon carnet, je me rappelle les expériences de Kanazawa – les montées de testostérone et le génie précoce – et celles de Dabbs – la mesure des taux de testostérone –, et je me demande s'il ne faudrait pas demander aux meilleurs joueurs de Scrabble et de poker de donner un échantillon de salive.

S'ils le faisaient, je pense qu'on trouverait pourquoi les hommes sont en moyenne plus agressifs et compétitifs. Les déterminants biochimiques du comportement, libérés en situation de stress et peaufinés pendant des millénaires, signalent aux hommes la présence d'adversaires dans leur entourage. Les hormones transforment la compétition en une activité stimulante et plaisante. Les femmes, quant à elles, considèrent davantage le long terme. Étant donné leurs influences hormonales, elles sont plus raisonnables et hésitent à tout risquer sur un seul pari. La compétition les attire moins, et la plupart réussissent mieux sans rivalité. En moyenne, la réponse neuroendocrine au stress est différente chez les hommes et chez les femmes. Chez les hommes, une plus grande quantité d'adrénaline et de cortisol est libérée pendant la compétition, ce qui colore psychologiquement leur expérience. « C'est peut-être pour cette raison que les femmes répondent plus sélectivement aux défis, et plus économiquement en ce sens qu'elles maîtrisent de nombreuses situations stressantes sans recourir autant que les hommes à leurs réserves corporelles », écrivait Marianne Frankenhaeuser, la psychologue de l'Université de Stockholm citée précédemment sur la question de la punition et de la revanche. Même quand les femmes subissent une pression très forte, la quantité d'adrénaline qu'elles libèrent est à peu près la même que d'habitude, alors que celle des hommes augmente, a-t-elle constaté. La stimulation chimique transforme donc l'expérience de la rivalité. Les femmes mentionnent plus de sentiments négatifs et d'inconfort dans les situations compétitives, même si elles réussissent tout aussi bien que les hommes[79]. Pour la plupart d'entre elles, c'est moins une question de savoir qui peut gagner, mais plutôt de déterminer si c'est agréable et si le jeu en vaut la chandelle.

Si les hommes sont plus compétitifs par nature, doit-on pour autant considérer que c'est un problème qu'il faut résoudre ? C'est tentant si l'on veut des hommes et des femmes qu'ils soient identiques et poursuivent les mêmes buts. Il y a plus d'individus du sexe mâle qui s'efforcent de gagner la partie, quel que soit l'investissement requis, de travailler 90 heures par semaine pour remporter le gros lot ou être le mâle dominant. Un grand nombre d'entre eux aiment beaucoup la compétition et d'autres la détestent. Mais en moyenne, les différences sexuelles liées à l'agressivité donnent à penser qu'hommes et femmes ne jouent pas avec les mêmes règles.

Il est également tentant de vouloir dompter le penchant mâle pour la compétition et le risque, compte tenu du prix à payer sur le plan de la longévité et du bonheur. Personnellement, j'aimerais que mes fils et mes neveux vivent aussi longtemps que les filles de leurs classes. Le fait que la prise de risques et la fébrilité coexistent avec la fragilité est un aspect du paradoxe sexuel. L'avantage compétitif implique des sacrifices, et ce n'est nulle part aussi évident que chez les hommes impulsifs qui ont une courte durée d'attention. Vus comme une version exacerbée de l'homme moyen, les hommes affectés d'un trouble déficitaire de l'attention s'exposent souvent à de grands risques, mais remportent parfois le gros lot.

Chapitre 9

Les hommes qui mettent le turbo : quand hyperactivité rime avec réussite

Ron Randolph Wall, le PDG d'une firme internationale de marketing établie au Nevada, est l'incarnation du trouble déficitaire d'attention avec hyperactivité (TDAH). Ce grand maigre aux cheveux argentés et à la moustache poivre et sel a des airs de James Bond : même accent, même style vestimentaire, même galanterie, et un coupé sport étincelant de marque européenne pour se balader en ville. La seule chose qui manque au tableau, c'est la demi-seconde de réserve britannique. Wall n'hésite jamais. Il entre dans une pièce, irradiant la confiance et la ferveur. Nous venions tout juste de faire connaissance qu'il voulait déjà me parler de sa dernière idée, comme si nous étions de vieux copains.

Je suis venue à Lake Tahoe pour rencontrer Wall. Il est 8 heures 30 et j'attends dans le hall de l'hôtel que Brooke, la jeune assistante personnelle de Wall, vienne me prendre dans le break vieillissant qu'elle a acheté, comme je l'ai appris après y être montée, pour braver les tempêtes de neige de la Sierra Nevada et loger sa planche à neige ainsi que les deux chiens de son patron. Le tatouage qui lui couvre le bras jusqu'au poignet et le gros caniche gris qui dort à l'arrière me disent que cette interview ne sera pas comme les autres : pas de salon feutré, pas de réponses préparées à l'avance. Il semble que Wall ait une manière bien à lui de brasser des affaires, entre autres déléguer les tâches à une poignée de sous-fifres en qui il a confiance, que ceux-ci possèdent ou non les diplômes adéquats. Après tout, lui n'en avait aucun lorsqu'il a commencé.

* * *

Les bureaux de Wall, un sanctuaire percé de grandes fenêtres donnant sur une pinède, grouillent de douzaines d'employés de la génération Y, comme Brooke, assis devant des ordinateurs à calculer des ratios et à établir le profil démographique de la clientèle de chaque cinéma des États-Unis. Ils mettent au point une formule afin d'établir la répartition des billets de cinéma gratuits qu'ils glisseront dans des boîtes de céréales, de dentifrice et de couches jetables. Le mantra de Wall tient à ceci : « En donnant aux gens plus qu'ils n'en attendent de vous, vous en recevrez plus en retour. » En termes concrets, cela veut dire que presque tous les consommateurs américains peuvent voir gratuitement le dernier blockbuster américain en devenant un fidèle utilisateur de Crest. Wall sait mieux que quiconque quel consommateur profitera de l'offre. Sa société offre des incitatifs pour attirer la clientèle vers une marque. En plaçant des billets valant 15 $ dans une boîte de céréales qui coûte 3 $ ou en ajoutant des points électroniques à des cartes de crédit, Wall fidélise les consommateurs à l'affût d'aubaines. Avec une connaissance pointue des probabilités, il table sur le fait que beaucoup ne réclameront pas leur dû. En amenant ces derniers à acheter le produit sans toujours profiter de la prime, il a fait un coup de marketing.

Il y a une quarantaine d'années, Wall fut le premier à donner de petits cadeaux aux détenteurs de cartes de crédit – on parle aujourd'hui de carte de fidélité –, un geste gratuit qui amenait ces derniers à établir un lien entre deux produits distincts. Il y a une génération, si l'on achetait suffisamment de provisions au supermarché, on pouvait échanger des points de fidélité contre quelques bols en plastique ou même un grille-pain. Aujourd'hui, les achats portés sur la carte peuvent vous donner droit à un téléviseur à écran plat ou à un voyage pour deux à Las Vegas. Fini les points à coller. Les entreprises gagnent des clients fidèles qui ont investi quelque chose et réclament seulement occasionnellement leur cadeau. Les banques prêtent de l'argent sur carte de crédit, moyennant un taux d'intérêt élevé. Et Ron, qui en a eu l'idée, touche une prime aux deux bouts de la transaction. Consommateurs, détaillants et fabricants considèrent tous qu'ils font une bonne affaire. Wall a bâti sa multinationale en croyant au pouvoir des petits cadeaux et en misant sur son grégarisme démesuré. Il a exploité son idée pour lancer des franchises internationales, et sa société génère aujourd'hui 50 millions de dollars chaque année. Ayant amassé une petite fortune, il songe maintenant à se lancer dans la philanthropie. Avant qu'il ne passe à l'action, j'aimerais me faire une idée d'une journée dans la vie d'un homme qui a fait fortune et qui est atteint d'un trouble déficitaire de l'attention.

*   *   *

Après avoir acheté des cafés au lait à emporter, Brooke et moi nous arrêtons devant un petit immeuble de bureaux niché dans un bosquet de pins. Souriant dans sa tenue sportive, Wall apparaît comme par magie et nous donne l'accolade dans le parking ensoleillé. Puis il monte les marches deux à deux, suivi de son caniche, Loki. Sur le chemin de son bureau, il me parle sans arrêt, s'interrompant uniquement pour dire un mot à chaque employé croisé, le portable collé à l'oreille. « Je ne peux pas me déconnecter de mes idées », dit-il en se tournant vers moi, ajoutant du même souffle : « Je ne veux pas être à l'extérieur de moi-même. » Finalement, la porte de son bureau se ferme derrière nous et je l'invite à me parler du parcours qui l'a mené jusqu'ici, à la tête d'une société multimillionnaire avec des franchises sur plusieurs continents. Wall passe en revue sa carrière : l'entreprise de lavage de voitures qu'il a mise sur pied à l'adolescence, l'épisode de croupier alors qu'il était encore mineur dans un casino londonien, puis, après de grands sauts dans le temps et l'espace, la création de son entreprise de marketing. Sans crier gare, il passe à l'histoire de sa famille, l'immigration de ses parents dans le Londres d'après guerre, entremêlant son histoire et celle de son fils, l'entrecoupant de commentaires sur son ex-épouse et sur sa philosophie personnelle. Je m'escrime à le suivre malgré les changements thématiques, les interruptions téléphoniques, les interventions du chien, arrêtant et réenclenchant mon magnéto à tout bout de champ et feuilletant rapidement mes notes dans tous les sens. Il ne peut s'en tenir à un sujet, et je perds le fil.

Le paradoxe du trouble déficitaire d'attention avec hyperactivité

Wall est la version adulte des nombreux garçons avec un TDAH (trouble déficitaire d'attention avec hyperactivité) que j'ai vu défiler dans mon bureau – agités, distraits, volubiles et prompts à réagir. On m'amenait ces garçons, facilement frustrés et frustrants pour les adultes de leur entourage, en consultation pour que je nomme leur problème et, avec un peu de chance, que je les soigne. En général, le TDAH n'est pas vu comme un avantage. La rapidité, la fluidité de l'attention, l'impulsivité et la compulsion à rechercher la nouveauté en sont les symptômes. La recherche effectuée auprès des hommes avec TDAH confirme leur fragilité, qui se manifeste par de fréquents changements d'emploi, des troubles du sommeil et des difficultés conjugales[1]. On s'attend à ce que les enfants qui en sont affectés éprouvent des difficultés et échouent, ce qui se produit souvent, surtout à l'école[2]. Cependant, ceux qui réussissent le font souvent de manière spectaculaire, ce qui soulève deux questions intéressantes. Le trouble comporte-t-il des caractéristiques qui catalysent le succès? Puis, comme il y a trois fois plus d'hommes que de femmes qui en souffrent, s'agirait-il d'une hypertrophie de traits plus courants chez les hommes? Comme nous l'avons vu, la plus grande variabilité chez les hommes donne lieu à un plus grand nombre d'extrêmes: les athlètes, les criminels et les inventeurs rencontrés dans les chapitres précédents, et un multimillionnaire dans celui-ci. Leurs traits hypermasculins stimulent l'action et démentent nos préjugés sur le sort des hommes fragiles.

Voilà le paradoxe, et il se manifeste encore aujourd'hui dans le scepticisme qui entoure ce trouble. Connu sous le nom plus court de TDA, il se caractérise principalement par l'inattention, surtout dans des situations répétitives qui comportent peu ou pas de nouveauté. On utilise des termes comme « rêveur », « distrait », « pas dans le coup » pour décrire les individus atteints; fébriles et impulsifs, ils laissent échapper des réflexions pas au point ou prennent des risques peu recommandables. Ils sont incapables d'attendre, d'écouter les autres facilement et patiemment, d'exécuter des plans complexes, de retenir indéfiniment leurs pulsions ou leurs idées et de rester calmes lorsqu'ils s'ennuient. Quand l'hyperactivité accompagne ces symptômes, il se crée un maelstrom d'énergie et de désorganisation difficile à ignorer[3]. Le diagnostic est posé seulement lorsque plusieurs symptômes affectent la personne dans différentes situations et pendant plusieurs années, et là encore, ceux-ci doivent perturber la vie quotidienne, que ce soit à l'école, au travail ou dans les relations[4]. Touchant dans le monde entre 7 % et 12 % des enfants et 4,4 % des adultes, il s'agit, avec la dépression, d'un des troubles psychologiques les plus répandus dans le monde[5]. À la différence de la dépression cependant, qui frappe surtout les femmes, le TDAH est 3 fois plus fréquent chez les hommes, et les garçons ont de 3 à 10 fois plus de probabilités que les filles d'en être victimes[6].

Un trouble est une déviation par rapport à la norme, et le TDAH a toujours eu des connotations morales. Au début du XXe siècle, on disait que c'était, chez les enfants, un « manque de contrôle moral » d'origine biologique, quoiqu'on en trouvât déjà des indices dans la mythologie et la littérature[7]. Dans le *Henri IV* de Shakespeare, un juge tente d'obtenir l'attention de Falstaff lors d'un échange reconnaissable entre mille pour qui a déjà interagi avec une personne ayant le TDAH. « Vous avez refusé de venir lorsque je vous mandai », dit le juge à Falstaff, qui répond que son inattention « a son origine dans l'excès de chagrin, dans l'étude, dans la perturbation du cerveau [...] Le mal dont je suis atteint, c'est celui de ne point écouter, de ne pas faire attention[8] ». Lorsque l'auteur attribue ce comportement à la surdité, à l'ébriété ou à une inattention qui requiert des soins médicaux, il exprime la question morale qui se pose encore : les gens qui ne se concentrent pas peuvent-ils faire autrement ? Bien que les chercheurs s'entendent pour dire qu'ils ne le peuvent pas, pendant des siècles, le trouble a été associé à un manque d'autocontrôle et à une lassitude morale. Les histoires de filous dans diverses cultures mettent en scène un petit personnage masculin qui erre sans but, là où le mènent ses impulsions, son agitation ou sa curiosité[9]. Il provoque le chaos autour de lui, tout en s'en sortant indemne. Anansi, l'araignée des contes d'Afrique de l'Ouest, Jojo Lapin dans le folklore américain et le coyote dans les mythes amérindiens ne sont que quelques figures qui vivent d'expédients en refusant de se soumettre aux règles. Comme le garçon qui a tranquillement reprogrammé l'horloge de mon bureau pour qu'elle sonne longtemps après son départ, le don du filou est d'échapper à la banalité. Il n'est pas capable de refréner son comportement pour se conformer aux attentes, démontrant souvent des vérités universelles en contrevenant à toutes les règles. Il est rusé, rapide et charmant. Mais est-il normal ?

Est-ce réellement une maladie ?

La controverse suscitée par le TDAH tient, entre autres, à ce que ses symptômes recoupent la rêverie et l'insouciance ordinaires. Par ailleurs, comme le diagnostic varie grandement selon les pays et les régions d'un même pays, on continue de soupçonner le trouble d'être une fabrication culturelle ou une invention concoctée par des sociétés pharmaceutiques et des médecins. Le fait qu'on traite 18 fois plus de garçons aux États-Unis qu'au Royaume-Uni, que l'Écosse enregistre un taux plus élevé que l'Angleterre et qu'en Alabama, celui-ci l'est 2 fois plus qu'au Colorado, contribue à mettre en doute la « réalité » du trouble[10]. Toutefois, en dehors du débat public, les chercheurs sont de plus en plus nombreux à reconnaître que le TDAH existe partout dans le monde et que les variations régionales reflètent la position de la société face à un comportement flou ainsi que son ouverture aux questions de santé mentale. De même, des facteurs démographiques influent sur des problèmes développementaux de toutes sortes – des naissances prématurées à l'asthme –, et dans certains endroits, l'on est plus sensibilisé aux symptômes. Comme dans les cas de l'épuisement professionnel (le *burn-out*) et du stress post-traumatique, une fois le trouble connu, il est diagnostiqué plus souvent.

Si l'Europe a reconnu plus rapidement que l'autisme était un trouble, les États-Unis, l'Australie et le Canada avaient une avance de 30 ans dans la recherche sur le TDAH, et l'Académie américaine de psychiatrie de l'enfant et de l'adolescent a publié ses premières lignes directrices pour le traitement en 1997, alors que celles du Royaume-Uni l'ont été en 2008. De plus, aux États-Unis et au Canada, l'inattention persistante est considérée comme un diagnostic – même en l'absence d'hyperactivité – alors qu'en Europe, elle doit être accompagnée d'hyperactivité pour répondre aux critères. Malgré ces nuances, ce trouble qui était jusqu'à récemment considéré comme une lubie américaine est de plus en plus reconnu. Ainsi, on l'a diagnostiqué chez 5 % des écoliers du Royaume-Uni, soit nettement moins que les taux enregistrés en Suisse, aux Pays-Bas et en Islande, et moitié moins qu'aux États-Unis. Des centaines d'articles sur les origines génétiques et les pharmacothérapies ont été publiés dans les périodiques scientifiques depuis le début des années 1970, ce que l'*establishment* psychiatrique britannique a largement ignoré jusqu'à une époque récente[11]. Par conséquent, la tension règne encore entre parents et enseignants, pour déterminer si l'agitation et l'inattention d'un enfant résultent de pratiques parentales laxistes, d'un mauvais encadrement scolaire, d'un régime inadéquat, du sous-financement des écoles ou d'un authentique trouble cérébral aux origines biologiques. En 2006, la BBC a provoqué un scandale en rapportant que les parents d'enfants ayant un TDAH s'étaient fait dire par les enseignants que leurs enfants ne pouvaient se présenter à l'école s'ils n'étaient pas traités. Aux États-Unis, le paradis de la chicane, les tribunaux ont été saisis de cas visant à déterminer qui est responsable du diagnostic et de l'éducation de ces enfants[12]. À l'instar de l'autisme – pour lequel on a d'abord blâmé les « mères frigidaires » –, il a fallu du temps pour qu'on cesse de voir le TDAH comme le symptôme d'un environnement malade et qu'on reconnaisse enfin les facteurs biologiques en jeu.

Malheureusement pour ceux qui veulent une preuve concrète du diagnostic, il n'existe pas de marqueur sanguin. Cependant, des échelles d'évaluation standardisées ont été développées, et les signes diagnostiques du TDAH sont décrits dans la bible nord-américaine des psychologues, le *Manuel diagnostique et statistique des troubles mentaux*, et son équivalent européen, la *Classification internationale des maladies*.

Les preuves biologiques

Même si les symptômes s'apparentent parfois à la frivolité ou à l'indiscipline, quand l'inattention, l'impulsivité et l'hyperactivité persistent dans différentes situations et dans le temps, les racines biologiques du trouble ne laissent aucun doute. Chez certains enfants, l'hyperactivité semble disparaître à l'adolescence, mais la persistance des symptômes à l'âge adulte augmente la probabilité du diagnostic dans la famille immédiate[13]. Des études d'imagerie cérébrale révèlent l'existence de marqueurs anatomiques et biochimiques. Chez les personnes affectées, le noyau caudé, une bande striée en forme de C enfouie au centre du cerveau qui participe au contrôle du mouvement volontaire, est plus petit. Des chercheurs ont aussi observé que le bourrelet du corps calleux est également plus petit[14]. D'autres neuroscientifiques soulignent des anomalies dans le cortex préfrontal, la partie du cerveau régulant les fonctions de supervision, qui s'assure que le comportement est volontaire et dirigé. On a comparé le cortex préfrontal à une force policière chargée de contrôler les factions indisciplinées. L'inhibition des impulsions, toutefois, n'est pas qu'une question d'anatomie neuronale. Chez les personnes affectées, il y a également déphasage dans l'afflux de neurotransmetteurs qui gouvernent la capacité d'établir des priorités, puis d'entreprendre et de cesser des activités[15].

Deux gènes de prédisposition augmentent nettement le risque d'avoir un TDAH : le premier (DRD4) code pour le récepteur de la dopamine et le second (DAT-1), pour le transporteur de la dopamine. Il ne s'agit pas cependant d'une relation de cause à effet, car les loci identifiés sont aussi impliqués dans les troubles de lecture et l'autisme. Comme nous l'avons vu, les trois troubles sont plus fréquents chez les hommes, et on rencontre souvent des pathologies doubles[16]. De nombreux gènes interviennent dans leur transmission, et tous les gènes candidats n'ont pas encore été identifiés, ce qui nous donne d'autant plus de raisons de vouloir démêler à tout prix l'histoire familiale. Être prédisposé aux accidents, décrocher avant la fin du secondaire, passer d'un emploi à un autre, compter sur les autres pour s'organiser, être incapable de mener les projets à terme, se soigner à l'alcool et réagir explosivement au conflit sont des indices d'un trouble de l'attention, surtout chez les personnes nées avant les années 1970, avant qu'on commence à comprendre le trouble. Ces problèmes se manifestent parce que les personnes affectées ont un cerveau qui présente des caractéristiques distinctes, tributaires de leurs gènes, non pas un seul, mais plusieurs travaillant de concert. Des facteurs environnementaux déterminent en partie l'intensité du trouble, mais le schéma de base est établi avant la naissance. En fait, des générations successives de personnes atteintes du TDAH sont courantes, et les hommes prédominent dans l'arbre généalogique. La moitié des adultes atteints du trouble ont un enfant qui l'est aussi, comme le tiers de leur fratrie. Les origines génétiques deviennent évidentes lorsqu'on sait que la probabilité du trouble chez les personnes non apparentées se situe entre 6 % et 8 %[17]. Qui plus est, l'héritabilité du trouble chez des vrais jumeaux varie entre 40 % et 88 %, selon le type de TDAH et la personne évaluant le comportement de l'enfant (les parents sous-estiment souvent le trouble chez le jumeau moins atteint[18]).

Bref, un ensemble d'indices physiologiques et psychologiques confirme la nature biologique du trouble. Des variations génétiques sont à l'origine de l'attention décousue et de l'impulsivité, qui, avant l'ère des bureaux modulaires, aurait pu représenter un avantage évolutif. Par exemple, avec des réactions rapides, l'homme aurait pu attraper ses proies ou ses partenaires avant les autres. Des études montrent que des babouins et des singes impulsifs à l'adolescence deviennent les mâles dominants à l'âge adulte, pourvu qu'ils sachent contrôler leur agressivité assez longtemps pour vivre jusque-là[19]. Le TDAH exacerbe la prise de risques et l'impulsivité communes à de nombreux hommes. Dans des circonstances opportunes, ces caractéristiques favorisent le succès, mais sont aussi associées à une vulnérabilité bien précise : un penchant pour les bagarres, les accidents et la pagaille.

Il n'est pas toujours simple de connaître les antécédents familiaux d'un enfant avec TDAH. Comme l'un des parents est probablement atteint du trouble, il ou elle passe du coq à l'âne tout en étant agacé par l'agitation et l'impulsivité de l'enfant. J'ai retrouvé dans mes dossiers des commentaires illustrant bien le chaos ambiant. « L'enfant se balance sur sa chaise, puis se retourne soudain ; le père explose » ; « l'enfant passe son temps à courir à la réception (l'ascenseur, le distributeur d'eau, les toilettes) » ; « l'enfant débranche le téléphone, le parent ne s'en rend pas compte » ; « vide la boîte de Kleenex » ; « attrape le jeu d'Etch-A-Sketch, les trombones, l'agrafeuse, le chronomètre pendant l'entretien » ; « se sauve au bout de cinq minutes » ; « l'enfant ne planifie pas, ne sait par où commencer dans la page » ; « la mère répond aux questions avant qu'elles ne soient posées », etc. J'ai vite découvert que des entretiens structurés et rapides étaient plus efficaces, car la chimie du désordre ne pardonne pas la moindre pause. Même dans le sprint, les histoires familiales montrent que la plupart des enfants étaient des bébés difficiles qui n'aimaient pas être câlinés et ne dormaient pas beaucoup, au grand dam de leurs parents. Une minorité est simplement inattentive, sans l'hyperactivité qui pousse les autres à bouger comme s'ils étaient actionnés par un moteur. Il n'est pas difficile de comprendre que l'école est un calvaire pour eux, car ils doivent s'y tenir tranquilles pendant des heures, endurer d'innombrables répétitions et contrôler leurs impulsions. La plupart des adultes atteints ont eu des antécédents scolaires en dents de scie, et c'est seulement lorsqu'ils conduisent leur enfant chez le psychologue qu'ils comprennent ce qui allait de travers chez eux. L'expérience de leur enfant est un reflet de la leur.

C'était l'histoire de Ron Wall. Lorsqu'il a conduit son fils d'âge préscolaire chez le neurologue, il a su pourquoi il avait tant détesté l'école pendant son enfance et pourquoi il s'était toujours senti comme un rebelle à l'âge adulte. « Je ne m'intéressais pas au travail scolaire. J'aimais mieux regarder par la fenêtre », m'a-t-il dit. Pourtant, en écoutant le médecin de son fils, Wall s'est reconnu : l'impulsivité, l'attention changeante, l'attrait du risque. Lorsqu'il était enfant, ces comportements ont poussé ses parents à l'amener à la clinique Tavistock à Londres. « C'est là qu'on m'a dit que j'étais différent. J'étais un vilain garçon, incapable de me concentrer sur quoi que ce soit. J'avais six ans. On a dit que mes parents n'étaient pas heureux en ménage. » Mais les problèmes conjugaux de ses parents n'avaient rien à voir avec son inattention, il y a même de bonnes chances que ce soit le contraire : un enfant à problèmes peut vite creuser des brèches dans un mariage.

Le TDAH de Ron avait une origine biologique qui, conjuguée à son histoire personnelle, a forgé son incontestable détermination. Fils de juifs allemands qui ont vécu dans des camps pour personnes déplacées après la guerre, Wall a grandi dans un Londres délabré, où ses parents ont tenté un nouveau départ. Son père vendait des articles de papeterie aux petites entreprises ; sa mère faisait des ménages et louait des chambres pour joindre les deux bouts. Que l'ambition féroce de Wall soit due au sentiment d'être un pauvre exclu dans une Angleterre consciente des différences sociales, ou à son trouble déficitaire de l'attention ou aux deux, elle n'en était pas moins irrépressible. Il voulait gagner plus d'argent que son père, posséder sa propre maison, conduire une belle voiture ou, mieux encore, se faire conduire. Il allait réussir, au prix de sa vie s'il le fallait.

Sous tension

Ce trouble, car c'en est un, possède sa propre géographie cérébrale et fait dérailler le parcours scolaire des enfants. Le rapport entre les hommes et le TDAH s'apparente à celui de Superman et de la kryptonite. Le second peut causer la perte du premier. Pourtant, dans des circonstances favorables, le TDAH semble investir ses victimes de pouvoirs spéciaux. David Neeleman, président-fondateur de JetBlue et WestJet Airlines, y a puisé l'ingéniosité grâce à laquelle il a compensé ses déficits. Il perdait sa montre si souvent qu'il en achetait cinq à la fois. Même chose pour ses billets d'avion, ce qui lui a donné l'idée de billets virtuels. Sa proposition a été accueillie avec des railleries, mais il a persévéré et les billets électroniques sont aujourd'hui la norme. En 1999, il vendait à Hewlett-Packard son système de billetterie et de réservations électroniques pour 22 millions de dollars. Son succès commercial, il le doit à la nécessité de trouver des solutions de rechange. « Mon cerveau TDAH cherche naturellement de meilleurs moyens de faire les choses. Avec la désorganisation, la procrastination, l'incapacité de focaliser et tous les autres travers qui caractérisent le trouble, viennent aussi la créativité et la prise de risques[20]. »

Mais il y a un hic. Les risques peuvent être coûteux, inopportuns et dangereux. Les garçons et les hommes vivant avec un TDAH ont plus d'accidents de la route, consomment plus d'alcool et de drogues, et ont des humeurs plus explosives que la moyenne[21]. Néanmoins, une forte tolérance au risque est un plus pour le succès commercial. Des entreprises à haut risque dégagent des marges de profit élevées, même si elles s'exposent aussi à des pertes plus élevées. Pour évaluer le rapport entre sexe et esprit d'entreprise, des économistes européens ont demandé à 20 000 Allemands comment ils investiraient 100 000 € gagnés à la loterie. On leur dit qu'ils avaient une chance sur deux de doubler la somme tous les deux ans s'ils l'investissaient, mais aussi une chance sur deux d'en perdre la moitié. Devaient-ils conserver la somme originale ou l'investir, et s'ils investissaient, quelle somme devaient-ils risquer ? Les chercheurs ont découvert que les hommes plaçaient en moyenne 6 000 € de plus que les femmes ; les jeunes investissaient plus que leurs aînés, et les personnes de grande taille plus que les petites (pour chaque centimètre de plus, la somme investie augmentait de 200 €). Par ailleurs, les gens qui aimaient prendre des risques se disaient plus heureux et plus optimistes, bien qu'on ne sache pas trop ce qui venait en premier – le risque encouru ou l'optimisme. Sans surprise, les téméraires sont attirés par le travail indépendant, tandis que les autres vont davantage vers la fonction publique, qui offre la sécurité d'emploi et de bons avantages, mais des revenus plus modestes[22]. Comme la taille, la prise de risques dans le contexte de l'entreprenariat suit un continuum, les hommes les plus audacieux se situant à une extrémité. Et comme la taille, la soif du risque est en bonne partie héréditaire, puisque l'esprit d'entreprise s'explique à moitié par les gènes, selon une étude britannique examinant l'historique professionnel de plus de 1 200 paires de jumeaux[23].

La faible aversion au risque est un aspect salutaire du profil du TDAH, au même titre que l'extraversion. Paul Orfalea, le fondateur de Kinko, une chaîne de magasins de photocopies, est « un ouragan sur deux pattes, dont la pensée sort littéralement du cadre », selon Ann Marsh, la journaliste qui a coécrit son autobiographie. Étant affecté d'un TDAH ainsi que de dyslexie, Orfalea a fréquenté huit écoles pendant l'enfance, s'est fait renvoyer de quatre, a doublé sa deuxième année et n'a jamais terminé ses études supérieures – le prototype du jeune homme fragile voué à l'échec. Ayant connu de nombreux revers à l'école, il se sentait déjà comme un exclu à l'université. Ses amis réussissaient brillamment et lui, avec sa coiffure afro rousse, était surnommé Mohair, Carpethead*, Brillo**, Kinkhead*** et, finalement, Kinko. Le dernier sobriquet est resté. Orfalea le détestait, mais il l'a tourné à son avantage. Kinko est devenu une petite boîte de photocopies que le rénégat a ouverte pendant ses études, en 1970, et qui s'est transformée petit à petit en un empire de 1 200 succursales, avec un chiffre d'affaires annuel de 2 milliards de dollars. « Je me suis rendu compte assez vite que je n'étais pas employable. Je devais trouver le moyen de réussir par moi-même », m'a-t-il dit au téléphone, de sa maison de Santa Barbara.

Parler avec Orfalea, c'est comme s'envoler dans une tornade. Il prend tout de suite le contrôle de l'entretien, me bombardant de questions personnelles pour « voir à qui il a affaire ». Puis, il s'ouvre avec une franchise désarmante, attendant la pareille de ma part, démontrant avec quelle facilité il transforme des associés en amis et des amis en associés. Il semble n'avoir aucune limite et, manifestement conscient de ses vulnérabilités, il en parle franchement. « J'étais totalement paniqué, convaincu que j'allais m'anéantir. Mais j'avais connu déjà tellement de défaites, et j'étais prêt à faire beaucoup d'erreurs. Ça fait partie du jeu. Quand tout est parfait, on ne devient pas résilient. Et on ne voit pas les occasions qui nous passent sous le nez. » Orfalea avait intuitivement compris qu'en affaires, ses clients étaient comme lui – anxieux, paniqués à l'idée de rater l'échéance, désorganisés, toujours dans l'urgence et qu'ils avaient sans doute besoin d'une

---

*   Tapis à poils longs. *(NDT)*
**   Marque de tampons à récurer *(NDT)*
***   Le Frisé. *(NDT)*

petite société ouverte à des heures inhabituelles. « Nous n'avions pas encore fini d'installer la boutique qu'un professeur est entré. Comme les millions de clients qui allaient suivre au cours des trois prochaines décennies, il était stressé et pressé… Plus tard, nous nous sommes rendu compte que nous calmions les angoisses autant que nous vendions des photocopies. Il ne savait pas ce qu'il voulait au juste, mais il le voulait pour hier[24]. »

Orfalea voulait lui aussi que les choses soient faites pour la veille, mais était trop agité pour les faire lui-même. Il eut l'idée d'ouvrir les magasins 24 heures sur 24, 7 jours sur 7, mais laissait aux autres le soin de faire le boulot. Pendant ce temps, il se consacrait à son talent : rencontrer des gens et trouver de nouvelles idées. « En m'éloignant du siège social, je me suis détaché du train-train quotidien qui ne laisse aucune place à l'intuition, à l'inspiration et à l'innovation. Dans cette aventure comme dans d'autres, j'étais puissamment aidé par mes prétendus troubles. Je n'ai jamais pu rester au même endroit très longtemps. » Son agitation n'est pas seulement physique. Ses employés disaient de lui qu'il était un « remue-méninges ambulant, épuisant et stimulant à la fois » et que ses idées étaient aussi touffues qu'un fourré de broussailles. Il a eu le génie d'anticiper les besoins des clients.

Des copies pour le lendemain première heure ? OK. Des photocopies d'oiseaux morts pour un artiste ? Pas de problème. Un conservateur voulait des cartes plastifiées des forêts humides africaines ? Bien sûr. Il y avait même des gens qui photocopiaient des parties de leur anatomie. Pourquoi pas ? S'il y avait un besoin en rapport avec la photocopie, Orfalea était partant, fort d'une confiance et d'un enthousiasme qu'il savait communiquer à ses troupes. Il a réussi grâce à sa hardiesse et à sa capacité de comprendre les besoins des gens.

Paul Orfalea, alors étudiant à l'Université de Santa Barbara, dans son premier magasin Kinko, en 1970.

Un style qui mêle la fluidité et les sauts de puce

Ron Wall trouve ses meilleures idées en interagissant avec les gens et en faisant plusieurs choses à la fois. Nous étions ensemble, lui au volant de sa Rolls-Royce, montant une côte sinueuse à reculons tout en racontant une histoire et en s'interrompant pour prendre des appels sur son BlackBerry. Plutôt que de s'adonner à un processus décisionnel concentré et solitaire derrière des portes closes, il préfère un style éparpillé qui le conduit dans toutes les directions ; il peut voir de nouveaux éléments, se faire une idée du plan d'ensemble et transcender les catégories pour discerner des liens qui échappent à d'autres. Il attribue cette fluidité au TDAH, qu'il appelle un « excédent d'attention ». Quand les nouvelles idées font surface, il fait appel à Burke, son austère directeur financier, qui les évalue et « gère le risque », et à un autre associé discipliné qui les met en pratique. « Je rêve, il exécute », dit Wall.

Selon de nombreux scientifiques et créateurs, les nouvelles idées viennent plus facilement à une conscience diffuse[25]. Ce n'est qu'au détour du prévisible que peut surgir une idée vraiment nouvelle, écrivait William James, psychologue de la fin du XIXe siècle.

Plutôt que des pensées concrètes alignées sagement l'une derrière l'autre le long d'un sentier battu, nous sommes en présence de transitions et de raccourcis abrupts entre les idées, d'abstractions et de discriminations les plus subtiles, de combinaisons d'éléments les plus disparates, d'analogies les plus délicates ; en un mot, nous semblons entrer soudainement dans un immense chaudron où les idées pétillent et déboulent dans un état d'activité déroutante, où les associations peuvent se faire et se défaire en un éclair, où la morne routine est inconnue et où l'inattendu semble être l'unique loi[26].

L'« activité déroutante » décrit bien le mode cognitif de Ron Wall. L'expérimentation sans inhibition semble être la marque de commerce du TDAH, et c'est d'ailleurs l'une des raisons pour lesquelles les personnes atteintes sont si sujettes aux accidents. Elles jouent avec leurs idées et font des tas d'erreurs. « Des fois, ça réussit, d'autres pas », dit Daniel Goleman, le psychologue qui a expliqué l'intelligence émotionnelle au monde. Selon lui, les gens créatifs font plus d'erreurs, non parce qu'ils sont moins doués, mais parce qu'ils expérimentent davantage. D'autant que dans leur cas, la petite voix qui met le holà aux machinations insensées et aux innovations peine à se faire entendre.

L'ouvrage de Dean Keith Simonton, *Greatness* (« l'immensité »), corrobore le pressentiment de Wall, qui considère son attention dilatoire comme une bénédiction. L'auteur décrit les associations oniriques qui sont à l'origine des idées de créateurs. Une fois des liens imprévus en place, un second processus s'opère pour en évaluer les mérites. Le dramaturge anglais John Dryden entreprend l'écriture d'une pièce « même s'il n'a qu'une masse confuse d'idées culbutant les unes sur les autres dans l'obscurité » ; le chimiste August Kekulé a découvert la structure du benzène après avoir rêvé de serpents se mordant la queue ; Thomas Edison trouva ses meilleures inventions dans un demi-sommeil, juste avant de s'endormir ou de se réveiller. Enfant aux idées confuses, selon ses enseignants, Edison a abandonné l'école à 12 ans. Cela ne l'a pourtant pas empêché d'exploiter toute idée hypnagogique. Il a même développé une méthode pour appréhender les idées heureuses pouvant lui venir dans un état de demi-conscience. Voici la description qu'en donne Goleman.

> Il s'endormait assis sur un fauteuil, posant ses bras sur les accoudoirs et tenant une bille dans chaque main. Sur le plancher, sous chaque main, il avait placé deux assiettes à dessert. Lorsqu'il entrait dans un état de demi-sommeil, ses mains se décontractaient et les billes tombaient dans l'assiette. Le bruit le réveillait et il notait sur-le-champ toute idée qui lui était venue[27].

Souvent, les personnes atteintes de TDAH alternent les périodes d'hyperconcentration et les moments d'attention diffuse où leur esprit va à la pêche aux nouveautés. L'important, ce n'est pas seulement d'avoir des idées, mais de reconnaître si elles ont du potentiel, et sur ce plan, le trouble peut offrir un avantage. Une étude a comparé un groupe d'universitaires qui disaient avoir un TDAH à un groupe contrôle. La psychologue Cecile Marczinski a trouvé que les personnes avec un TDAH réagissaient beaucoup plus vite à la nouveauté que les gens ayant une durée d'attention normale. Elles distinguaient beaucoup plus rapidement la nouveauté du déjà-vu[28].

Des angles inédits, surtout dans un créneau encore inexploré, voilà ce qui intéresse Wall. Il s'est demandé pourquoi les banques devraient être les seules à offrir du crédit aux consommateurs. Pourquoi des incitatifs, comme des points ou des billets de cinéma, ne pourraient-ils pas être traités comme des chèques – et lui permettre en même temps de vendre une valeur qu'on encaissera tôt ou tard, ou jamais ? Ses aptitudes en mathématiques sont cruciales à l'évaluation des risques et des marges de profit. Mais le TDAH le sert lorsqu'il doit relier des idées disparates. Il est juste assez impulsif pour ne pas se laisser arrêter par les « et si... », puis juste assez prudent pour s'entourer de gens qui mettront les freins au besoin. Il va de l'avant, sachant que s'il échoue, il n'aura qu'à recommencer.

Plusieurs mois après notre rencontre à Lake Tahoe, Ron Wall était de passage à Montréal et je l'ai invité à bruncher. Habillé avec goût et rougi par le froid, il a dénoué son écharpe de soie blanche et m'a tendu un bouquet de narcisses, puis a immédiatement tourné son attention vers mes enfants. Il a posé des questions à mon fils de 14 ans, puis a fièrement lâché : « À ton âge, j'avais quitté l'école et lancé ma première entreprise. » Eric a écarquillé les yeux, mais n'a rien dit. Plus tard, il m'a interrogée à ce sujet. C'était sa première rencontre avec un adulte qui accordait plus d'importance au marché du travail qu'aux études. Je lui ai expliqué que Wall était un type futé qui avait appris sur le tas. L'école ne lui convenait pas, car elle représentait non pas son idée de la réussite, mais celle des autres. De plus, son attention vagabonde et sa débrouillardise n'étaient guère des qualités recherchées en classe. Voilà pourquoi le milieu du travail, du moins certains types de milieux, a mieux répondu à sa soif de nouveauté et de risque.

Paradoxalement, le choix d'un métier risqué plutôt que le parcours scolaire habituel est l'une des raisons pour lesquelles les hommes avec un TDAH réussissent à quitter l'école plus vite que leurs pairs tout en finissant par gagner autant d'argent qu'eux, sinon plus[29]. Avec moins d'options mais plus d'audace, le tiers d'entre eux se lance en affaires avant 30 ans[30]. C'est là un autre exemple d'hommes aux traits hypermasculins, qui démontrent une tendance que l'on observe chez les hommes plus « typiques ». Cependant, même sans le facteur pécuniaire, il n'est guère recommandé d'abandonner l'école, selon Thomas Mortenson. Cet analyste américain a systématiquement suivi les décrocheurs, publiant des rapports durs et très fouillés qui établissent que les femmes ont largement dépassé les hommes. Je l'ai retrouvé dans sa cabane au fin fond du Minnesota, alors qu'il préparait des abris pour la chasse au chevreuil. Chercheur émérite au Pell Institute for the Study for Opportunity in Higher Education, Mortenson examine les groupes de la société qui ont le moins de chances de faire des études postsecondaires, et les garçons figurent parmi eux. Il espère qu'en publiant les statistiques, il contribuera à renverser la vapeur. « Dans presque tous les pays, sauf ceux de l'Afrique subsaharienne, les femmes sont plus nombreuses que les hommes à faire des études avancées », dit-il, citant les données de l'OCDE et de l'UNESCO. « Quand l'école devient facultative, les garçons déguerpissent. C'est une véritable hémorragie. »

Mortenson s'intéresse à cette question parce qu'il a lui-même failli abandonner l'école. Atteint d'un TDAH dans l'enfance, il a donné du fil à retordre à son entourage. À l'école, il excellait dans « la fuite et la récréation ». C'est un enseignant qui l'a motivé à poursuivre, en lui disant qu'il avait les meilleurs résultats en classe, et en martelant dans sa tête qu'il était plein de promesses. C'est grâce à la confiance que cet enseignant et sa famille lui ont témoignée qu'il n'a pas déraillé. Aussi nunuche qu'elle puisse paraître, l'expérience de Mortenson a trouvé écho dans les travaux de deux chercheuses, Gabrielle Weiss et Lily Hechtman, qui ont suivi un vaste échantillon d'enfants ayant un TDAH alors qu'ils arrivaient à l'âge adulte. La majorité d'entre eux disent avoir été encouragés par un parent ou un enseignant qui leur avait fait prendre conscience d'un don particulier. « La plupart des adultes qui avaient été des enfants hyperactifs ont dit avoir réussi à surmonter leurs difficultés parce que quelqu'un avait cru en eux[31]. »

La controverse sur le TDAH chez les femmes et les filles

Dans le cas des garçons et des hommes que j'ai rencontrés, c'est habituellement la mère qui a cru en eux. Bien des femmes travaillant à temps plein et prises par des activités diverses ont trouvé le temps d'amener leur fils à mon bureau. J'insistais pour que le père soit présent aux première et dernière entrevues, mais c'était invariablement la mère qui accompagnait son fils, du début jusqu'à la fin. Les femmes étaient celles qui m'entendaient décrire le trouble de leur fils, qui prenaient sa défense à l'école, qui avaient assez de jugeote pour faire appel à un psychologue capable d'aider cet enfant agité et sans doute de les aider, elles, si jamais le besoin s'en faisait sentir.

Or, cette tendance à demander de l'aide explique peut-être pourquoi le pourcentage de femmes diagnostiquées avec un TDAH semble augmenter. Si le rapport des garçons aux filles est d'environ 8 pour 1, celui des hommes aux femmes est maintenant de 3 pour 1[32]. Puisque le TDAH touche trois fois plus d'hommes que de femmes, rien n'indique que les différences sexuelles dans les taux de diagnostic aient été attribuables aux stéréotypes sexuels ou aient disparu depuis. Au contraire, le nombre accru de femmes atteintes d'un TDAH est en partie tributaire de la définition élargie du trouble. Dans la version 1994 du *Manuel diagnostique et statistique des troubles mentaux*, on englobait dans la catégorie le trouble déficitaire d'attention sans hyper-activité. (Ron Wall et Paul Orfalea avaient un TDA avec hyperactivité.)

Les filles et les femmes qui présentaient moins de symptômes extrêmes du trouble reçurent un diagnostic qui, dix ans plus tôt, n'aurait pas été posé. La définition élargie a fait grimper les pourcentages, et les nouvelles mé-thodes diagnostiques aussi. Comme dans le cas de la dyslexie, les chercheurs se sont dit qu'il devait y avoir un parti pris sexiste et, par conséquent, qu'ils ne pouvaient pas compter sur les cliniciens, les milieux de travail et les en-seignants pour diagnostiquer le problème. À eux, donc, de s'en charger. Ils ont ainsi évalué les femmes de façon aléatoire dans la population et ont ef-fectivement trouvé plus de femmes présentant des symptômes de TDAH que jamais auparavant[33]. Celles-ci étaient moins affectées par leurs symp-tômes, mais répondaient tout de même aux nouveaux critères du TDAH.

Pourtant, peut-on vraiment dire qu'il y a autant de filles que de garçons avec un TDAH? Les enseignants, les professionnels et même les parents auraient-ils fermé les yeux sur les filles inattentives en raison d'un préjugé sexiste? Dans mon expérience, les filles ayant un TDAH, comme la plu-part des autres filles, ont moins de probabilités de voler, d'allumer des in-cendies, de blasphémer, de cracher au visage des gens et de les attaquer avec des ciseaux. Dans mon cabinet, je recevais surtout des parents bien éduqués qui suivaient assidûment les progrès de leur enfant, garçon ou fille. Au moindre faux pas dans son développement, ils se pointaient dans mon bureau pour le faire évaluer, exigeant un rapport psychologique com-plet par mesure de précaution. Les garçons étaient plus souvent suivis, car plus nombreux à présenter des problèmes développementaux, dont le TDAH. Et quand surgissaient des questions au sujet des filles, personne ne cherchait à faire l'impasse.

C'est d'ailleurs ce qu'a révélé une étude approfondie des garçons et des filles avec TDAH. Le trouble était moins répandu chez les filles, et les symptômes chez la plupart d'entre elles se présentaient différemment que chez la plupart des garçons. Comparant 280 garçons et filles présentant un TDAH avec 240 enfants sans TDAH, Joseph Biederman et son équipe de la Harvard Medical School ont constaté qu'il était plus probable pour les filles d'avoir le sous-type inattention du TDAH, et moins d'avoir en même temps d'autres problèmes graves. Bien que moins affectées et moins nombreuses, elles avaient toutefois autant de chances d'être traitées[34]. À l'instar d'autres caractéristiques biologiquement déterminées, il existait des différences identifiables, mais subtiles, entre les garçons et les filles. Cependant, cela ne voulait nullement dire que les filles ne recevaient pas un traitement adéquat.

L'étude des troubles psychologiques comporte certains risques : on a tendance à reconnaître chez soi les petites manies qui les caractérisent. Ainsi, j'avais de la difficulté à me concentrer en traversant le Lion's Gate Bridge, à Vancouver, pour me rendre chez le D' Gabrielle Weiss, l'une des rares psychiatres à avoir étudié le TDAH chez les adultes. Après avoir roulé pendant quelques kilomètres dans la banlieue de Vancouver Nord, sur une route bordée de ranchs, je me suis demandé si j'avais mal compris. Avait-elle dit Vancouver Nord ou Vancouver Ouest ? Je n'avais pas vraiment écouté. Je suis finalement arrivée dans une rue ombragée, où le D' Weiss m'attendait en compagnie de son petit chien nerveux. C'était dimanche soir, mais la psychiatre septuagénaire d'origine européenne, petite et digne, était vêtue d'un tailleur sur mesure. Elle m'a accueillie chaleureusement et nous avons commencé à parler des hommes prospères qui avaient un TDAH.

« La majorité d'entre eux ont du succès », affirmait le D' Weiss, précisant immédiatement que 60 % des adultes en présentaient encore les symptômes. Les symptômes d'autrefois ont-ils pu contribuer à leur carrière ? Le D' Weiss en doutait. J'ai mentionné ce qu'elle savait déjà, à savoir que les garçons et les hommes avec TDAH étaient habituellement très audacieux. Leur habileté à s'embarquer dans de nouvelles aventures leur procurait peut-être un avantage dans le domaine des arts ou des affaires, d'où le nombre élevé d'entrepreneurs parmi eux, ai-je suggéré. « Pour une personne brillante, les risques peuvent rapporter gros, a-t-elle concédé. L'exposition au danger est un désavantage, mais l'exploration est un avantage. Si l'on établit un lien entre la créativité et la témérité, il faudrait que celle-ci soit doublée d'un bon jugement. » Elle n'était pas totalement convaincue que le TDAH puisse être une bonne chose, mais elle admit qu'à son époque, la psychiatrie se concentrait davantage sur les lacunes que sur les forces. Cette perspective était en train de changer. Elle me proposa d'appeler sa fille, Margaret, elle aussi psychiatre et coauteure de son plus récent ouvrage sur le TDAH.

Quelques jours plus tard, j'appelais Margaret Weiss, directrice de la clinique TDAH au Children's and Women's Health Center de Vancouver. Selon elle, le diagnostic ne disait pas tout. « Si vous étiez riche, intelligent, que vous aviez beaucoup de talents et de soutien, vous vous en tireriez. Mais pas si vous étiez stupide, peu aimable et maltraité », me dit-elle en martelant ses mots. « Il arrive qu'une personne avec un TDAH trouve l'emploi parfait. C'est le cas d'un patient que j'ai eu : il prenait d'énormes risques, focalisait sur le long terme, apprit à déléguer et travaillait 16 heures par jour sans jamais se fatiguer. »

Il aurait pu s'agir de Paul Orfalea ou de Ron Wall. Ce dernier, cependant, était moins disposé à parler de ses revers que de ses succès. Malgré une expérience scolaire peu brillante, il a toujours donné une tournure optimiste à ses histoires. « J'ai eu l'idée. J'ai inventé le concept. J'ai embauché les bonnes personnes. J'ai fait tout le travail. Et maintenant, je me demande ce que je vais faire pour m'amuser. » Voilà sa grande question. Sa recherche de stimulation l'avait poussé dans toutes sortes d'aventures : l'ascension du Kilimandjaro, une excursion en traîneau à chiens dans l'Arctique, une randonnée en Mongolie, un salon d'orateurs et de sommités, et des entreprises commerciales encore plus risquées. Songeant à la réserve de Gabrielle Weiss concernant les avantages du TDAH, j'ai décidé d'interroger Wall sur ses échecs. Je croyais qu'il allait se fermer, mais j'ai été étonnée par l'intensité de sa réaction. Il avait vécu un divorce et élevé un fils qui présentait aussi un TDAH, mais semblait croire que ces choses faisaient partie de la vie d'un adulte. La véritable mesure de l'échec, pour lui, c'était de perdre une course, et cela le fâchait vraiment. Il me dit que deux anciens collègues avaient réussi à lui pomper une de ses idées commerciales ; ils l'avaient présentée comme la leur et empoché les profits. « Chaque jour, je dis bien chaque jour, m'expliqua-t-il, en fendant l'air de son index, je me lève le matin et je me demande comment écraser ces types. » Wall venait tout juste de glisser 39 millions de billets de cinéma dans des boîtes de Waffle Crisp et 50 millions dans des boîtes de Pampers. Il ne faisait aucun doute qu'il éclipserait bientôt ces adversaires. Comment ces derniers pourraient-ils lui faire concurrence ?

C'est un jeu, disait Wall, et chaque jour en se levant, il faisait le vœu d'être le vainqueur. « J'adore une bonne bagarre, a-t-il ajouté. J'aime gagner gros. »

J'ai rencontré des femmes qui avaient connu un succès phénoménal. Après avoir atteint un certain niveau matériel, la plupart d'entre elles avaient changé d'objectif. Leurs collègues mâles, eux, voulaient toujours monter plus haut.

Conclusion

Les choses ne sont pas ce qu'elles semblent être

La science des différences sexuelles est une pochette surprise. Tout le monde s'accorde pour penser que les hommes sont le sexe fort, et qu'ils ont encore une tête d'avance sur les femmes, grâce à certains avantages historiques et culturels. Cependant, un examen plus attentif révèle que ces messieurs sont vulnérables, victimes de mésaventures biologiques et psychologiques de toutes sortes. Comme nous l'avons vu, ils sont sujets à des troubles de l'apprentissage et du comportement. En même temps, poussés par leur appétit pour la compétition et les hauts faits, certains s'illustrent par des réalisations spectaculaires, d'autres par des accidents tragiques et des suicides. Compte tenu des statistiques, les assureurs automobiles demandent aux hommes jeunes des primes plus élevées, et les psychologues, comme moi, trouvent normal de voir plus de garçons dans leurs cabinets. Tout cela constitue des faits réels et observables dans la vie de tous les jours. Il est donc étonnant que l'idée qu'il existe des différences entre les hommes et les femmes suscite encore tant de controverses.

Le discrédit qui pèse sur la biologie depuis quatre décennies est une explication de ce blocage : nous en sommes au point, étrange et décevant, où les femmes craignent d'avouer leurs désirs et où les hommes, malgré leurs idiosyncrasies, sont considérés comme le modèle de base. « Nous avons été roulées », disait une avocate qui a quitté son poste après y avoir investi pendant une vingtaine d'années de longues et pénibles heures. Le catalyseur qui l'a décidée à sauter le pas, c'est son fils fragile, qui avait besoin de son soutien. Mais cela aurait pu être tout aussi bien la maladie ou une crise existentielle personnelle : cette avocate voulait une vie professionnelle qui puisse s'adapter à d'autres priorités. Ce désir est confirmé par les recherches scientifiques parcourues dans ces pages. Comme nous l'avons vu, 60 % des femmes talentueuses refusent des promotions ou acceptent des postes moins lucratifs afin que leur travail soit plus flexible ou mieux en adéquation avec leurs principes. Les tendances statistiques, bien sûr, ne disent rien des individus, mais elles sont très révélatrices des raisons qui attirent les hommes et les femmes vers différents emplois et elles expliquent pourquoi, après 40 années d'efforts pour éradiquer les différences sexuelles, des écarts demeurent dans les choix professionnels.

Ce portrait est décourageant pour ceux qui souhaiteraient que la parité hommes-femmes dans les emplois soit aujourd'hui une réalité. D'autres n'ont rien à reprocher à ce scénario, imaginant que, de toute façon, on ne peut rien faire contre cela. Je suis convaincue que les deux points de vue sont erronés. Une certaine asymétrie sexuelle sur le marché du travail n'est pas le signe de préjugés cachés, mais le gage d'une société libre et instruite, qui donne aux individus la liberté de choix. En considérant à la fois les données de la science et de l'histoire, la reconnaissance des différences sexuelles n'est ni un pas en arrière ni un motif d'apathie. Une connaissance plus nuancée des différences sexuelles montre les avantages de certains traits et indique précisément les changements sur lesquels nos efforts doivent porter.

La femme ne devrait-elle pas ressembler davantage à l'homme ?

Nous savons que les intérêts, les capacités et les désirs des femmes et des hommes ne sont pas forcément les mêmes. Est-ce un problème qu'il faudrait corriger ? Toutes les analyses empiriques des différences sexuelles moulinent des chiffres pour nous fournir un aperçu du tableau d'ensemble. Ces statistiques ne peuvent rendre compte de l'expérience individuelle ni fournir des conseils quant à la manière de mener sa vie. Les profils d'hommes et de femmes typiques, ainsi que toutes leurs variantes, ont des vertus recommandables. Aucun n'est meilleur ni pire, ni plus valable pour la société. L'émulation des hommes par les femmes était une idée intéressante lorsqu'elle offrait un moyen d'accéder à des ressources et à des débouchés considérés comme interdits. Or, maintenant que les filles et les femmes réussissent si bien dans les études et que les droits de la femme sont protégés, du moins en Europe et en Amérique du Nord, il faudrait trouver le moyen d'aborder les différences sexuelles de façon dépassionnée, voire avec optimisme.

Être moins extrême comporte certains avantages. Entre autres, les femmes jouissent d'une meilleure santé et vivent plus longtemps que les hommes. De la même façon, leur tendance à l'empathie et leur ouverture à autrui se traduisent par des bienfaits cognitifs et non seulement physiques. Les soins qu'elles apportent à autrui libèrent des hormones qui atténuent le stress, et l'on sait maintenant que d'autres comportements sociaux procurent des avantages physiologiques. Les gens qui maintiennent des liens étroits avec des amis et des parents ont moins de risques de subir des pertes de mémoire et de mourir jeunes. On a également établi un lien entre l'altruisme et une meilleure santé mentale[1]. Cultiver un réseau social est naturel chez bien des femmes, mais jusqu'à une époque récente, les aptitudes nécessaires à cette tâche ne pesaient pas lourd dans le monde en général. Même chose pour l'avantage, de longue date, des femmes dans le domaine du langage et à l'école, qui n'était guère considéré ni valorisé. Savoir écouter, communiquer et lire les pensées d'autrui, autant de capacités qui passaient inaperçues à côté de spécificités plus quantifiables comme un don pour les mathématiques et la physique. La plupart des femmes présentées dans ces pages possèdent des capacités équilibrées – elles savent à la fois faire preuve de systématisation et d'empathie –, mais ont été fermement encouragées à privilégier leurs talents pour les mathématiques, les sciences et les affaires, à l'exclusion d'autres intérêts et aptitudes. Or, dans leur cas, ce conseil s'est retourné contre elles. Tout ce qui se rapportait au modèle masculin du succès était jugé plus méritoire. Cependant, avec les données scientifiques qui s'accumulent pour montrer que des traits comme l'empathie, l'altruisme et même les aptitudes verbales précoces ont des avantages complémentaires, on finira peut-être par leur accorder une valeur équivalente. Ce n'est pas un vœu pieu. Au cours de la dernière décennie, les choses ont changé. L'économie ne s'intéresse plus seulement à l'argent et aux profits, mais aussi aux déterminants de la longévité, de la satisfaction et du bonheur. L'intérêt du public pour ces questions a transformé des ouvrages comme *Freakonomics*, *Emotional Intelligence* et *Stumbling on Happiness* en succès de librairie. On mesure désormais l'empathie, l'altruisme et le bonheur, et ces facteurs jusqu'ici tenus pour acquis se couvriront peut-être d'un nouvel éclat. En établissant un lien entre ces éléments et une vie plus longue et plus satisfaisante, on finira par comprendre que la modération, l'évitement du risque et l'empathie ne sont pas des éléments sans valeur, après tout.

Comme je l'ai montré, des économistes ont trouvé que le taux de satisfaction des femmes par rapport à leur vie professionnelle était supérieur à celui des hommes. Or, ce résultat laisse les chercheurs perplexes, d'autant que de récentes études indiquent que plus les conditions de travail des femmes – heures et exigences – se rapprochent de celles des hommes, plus leur satisfaction diminue. Si les femmes avaient des ambitions identiques à celles des hommes, leur satisfaction devrait augmenter parallèlement au prestige du poste. Pour les économistes, il s'agit d'un phénomène paradoxal, un « paradoxe sexuel », contre-intuitif en ce que nos attentes ne sont pas confirmées par les données. Cela peut s'expliquer en partie par un changement de perspective. Depuis que les femmes gagnent plus d'argent et que leur vie professionnelle ressemble davantage à celle des hommes, elles ont encore le sentiment d'être le parent pauvre. Malgré des salaires plus élevés, elles ne peuvent suivre le rythme de leur voisin gonflable, version masculine. Mais il y a peut-être autre chose. Si la majorité des femmes préfèrent s'adonner à des activités de nature altruiste ou épanouissante au lieu de se disputer le plus gros salaire, alors le modèle professionnel masculin ne leur conviendra pas. Dans ce cadre, elles se sentiront malheureuses et déconnectées, comme le sont plusieurs des femmes décrites dans les chapitres précédents. Qu'elles aient pu remédier à cette situation en trouvant un emploi conciliable avec leurs intérêts plus variés, avec leur désir d'interagir et de changer les choses est un bénéfice que nous devons aux démocraties occidentales post-féministes dans lesquelles nous vivons. La possibilité d'exercer le métier qui répond à nos aspirations, et non celui que nous *devrions* faire de l'avis des autres, est le signe d'une société libre.

Les femmes se doivent de remercier les mouvements féministes et libéraux pour ces alternatives. En décidant de travailler moins d'heures par semaine ou d'accepter un emploi plus satisfaisant mais moins bien payé, elles ne sont pas les victimes des préjugés sexistes, même si leurs choix contribuent à l'écart salarial. Pour s'en convaincre, il suffit de songer à la situation inverse, les sociétés dans lesquelles les professions et les heures de travail des femmes sont décidées pour elles ; ces sociétés sont rarement des parangons de l'égalité des chances. Catherine Hakim souligne que, dans les pays en voie de développement, on refuse rarement aux femmes l'entrée dans la main-d'œuvre productive – et beaucoup en font partie –, et Claudia Goldin rappelle que les femmes mariées peu instruites, aux États-Unis et dans les pays pauvres, travaillent jusqu'à ce que le revenu familial soit suffisant pour qu'elles puissent arrêter[2]. Même sans de telles pressions économiques, la liberté de choix ne doit pas être prise à la légère. Dans le système soviétique, l'ingénierie regroupait de nombreux emplois de nature scientifique, technique ou administrative, et l'on devenait ingénieur si le comité central décidait qu'il fallait plus d'ingénieurs. Les objectifs industriels et militaires ont fait grimper l'effectif d'étudiants dans cette discipline, mais dans les arts et les sciences humaines, les places étaient si rares qu'il fallait des contacts et une bourse bien garnie pour se payer les années de cours privés nécessaires avant de se présenter aux examens d'admission. Une jeune femme russe m'a dit que ses parents et grands-parents étaient ingénieurs, comme tous les hommes et femmes adultes qu'elle connaissait. Sa mère était ingénieure chimique, alors qu'elle se passionnait pour la chimie fondamentale. Sa tante a fait des études d'ingénieur, alors qu'elle se passionnait pour la littérature russe. En ne se préoccupant pas des choix individuels, l'État avait atteint la quasi-parité des sexes en sciences et en ingénierie. On pourrait croire qu'une telle société a atteint la parité parfaite et a éradiqué la discrimination, mais un examen plus attentif révèle qu'elle a plutôt aboli les libertés individuelles.

Dès lors, c'est le manque de choix, et non la liberté de choix, qui pose problème. Quand les femmes ont peu de possibilités professionnelles et scolaires, peu de soins de santé et aucun congé de maternité, quand elles doivent travailler sans relâche ou cumuler les emplois pour subvenir aux besoins de leur famille, elles ont de graves problèmes. À l'opposé, les femmes qui prennent des décisions éclairées en fonction de leurs intérêts, de leurs capacités et des débouchés ne doivent pas être considérées comme des êtres déficients ou pitoyables, même si leurs choix ne sont pas exactement ceux des hommes. « Nous voici confrontés à des occasions insurmontables », dit Pogo, personnage d'une bande dessinée. Les filles excellent à l'école et font des études avancées comme jamais auparavant. Dans des villes comme New York, Los Angeles, Dallas, Chicago et Boston, les jeunes femmes gagnent désormais plus d'argent que les hommes[3]. Si leur propension naturelle à l'empathie et leur facilité à s'exprimer contribuent à fabriquer des professionnelles compétentes – médecins, enseignantes, avocates spécialisées en droits de la personne, éditrices ou éducatrices – et si elles préfèrent ces emplois à ceux d'informaticiennes, de pompiers ou de voyageuses de commerce, leurs choix profiteront autant à la société qu'à leur bonheur individuel.

Les vrais problèmes

Pourtant, beaucoup ont peur qu'en admettant l'existence des différences sexuelles, on déclenche une réaction conservatrice qui renverra les femmes à leurs fourneaux. Pour ma part, je crois qu'une connaissance plus nuancée des différences entre hommes et femmes fera plutôt progresser les choses. En fait, plusieurs problèmes viennent de la *non*-reconnaissance de ces différences. Les conditions de travail et les promotions qui conviennent à l'approche masculine de la compétition et du succès découragent désormais bon nombre de femmes, en dépit des compétences, des débouchés et des réalisations de ces dernières. Si plus des deux tiers des femmes sont « adaptatives » et souhaitent pouvoir concilier vie professionnelle et vie familiale, alors un modèle universel de promotion ou d'évaluation incitera bon nombre d'entre elles à abandonner la lutte, à travailler à temps partiel ou à faire du surplace. Elles feront ces concessions pour concilier leur envie de passer du temps avec leur famille avec leur job ou pour changer les choses dans la société. Malgré une récente campagne, dans la presse, de dénigrement des femmes qui démissionnent, la plupart ne veulent pas rester à la maison indéfiniment ni reproduire le stéréotype des ménagères des années 1950[4].

Les professions qui offrent plusieurs cheminements de carrière, qui ne stigmatisent pas et ne pénalisent pas les femmes qui s'arrêtent un temps pour s'occuper de leurs enfants et qui reconnaissent les différences sexuelles en accordant des congés réservés aux mères, en définissant des critères de promotion plus élastiques et en réintégrant les femmes après un congé ou un temps partiel, verront augmenter leur contingent féminin. Les universités qui arrêtent l'horloge de la permanence après une naissance ou qui accordent aux femmes de vrais congés de maternité (à la différence des congés parentaux accordés aux hommes et aux femmes) évitent que les femmes reviennent au travail avec une pile de dossiers en retard et les hommes avec un livre à publier sous le bras. En fermant les yeux sur les différences sexuelles, on risque involontairement de punir les femmes qui ont fondé une famille et de récompenser les hommes. C'est peut-être l'une des raisons pour lesquelles les hommes universitaires qui ont des enfants publient plus de travaux que leurs collègues masculins sans enfants, alors que les universitaires qui sont mères en comptent moins que leurs collègues féminines sans enfants.

La reconnaissance des différences sexuelles comporte d'autres dimensions : elle permet notamment d'accepter que les femmes soient plus nombreuses à suivre des parcours non linéaires et elle incite à chercher pour elles les moyens d'adapter leur charge de travail ou de revenir après un arrêt. « Ce type de flexibilité vise essentiellement à réintégrer les femmes sans les punir injustement », écrit Sylvia Ann Hewlett dans son ouvrage *Off-Ramps and On-Ramps*. Récemment, des entreprises du secteur financier ont élaboré des parcours professionnels flexibles ou des modes de rémunération fondés sur des projets, et elles constatent que les femmes répondent à l'appel. Or, de telles initiatives procèdent de la reconnaissance des différences sexuelles, et non de leur négation.

En revanche, les entreprises qui soutiennent mordicus le modèle masculin refusent de voir que leurs valeurs se heurtent aux aspirations de la plupart des femmes. Depuis quelques années, bien des entreprises sont passées à la vitesse supérieure et imposent des conditions extrêmes à leurs employés. Même parmi celles qui vantent les mérites de la parité, il s'en trouve qui cautionnent l'inflation du nombre d'heures de travail, de publications, les réunions en début, en fin de journée et pendant les week-ends, quand ce n'est pas l'obligation de déménager pour bâtir sa carrière – et tout ça pour obtenir le titre d'associé ou la permanence. Ces entreprises verront les femmes quitter leurs rangs les unes après les autres. Elles se disent favorables à l'égalité des sexes, mettent sur pied des groupes de travail, dressent des rapports et paient les services de conseillers spécialisés dans les différences sexuelles, mais ce ne sont que des mots. Dans les secteurs où l'on fait comme si les femmes étaient des copies conformes des hommes, et où les emplois lucratifs imposent des emplois du temps de folie, on risque d'assister à un exode féminin. Face à ce constat, les entreprises devront proposer un menu d'options, mais beaucoup craignent de s'éloigner des règles de l'égalité de traitement entre hommes et femmes. Il ne s'agit pas de faire du « politiquement correct » : le problème, c'est qu'il n'existe pas de modèle de gestion qui propose une alternative viable aux horaires extrêmes, tout écart à cette « norme » étant considéré comme une dilution des profits ou une entrave à la culture d'entreprise. David Maister, blogueur, conseiller en gestion et auteur, raconte qu'une entreprise qui a tenté de faire coexister le « modèle du requin » – travail intense, quotas de facturation, journées de 14 heures – et le « modèle du poisson d'eau douce » – approche plus équilibrée, pratiques axées sur les relations – a implosé, les deux styles étant totalement incompatibles[5].

En adoptant officiellement le modèle du requin, l'entreprise indique à la plupart des femmes qu'elles ne sont pas les bienvenues. Accepter ce modèle signifie que les parents ne verront leurs enfants qu'en pyjama, lorsque le conjoint ou la gardienne les amènera pour le bisou du soir avant de les mettre au lit (comme le rapporte le magazine *Fortune*), ou qu'ils auront une nounou à domicile 24 heures sur 24. L'absurdité de ces scénarios n'échappe pas aux femmes qui travaillent, dont plus des deux tiers ont probablement des ambitions autres que le prestige et le salaire, et qui risquent fort de préférer être un « poisson d'eau douce » si la réussite est à ce prix. « Veut-on donner à tous le choix de travailler 80 heures par semaine, en plein pendant la période où ils sont susceptibles d'avoir des enfants ? Oui, mais il ne faut pas s'attendre à ce que tous fassent ce choix », disait Claudia Goldin, économiste à Harvard, au sujet de l'écart salarial entre les sexes. Dans le modèle à gagnant unique, les gens qui travaillent 80 heures par semaine seront mieux récompensés que ceux qui travaillent 20, 40 ou 60 heures. C'est le modèle qui prévaut dans le monde des affaires et des sciences, et c'est là une cause indéniable de la rareté des femmes au sommet de ces domaines.

Adopter ce modèle, cela signifie accepter que la parité est impossible, car seules de 20 % à 30 % des femmes y adhèrent. Envisageons la question sous un autre angle : s'éreinter pendant des heures au travail n'est pas forcément productif. Certaines de ces heures sont des actes de présence ; c'est le cas notamment des réunions en fin de journée et des week-ends de retraite, où l'on doit se pointer. Comme la cravate et les jupes droites, ces obligations relèvent de la culture d'entreprise et non de la productivité en soi. Aucune entreprise ne veut être la première à abandonner de vieilles pratiques symboliques de l'engagement, mais toutes auraient avantage à les revoir si cela leur permettait de conserver une brillante scientifique ou une professionnelle ultracompétente qui, plutôt que de faire acte de présence, préfère être à la maison pour aider ses enfants à faire leurs devoirs et les mettre au lit.

Les pays et leurs industries peuvent établir des objectifs visionnaires qui ne se résument pas à demander aux employés de travailler jusqu'à l'épuisement. J'ai vécu en France dans les années 1990 : les gens travaillaient moins d'heures, avaient plus de jours fériés qu'ailleurs en Europe et en Amérique du Nord, et passaient plus de temps avec leur famille. Cela n'empêchait pas le PIB français d'être équivalent à celui du Royaume-Uni et le plus élevé de l'Union européenne. Autrement dit, les entreprises pourraient réduire le rythme et les exigences du travail, même aux plus hauts

échelons de la direction, sans que les bénéfices et la productivité en pâtis-
sent. Ce faisant, sans doute réduiraient-elles aussi le roulement du personnel, l'épuisement professionnel et les coûts de santé physique et
mentale, et réussiraient-elles parallèlement à attirer plus de femmes aux
postes de commande. Un dernier mot sur les différences sexuelles et le
modèle du gagnant unique : sachant que les femmes sont moins portées à
négocier, comme nous l'avons vu, il y aurait lieu d'explorer des formules
de rémunération plus équitables. Ignorer les profondes différences
sexuelles au plan de la compétition et de la négociation et laisser les choses
au hasard a un effet discriminatoire.

Ce refus dévalorise aussi, sans le vouloir, les forces et les préférences
cognitives des femmes. Aussi longtemps qu'une proportion significative
d'entre elles cultivera des intérêts autres ou plus variés que ceux des
hommes, les femmes seront attirées par des métiers différents. Or il se
trouve que les professions axées sur les relations humaines et le langage,
celles qui plaisent à la plupart des femmes, sont moins bien payées que
des professions typiquement choisies par les hommes. Malgré des niveaux
de scolarité équivalents, les enseignantes et les infirmières gagnent moins
que les informaticiens et les ingénieurs. Les orthophonistes et les assistantes sociales gagnent moins que les dessinateurs et les techniciens du
son. Au sein d'une même profession, les femmes sont attirées par des spécialités (par exemple la médecine généraliste et la pédiatrie) moins bien rémunérées que celles qui attirent les hommes (chirurgie, pathologie et
radiologie). On ne sait pas ce qui vient en premier, des salaires peu élevés
dans les emplois liés aux ressources humaines ou des échelles salariales
stagnantes dans les emplois dominés par les femmes, naturellement moins
portées à négocier. Peu importe le scénario, les femmes se retrouvent dans
des emplois moins bien rémunérés. Les forces du marché déterminent les
échelles salariales dans le secteur privé, mais là encore, s'il y avait une vraie
volonté de retenir les femmes et de les payer équitablement, il suffirait
d'adopter des mesures afin que les directrices des ressources humaines et
des relations avec les médias – il y a plus de chances que ce soit des femmes

– soient aussi bien payées que les directeurs financiers ou les directeurs de production – des domaines qui comptent plus d'hommes. Si l'on était plus conscient des différences entre les sexes dans les choix de carrière, et si l'on cessait de penser que les femmes doivent exercer des métiers qui ne les intéressent pas, on pourrait engager une discussion plus fructueuse sur les déséquilibres et réfléchir aux moyens de les corriger. Dans le secteur public, une plus grande transparence quant aux différences sexuelles et aux salaires contribuerait à surmonter l'inertie, qui fait que les professeurs en sciences de l'éducation et les formateurs pour les infirmières sont moins bien payés que les professeurs d'ingénierie et d'économie, malgré des qualifications équivalentes.

En fait, les énormes ressources consacrées à la promotion des femmes dans les carrières scientifiques, technologiques, mathématiques et dans les métiers d'ingénieur ont donné encore plus de prestige aux disciplines qui plaisent aux hommes. Rien d'équivalent cependant pour attirer les hommes vers la profession d'infirmier, la littérature comparée ou l'orthophonie, et il n'existe aucun groupe de travail ni atelier visant à inculquer à ces derniers les rudiments de l'empathie ou de l'écoute. Pourtant, dans le cadre de ma chronique, plusieurs douzaines d'hommes m'ont écrit demandant des conseils en ces matières. Pour l'heure, le message est le même : les disciplines qui mettent en valeur les forces et les intérêts les plus communs chez les hommes ont la cote. Même si les processus cognitifs utiles à l'évaluation des motivations d'autrui ne sont pas moins complexes que ceux qui interviennent dans la lecture de cartes ou la trigonométrie – et sont, en fait, plus difficiles à enseigner –, les institutions affectent l'essentiel de leurs ressources à inciter les femmes à acquérir des habiletés typiquement masculines. Ainsi, malgré leurs capacités scolaires équivalentes ou supérieures, plusieurs femmes présentées ici avaient l'impression d'être coupables de trahison si elles ne choisissaient pas des professions masculines. Or, présumer que femmes et hommes sont identiques, c'est dévaloriser les préférences des femmes. Étudier la science et la technologie est certes un objectif louable, mais une société qui tient vraiment à corriger les écarts salariaux valoriserait et paierait autant les enseignantes et les infirmières compétentes que les excellents plombiers et rénovateurs d'appartements.

Il est plus pernicieux d'exhorter les femmes à faire des choix « masculins » que de simplement les encourager à gagner plus d'argent. Celles qui déclinent les emplois les plus lucratifs et les plus prestigieux sont habituellement conscientes de leurs options et ont pesé le pour et le contre. Les reproches qu'on leur adresse – elles sont influencées par les médias, ignorent les conséquences de leurs gestes ou autorisent les employeurs à les traiter avec discrimination (une pratique non seulement contraire à l'éthique, mais aussi à la loi) – s'inscrivent dans une longue tradition : on a toujours prétendu que les femmes ne savaient pas ce qu'elles veulent. Celles que nous avons rencontrées ici se sont fait un sang d'encre pour effectuer le bon choix professionnel – elles n'ont pas pris leurs décisions à la légère, elles n'ont pas succombé au mythe du « prince charmant » ni cherché d'échappatoire à leur idéal féministe – et faire usage de leur autonomie. Pourtant, on disait à ces femmes qu'elles étaient soit dupes, soit victimes. Croire que les femmes ne savent pas ce qu'elles veulent ou ne possèdent ni la capacité ni l'intérêt ni l'instinct pour décider de leur sort éveille un sentiment de déjà-vu. Dire aux femmes qu'elles préféreraient l'informatique à la littérature ou à l'histoire si seulement elles n'étaient pas aveuglées par les normes culturelles, qu'il serait dans leur intérêt de travailler 14 heures par jour alors qu'elles ont 2 bambins à la maison, voilà une forme d'infantilisation. Et aussi d'uniformisation. Le problème n'est pas que certaines choisissent d'abandonner le navire, d'autres de travailler à temps partiel et d'autres encore de travailler aussi longtemps et aussi intensément qu'elles le peuvent. Le problème, c'est qu'un seul choix soit considéré comme le bon.

Finalement, en négligeant les différences sexuelles de base, on expédie sans ménagements les fragilités biologiques des garçons. Les hommes présentés ici sont des exemples de mâles extrêmes qui ont réussi, et leurs histoires montrent le rôle des traits hypermasculins dans le succès. Cependant, il serait malhonnête de dire que ces spécificités sont synonymes de génie excentrique ou qu'il est toujours bénéfique de les posséder. La plupart des garçons fragiles qui décrochent ne deviennent pas des chefs célèbres, des as du poker, des mathématiciens primés ou de brillants entrepreneurs. Beaucoup s'éloignent de l'école, en partie parce qu'ils n'ont pas reçu l'aide de psychologues ou de parents qui ont eu le temps, la volonté et le savoir-faire pour de prendre leur défense. Ces garçons ont besoin d'enseignants et de cliniciens qui veulent comprendre les facteurs neuroscientifiques et génétiques à la base de leurs difficultés. En ignorant la variabilité biologique des hommes ou en prétendant que les troubles de comportement ou d'apprentissage des garçons viennent de la culture ou des modèles masculins, nous les privons du soutien dont ils ont besoin. De la même façon, les parents et les enseignants qui veulent les aider à se battre se sentent impuissants. À l'époque où l'on croyait que les filles ne réussissaient pas aussi bien que les garçons en maths et en sciences, on a mis sur pied des projets pour redresser ce décalage. Il existe des ouvrages destinés aux filles qui leur enseignent « des trucs pour rendre les mathématiques plus amusantes, sans tests et sans notes » ! La National Science Foundation a consacré 30 millions de dollars par an à des programmes éducatifs en maths, sciences et technologie pour les filles et les femmes. Elle a créé des bourses pour que ces dernières fassent des études d'ingénierie ou d'informatique (à condition qu'elles n'étudient pas aussi la médecine, le droit, la santé publique ou toute autre discipline qui attirent davantage les femmes[6]). À la fin des années 1990, le Congrès américain a adopté une loi pour examiner la place des femmes dans les sciences et l'ingénierie, et les universités continuent d'engager des sommes considérables pour promouvoir le rôle des femmes dans le domaine scientifique. C'est le cas de l'Université Harvard, qui a établi un fonds de 50 millions de dollars à cet effet[7]. Des entreprises et des individus, scientifiques, astronautes ou ingénieurs, ont créé leurs propres fondations et bourses destinées à attirer les femmes vers la science et la technologie (les bourses de la Fondation Christiane Nusslein-Volhard, mes préférées, paient les frais de garde d'enfants et d'aide ménagère pour les femmes scientifiques). Aujourd'hui, même s'il y a encore moins de femmes ingénieures, garçons et filles en quatrième année se disent également intéressés par les sciences, et la majorité des diplômes en biologie sont décernés à des femmes. Il est trop difficile et trop tôt pour dire si ces initiatives ont contribué à changer les choses. Mais si l'on consacrait une fraction des fonds et de la volonté politique à l'origine de ces programmes au problème des garçons en difficulté, il y aurait probablement plus d'hommes sur les campus et moins en prison. Maintenant que les filles excellent à l'école, il est temps de tourner les projecteurs sur les garçons et de s'attaquer sérieusement aux lacunes de ces derniers en lecture, en conscience sociale et en maîtrise de soi.

Adieu jeunesse, bonjour maturité

Précédemment dans ce livre, j'ai décrit l'étonnement de deux anthropologues devant les préférences professionnelles d'hommes et de femmes vivant dans un kibboutz. Cette communauté utopique visait à éliminer toute barrière entre les sexes et les classes sociales, et l'on supposait que, tôt ou tard, les différences sexuelles s'estomperaient : tous les emplois seraient occupés par des hommes et des femmes en proportions égales. Mais le résultat constaté par les anthropologues n'eut rien à voir avec cette image d'un monde clairement coupé en deux.

Je ne savais rien de l'étude lorsque, jeune étudiante idéaliste voulant explorer le monde, je suis allée vivre dans un kibboutz au milieu des années 1970. J'avais lu dans *La femme eunuque* que « Dans cette description du corps féminin, j'ai supposé que toutes ses caractéristiques *pourraient être autres* », et je l'ai cru, jusqu'à ce que je travaille dans l'usine de plastique du kibboutz ou que je traîne des filets dans des bassins piscicoles. Je me suis alors rendu compte que ce n'était pas mon truc, pas plus d'ailleurs qu'éviscérer des poulets dans la cuisine. Je préférais travailler à la bibliothèque ou à la garderie, et je m'aperçus que j'y étais entourée de femmes. À l'époque où je faisais l'expérience de la vie en kibboutz, en 1976, quelque 70 ans après l'établissement des premières communautés, les seuls hommes qui travaillaient à proximité des maisons communes des enfants étaient les deux jardiniers qui taillaient les arbustes poussiéreux et les trois gardes armés qui patrouillaient les environs pour protéger les enfants des attentats. Ainsi, à la fin des années 1970, les kibboutznik avaient compris que, même à chances égales, les hommes et les femmes ne voulaient pas forcément les mêmes choses. Dans une société soucieuse du bonheur et de la productivité de ses citoyens, il n'était pas réaliste de décider pour les gens de leurs emplois. Pour survivre et s'adapter, ces collectivités ont dû abandonner certains aspects chéris de leur idéologie fondatrice. Et faire une croix sur l'idée que les deux sexes étaient identiques.

De tels changements peuvent éveiller la nostalgie d'idées jadis nouvelles et rafraîchissantes, qui ont transformé non seulement notre vision du monde, mais aussi son paysage. Toutefois, nous n'évoluons pas dans le vide. Les découvertes excitantes des neurosciences, des sciences cognitives et de l'économie génèrent un monde complexe et sophistiqué. Les progrès dans ces domaines ont été si rapides que j'ai dû mettre à jour ce livre plusieurs fois au cours des deux années de sa rédaction. Les études d'IRM relativement à la perception des émotions, la génétique des troubles d'apprentissage et de l'autisme, les effets transformationnels de la testostérone et de l'ocytocine ne sont que quelques-unes des découvertes qui apportent une vision plus nuancée des différences sexuelles, impossible à imaginer dans les années 1970. De même, en comprenant mieux la variabilité statistique des traits humains, il devient insensé de considérer les hommes et les femmes en noir et blanc. Un type de femme qui fait un choix archétypal représentant le bon choix pour toutes les femmes, cela n'existe pas. Aucune donnée biologique ne donne à penser que les femmes devraient rester à la maison et élever des enfants, ni que les hommes et les femmes sont des êtres indifférenciés qui, à chances égales, valoriseront les mêmes choses et se comporteront de la même manière. Plutôt, les données scientifiques révèlent l'existence d'une poignée de catalyseurs à l'origine des choix – certains ayant des racines neurologiques ou hormonales et d'autres procédant des milieux de travail conçus en fonction de la norme masculine –, qui s'amalgament pour créer les véritables différences entre les sexes.

Il existe des différences statistiques entre les hommes et les femmes, bien sûr, mais les statistiques ne doivent pas remplacer la parole des individus, restreindre leurs choix ou justifier des pratiques inacceptables. En revanche, les découvertes sur les différences sexuelles dans l'apprentissage et le développement offrent des pistes de solution qui contribueront à aider les garçons en difficulté. Par ailleurs, reconnaître les préférences des filles, c'est les aider à choisir la vie et la carrière qu'elles souhaitent. Enfin, reconnaître les différences sexuelles est la seule façon de comprendre les motivations et les choix paradoxaux des hommes et des femmes, même s'ils semblent aller à rebours de nos attentes.

Remerciements

Il n'y a pas de livre sans histoire. Plus d'une vingtaine de personnes m'ont permis de raconter la leur. Certaines ne me connaissaient ni d'Ève ni d'Adam et d'autres m'avaient connue bien avant, dans des circonstances difficiles de leur vie. À ces personnes j'ai demandé de révéler ce qui est généralement d'ordre privé et de parler d'amour, d'ambition et de travail. Sans leur confiance et leur candeur, sans leur disponibilité et leur patience, ces pages ne seraient qu'une accumulation de données arides. Plusieurs ont gardé contact avec moi pendant la rédaction, et je leur en suis reconnaissante. Merci de votre générosité.

Les données scientifiques viennent étoffer leurs propos, et je remercie les chercheurs et les spécialistes qui ont bien voulu lire des ébauches ou des sections de chapitre se rapportant à leur champ de compétence. Je souhaite exprimer ma gratitude aux personnes suivantes : Kingsley Browne (Université Wayne State), Simon Baron-Cohen (Université de Cambridge), Nancy Eisenberg (Université d'Arizona), Uta Frith (University College de Londres), Jeffrey Gilger (Université Purdue), Fiona Kay (Université Queen's), Ilyana Kuziemko (Université Princeton), Michael Lombardo (Université de Cambridge), Charles A. Pierce (Université de Memphis), Bernard Rosenblatt (Centre universitaire de santé McGill), Darold Treffert (Université du Wisconsin), Elizabeth Walcot (Université de Sherbrooke), Gabrielle Weiss (Children's Hospital de la Colombie-Britannique), et Sandra Witelson (Université McMaster). J'ai trouvé en elles une précieuse source d'information et d'inspiration.

D'autres scientifiques ont eu la gentillesse de répondre à mes questions lorsque je leur écrivais pour demander des précisions. Je remercie Lea Baider (Hôpital universitaire Hadassah), Andreas Bartels (Institut Max Planck), Turhan Canli (Université Stony Brook), Elizabeth Cashdan (Université du Utah), Eric Courchesne (Université de Californie à San Diego), Catherine Hakim (London School of Economics), George Hynd (Université

Purdue), Ronald Kessler (Harvard Medical School), Doreen Kimura (Université Simon Fraser), Michael Meaney (Université McGill), Phyllis Moen (Université du Minnesota), Tom Mortenson (Pell Institute for the Study of Opportunity in Higher Education), Saroj Saigal (École de médecine de l'Université McMaster), David Skuse (University College de Londres), Laurel Ulrich (Université Harvard), Margaret Weiss (Children's and Women's Health Centre, Colombie-Britannique), et Harold Wiesenfeld (Institut de recherche Magee-Women's, Université de Pittsburgh).

Au *Globe and Mail*, les rédacteurs en chef m'ont fidèlement appuyée tout au long du projet. Sans leurs paroles réconfortantes et leur indulgence devant mes absences prolongées, ce livre n'aurait jamais vu le jour. Mes collègues du *Globe* m'ont appris à devenir une « obsédée » de l'écrit, mais ce n'est pas avec une idée, aussi obsédante soit-elle, que l'on écrit un livre. Heureusement, j'ai travaillé aux côtés de deux éditrices, Anne Collins à Random House Canada et Alexis Gargagliano chez Scribner, qui ont été pour moi de remarquables professeures. Ayant mémorisé ou presque mes premières versions, elles avaient une connaissance instinctive des contours du livre et savaient exactement où intervenir. Mes agentes littéraires, Jackie Joiner et Denise Bukowski, ont franchement rendu le livre possible, et je ne les remercierai jamais assez. Je salue également les Maîtres nageurs de Westmount, qui m'ont fourni les endorphines et la collégialité nécessaires pour mener le projet à terme.

J'exprime également ma profonde gratitude à Terri Foxman, recherchiste qui a remué ciel et terre pour me fournir une aide indispensable avec les faits, les graphiques et les photos au cours des derniers mois du projet. Avant son arrivée, une équipe de filature formée d'étudiants ont arpenté pour moi les rayons de bibliothèque et les arcanes de bases de données entre les demandes d'admission aux études supérieures et les voyages au Moyen-Orient et en Extrême-Orient. Grâce à Razielle Aigen, Eva Boodman, Sarah Pearson, Jacqueline Rowniak et David Weinfeld, j'ai pu me consacrer davantage à la rédaction et moins à la recherche booléenne.

Ma reconnaissance s'adresse également à Martin Lysy, virtuose des statistiques qui, à la dernière minute, m'a aidée à transformer les données en graphiques lisibles, et à Benjamin Silver qui a vu à ce que je lise le *Science Times* en temps opportun. Lorsque ces précieux collaborateurs n'étaient pas disponibles – et en tout temps d'ailleurs – , j'ai été épaulée par une incomparable recherchiste. Ma mère, Roslyn Pinker, a épluché la presse populaire. Tout article se rapportant à mes intérêts m'était acheminé par courriel ou découpé et glissé dans une enveloppe en papier kraft. S'il m'arrivait de mentionner le sujet sur lequel j'écrivais, une pile d'imprimés d'ordinateur apparaissait dans le courant de la semaine, souvent accompagnée de quelques pots de confiture aux abricots maison. La rigueur intellectuelle rehaussée de soins affectueux est une recette inestimable que j'ai reçue de mes parents, et j'espère la transmettre à mon tour à mes enfants.

Les membres de ma famille et de nombreux amis ont généreusement lu des extraits ou des chapitres tout en m'offrant un soutien moral. Mes remerciements les plus sincères vont à Martin Boodman, Roslyn Pinker, Steven Pinker, Harry Pinker, Robert Pinker, Kristine Whitehead, Rebecca Newberger Goldstein, Barbara Baker, Laura-Ann Pettito et Stephanie Whittaker. Steve m'a encouragée de toutes les manières imaginables. Des secrets du logiciel *Endnote* aux subtilités du métier, ses sages conseils sur la rédaction d'un livre m'ont collée au clavier. Je n'aurais pu demander un soutien plus loyal et assidu de ma famille. Mes enfants, Eva, Carl et Eric, ont toléré mes deux années de distraction avec une bonne humeur inimitable et m'ont procuré d'innombrables moments de joie. En terminant, je remercie Martin pour tout.

Notes

Introduction : **Des marionnettes et des eunuques, version féminine**

1. Susan Dominus, « A Girly-Girl Joins the Sesame Boys », *The New York Times*, 6 août 2006.

2. Louis Menand, « Stand by Your Man : The Strange Liaison of Sartre and Beauvoir », *New Yorker*, 26 septembre 2005.

3. Juliet B. Schor, *The Overworked American : The Unexpected Decline of Leisure*, New York, Basic Books, 1992, p. 86.

4. En se servant de vastes ensembles de données du National Longitudinal Survey of Young Women, l'historienne Claudia Goldin, de l'Université Harvard, a constaté une transformation rapide et marquée dans les parcours professionnels et scolaires des femmes au début des années 1970. Une immense cohorte de femmes nées à la fin des années 1950 et inscrites aux études de premier cycle au début des années 1970 ont choisi des disciplines « moins typiquement féminines » par rapport à la génération précédente. Ces femmes, qu'elle a surnommées les « soldates d'infanterie involontaires », ne savaient pas qu'elles participaient à une profonde révolution qui allait transformer les attitudes des générations à venir. Par exemple, en 1966, 40 % des femmes obtenaient un baccalauréat en éducation ; en 1980, c'était le cas de 20 % et en 1998, de 12 %. C'est au début des années 1970 que le grand changement s'est produit, les femmes délaissant les disciplines plus « féminines » comme l'éducation et le service social, et optant davantage pour des disciplines plus « masculines », dont l'administration. Dans cette cohorte, les femmes n'ont pas seulement modifié leurs orientations scolaires pour répondre à leurs aspirations professionnelles, mais elles se sont aussi mariées plus tard, après avoir étudié plus longtemps. C'est ainsi qu'elles ont pu rompre avec le modèle des femmes qui réussissaient seules dans leur coin, et commencer à constituer une force sociale.

5. La pilule a été légalisée aux États-Unis en 1960, sauf dans l'État du Connecticut. Au moment où le Canada la légalisait, environ 13 millions d'Américaines la prenaient déjà et pouvaient choisir parmi 7 marques.

6. Peu de femmes exerçaient ce métier en 1973 et peu souhaitent l'exercer aujourd'hui. Une génération plus tard, 97 % des gens qui passent leur vie sur la route et vendent à commission sont des hommes. Selon l'American Manufacturers' Agents Association (3 300 membres), le revenu annuel moyen des agents commerciaux en 2007 était de 105 000 $ US, plus du double du revenu familial moyen (44 389 $), selon les données du U.S. Census Bureau.

7. Ces aperçus de la vie professionnelle des femmes des XIXᵉ et XXᵉ siècles proviennent des ouvrages suivants :

    Alice Kessler-Harris, *Out to Work : A History of Wage-Earning Women in the United States*, New York, Oxford University Press, 2003 ; Juliet Schor, *The Overworked American : The Unexpected Decline of Leisure*, 95 ; Claudia Goldin, *Understanding the Gender Gap : An Economic History of American Women*, New York, Oxford University Press, 1990.

8. Claudia Goldin, « From the Valley to the Summit : The Quiet Revolution That Transformed Women's Employment, Education, and Family », Document de travail 10335, National Bureau of Economic Research, Cambridge (Mass.), 2004.

9. Les statistiques récentes sont tirées des sites Web du U.S. Department of Labor et de Statistique Canada. Les données historiques proviennent de publications de Juliet Schor (1992), Alice Kessler-Harris (2003) et Claudia Goldin (2004).

10. Claudia Goldin, « The Quiet Revolution That Transformed Women's Employment, Education, and Family ». Communication présentée à l'American Economic Association Meeting, Boston, 2006.

11. Natasha Walter, « Prejudice and Evolution », *Prospect* (juin 2005).

12. Feminist Research Center, Empowering Women in Business, Feminist Majority Foundation, 2007 [cité le 30 mars] ; voir : http ://www.feminist.org /research/business/ewb_toc.html

13. Dans *Selling Women Short*, la sociologue Louise Marie Roth décrit des cas de discrimination sexuelle flagrante survenus dans les bureaux de Wall Street, et des plaignantes qui ont reçu des millions de dollars en dommages-intérêts. Plus précisément, Merrill Lynch et Morgan Stanley ont accordé d'importants règlements à des femmes courtiers qui, aussi récemment qu'en 2004, alléguaient de la discrimination à leur endroit. Roth affirme qu'une forme de discrimination plus subtile et moins passible de poursuites existe dans la culture professionnelle de Wall Street et sur les parquets de la Bourse, qui a pour effet de réduire les revenus et l'avancement des femmes. Louise Marie Roth, *Selling Women Short : Gender and Money on Wall Street*, Princeton (N.J.), Princeton University Press, 2006.

14. Claudia Goldin, Lawrence F. Katz et Ilyana Kuziemko, « The Homecoming of American College Women : The Reversal of the College Gender Gap », Cambridge (Mass.), National Bureau of Economic Research, 2006.

15. Claudia Goldin, « From the Valley to the Summit : The Quiet Revolution That Transformed Women's Employment, Education, and Family ».

16. U.S. Department of Labor, « Labor Day 2006 » : Profile of the American Worker » (cité le 4 septembre 2006) ; voir : http ://communitydispatch.com/artman/ publish/article_6293.shtml

17. C. E. Helfat, D. Harris et P. J. Wolfson, « The Pipeline to the Top : Women and Men in the Top Executive Ranks of U.S. Corporations », *The Academy of Management Perspectives* 20, n° 4 (2006).

18. Diane F. Halpern, *Sex Differences in Cognitive Abilities*, Mahwah (N.J.), Lawrence Erlbaum Associates, 2000 ; L. V. Hedges et A. Nowell, « Sex Differences in Mental Test Scores, Variability and Numbers of High-Scoring Individuals », *Science* 269 (1995) ; W. W. Willingham et N. S. Cole, *Gender and Fair Assessment*, Mahwah (N.J.), Lawrence Erlbaum Associates, 1997.

19. Lawrence H. Summers, « Remarks at NBER on Diversifying the Science and Engineering Workforce ». Communication présentée au National Bureau of Economic Research, Cambridge (Mass.), (14 janvier 2005).

20. Au bas de l'échelle du QI – scores compris entre 50 et 60 –, il y avait 17,2 % plus de garçons que de filles, et au haut de l'échelle – scores compris entre 130 et 140 – il y avait 15 % plus de garçons. « La gradation entre les extrêmes semble régulière : plus la population s'éloigne des extrêmes, plus les proportions se rapprochent », écrivaient Deary et ses collègues. Voir Ian J. Deary et autres, « Population Sex Differences in IQ at Age 11 : The Scottish Mental Survey 1932 », *Intelligence* 31 (2003).

Chapitre 1 : Les hommes, sexe faible ?

1. Jane E. Brody, « Easing the Trauma for the Tiniest in Intensive Care », *The New York Times* (27 juin 2006) ; Jane E. Brody, « For Babies, an Ounce Can Alter Quality of Life », *The New York Times* (1er octobre 1991).

2. D. K. Stevenson, J. Verter et A. A. Fanaroff, « Sex Differences in Outcomes of Very Low Birth Weight Infants : The Newborn Male Disadvantage », *Archives of Disease in Childhood* 83 (novembre 2000) ; M. Brothwood et autres, « Prognosis of the Very Low Birth Weight Baby in Relation to Gender », *Archives of Disease in Childhood* 61 (1986) ; Maureen Hack et autres, « Growth of Very Low Birth Weight Infants to Age 20 Years », *Pediatrics* 112, n° 1 (2003).

3. Steven B. Morse, « Racial and Gender Differences in the Viability of Extremely Low Birth Weight Infants : A Population-Based Study », *Pediatrics* 117, n° 1 (2006).

4. L'une des plus récentes études d'un grand groupe de bébés très prématurés (nés avant la 26e semaine de gestation) a été réalisée à l'Université de Nottingham (R.-U.) par Neil Marlow et son équipe. Les chercheurs ont évalué les enfants à l'âge de six ans et constaté que le risque de déficience neurologique et développementale était beaucoup plus grand chez les garçons que chez les filles. Neil Marlow et autres, « Neurologic and Developmental Disability at Six Years of Age after Extremely Preterm Birth », *New England Journal of Medicine* 352, n° 1 (2005).

5. Allan Reiss, Helli Kesler et Betty Vohr, « Sex Differences in Cerebral Volumes of 8-Year-Olds Born Pre-Term », *Pediatrics* 145, nos 242–249 (2004). L'équipe dirigée par la Dre Saroj Saigal, professeure de pédiatrie à l'Université McMaster, a trouvé des résultats encourageants à long terme : de jeunes adultes dont le poids était très insuffisant à la naissance présentaient un plus grand nombre de déficiences, mais avaient une image de soi positive et une qualité de vie aussi bonne que les jeunes adultes du groupe contrôle dont le poids à la naissance était normal. La Dre Saroj Saigal a écrit dans un courriel (7 septembre 2006) que les différences entre les sexes dans les problèmes scolaires et le TDAH observés pendant l'enfance dans l'échantillon de jeunes à risque

élevé devenaient moins apparents à l'âge adulte. Saroj Saigal et autres, « Transition of Extremely Low Birth Weight Infants from Adolescence to Young Adulthood », *Journal of the American Medical Association* 295, n° 6 (2006).

6. La faible proportion de garçons nés au cours des trois dernières décennies aux États-Unis, au Canada et au Japon, particulièrement dans les régions fortement industrialisées, a fait ressortir de manière plus spectaculaire la vulnérabilité de ces derniers aux stresseurs environnementaux. Les garçons sont plus sensibles aux effets dommageables de polluants industriels qui imitent les hormones, lesquels ont causé plus de mortalité fœtale précoce chez les garçons. Le plus important recul dans le nombre de naissances de garçons est survenu à Sarnia (Ontario) ; au Japon et aux États-Unis, il y a eu significativement moins de garçons nés entre 1970 et 2002. Martin Mittelstaedt, « The Mystery of the Missing Boys », *Globe and Mail* (11 avril 2007).

   Sebastian Kraemer, « The Fragile Male », *British Medical Journal* 321, 2000. Emmy E. Werner et Ruth S. Smith, *Vulnerable but Invincible. A Study of Resilient Children*, New York, McGraw-Hill, 1982, 36–49.

7. Nicholas Wade, « Pas De Deux of Sexuality Is Written in the Genes », *The New York Times* (10 avril 2007).

8. Parmi les maladies chroniques, la maladie d'Alzheimer est cependant plus répandue chez les femmes. Roni Rabin, « Health Disparities Persist for Men, and Doctors Ask Why », *The New York Times* (14 novembre 2006).

   Dans un article s'intéressant au dopage dans les sports de compétition, Malcolm Gladwell examine l'effet de la testostérone sur la santé des femmes. Il rapporte que les stéroïdes, couramment utilisés pour stimuler la performance des athlètes féminines dans les années 1980, ont eu des effets désastreux : masculinisation du corps et de la voix, tumeurs inexplicables, troubles hépatiques, hémorragies internes et dépression. Malcolm Gladwell, « The Sporting Scene », *New Yorker* (10 septembre 2001).

9. Richard G. Bribiescas, *Men : Evolutionary and Life History*, Cambridge (Mass.), Harvard University Press, 2006.

10. Daniel J. Kruger et Randolph M. Nesse, « Sexual Selection and the Male : Female Mortality Ratio », *Evolutionary Psychology*, n° 2 (2004).

11. Isaac Mangena, « Soweto Youths on Wrong Track as Train Surfers Die Having Fun », *Montreal Gazette* (26 novembre 2006).

12. Kruger et Nesse, « Sexual Selection and the Male : Female Mortality Ratio ».

13. Arjan Gjonca, Cecilia Tomassini et James W. Vaupel, « Male-Female Differences in Mortality in the Developed World », Max-Planck Institute for Demographic Research, 1999 ; Kraemer, « The Fragile Male » ; Kruger et Nesse, « Sexual Selection and the Male : Female Mortality Ratio ».

14. *U.S. National Vital Statistics Reports* 54, n° 19 (28 juin 2006) ; Center for Disease Control. *Statistique Canada : Principales causes de décès sélectionnées, selon le sexe* (voir http://www40.statcan.ca/l02/cst01/health36_f.htm).

15. *Statistique Canada : Réussite scolaire : l'écart entre les garçons et les filles* (9 mars 2006), http://www.statcan.ca/francais/freepub/81-004-XIF/200410/mafe_f. htm) ; Richard Whitmore, « Boy Trouble », *New Republic Online*, 2006.

16. Wendy Berliner, « Where Have All the Young Men Gone ? », *The Guardian* (8 mai 2004).

17. Gerry Garibaldi, « How the Schools Shortchange Boys : In the Newly Feminized Classroom, Boys Tune Out », *City Journal* (été 2006).

18. Tiré du *Time* (16 avril 1956) et cité dans Bill Bryson, *The Life and Times of the Thunderbolt Kid*, Toronto, Doubleday, 2006.

19. Goldin, Katz et Kuziemko, « The Homecoming of American College Women : The Reversal of the College Gender Gap ».

20. OCDE, « Gender Differences in the Eighth Grade Performance on the IEA Timss Scale », *IEA Trends in International Mathematics and Science Study* 2003, 2005.

21. Camilla Persson Benbow et Julian Stanley, « Sex Differences in Mathematical Ability : Fact or Artifact ? », *Science* 210 (1980) ; Camilla Persson Benbow et Julian Stanley, « Sex Differences in Mathematical Reasoning Ability : More Facts », *Science* 222, (1983).

22. Cependant, la comparaison n'est pas parfaite, car Benbow et Stanley n'examinent que les élèves très doués, c'est-à-dire les garçons et les filles s'étant déjà distingués qui faisaient une demande d'admission à un programme spécial. Les données de l'OCDE s'appuient sur un échantillon de tous les élèves de 8ᵉ année des 30 pays participants, et non sur les seuls élèves des tranches supérieures.

23. Virginia Valian, « Women at the Top in Science – and Elsewhere », *Why Aren't More Women in Science ?*, édit. Stephen J. Ceci et Wendy M. Williams, Washington (D.C.), American Psychological Association, 2007.

24. Judith Kleinfeld, « Student Performance : Males Versus Females », *Public Interest* 134 (1999).

25. Iyana Kuziemko, « The Right Books, for Boys and Girls », *The New York Times* (14 juin 2006) ; Goldin, Katz et Kuziemko, « The Homecoming of American College Women ». La médiane est le point situé au milieu d'un ensemble de données.

26. Comme l'ont montré l'économiste de Harvard Claudia Goldin et ses collègues, même dans les années d'après-guerre, lorsque les femmes se mariaient et avaient des enfants alors qu'elles étaient jeunes, les filles dépassaient les hommes de 21 centiles en termes de réussite scolaire. Les garçons suivaient plus de cours de mathématiques et de sciences pendant ces années, mais en 1992, l'écart entre les sexes était comblé, ce qui a joué dans les inscriptions des femmes aux études de premier cycle.

    Goldin, Katz et Kuziemko, « The Homecoming of American College Women ».

27. Tom Mortenson, « What's Wrong with the Guys », Washington (D.C.), Pell Institute for the Study of Opportunity in Higher Education, 2003.

28. S. J. Ingels et autres, « A Profile of the American High School Sophomore in 2002 : Initial Results from the Base Year of the Education Longitudinal Study of 2002 » (NCES 2005-338), U.S. Department of Education, Washington (D.C.), National Center for Education Statistics, 2005. http://nces.ed.gov/pubs2005/2005338_1.pdf

29. Cette enquête a été réalisée par la psychologue Nancy Leffert, aujourd'hui à l'Université du Minnesota, et citée par Christina Hoff Summers dans *The War Against Boys*, Atlantic Monthly (mai 2000). National Assessment of Educational Progress (NEAP) 2006 : http://www.ed.gov/programs/neap/index.html

30. Au début des années 1990, à la publication de rapports sur l'écart dans les réponses données sans lever la main et sur la négligence des enseignantes à l'endroit des filles, les demandes d'admission aux écoles privées pour filles seulement ont augmenté de 40 %, mais les inscriptions n'ont augmenté que de 23 % (toutes les statistiques proviennent de la National Coalition of Girls Schools (www.ncgs.org). L'admission des enfants les plus brillants issus de familles aisées ayant les moyens de payer les frais de scolarité d'établissements privés pourrait expliquer en partie pourquoi les finissants de ces écoles, comme le rapporte la Coalition, sont plus nombreux à faire des études postsecondaires en maths et en sciences que les finissants, garçons et filles, des écoles publiques mixtes. De plus, comme ces écoles reçoivent maintenant des demandes d'admission d'un échantillon plus vaste, elles sélectionnent probablement les élèves les plus forts.

31. Christina Hoff Summers, *The War Against Boys*, New York, Simon & Schuster, 2000.

32. J. E. Brophy et T. L. Good, « Teachers' Communication of Differential Expectations for Children's Classroom Performance : Some Behavioral Data », *Journal of Educational Psychology* 61 (1970) ; Carol S. Dweck et Ellen S. Bush, « Sex Differences in Learned Helplessness », *Developmental Psychology* 12, n° 2 (1976).

33. Sandy Baum et Eban Goodstein, « Gender Imbalance in College Applications : Does It Lead to a Preference for Men in the Admissions Process ? », *Economics of Education Review* 24, n° 6 (2005).

34. Pour attirer plus de femmes, certains ont retenu des mesures aussi évidentes que des quotas d'admission, mais il en existe d'autres plus subtiles, par exemple : offrir plus de cours se rapportant à des applications humaines, remplacer les étudiants masculins figurant dans le site Web par des étudiantes et inviter des filles du secondaire à suivre des programmes d'été intensifs en informatique dans l'espoir de les attirer pour les études postsecondaires. Le projet Artemis de l'Université Brown, réservé aux femmes, en est un exemple. Cornelia Dean, « Computer Science Takes Steps to Bring Women to the Fold », *The New York Times* (17 avril 2007).

35. Sarah Karnasiewicz, « The Campus Crusade for Guys », *Salon* (15 février 2006).

36. Jennifer Delahunty Britz, « To All the Girls I've Rejected », *The New York Times* (23 mars 2006) ; Josh Gerstein, « Kenyon's Policy Against Women Stirs a Debate », *New York Sun* (28 mars 2006).

37. En découvrant que l'on peut modifier le processus cognitif à l'origine de l'impuissance apprise, Martin Seligman a contribué à lancer un nouveau champ d'étude baptisé la psychologie positive, et favorisé les approches cognitives dans le traitement de la dépression.

38. Angela Lee Duckworth et Martin E. P. Seligman, « Self-Discipline Gives Girls the Edge : Gender in Self-Discipline, Grades, and Achievement Test Scores », *Journal of Educational Psychology* 98, n° 1 (2006).

39. William R. Charlesworth et Claire Dzur, « Gender Comparisons of Preschoolers Behavior and Resource Utilization in Group Problem Solving », *Child Development* 58, n° 1 (1987) ; Eleanor Emmons Maccoby, *The Two Sexes : Growing Apart, Coming Together*, Cambridge (Mass.), Harvard University Press, Belknap Press, 1998 ; Eleanor Emmons Maccoby et Carol Nagy Jacklin, *The Psychology of Sex Differences*, Stanford (Calif.), Stanford University Press, 1974 ; Irwin Silverman, « Gender Differences in Delay of Gratification : A Meta-Analysis », *Sex Roles* 49, n°ˢ 9-10 (2003).

40. Voici un autre commentaire de Steve Jobs au sujet des études : « Ils ont failli tuer en moi toute forme de curiosité... Si je n'avais pas rencontré deux ou trois personnes qui ont bien voulu me consacrer plus de temps, j'aurais sans doute fait de la prison. » Steve Jobs, « You've Got to Find the Job You Love », *Stanford Report* (14 juin 2005) ; Daniel Morrow, *Oral History Interview with Steve Jobs*, 1995 (cité le 26 avril 2006) ; voir http ://americanhistory.si.edu/collections/comphist/sj1.html

41. Simon Baron-Cohen, *The Essential Difference : The Truth About the Male and Female Brain*, New York, Basic Books, 2003 ; Simon Baron-Cohen, *La Cécité mentale : un essai sur l'autisme et la théorie de l'esprit*, Presses universitaires de Grenoble (1998).

42. Jennifer Connellan, Simon Baron-Cohen, Sally Wheelwright, Anna Batki et Jag Ahluwalia, « Sex Differences in Human Neonatal Social Perception », *Infant Behavior and Development* 23 (2000) ; Svetlana Lutchmaya et Simon Baron-Cohen, « Human Sex Differences in Social and Non-Social Looking Preferences, at 12 Months of Age », *Infant Behavior and Development* 25 (2002).

43. Simon Baron-Cohen, « Sex Differences in Mind : Keeping Science Distinct from Social Policy », dans *Why Aren't More Women in Science ?*, édit. Stephen J. Ceci et Christine L. Williams, Washington (D.C.), American Psychological Association, 2007 ; Doreen Kimura, *Sex and Cognition*, Cambridge (Mass.), MIT Press, 2000.

44. M. A. Wittig et M. J. Allen, « Measurement of Adult Performance on Piaget's Water Horizontality Task », *Intelligence* 8 (1984).

45. J. T. E. Richardson, « Gender Differences in Imagery, Cognition, and Memory », *Mental Images in Human Cognition*, édit. R.H. Logie et M. Denis, New York, Elsevier, 1991.

46. Kimura, *Sex and Cognition*.

47. Allan Mazur, *Biosociology of Dominance and Deference*, Oxford (R.-U.), Rowman & Littlefield, 2005.

48. Tim Molloy, « Woman's Rampage Leaves Six Dead in the U.S. », *Globe and Mail* (1ᵉʳ février 2006).

   Étant donné la rareté des femmes responsables de tueries dans les écoles, l'événement occasionnel de violence mortelle chez des filles et des femmes attire l'attention et, comme le souligne mon frère Steven Pinker, on invoque un tel incident pour démontrer que les sexes deviennent de plus en plus semblables. « On retrouve en 1998 la même contradiction entre le titre et les faits dans un article du *Boston Globe* intitulé "L'écart entre les sexes dans l'agressivité : les filles rattrapent les garçons". Dans quelle mesure les ont-elles rattrapés ? D'après l'article, elles commettent maintenant des meurtres dans la proportion de *1 fille pour 10 garçons*. » Extrait de : Pinker, Steven. *Comprendre la nature humaine*, Odile Jacob, 2005, p. 401.

49. American Psychiatric Association, *Manuel diagnostique et statistique des troubles mentaux*, 4ᵉ édition, Paris, Masson, 1996 ; M. Daly et M. Wilson, *Homicide*, New York, Aldine de Gruyter, 1988 ; Martin Daly et Margo Wilson, *Sex, Evolution, and Behavior*, 2ᵉ éd., Boston, Willard Grant Press, 1983 ; Steven E. Rhoads, *Taking Sex Differences Seriously*, San Francisco, Encounter Books, 2004, 297-301 ; Baron-Cohen, « Sex Differences in Mind : Keeping Science Distinct from Social Policy ».

50. Rhoads, *Taking Sex Differences Seriously* ; Richard Tremblay et Daniel Nagin, « The Developmental Origins of Physical Aggression in Humans », *Developmental Origins of Aggression*, édit. Richard Tremblay, Willard Hartup et John Archer, New York, Guilford Press, 2005.

51. E. Feldman et autres, « Gender Differences in the Severity of Adult Familial Dyslexia », *Reading and Writing* 7, n° 2 (1995) ; J. M. Finucci et B. Childs, « Are There Really More Dyslexic Boys Than Girls ? », dans *Sex Differences in Dyslexia*, édit. A. Ansara et autres, Towson (Md), Orton Dyslexia Society, 1981 ; T. R. Miles, M. N. Haslum et T. J. Wheeler, « Gender Ratio in Dyslexia », *Annals of Dyslexia* 48 (1998).

52. B. A. Shaywitz et autres, « Sex Differences in the Functional Organization of the Brain for Language », *Nature* 373 (1995).

53. Louann Brizendine, *The Female Brain*, New York, Morgan Road Books, 2006 ; Halpern, *Sex Differences in Cognitive Abilities* ; Hedges and Nowell, « Sex Differences in Mental Test Scores, Variability and Numbers of High-Scoring Individuals » ; J. Huttenlocher et autres, « Early Vocabulary Growth : Relation to Language Input and Gender », *Developmental Psychology* 27 (1991) ; Janet Shibley-Hyde, « Women in Science : Gender Similarities in Abilities and Sociocultural Forces », *Why Aren't More Women in Science ?*, édit. Stephen J. Ceci et Wendy M. Williams, Washington (D.C.), American Psychological Association, 2007.

54. Je me suis inspirée de la revue de littérature de Diane Halpern sur les différences sexuelles dans les habiletés verbales. Halpern, *Sex Differences in Cognitive Abilities*.

55. Macdonald Critchley, *The Dyslexic Child*, Springfield (Illinois), Charles C. Thomas, 1970.

Chapitre 2 : **Des garçons dyslexiques qui réussissent dans la vie**

1. J'ai utilisé un pseudonyme, car il s'agit d'un jeune homme aujourd'hui dans la vingtaine.

2. Uta Frith, « Brain, Mind and Behaviour in Dyslexia », *Dyslexia : Biology, Cognition and Intervention*, édit. Charles Hulme et Margaret Snowling, San Diego, Singular Publishing Group, 1997 ; H.S. Scarborough, « Very Early Language Deficits in Dyslexic Children », *Child Development* 61 (1990) ; Margaret Snowling, *Dyslexia*, Oxford (R.-U.), Blackwell, 2000 ; Margaret Snowling, Alison Gallagher et Uta Frith, « Family Risk of Dyslexia Is Continuous : Individual Differences in the Precursors of Reading Skill », *Child Development* 74, n° 2 (2003).

3. Iona et Peter Opie, experts en matière de comptines et du langage du jeu des enfants, ont documenté la provenance de milliers de chansons dans leur livre *The Lore and Language of Schoolchildren* (London, Oxford University Press, 1959) et montré comment se transforment ces comptines lorsque les enfants ne comprennent pas les mots. Malgré l'erreur, la rime ou le son du mot original est conservé, puis répété, modifiant à jamais le poème ou la chanson.

4. Margarita Bauza, « Boys Fall behind Girls in Grades », *Detroit News* (9 janvier 2005) ; Y. Gingras et Jeffrey Bowlby, *The Costs of Dropping out of High School*, Ottawa, Développement des ressources humaines Canada, 2000.

5. Dans un courriel du 19 octobre 2006, Cathy Barr, généticienne moléculaire spéciali-sée dans les déficiences de lecture (Université de Toronto), apportait une précision concernant les gènes en cause. Elle était convaincue de l'emplacement des chromo-somes, mais elle ajoutait que les gènes particuliers liés à divers aspects des déficiences de lec-ture peuvent se trouver dans des endroits légèrement différents chez différentes personnes, et que les travaux de cartographie fine des divers gènes n'étaient pas encore terminés. Cathy L. Barr et Jillian M. Couto, « Molecular Genetics of Reading », *Single Word Reading: Cognitive, Behavioral and Biological Perspectives*, édit. E.L. Grigo-renko et A. Naples, Mahwah (N.J.), Lawrence Erlbaum Associates, sous presse ; L. R. Cardon et autres, « Quantitative Trait Locus for Reading Disability on Chromosome 6 », *Science* 266 (1994) ; A. M. Galaburda et autres, « From Genes to Behavior in De-velopmental Dyslexia », *Nature Neuroscience* 9, n° 10 (2006).

6. J. C. DeFries, Maricela Alarcon et Richard K. Olson, « Genetic Aetiologies of Reading and Spelling Deficits: Developmental Differences », *Dyslexia: Biology, Cognition and Intervention,* édit. Charles Hulme et Margaret Snowling, San Diego, Singular Publi-shing Group, 1997.

7. Bien que la dyslexie soit universelle, ses différents sous-types indiquent qu'elle existe dans des langues fondées sur un alphabet, par exemple le français, l'anglais ou l'arabe, mais pas dans les langues reposant sur un système symbolique, comme le chinois ou le kanji. Le trouble n'est pas d'origine culturelle, mais des garçons comme Andrew, aux prises avec un problème phonologique, auront plus de difficultés dans une langue comme l'anglais. La dyslexie semble donc plus répandue en Occident, où elle touche 15 % de la population, et plus fréquente dans une langue phonétiquement irrégulière comme l'anglais que dans des langues à l'orthographe plus prévisible, comme l'alle-mand ou l'italien. Voir Frith, « Brain, Mind and Behaviour in Dyslexia » ; E. Paulesu et autres, « Dyslexia: Cultural Diversity and Biological Unity », *Science* 291 (2001) ; Wai Ting Siok et autres, « Biological Abnormality of Impaired Reading Is Constrained by Culture », *Nature* 431 (2004) ; A. Yamadori, « Ideogram Reading in Alexia », *Brain* 98 (1975).

8. Un débat entoure la question de la dyslexie, à savoir si le nombre élevé de garçons et d'hommes dyslexiques reflète une réelle différence sexuelle ou plutôt les préjugés des enseignants et des parents, qui font en sorte que les garçons reçoivent plus d'attention et une instruction particulière, mais pas les filles (voir Shaywitz, 2003, 31). La contro-verse vient en partie des études qui ont montré que, dans la population générale, les personnes ayant de faibles capacités de lecture en comparaison de leur niveau d'intel-ligence ont autant de chances d'être des femmes que des hommes. Au moins deux fac-teurs confirment que les différences sexuelles en rapport avec la dyslexie sont fidèles à la réalité et à la biologie. Lorsque la gravité de la dyslexie est prise en compte, les hommes dyslexiques sont dix fois plus nombreux que les femmes dyslexiques. Certaines données montrent que les filles présentent des facteurs les protégeant contre les effets d'un trouble de lecture – à moins qu'elles soient tellement saturées de facteurs géné-tiques prédisposants qu'elles dépassent un seuil critique –, si bien que les filles dys-lexiques seraient moins nombreuses, mais plus gravement atteintes (je remercie Jeff Gilger pour son explication de « l'effet de seuil »). Néanmoins, lorsqu'on inclut d'autres facteurs diagnostiques, dont le retard dans le langage, les difficultés de syntaxe ou des pro-blèmes de mémoire à court terme (à la différence de faibles capacités de lecture seule-ment), les garçons sont six fois plus nombreux que les filles.

Feldman et autres, « Gender Differences in the Severity of Adult Familial Dyslexia » ; Finucci et Childs, « Are There Really More Dyslexic Boys Than Girls ? » ; Halpern, *Sex Differences in Cognitive Abilities* ; Miles, Haslum et Wheeler, « Gender Ratio in Dyslexia ».

9. K. G. Anderson, « Gender Bias and Special Education Referrals », *Annals of Dyslexia* 47 (1997) ; Rosalie Fink, « Gender and Imagination : Gender Conceptualization and Literacy Development in Successful Adults with Reading Disabilities », *Learning Disabilities* 10, n° 3 (2000) ; Sally Shaywitz, *Overcoming Dyslexia*, New York, Vintage Books, 2003. Lorsque j'ai demandé à l'Association britannique de dyslexie des données sur la prévalence du trouble chez les hommes au Royaume-Uni, j'ai reçu la réponse suivante : « Il est estimé qu'environ 10 % de la population présente des troubles dyslexiques. Il s'agit probablement d'une sous-estimation et la réalité devrait plutôt s'approcher de 15 %. On pensait que la dyslexie était plus fréquente chez les hommes, mais on croit maintenant qu'un nombre équivalent de femmes auront des tendances dyslexiques. Les filles, souvent plus aptes à trouver des stratégies compensatoires et plus sages, ont donc moins de chances de se faire remarquer à l'école. »

10. Shaywitz, *Overcoming Dyslexia*, 33.

11. Jeff Gilger, chercheur qui s'intéresse à la neurobiologie de la dyslexie à l'Université Purdue, a observé que les meilleurs outils de dépistage de la dyslexie sont conçus de manière à déceler le plus grand nombre de cas possible. Une fois le dépistage effectué, on réalise des examens psychologiques plus poussés pour confirmer le diagnostic.

12. A. M. Galaburda, *Dyslexia and Development : Neurobiological Aspects of Extraordinary Brains*, Cambridge (Mass.), Harvard University Press, 1993 ; K. R. Pugh et autres, « Cerebral Organization of Component Process in Reading », *Brain* 119 (1996) ; Shaywitz et autres, « Sex Differences in the Functional Organization of the Brain for Language ».

13. Shaywitz et autres, « Sex Differences in the Functional Organization of the Brain for Language ».

14. Sandra Witelson, I. Glezer et D. L. Kigar, « Women Have Greater Density of Neurons in Posterior Temporal Cortex », *Journal of Neuroscience* 15 (1995).

15. J. Coney, « Lateral Asymmetry in Phonological Processing : Relating Behavioral Measures to Neuroimaged Structures », *Brain and Language* 80 (2002) ; J. Levy et W. Heller, « Gender Differences in Human Neuropsychological Function », dans *Sexual Differentiation : Handbook of Behavioral Neurobiology*, édit. A. A. Gerall, M. Howard et I. L. Ward, New York, Plenum Press, 1992 ; Shaywitz et autres, « Sex Differences in the Functional Organization of the Brain for Language » ; Haitham Taha, « Females' Superiority in Phonological and Lexical Processing », *The Reading Matrix* 6, n° 2 (2006) ; H. Wagemaker, « Are Girls Better Readers ? Gender Differences in Reading Literacy in 32 Countries », International Association for the Evaluation of Educational Achievement (1996), Galaburda et autres, « From Genes to Behavior in Developmental Dyslexia ».

16. J. Stein, « The Magnocellular Theory of Developmental Dyslexia », *Dyslexia* 7, n° 1 (2001).

17. J. N. Zadina et autres, « Heterogeneity of Dyslexia : Behavioral and Anatomical Differences in Dyslexia Subtypes ». Voir http://www.tc.umn.edu/~athe0007/BNEsig/papers/Zadina.pdf.

18. George W. Hynd et Jennifer R. Hiemenz, « Dyslexia and Gyral Morphology Variation », *Dyslexia: Biology, Cognition and Intervention*, édit. Charles Hulme et Margaret Snowling, San Diego, Singular Publishing Group, 1997; E. J. McCrory et autres, « More Than Words: A Common Neural Basis for Reading and Naming Deficits in Developmental Dyslexia? », *Brain* 128 (2005); Shaywitz, *Overcoming Dyslexia*; Catya von Karolyi, « Dyslexia and Visual-Spatial Talents: Are They Connected », *Students with Both Gifts and Learning Disabilities: Identification, Assessment and Outcomes*, édit. Tina M. Newman et Robert J. Sternberg, New York, Kluwer Academic Plenum Publishers, 2004.

19. Si la tumeur ou le traumatisme se trouvait dans l'hémisphère droit, les garçons ne présentaient aucune difficulté de lecture ni d'orthographe. La capacité de décomposer le discours en ses éléments constituants – une aptitude essentielle à la littératie – était principalement localisée dans l'hémisphère gauche chez les garçons. Voir Uta Frith et Faraneh Vargha-Khadem, « Are There Sex Differences in the Basis of Literacy-Related Skills? Evidence from Reading and Spelling Impairments after Early Unilateral Brain Damage », *Neuropsychologia* 39 (2001).

20. Hynd et Hiemenz, « Dyslexia and Gyral Morphology Variation ».

21. Cheryl L. Reed, « Few Women Warm to Chef Life », *Chicago Sun Times* (29 janvier 2006).

22. Adam Gopnik, « Dining Out: The Food Critic at Table », *New Yorker* (4 avril 2005).

23. Anthony Bourdain, *Cuisine et confidences : mémoires toquées d'un chef branché*, Paris, NiL Éditions, 2003.

24. Bill Buford, *Chaud brûlant. Les aventures d'un amateur gastronome en esclave de cuisine, chef de partie, fabricant de pâtes fraîches et apprenti chez un boucher toscan, amoureux de Dante*, Paris, Christian Bourgeois, 2007.

25. M. Wagner, « Youth with Disabilities: How Are They Doing? », M. Wagner, C. Marder, J. Blackorby, R. Cameto, L. Newman, P. Levine et E. Davies-Mercier (avec la collaboration de M. Chorost, N. Garza, A. Guzman et C. Sumi), *The Achievements of Youth with Disabilities during Secondary School: A Report from the National Longitudinal Transition Study-2 (NLTS2,)* Menlo Park (Calif.), SRI International, 2003. www.nlts2.org/reports/pdfs/achievements_ch7.pdf.

    Mary Wagner et autres, « An Overview of Findings from Wave 2 of the National Longitudinal Transition Study-2 (NLTS2) », Washington (D.C.), U.S. Department of Education, 2006.

26. Phyllis Levine et Eugene Edgar, « An Analysis by Gender of Long-Term Postschool Outcomes for Youth with and without Disabilities », *Exceptional Children* 61, n° 3 (1994).

27. Rosalie Fink, « Literacy Development in Successful Men and Women with Dyslexia », *Annals of Dyslexia* 48 (1998); Rosalie Fink, « Successful Careers: The Secrets of Adults with Dyslexia », *Career Planning and Adult Development Journal* (printemps 2002).

28. Lisa Zunshine, *Why We Read Fiction*, Columbus, Ohio State University Press, 2006.

29. Paul. J. Gerber, « Characteristics of Adults with Specific Learning Disabilities », *Serving Adults with Learning Disabilities: Implications for Effective Practice*, édit. B. Keith Lenz, Neil A. Sturomski et Mary Ann Corley, Washington (D.C.), U.S. Department of Education, 1998.

30. Shaywitz, *Overcoming Dyslexia*.

31. Anne Fadiman, *The Spirit Catches You and You Fall Down*, New York, Noonday Press, 1997.

32. A. M. Galaburda et autres, « Developmental Dyslexia : Four Consecutive Cases with Cortical Abnormalities », dans *Annals of Neurology* 18 (1985). Sally Shaywitz explique comme suit les avantages de la dyslexie :

   « Les personnes dyslexiques s'appuient sur une vision élargie des théories, modèles et idées pour mieux se souvenir de détails particuliers. »

   Elle poursuit :

   « L'apprentissage par cœur et la récupération rapide des mots sont des tâches particulièrement ardues pour les personnes dyslexiques. En revanche, ces dernières semblent surreprésentées dans les échelons supérieurs de la créativité et dans les groupes qui, dans les affaires, la finance, la médecine, la littérature, le droit ou les sciences, ont franchi des frontières et apporté une réelle contribution à la société. Je crois que cela est dû au fait que les dyslexiques ne peuvent mémoriser ou faire quoi que ce soit par cœur, ils doivent saisir les concepts à un niveau fondamental. Ce besoin les amène souvent à développer une connaissance approfondie et une perspective qui font défaut aux personnes capables de mémoriser et de répéter facilement, sans nécessairement tout comprendre. »

   Shaywitz, 2003, 57–58. Voir aussi Gerber, « Characteristics of Adults with Specific Learning Disabilities ».

33. Stein, « The Magnocellular Theory of Developmental Dyslexia ».

34. Von Karolyi, « Dyslexia and Visual-Spatial Talents : Are They Connected », *Students with Both Gifts and Learning Disabilities*, édit. Tina M. Newan et Robert J. Sternberg, New York, Plenum, 2004.

35. Jeffrey W. Gilger, George W. Hynd et Mike Wilkins, « Neurodevelopmental Variation as a Framework for Thinking About the Twice Exceptional ».

36. The Collected Papers of Albert Einstein, traduits par Anna Beck, en consultation avec Peter Havas, Princeton (N.J.), Princeton University Press, 1987.

37. P. Bucky, *The Private Albert Einstein*, Kansas City (Mo.), Andrews & McMeal, 1992, cité dans Marlin Thomas, « Was Einstein Learning Disabled ? Anatomy of a Myth », *Skeptic* 10, n° 4, p. 40-48, et « Albert Einsten and LD : An Evaluation of the Evidence », *Journal of Learning Disabilities* 33, n° 2 (2000), p. 149-158.

38. Thomas, « Was Einstein Learning Disabled ? ». Voir aussi Albert Einstein, *Autobiographical Notes*, traduit et publié par Paul Arthur Schilpp, La Salle (Illinois), Open Court, 1979, et Albert Einstein, « A Testimonial from Professor Einstein », *The Psychology of Invention in the Mathematical Field*, Jacques Hadamard, Princeton (N.J.), Princeton University Press, 1949.

39. J. Hadamard, *The Psychology of Invention in the Mathematical Field* ; Steve C. Wang, « In Search of Einstein's Genius », *Science* 289, n° 5484 (2000) ; Sandra F. Witelson, Debra L. Kigar et Thomas Harvey, « The Exceptional Brain of Albert Einstein », *Lancet* 353 (1999).

40. Roger Highfield et Paul Carter, *The Private Lives of Albert Einstein*, New York, St. Martin's Press, 1993.

41. John S. Rigden, *Einstein 1905 : The Standard of Greatness*, Cambridge (Mass.), Harvard University Press, 2005.

42. *Ibid.*

43. Hynd et Hiemenz, « Dyslexia and Gyral Morphology Variation ».

44. Witelson, Kigar et Harvey, « The Exceptional Brain of Albert Einstein ».

45. George Hynd, un chercheur de l'Université Purdue qui s'intéresse aux éléments neu-rologiques de la dyslexie, écrit dans un courriel (7 novembre 2006) qu'il n'obtient jamais de différences sexuelles statistiquement significatives, et ce, en raison du rapport inégal entre hommes et femmes dans les échantillons.

46. Une revue de la littérature, effectuée par Susan Vogel de l'Université Northern Illinois, a montré que, par rapport aux garçons présentant des troubles d'apprentissage, les filles ayant des troubles équivalents qui sont dépistées à l'école ont des scores QI moins éle-vés, plus de déficits scolaires en mathématiques et en lecture, mais de meilleurs résul-tats en orthographe et en motricité fine. De même, on a montré que les garçons ayant des troubles d'apprentissage obtiennent de meilleurs résultats que les filles dans le raisonnement mathématique. Voir S. A. Vogel, « Gender Differences in Intelligence, Language, Visual-Motor Abilities, and Academic Achievement in Students with Lear-ning Disabilities : A Review of the Literature », *Learning Disabilities* 23, n° 1 (1990).

47. Rob Turner, « In Learning Hurdles, Lessons for Success », *The New York Times* (23 no-vembre 2003).

48. R. Cameto, « Employment of Youth with Disabilities after High School », *After High School : A First Look at the Postschool Experiences of Youth with Disabilities*, A Report from the National Longitudinal Transition Study-2 (NLTS2), M. Wagner, L. New-man, R. Cameto, N. Garza et P. Levine, Menlo Park (Calif.), SRI International, 2005 ; voir www.nlts2.org/pdfs/afterhighschool_chp5.pdf. Voir aussi P. Levine et E. Edgar, « An Analysis by Gender of Long-Term Postschool Outcomes for Youth with and without Disabilities », *Exceptional Children* 61.3, Arlington (Virginie), Council for Ex-ceptional Children, 1994, p. 282-301.

49. Selon un récent rapport, le salaire de départ des ingénieurs en informatique (diplôme de premier cycle) est de 51 496 $, et celui des enseignants, de 29 733 $. Voir Jeanne Sa-hadi, « Lucrative Degrees for College Grads », dans *CNNMoney* (19 avril 2005), voir http://money.cnn.com/2005/04/15/pf/college/starting_salaries. Selon le National Re-search Center for Women and Families, en 2000, les travailleurs en garderie touchaient un salaire annuel de 24 600 $. Diana Zuckerman, « Child Care Staff : The Lowdown and Salaries and Stability » (juin 2000), voir http://www.center4research.org/wwf2.html.

50. Dans une discussion portant sur les choix professionnels des femmes, Claude Mont-marquette, un économiste de l'Université de Montréal, a mentionné que, selon ses don-nées, les femmes sont moins intéressées par la valeur marchande de leur profession que les hommes, mais davantage par les conséquences des congés de maternité sur la capa-cité de conserver leur emploi. Les auteurs mentionnent que dans toutes les disciplines, les revenus des femmes sont nettement inférieurs à ceux des hommes [...], et l'étudiant moyen qui choisit de travailler en éducation touchera le salaire le plus faible de toutes les disciplines. Claude Montmarquette, Kathy Cannings et Sophie Mahseredjian, « How Do Young People Choose College Majors ? », *Economics of Education Review* 21 (2002), p. 543-556.

Nonobstant les troubles d'apprentissage, des économistes ont montré que les femmes choisissent souvent des emplois moins bien rémunérés, mais se disent plus satisfaites de leur travail. Voir A. Clark, « Job Satisfaction and Gender : Why Are Women So Happy at Work? », *Labour Economics* 4 (1997), p. 341-372 ; J. Oswald, « Happiness and Economic Performance », *Economic Journal* 107 (novembre 1997), p. 1815-1831.

51. Les femmes obtiennent 30 % plus de baccalauréats et 50 % plus de maîtrises que les hommes, et la différence entre hommes et femmes en matière de réussite scolaire est encore plus marquée dans les groupes minoritaires. Les femmes afro-américaines obtiennent deux fois plus de diplômes universitaires que les hommes afro-américains, tous niveaux confondus. Ann Hulbert, « Boy Problems », dans *The New York Times Magazine* (3 avril 2005).

Une étude réalisée dans 22 pays par des chercheurs canadiens a révélé que 25 % des femmes occupaient un emploi pour lequel elles étaient surqualifiées, alors que 17 % des hommes étaient sous-qualifiés. Voir Daniel Bootheby, *International Adult Literacy Survey : Literacy Skills, Occupational Assignment and Returns to Over- and Under-Education* (Statistique Canada/Développememnt des ressources humaines 2002), voir http://www.nald.ca/Fulltext/nls/inpub/litskill/litskill.pdf.

Chapitre 3 : Quand les femmes décident d'abandonner le navire

1. L'économiste Anne Preston, qui a étudié le phénomène à partir des données du Survey of Natural and Social Scientists and Engineers (1982 à 1989), est arrivée à la conclusion suivante : « Les femmes ont plus de chances de quitter la population active que les hommes, et ce, dans tous les groupes d'âge. De plus, elles ont plus de chances que les hommes de le faire pour des raisons autres que familiales et, là encore, dans tous les groupes d'âge. Ainsi donc, l'explication habituelle, à savoir qu'elles arrêtent de travailler pour avoir des enfants, n'est pas complète. Les taux relativement élevés de départ tout au long de la vie professionnelle de femmes en sciences et en génie soulèvent une grave question. Pourquoi des femmes possédant des aptitudes hautement recherchées et socialement utiles quittent-elles le milieu du travail, avec une très faible probabilité d'y revenir ? », Anne Preston, « Why Have All the Women Gone ? A Study of Exit of Women from the Science and Engineering Professions », *American Economic Review* 84, n° 5 (1994).

2. Catherine Weinberger, édit., *A Labor Economist's Perspective on College Educated Women in the Information Technology Workforce*, Encyclopedia of Gender and Information, Santa Barbara (Calif.), Information Science Publishing Group, 2005.

3. Bryant Simon, professeur d'histoire à l'Université Temple (Philadelphie) qui a étudié les habitudes sociales en observant le comportement des gens dans les cafés Starbucks du monde entier, a confirmé dans un courriel (janvier 2006) que les mères y prédominent en fin d'avant-midi, et que de nombreuses femmes à mi-carrière semblent utiliser ces endroits comme lieux de rencontre et bureaux plus tard dans la journée.

4. Environ un doctorat en économie sur quatre est octroyé aux femmes, qui ne représentent que 12 % du corps professoral dans les départements d'économie. Voir Claudia Goldin et Lawrence F. Katz, « Summers Is Right », *Boston Globe* (23 janvier 2005) ;

Donna K. Ginther et Shulamit Kahn, « Women in Economics : Moving Up or Falling Off the Academic Ladder ? », *Journal of Economic Perspectives* 18, n° 3 (août 2000), 193-214.

5. Daniel S. Hamermesh, « An Old Male Economist's Advice to Young Female Economists » (mai 2004), voir www.eco.utexas.edu/faculty/Hamermesh/FemAdvi-ceC-SWEP.pdf

6. Dans un article d'Elizabeth Durant, intitulé « Plugging the Leaky Pipeline » (*Technology Review*, octobre 2004, www.technologyreview.com/articles/04/10/durant1004.asp), la professeure de biologie du MIT Nancy Hopkins considère que l'absence de modèles féminins dans des disciplines telles que les mathématiques, la physique et l'informatique est une question de « climat culturel ». Cependant, en supposant que le « climat culturel » mâle fait fuir d'autres femmes, on exerce une pression sur les femmes qui sont entrées dans ces disciplines pour agir à titre de modèles pour d'autres femmes. L'auteure de l'article cite Simona Socrate, professeure-adjointe de génie mécanique, qui reconnaît être partagée entre le désir d'encourager les femmes et celui de leur dire à quel point il est difficile de concilier la vie familiale et une carrière universitaire en science. « Il y a un prix à payer et je me demande si je devrais me taire ou en parler ? J'essaie de me taire. » De nombreux livres, essais et rapports sur la diversité en milieu universitaire attribuent la faible représentation des femmes en sciences et en génie au climat culturel masculin et à l'absence de modèles féminins. Ils sont trop nombreux pour être énumérés, mais voici quelques-uns des plus récents : Jacqueline Stalker et Susan Prentice, édit., *The Illusion of Inclusion : Women in Post-Secondary Education* ; Margaret A. Eisenhart et Elizabeth Finkel, *Women's Science* ; Annmarie Adams et Peta Tancred, *Designing Women : Gender in the Architectural Profession* ; et Nelson et Rogers, *A National Analysis of Diversity in Science and Engineering Faculties at Research Universities*.

7. Belle Rose Ragins, « Understanding Diversified Mentoring Relation ships », *Mentoring and Diversity : An International Perspective*, édit. D. Clutterbuck et B. Ragins, Oxford (R.-U.), Butterworth-Heinemann, 2002.

8. Dans une vaste étude portant sur un programme de tutorat pour les femmes étudiant le génie et des sciences connexes au premier et au deuxième cycle, 68 % des sujets ont mentionné avoir des rapports positifs avec leurs tuteurs (qui travaillaient déjà dans le domaine), et il n'y avait pas de lien entre le sexe du tuteur et la satisfaction des protégés. Carol B. Muller et Peg Boyle Single, « Benefits for Women Students from Industrial E-Mentoring », communication présentée à la conférence annuelle 2001 de l'American Society for Engineering.

9. Ronald J. Burke et Carol A. McKeen, « Gender Effects in Mentoring Relationships », *Journal of Social Behavior and Personality* 11, n° 5 (1996).

10. Certaines professeures sont des modèles plus optimistes. Laurel Ulrich, historienne de Harvard et lauréate du prix Pulitzer, est aussi mormone, mère de cinq enfants et féministe. Après avoir lu qu'elle servait de modèle à de jeunes étudiantes en disant à ces dernières qu'elles avaient le droit d'avoir une vie complète et que rien ne les obligeait à mener une existence monastique pour réussir, j'ai communiqué avec elle. Selon elle, les femmes pouvaient effectivement être inspirées par des modèles masculins, même si elles devaient pour cela se « diviser » d'une manière ou d'une autre. Elle a donné les exemples suivants dans un courriel (11 octobre 2006). « Bien sûr, le modèle d'une femme peut être un homme ! On en trouve des centaines d'exemples dans l'Histoire. L'un de mes préférés se trouve dans un livre de Christine de Pisan, *La Cité des dames*

(1405), où elle décrit Penthésilée, la reine des Amazones, qui a pris modèle sur son héros Hector le Troyen. Et les femmes qui, au cours des siècles, ont cherché à se comporter comme Jésus. Ou encore Elizabeth Cady Stanton, qui s'est inspirée de la Déclaration d'indépendance pour rédiger la Convention de Seneca Falls. Ses modèles ont sûrement été les pères fondateurs. »

11. Virginia Valian, *Why So Slow? The Advancement of Women*, Cambridge (Mass.), MIT Press, 2000.

12. Frederick M. E. Grouzet et autres, « Goal Contents across Cultures », *Journal of Personality and Social Psychology* 89 (2005).

13. L'importance des récompenses intrinsèques pour les femmes est un facteur de choix stable et solide. Cependant, des chercheurs américains ont trouvé que les femmes non couvertes par des régimes d'assurance maladie se comportent différemment des femmes couvertes par le régime de leur conjoint et des femmes vivant dans des pays offrant un régime public. Elles travaillent plus d'heures qu'elles ne le souhaitent, dans des emplois qu'elles ne choisiraient pas si elles bénéficiaient d'une assurance maladie. Voir Jacobs, Shapiro et Schulman, 1993, et Buchmueller et Valetta, 1998.

14. J. Bokemeier et P. Blanton, « Job Values, Rewards, and Work Conditions as Factors in Job Satisfaction among Men and Women », *Sociological Quarterly* 28 (1986) ; Sylvia Martinez, « Women's Intrinsic and Extrinsic Motivations for Working », *Being Together, Working Apart*, édit. Barbara Schneider et Linda J. Waite, Cambridge (R.-U.), Cambridge University Press, 2005 ; J. Phelan, « The Paradox of the Contented Female Worker : An Assessment of Alternative Explanations », *Social Psychology Quarterly* 57 (1994).

15. Marcia Barinaga, « Surprises across the Cultural Divide », *Science* 263 (1994).

16. Dans une enquête du Pew Forum, on a demandé aux femmes combien d'heures elles choisiraient de travailler si elles avaient suffisamment d'argent pour vivre aussi à l'aise qu'elles le souhaitent. Or, 15 % des répondantes travailleraient à temps plein et le tiers, à temps partiel.

17. American Institute of Physics, « Percentages of Physics Degrees Awarded to Women in Selected Countries, 1997 and 1998 (2 Year Averages) », International Study of Women in Physics, 2001 ; Rachel Ivie et Kim Nies Ray, « Women in Physics and Astronomy, 2005 », American Institute of Physics (février 2005).

18. On trouve dans les départements universitaires de physique des Philippines une proportion de femmes parmi les plus élevées du monde, mais dans ce pays en développement, environ 10 % de la population travaille à l'extérieur du pays en tout temps ; environ 7,9 millions de personnes travaillent outre-mer et envoient à leurs familles étendues quelque 15 milliards de dollars. Jason DeParle, « A Good Provider Is One Who Leaves », *The New York Times* (22 avril 2007) ; Pranjal Tiwari et Aurelio Estrada, « Worse than Commodities », *Report from the Asia Pacific Mission for Migrants*, (19 novembre 2002).

19. Lucy Sherriff, « World's Cleverest Woman Needs a Job », The Register (5 novembre 2004).

20. Kingsley R. Browne, *Biology at Work : Rethinking Sexual Equality*, Nouveau Brunswick (N.J.), Rutgers University Press, 2002, 61 ; Kenneth Chang, « Women in Physics Match Men in Success », *The New York Times* (22 février 2005) ; Catherine Hakim, *Work-Lifestyle Choices in the 21st Century*, New York, Oxford University Press,

2000 ; American Institute of Physics, « Percentages of Physics Degrees Awarded to Women in Selected Countries, 1997 and 1998 (2 Year Averages) », International Study of Women in Physics, 2001 ; Doug Saunders, « Britain's New Working Class Speaks Polish », *Globe and Mail* (23 septembre 2006).

21. Une fois établie au Canada, une jeune femme qui avait émigré de l'ex-Union soviétique a changé d'orientation, passant du génie au droit. Au fil de la conversation, elle m'a dit que ses parents et son beau-père étaient des ingénieurs de Russie et qu'enfant elle croyait que tous les enfants devenaient des ingénieurs. Cette généralisation s'expliquait par le peu de débouchés offerts aux adultes qu'elle avait rencontrés, tous des juifs russes qui n'avaient pas eu le droit d'étudier les arts et n'avaient accès qu'à des choix universitaires limités.

22. Courriel reçu le 24 septembre 2006.

23. Alan Feingold, « Gender Differences in Personality : A Meta-Analysis », *Psychological Bulletin* 116, n° 3 (novembre 1994), 429-456 ; Baron-Cohen, *The Essential Difference : The Truth about the Male and Female Brain* ; Claudia Strauss, « Is Empathy Gendered, and if So, Why ? An Approach from Feminist Psychological Anthropology », *Ethos* 32, n° 4 (décembre 2004), 432-457.

24. Robert Plomin et autres, « Genetic Influence on Language Delay in Two-Year-Old Children », *Nature Neuroscience* 1, n° 4 (1998), 324-328.

25. Camilla Persson Benbow et autres, « Sex Differences in Mathematical Reasoning Ability at Age 13 : Their Status 20 Years Later », *Psychological Science* 11, n° 6 (2000).

26. Kingsley R. Browne, « Women in Science : Biological Factors Should Not Be Ignored », *Cardozo Women's Law Journal* 11 (2005) ; David Lubinski, « Top 1 in 10,000 : A 10-Year Follow-up of the Profoundly Gifted », *Journal of Applied Psychology* 86 (2001).

27. Kenneth Chang, « Journeys to the Distant Fields of Prime », *The New York Times* (13 mars 2006).

28. Pour les données américaines, voir National Center for Education Statistics, « Percentage of Bachelor's Degrees Earned by Women and Change in the Percentage Earned by Women from 1970-71 to 2001-02, by Field of Study : 1970-71, 1984-85, and 2001-02 » (http://nces.ed.gov/quicktables/Detail.asp?Key=1169). En 2000, les femmes canadiennes obtenaient 24 % des diplômes postsecondaires en génie et 32 % en mathématiques et en sciences physiques. Par ailleurs, elles comptaient pour 58 % des diplômés en sciences sociales, 68 % en arts appliqués, 71 % en éducation, 64 % en lettres et sciences humaines, 67 % en arts et sciences, 62 % en sciences agricoles et biologiques et 73 % dans les professions et métiers de la santé. Voir « Diplômés universitaires selon le domaine d'études et le sexe » (dernière modification : 17 février 2005) ; voir le site de *Statistique Canada* (http://www40.statcan.ca/l02/cst01/healtheduc21_f.htm).

29. Edward Krupat, « Female Medical Students More Patient-Centered », *International Journal of Psychiatry in Medicine* (1999).

30. Margaret A. Eisenhart et Elizabeth Finkel, *Women's Science : Learning and Succeeding from the Margins*, Chicago, University of Chicago Press, 1998.

31. Robin Wilson, « How Babies Alter Careers for Academics », *Chronicle of Higher Education* (5 décembre 2003).

32. Moins de la moitié des nouveaux pères britanniques prennent le congé de paternité auquel ils ont droit. En Suède, le pays qui offre les programmes de congés parentaux les plus généreux qui soient – versant entre 80 % et 100 % du salaire –, seulement de 5 % à 8 % des pères s'en sont prévalus au début.

   Brian Christmas, « Half of British Fathers Not Taking Full Paternity Leave », *Globe and Mail* (2 août 2006) ; Hakim, *Work-Lifestyle Choices in the 21st Century.*

33. Cette anecdote m'a été racontée par une jeune professeure de l'établissement à la fin de 2006. Bien qu'elle ait d'abord accepté d'être citée, au bout du compte elle a voulu garder l'anonymat, craignant que toute mention de différences sexuelles dans la pro-ductivité ou les avantages parentaux nuise à l'imminent examen de sa demande de permanence. C'est l'un des nombreux exemples révélant que la question des diffé-rences sexuelles sur les campus universitaires est considérée comme un tabou. Même dans les départements de sciences, les professeurs deviennent nerveux lorsque la ques-tion est abordée.

34. Rhoads, *Taking Sex Differences Seriously*, 9-13.

35. Anne E. Preston, *Leaving Science : Occupational Exit from Scientific Careers*, New York, Russell Sage Foundation, 2004, xiii. Preston souligne aussi que le mariage, surtout s'il y a des enfants, accroît la probabilité de l'abandon d'une carrière à temps plein, et ce, non seulement en sciences. Également, plus la femme accomplit de tâches domestiques, plus il est probable qu'elle abandonne une carrière universitaire.

36. Traditionnellement, il y avait un écart dans le nombre de publications des hommes et femmes scientifiques, les hommes en comptant deux fois plus lorsqu'on a mesuré ce facteur pour la première fois, vers la fin des années 1960 et dans les années 1970. Le suivi effectué depuis par Xie et Shauman a montré que l'écart se rétrécit et que les publications des femmes représentent désormais entre 75 % et 80 % de celles de leurs collègues masculins. Lorsqu'on éliminait des facteurs comme l'âge et la situation de famille, les femmes comptaient autant de publications que les hommes.

   Xie et Shauman, 115–177, et Jonathan R. Cole, *Fair Science : Women in the Scientific Community*, New York, Free Press, 1979 ; J. Scott Long, « Productivity and Academic Position in the Scientific Career », *American Sociological Review* 43, n° 6 (1978), 889-908 ; Jonathan R. Cole et Harriet Zuckerman, « The Productivity Puzzle : Persistence and Change in Patterns of Publication of Men and Women Scientists », *Advances in Motivation and Achievement* 2 (1984).

37. Mary Ann Mason et Marc Goulden, « Marriage and Baby Blues : Redefining Gender Equity in the Academy », *Annals of the American Academy of Political and Social Sci-ence* 596 (2004).

38. Ellen Goodman, « Of Pensions and Pacifiers », *The Montreal Gazette* (26 janvier 2005).

39. Dans *Leaving Science*, Anne Preston s'appuie sur un vaste ensemble de données pour examiner les raisons qui poussent les hommes et les femmes à délaisser des carrières scientifiques à un rythme alarmant – 15,5 % des hommes et 31,5 % des femmes. À tous les stades et dans tous les contextes, il y a deux fois plus d'abandons chez les femmes. Des 1 688 personnes qui ont quitté une carrière scientifique, de 64 % à 68 % des hommes disent avoir quitté la science pour de meilleurs débouchés et salaires, contre 34 % pour les femmes. Les femmes mentionnaient plus souvent comme raisons « des domaines plus intéressants » ou « une préférence pour d'autres postes ». Dans

l'enquête de Preston, 21,4% des femmes ont dit qu'il était impossible d'avoir une famille et une carrière en sciences et en génie. Seulement 4,5% des hommes ont considéré cette incompatibilité comme un problème. Les heures trop longues ont été mentionnées par 20% des femmes, mais aucun homme n'a vu là une raison de quitter la science.

40. Kingsley R. Browne, « Evolved Sex Differences and Occupational Segregation », *Journal of Organizational Behavior* 26 (2005) ; David S. Lubinski et Camilla Persson Benbow, *Sex Differences in Personal Attributes for the Development of Scientific Expertise*, édit. Stephen J. Ceci et Wendy M. Williams, *Why Aren't More Women in Science?*, Washington (D.C.), American Psychological Association, 2007.

41. Joe Alper, « The Pipeline Is Leaking Women All the Way Along », *Science* 260 (1993).

42. Lucy W. Sells, « The Mathematics Filter and the Education of Women and Minorities », *Women and the Mathematical Mystique*, édit. Lynn Fox, Linda Brody et Dianne Tobin, Baltimore, Johns Hopkins University Press, 1980.

43. Yu Xie et Kimberlee Shauman, *Women in Science: Career Processes and Outcomes*, Cambridge (Mass.), Harvard University Press, 2003, 45.

44. « Choosing a Career: Labor Market Inequalities in the New Jersey Labor Market », document préparé et publié par le Center for Women and Work at Rutgers University et la State Employment and Training Commission of New Jersey (septembre 2002), voir http://www.cww.rutgers.edu/ dataPages /choosingcareer.pdf

Selon un rapport de l'American Institute of Physics, rien n'indique qu'une discrimination est exercée contre les femmes en sciences, même si 82% des doctorats sont décernés à des hommes. Plutôt, malgré le fait d'avoir suivi les cours préalables au secondaire, les filles étaient moins nombreuses à étudier la physique à l'université, mais n'étaient pas moins préparées que les garçons à l'étude de la physique à l'université, si c'était la discipline qu'elles choisissaient. Rachel Ivie, sociologue et auteure du rapport de 2005, ne disait pas que c'était facile pour les femmes. Mais même en cherchant des preuves de discrimination, elle n'a pas relevé de signe montrant que les femmes étaient écartées.

45. Claude Montmarquette, Kathy Cannings et Sophie Mahseredjian, « How Do Young People Choose College Majors? », *Economics of Education Review* 21 (2002).

46. Selon l'Association of American Medical Colleges, en 2004, les femmes étaient plus nombreuses que les hommes à faire des demandes d'admission, soit 50,4% et 49,6% respectivement, mais les hommes avaient le même léger avantage dans les admissions. Voir www.aamc.org/data /facts/2004/2004summary.htm. Au Canada, les statistiques sont semblables. En 2004, 50,1% des médecins sortants étaient des femmes. Voir Ian K. Wong, « A Force to Contend With: The Gender Gap Closes in Canadian Medical Schools », *Canadian Medical Association Journal* 170, n° 9 (27 avril 2004), 1385-1386 (www.cmaj.ca/cgi/reprint/170/9/1385). En Angleterre, en 2003, les femmes comptaient pour 58,81% des candidats et 61,48% des admissions aux écoles de médecine. Voir « The Demography of Medical Schools: A Discussion Paper », British Medical Association, juin 2004, 59 ; voir www.bma.org.uk/ap.nsf/ Content/DemographyMedSchls.

47. Mark O. Baerlocher et Allan S. Detsky, « Are Applicants to Canadian Residency Programs Rejected Because of Their Sex? », Canadian Medical Association Journal 173, n° 12 (2005).

Chapitre 4 : Empathie : les femmes ont l'avantage

1. E. Armstrong, « My Glass Ceiling is Self-Imposed », *Globe and Mail* (15 décembre 2004).

2. Catalyst, « Leaders in a Global Economy : A Study of Executive Women and Men » (2003) ; Anne E. Preston, *Leaving Science*, New York, Russell Sage Foundation, 2004, 70.

    Pour un débat sur la question des femmes cadres (ont-elles une « épouse » à domicile ou sont-elles mariées à un homme qui gagne moins d'argent qu'elles ?), voir le courrier des lecteurs en réponse à l'article de Sylvia Ann Hewlett et Carolyn Buck Luce intitulé « Off-Ramps and On-Ramps : Keeping Talented Women on the Road to Success », publié dans la *Harvard Business Review* (mars 2005). Les lettres sont reproduites dans le numéro juillet-août de la *Review*.

    J. Bokemeier et Blanton, « Job Values, Rewards, and Work Conditions as Factors in Job Satisfaction among Men and Women », *Sociological Quarterly* 28 (1986) ; R. Feldberg et E. Glenn, « Male and Female : Job Versus Gender Models in Sociology of Work », *Women and Work*, édit. R. Kahn-Hut, A. Daniels et R. Colvard, Oxford (R.-U.), Oxford University Press, 1982.

3. Sylvia Ann Hewlett, « Extreme Jobs : The Dangerous Allure of the 70-Hour Workweek », *Harvard Business Review* (décembre 2006).

    Hewlett et Luce, « Off-Ramps and On-Ramps : Keeping Talented Women on the Road to Success », Boston (Mass.), Harvard Business School Press, 2007.

4. Selon l'enquête réalisée par l'American Association of Retired People et la National Alliance of Caregiving en 2004, il y avait 44,4 millions d'aidants naturels aux États-Unis. Si 61 % des aidants sont des femmes aux premiers stades de la maladie, ce pourcentage grimpe à 84 % lorsque la demande de soins augmente. Les femmes sont plus nombreuses à accommoder leurs horaires de travail, à prendre des congés ou une retraite anticipée pour s'occuper de parents ou de conjoints vieillissants. Voir Gross, 2005, et http://www.aarp.org/research/press-center/presscurrentnews/a2004-03-30-caregiving.html

5. Lea Baider, « Gender Disparities and Cancer », communication présentée à l'American Society of Clinical Oncology, Orlando (Floride), mai 2005.

6. Jane Gross, « Forget the Career : My Parents Need Me at Home », *The New York Times* (24 novembre 2005).

7. Phyllis Moen, une sociologue de l'Université du Minnesota qui a analysé une série d'entrevues réalisées auprès de 762 hommes et femmes ayant participé à la Cornell Retirement and Well-Being Study (1994-2000), mentionne également que les hommes dont la conjointe est malade ont tendance à reporter leur retraite, peut-être pour payer des gens qui s'occuperont des soins. Les hommes avaient aussi tendance à planifier leur retraite sur le plan financier, tandis que les femmes planifiaient davantage les besoins liés à la santé.

    Phyllis Moen et Joyce Altobelli, « Strategic Selection as a Retirement Project, The Crown of Life : Dynamics of the Early Postretirement Period », *Annual Review of Gerontology and Geriatrics*, édit. Jacqueline Boone James et Paul Wink, vol. 26, New York, Springer, 2006.

8. Harold Bear, Frances Lovejoy et Ann Daniel, « How Working Parents Cope with the Care of Sick Young Children », *Australian Journal of Early Childhood* 28, n° 4 (2003) ; Nancy L. Marshall et Rosalind C. Barnett, « Child Care, Division of Labor, and Parental Emotional Well-Being among Two-Earner Couples », *Sloan Work and Family Research Network*, 1992.

9. Louise Story, « Many Women at Elite Colleges Set Career Path to Motherhood », *The New York Times* (20 septembre 2005).

10. Les jeunes diplômées ne sont pas les seules à choisir le travail à temps partiel ou à abandonner tout travail rémunéré. Ainsi, 56 % d'anciennes étudiantes aujourd'hui dans la quarantaine mentionnaient un emploi rémunéré comme activité principale, contre 90 % des hommes. L'écart est moins grand chez les diplômées dans la trentaine (65 % pour les femmes et 88 % pour les hommes), mais recommence à se creuser. Ces statistiques ont été fournies par Rebecca Friedkin, de l'Office of Institutional Research de Yale, qui a mentionné cependant que l'université n'avait pas de données précisant si les femmes ayant un emploi rémunéré comme activité principale travaillaient à temps plein ou partiel, et que les données n'englobaient pas des diplômées de toutes les promotions. Comme M^mc Friedkin me l'a écrit dans un courriel, il s'agit d'enquêtes internes, si bien qu'il n'existe aucun rapport officiel de l'Université Yale. Les établissements avec lesquels j'ai communiqué se montraient réticents à fournir de l'information sur le sujet. La question des différences sexuelles est un dossier si chaud qu'ils refusaient de fournir des statistiques sur l'emploi du temps de leurs diplômées et sur les sommes qu'ils consacraient aux programmes d'équité des sexes.

    David Sloan Wilson et Mihaly Csikszentmihalyi, « Health and the Ecology of Altruism », *Altruism and Health*, édit. Stephen G. Post, New York, Oxford, 2007.

11. Paul C. Light, « The Content of the Nonprofit Workforce », *Nonprofit Quarterly* 9, n° 3 (2002) ; Louise Mailloux, Heather Horak et Colette Godin, « Motivation at the Margins : Gender Issues in the Canadian Voluntary Sector », *Développement des ressources humaines Canada*, Secrétariat de l'initiative sur le secteur bénévole, 2002 ; Ron Saunders, « Enthousiasme et motivation sous tension dans le secteur à but non lucratif », Réseaux canadiens de recherche en politiques publiques, 2005.

12. L'une des membres fondatrices du Kibbutz Tsvi décrit le conflit travail-famille engendré par la soi-disant interchangeabilité des sexes. C'est étrangement semblable aux problèmes des cadres supérieures modernes : « Je travaillais souvent dans l'étable, comme mon mari. J'avais un jeune enfant, et comme je travaillais souvent le jour du sabbat, je m'inquiétais de savoir où se trouvait mon enfant (les maisons des enfants étaient fermées le samedi matin). Mon enfant détestait l'étable, et n'y venait jamais, mais d'autres si. Lorsqu'est venu mon tour de travailler dans l'étable pendant le quart du soir, je n'ai pas pu le mettre au lit pendant deux ou trois mois. » Tiré de Lionel Tiger et J. Shepher, *Women in the Kibbutz*, New York, Harcourt Brace Jovanovich, 1975.

13. La recherche montre que les hommes sont plus altruistes dans les situations héroïques, risquées, publiques ou destinées à une fin particulière. Dans les types d'altruisme plus anonymes (dons d'organes, sauvetage de victimes de l'Holocauste), les femmes sont aussi sinon plus nombreuses que les hommes à répondre à l'appel.

    S. W. Becker et Alice Eagly, « The Heroism of Women and Men », *American Psychologist* 59 (2004) ; Gustavo Carlo et autres, « Sociocognitive and Behavioral Correlates of a Measure of Prosocial Tendencies for Adolescents », *Journal of Early*

Adolescence 23 (2003) ; Alice Eagly et M. Crowley, « Gender and Helping Behavior : A Meta-Analytic Review of the Social Psychological Literature », *Psychological Bulletin* 100 (1986).

14. Stephanie Nolen, « Maggy's Children », *Globe and Mail* (15 mai 2006).

15. Selon Nancy Eisenberg, la sympathie découle de l'empathie : elle suscite chez la personne une réponse émotionnelle qui reflète l'état d'une autre et la pousse à vouloir aider cette dernière.

16. Nancy Eisenberg et autres, « Personality and Socialization Correlates of Vicarious Emotional Responding », *Journal of Personality and Social Psychology* 61, n° 3 (1991).

17. Alan Feingold, « Gender Differences in Personality : A Meta-analysis », *Psychological Bulletin* 116, n° 3 (1994).

18. E. J. Lawrence et autres, « Measuring Empathy : Reliability and Validity of the Empathy Quotient », *Psychological Medicine* 34 (2004). Eisenberg et autres (1991). Simon Baron-Cohen, *The Essential Difference : The Truth About the Male and Female Brain* ; R. Campbell et autres, « The Classification of "Fear" from Faces Is Associated with Face Recognition Skill in Women », *Neuropsychologia* 40 (2002) ; Eisenberg et autres, « Personality and Socialization Correlates of Vicarious Emotional Responding » ; S. Orozco et C. L. Ehlers, « Gender Differences in Electrophysiological Responses to Facial Stimuli », *Biological Psychiatry* 44 (1998).

19. Simon Baron-Cohen et Sally Wheelwright, « The Empathy Quotient : An Investigation of Adults with Asperger Syndrome or High Functioning Autism, and Normal Sex Differences », *Journal of Austism and Developmental Disorders* 34, n° 2 (2004) ; Emma Chapman et autres, « Fetal Testosterone and Empathy : Evidence from the Empathy Quotient (EQ) and the "Reading the Mind in the Eyes" Test », (2006).

20. Baron-Cohen, *The Essential Difference : The Truth About the Male and Female Brain.*

21. Lawrence et autres, « Measuring Empathy : Reliability and Validity of the Empathy Quotient ».

22. Pour Carol Gilligan, la sensibilité des femmes aux besoins des autres est un élément crucial mais problématique de leur sens moral. Voici ce qu'elle écrit : « La sensibilité aux besoins des autres et le sentiment d'être responsables de leur bien-être poussent les femmes à tenir compte des voix autres que les leurs et à inclure dans leur jugement des points de vue différents. La faiblesse morale des femmes, qui se manifeste par une apparente diffusion et confusion du jugement, est donc inséparable de leur force morale, de leur souci prioritaire des rapports avec autrui et de leurs responsabilités. » Carol Gilligan, *Une voix si différente*, Paris, Flammarion, 1980, 35.

23. J. A. Hall, *Nonverbal Sex Differences*, Baltimore, Johns Hopkins University Press, 1985.

24. R. F. Baumeister et K. L. Sommer, « What Do Men Want ? Gender Differences in Two Spheres of Belongingness », *Psychological Bulletin* 122 (1997), 38–44.

25. J. J. Haviland et C. Z. Malatesta, « The Development of Sex Differences in Nonverbal Signals : Fallacies, Facts and Fantasies », *Gender and Nonverbal Behavior*, édit. C. Mayo et N. M. Henley, New York, Springer-Verlag, 1981.

26. J. Scourfield et autres, « Heritability of Social Cognitive Skills in Children and Adolescents », *British Journal of Psychiatry* 175 (1999).

27. Dans cette étude, 102 nouveau-nés âgés de trois jours ont été filmés pendant qu'ils regardaient un visage humain ou un mobile ressemblant à un visage – un Picasso mécanique en quelque sorte. Jennifer Connellan, étudiante diplômée de l'Université Cambridge, et le chercheur principal, Simon Baron-Cohen, avaient posé comme hypothèse que les filles regarderaient plus longtemps un visage humain qu'un objet et les garçons le contraire (ils seraient attirés par la mécanique d'un objet en mouvement). Or, plus de garçons ont regardé plus longtemps le mobile, contre 17 % des filles seulement. Plus de filles ont préféré regarder un visage humain. Regarder un visage ou les yeux témoigne que, dès les premiers jours de la vie, les filles sont programmées pour s'intéresser davantage à l'interaction humaine que les garçons, et cette différence sexuelle persiste durant l'enfance et à l'âge adulte. Connellan et autres, « Sex Differences in Human Neonatal Social Perception » (2000).

28. C. Zahn-Waxler et autres, « Development of Concern for Others », *Developmental Psychology* 28 (1992) ; M. L. Hoffman, « Sex Differences in Empathy and Related Behaviors », *Psychological Bulletin* 84 (1977) ; Rhoads, Taking Sex Differences Seriously ; Connellan, « Sex Differences in Human Neonatal Social Perception » ; Hall, *Nonverbal Sex Differences* ; David C. Geary, *Male, Female : The Evolution of Human Sex Differences*, Washington, American Psychological Association, 1998 ; Geoffry Hall, B. C. et autres, « Sex Differences in Functional Activation Patterns Revealed by Increased Emotion Processing Demands », *Neuroreport* 15, n° 2 (2004).

29. Jill M. Goldstein, David N. Kennedy et V. S. Caviness, « Brain Development and Sexual Dimorphism », *American Journal of Psychiatry* 156, n° 3 (1999).

30. Nancy Eisenberg, Richard A. Fabes et Tracy L. Spinard, « Prosocial Development », *Handbook of Child Psychology : Social, Emotional, and Personality Development*, édit. William Damon, Richard Lerner et Nancy Eisenberg, New York, John Wiley & Sons, 2006 ; R. Koestner, C. Franz et J. Weinberger, « The Family Origins of Empathic Concern : A 26-Year Longitudinal Study », *Journal of Personality and Social Psychology* 58 (1990).

31. Nancy Eisenberg et autres, « The Relations of Empathy-Related Emotions and Maternal Practices to Children's Comforting Behavior », *Journal of Experimental Child Psychology* 55 (1993).

32. Lutchmaya et Baron-Cohen, « Human Sex Differences in Social and Non-Social Looking Preferences, at 12 Months of Age ».

33. Rebecca Knickmeyer et autres, « Foetal Testosterone, Social Relationships, and Restricted Interests in Children », *Journal of Child Psychology and Psychiatry* 46, n° 2 (2005). Koestner, Franz et Weinberger, « The Family Origins of Empathic Concern : A 26-Year Longitudinal Study ».

34. Chapman et autres, « Fetal Testosterone and Empathy : Evidence from the Empathy Quotient (EQ) and the "Reading the Mind in the Eyes" Test ».

35. S. Coté et autres, « The Development of Impulsivity, Fearfulness, and Helpfulness During Chidhood : Patterns of Consistency and Change in the Trajectories of Boys and Girls », *Journal of Child Psychology and Psychiatry* 43 (2002).

36. Michael J. Meaney, « Maternal Care, Gene Expression, and the Transmission of Individual Differences in Stress Reactivity Across Generations », *Annual Review of Neuroscience* 24 (2001), 1161-1192.

37. Kathryn Shutt et autres, « Grooming in Barbary Macaques : Better to Give Than to Receive ? » *Biology Letters*, (2007).

38. Shelley E. Taylor, *The Tending Instinct : How Nurturing Is Essential to Who We Are and How We Live*, New York, Henry Holt, 2002.

39. David Dobbs, « The Gregarious Brain », *The New York Times Magazine* (8 juillet 2007). Kate Sullivan et Helen Tager-Flusberg, « Second-Order Belief Attribution in Williams Syndrome : Intact or Impaired ? » *American Journal of Mental Retardation*, 104 (1999), 523-532.

40. Helen Fisher, *The First Sex*, New York, Ballantyne Books, 1999.

41. Les hommes sécrètent de l'ocytocine en situation de stress, mais leurs taux d'androgènes naturellement élevés en contrecarrent parfois les effets. De plus, leur testostérone augmente en réponse au stress physiologique et psychologique (exemple : durant un exercice exigeant ou lors d'une confrontation), ce qui les rend plus hostiles et agressifs lorsqu'ils sont attaqués et inhibe les effets de l'ocytocine. Chez les femmes, les effets de l'ocytocine sont amplifiés par l'œstrogène, ce qui les rend non seulement moins hostiles, mais aussi moins craintives et plus maternelles.

Susan Pinker, « Women Naturally Tend and Befriend », *Globe and Mail* (20 septembre 2006) ; Shelley E. Taylor et autres, « Biobehavioral Responses to Stress in Females : Tend-and-Befriend, Not Fight or Flight », *Psychological Review* 107, n° 3 (2000).

42. Gregor Domes et autres, « Oxytocin Improves "Mind-Reading" in Humans », *Biological Psychiatry* 61, n° 6 (2006), 731-733.

43. Peter Kirsch et autres, « Oxytocin Modulates Neural Circuitry for Social Cognition and Fear in Humans », *Journal of Neuroscience* 25, n° 49 (2005). Je remercie Michael Lombardo, du Centre de recherche sur l'autisme à l'Université de Cambridge, qui a élucidé quelques effets contradictoires de l'ocytocine et m'a fait parvenir une sélection d'articles sur le sujet.

44. Le Dr John Evans, chercheur médical au département d'obstétrique et de gynécologie de la Christchurch School of Medicine, en Nouvelle-Zélande, m'a fait parvenir les données montrant que les femmes présentent un taux d'ocytocine en circulation quatre ou cinq fois supérieur à celui qu'on trouve chez les hommes. Nous ne savons pas exactement comment ces différences affectent leur comportement, mais nous savons que les femmes produisent plus d'ocytocine durant leurs activités quotidiennes régulières, et pas seulement pendant les relations sexuelles et l'accouchement. L. Shukovski, D. L. Healy et J. K. Findlay, « Circulating Immunoreactive Oxytocin during the Human Menstrual Cycle Comes from the Pituitary and Is Estradiol-Dependent », *Journal of Clinical Endocrinology and Metabolism* 68 (1989), et J. John Evans, « Oxytocin in the Human – Regulation of Derivations and Destinations », *European Journal of Endocrinology* 137 (1997). Je suis reconnaissante envers mon cousin, le Dr Harold Wiesenfeld, chercheur en obstétrique et gynécologie à l'Université de Pittsburgh, de m'avoir parlé d'études révélant une plus grande sécrétion d'ocytocine chez les rats et les campagnols femelles. Les différences hormonales étaient liées aux différences sexuelles qui déterminent comment ces mammifères s'attachent à un membre du sexe opposé, réagissent au stress et s'occupent de leurs petits. Voir Sue C. Carter, « Developmental Consequences of Oxytocin », *Physiology and Behavior* 79 (2003).

45. A. Luckow, A. Reifman et D. N. McIntosh, « Gender Differences in Coping : A Meta-analysis », communication présentée à la conférence annuelle de l'American Psychological Association, San Francisco, août 1998 ; Taylor et autres, « Biobehavioral Responses to Stress in Females : Tend-and-Befriend, Not Fight or Flight ».

46. A. C. De Vries et autres, « Stress Has Sexually Dimorphic Effects on Pair Bonding in Prairie Voles », *Proceedings of the National Academy of Science* 93 (1996). Sue C. Carter, « Monogamy, Motherhood and Health », dans *Altruism and Health*, édit. Stephen G. Post, New York, Oxford University Press, 2007.

47. D. Belle, « Gender Differences in the Social Moderators of Stress », *Gender and Stress*, édit. R. C. Barnett, L. Biener et G. K Baruch, New York, Free Press, 1987 ; J. T. Ptacek, R. E. Smith et J. Zanas, « Gender, Appraisal, and Coping : A Longitudinal Analysis », *Journal of Personality* 60 (1992).

48. Hoffman, « Sex Differences in Empathy and Related Behaviors » ; Belle, « Gender Differences in the Social Moderators of Stress ».

49. Douglas Coupland, *Terry*, Toronto, Douglas & McIntyre, 2005 ; Gary Mason, « Marathon Man », *Globe and Mail* (2 avril 2005).

50. Benedict Carey, « Message from Mouse to Mouse : I Feel Your Pain », *The New York Times* (4 juillet 2006) ; David Dobbs, « The Gregarious Brain », *The New York Times* (8 juillet 2007).

51. Stephanie D. Preston et Frans B. M. de Waal, « Empathy : Its Ultimate and Proximate Bases », *Behavior and Brain Sciences* 25 (2002).

52. Frans B. M. de Waal, *Our Inner Ape*, New York, Riverhead Books, 2005.

53. Tania Singer et autres, « Empathy for Pain Involves the Affective but Not the Sensory Components of Pain », *Science* 303, n° 5661 (2004).

54. Anne McIlroy, « Why Do Females Feel More Pain Than Males Do ? » *Globe and Mail* (23 octobre 2006) ; Jeffrey S. Mogil et Mona Lisa Chanda, « The Case for the Inclusion of Female Subjects in Basic Science Studies of Pain », *Pain* 117 (2005).

55. Roger Dobson, « If You Don't Understand Women's Emotions, You Must Be a Man », *Independent on Sunday*, 5 juin 2005 ; Michael Kesterton, « What Her Think Now ? », *Globe and Mail* (9 juin 2005).

56. Hall, Witelson et autres, 2004.

57. Turhan Canli et autres, « Sex Differences in the Neural Basis of Emotional Memories », *Proceedings of the National Academy of Sciences* 99, n° 16 (2002) : 10789-10794.

58. R. J. Erwin et autres, « Facial Emotion Discrimination », *Psychiatry Research* 42, n° 3 (1992) ; Gina Kolata, « Man's World, Woman's World ? Brain Studies Point to Differences », *The New York Times* (28 février 1995).

59. Hewlett, « Extreme Jobs : The Dangerous Allure of the 70-Hour Workweek ». Sylvia Ann Hewlett, « Women and the New "Extreme" Jobs », *Boston Globe* (2 décembre 2006).

60. J. Mirowsky et C. E. Ross, « Sex Differences in Distress : Real or Artifact ? », *American Sociological Review* 60 (1995).

61. Ronald C. Kessler, « The Epidemiology of Depression among Women », *Women and Depression*, édit. Corey L. M. Keyes et Sherryl H. Goodman, New York, Cambridge University Press, 2006.

62. Ronald C. Kessler et Jane D. McLeod, « Sex Differences in Vulnerability to Undesirable Life Events », *American Sociological Review* 49, n° 5 (1984).

63. Roy Baumeister et K. L. Sommer, « What Do Men Want ? Gender Differences in Two Spheres of Belongingness : Comment on Cross and Madson », *Psychological Bulletin* 122 (1997) ; Geary, *Male, Female : The Evolution of Human Sex Differences.*

64. Sarah Hampson, « Fonda Contradictions », *Globe and Mail* (23 avril 2005) ; Heather MacDonald, « Girl Problems », *National Review Online* (5 juillet 2005).

65. Eva M. Pomerantz, Florrie Fei-Yin Ng et Qian Wang, « Gender Socialization : A Parent X Child Model », *The Psychology of Gender*, édit. Alice Eagly, Anne E Beall et Robert J. Sternberg, New York, Guilford Press, 2004.

66. Gilligan (1982), 17 ; Fisher (1999)

67. Sandra Lee Bartky, « Feeding Egos and Tending Wounds : Deference and Disaffection in Women's Emotional Labor », *Feminity and Domination : Studies in The Phenomenology of Oppression*, New York, Routledge, 1990, 109.

68. L. Fratiglioni, S. Paillard-Borg et B. Winblad, « An Active and Socially Integrated Lifestyle in Late Life Might Protect against Dementia », *Lancet Neurology* (2004) ; L. Fratiglioni et autres, « Influence of Social Network on Occurrence of Dementia : A Community-Based Longitudinal Study », *Lancet* 355, n° 9212 (2004) ; Thomas Glass et autres, « Population-Based Study of Social and Productive Activities as Predictors of Survival among Elderly Americans », *British Medical Journal* (1999).

69. Browne, « Evolved Sex Differences and Occupational Segregation » ; R. A. Josephs, H. R. Markus et R. W. Tafarodi, « Gender and Self-Esteem », *Journal of Personality and Social Psychology* 63 (1992).

Chapitre 5 : **La revanche des Asperger**

1. Selon l'analyste Tom Mortenson, du Pell Institute, chez les Américains, 72 % des hommes ont quitté l'école sans diplôme du secondaire avant l'âge de 20 ans. Chez les Britanniques, c'est le cas de 75 % des hommes, chez les Canadiens, de 59 % et chez les Espagnols, de 59 %. Mortenson, « What's Wrong with the Guys », rapport du Pell Institute for the Study of Opportunity in Higher Education, 2003 ; présenté au European Access Network, Thessalonique, Grèce (septembre 2006).

2. Simon Baron-Cohen et son équipe ont montré que les pères et grands-pères d'enfants présentant des troubles du spectre autistique (dont le syndrome d'Asperger est la forme la plus légère) ont deux fois plus de chances que les autres d'être des ingénieurs. En revanche, comparativement aux étudiants en littérature, les étudiants universitaires en physique, génie ou mathématiques comptaient un nombre significativement plus élevé d'autistes dans leur parenté. Ils partagent une prédisposition génétique à un certain profil cognitif, caractérisé par des déficits dans la « psychologie populaire », soit la connaissance innée des interactions humaines, compensés par des aptitudes supérieures dans la « physique populaire », soit la connaissance innée des objets inanimés et de leur organisation systématique. Baron-Cohen avance que deux parents présentant ce profil ont plus de chances d'avoir un enfant autiste. Or, c'est le cas de Bob.

Simon Baron-Cohen, « Autism Occurs More Often in Families of Physicists, Engineers, and Mathematicians », *Autism* 2 (1998) ; Simon Baron-Cohen, « Is There a Link between Engineering and Autism ? », *Autism* 1 (1997) ; Simon Baron-Cohen, « Two New Theories of Autism : Hyper-Systemising and Assortative Mating », *Archives of Disease in Childhood* 91 (2006).

3. *Manuel diagnostique et statistique des troubles mentaux*, 4e éd., Paris, Masson, 1996.

4. Baron-Cohen, *The Essential Difference : The Truth About the Male and Female Brain* ; Simon Baron-Cohen et autres, « A Mathematician, a Physicist, and a Computer Scientist with Asperger Syndrome : Performance on Folk Psychology and Folk Physics Tests », *Neurocase* 5 (1999). Baron-Cohen a forgé le terme « systématiseur » pour décrire la personne qui possède une connaissance innée de systèmes complexes, qu'ils soient d'ordre technique, biologique, mathématique ou social (exemple : le droit et l'économie). Bien que la tendance à systématiser soit commune aux hommes et aux femmes à divers degrés, elle est, selon lui, plus répandue chez les hommes et poussée à l'extrême chez ceux qui présentent un trouble du spectre autistique.

5. Uta Frith, *Autism : Explaining the Enigma*, Cambridge (Mass.), Black well, 1989.

6. Emily Bazelon, « What Are Autistic Girls Made Of ? » *The New York Times Magazine* (5 août 2007) ; David H. Skuse, « Rethinking the Nature of Genetic Vulnerability to Autistic Spectrum Disorders », *Trends in Genetics* 23, n° 8, 387–395.

7. Bill Bryson, *Une histoire de tout, ou presque*, Paris, Éditions Payot, 2007, 81.

8. Oliver Sacks, « Henry Cavendish : An Early Case of Asperger's Syndrome ? », *Neurology* 57, n° 7 (2001).

9. Peter F. Ostwald, *Glenn Gould – Extase et tragédie d'un génie*, Arles, Actes Sud, 2003, 102, 127.

10. Baron-Cohen, *The Essential Difference : The Truth About the Male and Female Brain*.

11. *Ibid.*, 161.

12. « Male Female Enrollment patterns in Electrical Engineering at MIT and Other Schools ». Final report of the EECS Women's Undergraduate Enrollment Committee, MIT (janvier 1995). Rachel Ivic et Kim Nies Ray, « Women in Physics and Astronomy, 2005 », American Institute of Physics (février 2005). Donna J. Nelson et Diana C. Rogers, « A National Analysis of Diversity in Science and Engineering Faculties at Research Universities » (janvier 2004), voir http ://www.now.org/issues/diverse/diversity_report.pdf

13. Le journaliste Philip Weiss dit de Craig Newmark qu'il a fait exploser le journalisme. Philip Weiss, « A Guy Named Craig », *New York Magazine* (16 janvier 2006).

14. *Ibid.*

15. Peut-être 30 % de toutes les personnes chez qui l'on a diagnostiqué un trouble du spectre autistique fonctionnent mieux avec un entraînement social.

16. Baron-Cohen, « Autism Occurs More Often in Families of Physicists, Engineers, and Mathematicians » ; Baron-Cohen, « Is There a Link between Engineering and Autism ? » ; Baron-Cohen, « Two New Theories of Autism : Hyper-Systemising and Assortative Mating ».

17. Steve Silberman, « The Geek Syndrome », *Wired* (2001).

18. Temple Grandin se décrivait comme une anthropologue venue de Mars, ce qui a inspiré le titre du recueil d'essais d'Oliver Sacks. Dans son autobiographie, Grandin se reconnaissait également dans le personnage de Data (*Star Trek*), tandis que Claire Sainsbury disait avoir passé son enfance comme une Martienne au terrain de jeux.

19. Cette persistance des traits d'enfance à l'âge adulte est semblable à la néoténie, décrite par Stephen Jay Gould dans *Ontogeny and Phylogeny*, en 1977, et par Bruce Charlton, « The Rise of the Boy Genius : Psychological Neoteny, Science and the Modern Life », *Medical Hypotheses* 67 (2006), 674–681.

20. Je suis reconnaissante au Dr Darold Treffert, qui m'a communiqué par courriel les données relatives au syndrome du savant autistique.

21. Jules Asher, *Gene Linked to Autism in Families with More Than One Affected Child*, National Institute of Mental Health, 2006; voir http://www.nimh.nih.gove/press/autismmetgene.cfm ; P. Bolton et autres, « A Case Control Family History Study of Autism », *Journal of Child Psychology and Psychiatry* 35, n° 5 (1994) ; Mohammad Ghaziuddin, « A Family History of Asperger Syndrome », *Journal of Autism and Developmental Disorders* 35, n° 2 (2005) ; Baron-Cohen, *The Essential Difference*, 137.

22. Le laboratoire du Dr Eric Courchesne à l'Université de San Diego, entre autres, a démontré la duplication du chromosome 15q11–13.

23. C. A. Mejias-Aponte, C. A. Jimenez-Rivera et A. C. Segarra, « Sex Differences in Models of Temporal Lobe Epilepsy : Role of Testosterone », *Brain Research* 944, n°s 1–2 (2002) ; Lidia Gabis, John Pomeroy et Mary R. Andriola, « Autism and Epilepsy : Cause, Consequence, Comorbidity, or Coincidence ? » *Epilepsy & Behavior* 7 (2005).

24. Darold A. Treffert et Gregory L. Wallace, « Islands of Genius », *Scientific American* 286 (2002) ; Darold A. Treffert, *Extraordinary People*, Lincoln, Universe, 2006. Selon Treffert et Wallace, le syndrome du savant touche de quatre à six fois plus d'hommes que de femmes. Les hommes atteints démontrent des talents associés à l'hémisphère droit qui sont non symboliques, visuels ou spatiaux, par exemple les mathématiques, les habiletés mécaniques, la musique, le calcul et l'informatique, mais des déficits dans les aptitudes liées à l'hémisphère gauche. Les troubles épileptiques symptomatiques liés à une localisation sont plus fréquents chez les hommes, selon Christensen et ses collègues (Danemark). On croit qu'une concentration accrue de testostérone dans le sang augmente également la vulnérabilité aux convulsions, du moins dans le lobe temporal. J. Christensen et autres, « Gender Differences in Epilepsy », *Epilepsia* 46, n° 6 (2005) ; Mejias-Aponte, Jimenez-Rivera et Segarra, « Sex Differences in Models of Temporal Lobe Epilepsy : Role of Testosterone ».

25. Treffert et Wallace, « Islands of Genius » ; Norman Geschwind et Albert Galaburda, *Cerebral Lateralization : Biological Mechanisms, Associations and Pathology*, Cambridge (Mass.), MIT Press, 1987.

26. Ruben C. Gur et Raquel E. Gur, « Neural Substrates for Sex Differences in Cognition », *Why Aren't More Women in Science?*, édit. Stephen J. Ceci et Wendy M. Williams, Washington (D.C.), American Psychological Association, 2007.

27. Nigel Goldenfeld, Simon Baron-Cohen et Sally Wheelwright, « Empathizing and Systemizing in Males, Females, and Autism », *Clinical Neuropsychiatry* 2, n° 6 (2005).

28. Sandra Blakeslee, « Focus Narrows in Search for Autism's Cause », *The New York Times* (8 février 2005).

29. Kimura, *Sex and Cognition*.

30. Une expérience récente a montré que les singes macaques dont l'exposition à la testostérone a été supprimée durant le développement prénatal se comportaient davantage comme les femelles, se servant de points de repère pour s'orienter dans un espace ouvert à la recherche de nourriture. Rebecca Herman, « Sex and Preanatal Hormone Exposure Affect Cognitive Performance », *Hormones and Behavior* (2007). Pour en savoir plus sur l'hyperplasie congénitale des surrénales, voir Sheri A. Berenbaum et Susan Resnick, « The Seeds of Career Choices : Prenatal Sex Hormone Effects on Psychological Sex Differences », *Why Aren't More Women in Science ?*, édit. Stephen J. Ceci et Wendy M. Williams, Washington, American Psychological Association, 2007.

31. Doreen Kimura, « Sex Hormones Influence Human Cognitive Pattern », *Neuroendocrinology Letters* 23, n° 4 (2002).

32. Les taux de testostérone utérins reflètent les taux hormonaux du bébé et non de la mère. Simon Baron-Cohen, Svetlana Lutchmaya et Rebecca Knickmeyer, *Prenatal Testosterone in Mind : Amniotic Fluid Studies*, Cambridge (Mass.), MIT Press, 2004 ; Knickmeyer et autres, « Foetal Testosterone, Social Relationships, and Restricted Interests in Children ».

33. Pour des exemples du journal de jeunesse de Georges Huard, voir http://people.sca.uqam.ca/~huard/asperger_pedant_e.html

34. Ils ne sont pas représentatifs des hommes autistiques en général, dont les handicaps peuvent être plus contraignants. J'ai choisi des hommes dont l'intelligence et le réseau social étaient tels qu'ils excellaient dans leurs « îlots » d'habiletés, tout en étant capables de faire appel à leur intelligence innée et à leurs réseaux sociaux pour compenser leurs faiblesses.

35. Dans un récent article sur le syndrome d'Asperger, Uta Frith soulignait que Hans Asperger lui-même considérait que le trouble avait une origine biologique, mais prédisait qu'il s'atténuerait au cours du développement (Frith, 2004).

Chapitre 6 : **Personne n'a demandé à Caroline si elle voulait être le père**

1. Les travaux de Fiona Kay, professeure de sociologie du droit à l'Université Queen's, montrent que les femmes sont 60 % plus nombreuses à abandonner l'exercice du droit que les hommes. En 2005, Catalyst, un organisme s'intéressant aux femmes dans le milieu des affaires, a publié un rapport indiquant que 62 % des associées dans les cabinets (contre 47 % pour les hommes) ne comptent pas rester au sein du cabinet au-delà des cinq premières années et iront vers d'autres emplois ou quitteront le droit afin d'obtenir un meilleur équilibre travail-vie. Le coût moyen de la perte d'un avocat associé, selon le rapport, se situe aux environs de 315 000 $.

2. Jill Abramson et Barbara Franklin, *Where Are They Now : The Story of the Women of Harvard Law*, New York, Doubleday, 1986 ; Wendy Werner, « Where Have All the Women Attorneys Gone ? », *Law Practice Today* (2005). David Boies, l'un des avocats les plus réputés des États-Unis, a défendu des sociétés telles que IBM, AOL, CBS et Napster. La citation « gagner ou dormir » est de Deborah Rhode, « Searching for Balanced Lives », American Bar Association, 2003.

3. Fiona Kay et John Hagan, « Raising the Bar : The Gender Stratification of Law-Firm Capital », *American Sociological Review* 63 (1998). Kirk Makin, « Female Lawyers Hiding Illness to Remain Competitive », *Globe and Mail* (15 août 2007).

4. Un site Web qui s'intéresse à l'exercice du droit au Royaume-Uni (http ://www. thelawyer.com) a reproduit les statistiques du Bar Council, montrant que les femmes comptaient pour 48,9 % des avocats inscrits au barreau en 2005 et 30 % dans les cabinets. On trouvait également sur le site un rapport portant sur les 100 plus grands cabinets (http ://www.thelawyer.com/euro100/2005), dont 30 étaient européens. Parmi ces derniers, seulement trois cabinets comptaient plus de 20 % d'associées féminines. Un cabinet néerlandais ne comptait qu'une femme parmi 53 associés.

5. Fiona Kay et Joan Brockman, « Barriers to Gender Equality in the Canadian Legal Establishment », *Feminist Legal Studies* (2000).

6. Claire Sanders, « Women Law Lecturers Pay the Price for Their Freedom », [London] *Times Online* (23 mai 2006).

7. Linda Hirshman, « Homeward Bound », *American Prospect Online* (2005).

8. Charlotte Chiu, « Do Professional Women Have Lower Job Satisfaction Than Professional Men ? Lawyers as a Case Study », *Sex Roles : A Journal of Research* (avril 1998) ; John Hagan et Fiona Kay, *Gender in Practice : A Study in Lawyers Lives*, New York, Oxford University Press, 1995.

9. Ronit Dinovitzer, « After the J.D. : First Results of a National Study of Legal Careers », NALP Foundation for Law Career Research and Education and American Bar Foundation, 2004.

10. Des congés de maternité s'allongeant avec chaque nouvelle naissance sont la norme pour l'universitaire moyenne qui est entrée à l'université en 1976, comme le mentionne Claudia Goldin dans son essai intitulé *The Quiet Revolution*. Réfutant l'idée voulant que les femmes éduquées « se retirent » de la population active, Goldin indique que le congé de maternité moyen est de quatre mois après la naissance du premier enfant et un peu plus d'une année après celle du second (elle ne précise pas cependant si, à leur retour, elles travaillent à temps plein ou à temps partiel). À l'arrivée du troisième enfant, la même femme aura, en moyenne, arrêté de travailler contre rémunération pendant 2,84 années dans les 15 années suivant l'obtention de son diplôme (contre 2 mois pour les hommes de la même promotion ayant 3 enfants). Goldin, « From the Valley to the Summit : The Quiet Revolution That Transformed Women's Employment, Education, and Family ».

    Catherine Hakim, de la London School of Economics, souligne que 80 % des femmes sur le marché du travail de l'Union européenne choisissent habituellement, après la naissance d'un enfant, de travailler à temps partiel dans un emploi flexible proche de leur lieu de résidence. Elle cite des enquêtes (réalisées par S. McRae et publiées par le London Policy Institute) indiquant que la plupart des femmes qui comptaient retourner au travail en 1988, soit 40 % de l'échantillon, ont plutôt trouvé un emploi à temps partiel au lieu de réintégrer leur ancien poste. En 1999, 80 % des mères occupaient des emplois flexibles à temps partiel. S. McRae, « Contraints and Choices in Mothers' Employment Careers : A Consideration of Hakim's Preference Theory », *British Journal of Sociology* 54 (2003).

11. Hakim, *Work-Lifestyle Choices in the 21st Century*, New York, Oxford University Press, 2000.

12. Eduardo Porter, « Stretched to the Limit, Women Stall March to Work », *The New York Times* (2 mars 2006).

13. Fisher, *The First Sex.*

14. Joanna Moorhead, « For Decades We've Been Told Sweden Is a Great Place to Be a Working Parent. But We've Been Duped », *The Guardian* (22 septembre 2004).

15. Catherine Hakim, « A New Approach to Explaining Fertility Patterns : Preference Theory », *Population and Development Review* 29, n° 3 (2003) ; S. Wyatt et C. Langridge, *Getting to the Top in the National Health Service*, édit. S. Ledwith et F. Colgan, *Women in Organizations : Challenging Gender Politics*, Londres, Macmillan, 1996.

16. Linda Tischler, « Winning the Career Tournament », *Fast Company* (2004).

17. Julie Creswell, « How Suite It Isn't : A Dearth of Female Bosses », *The New York Times* (17 décembre 2006).

18. Hakim, *Work-Lifestyle Choices in the 21st Century*, 16.

19. Sarah Blaffer Hrdy, *Mother Nature : Maternal Instincts and How They Shape the Human Species*, New York, Random House, 1999.

20. Linda Mealey, *Sex Differences : Developmental and Evolutionary Strategies*, San Diego, Academic Press, 2000, 74.

21. Blaffer Hrdy, *Mother Nature : Maternal Instincts and How They Shape the Human Species.*

22. Craig Howard Kinsley et Kelly G. Lambert, « The Maternal Brain », *Scientific American* (janvier 2006).

23. B. J. Mattson et autres, « Comparison of Two Positive Reinforcing Stimuli : Pups and Cocaine Throughout the Postpartum Period », *Behavioral Neuroscience* 115 (2001).

24. Mattson et autres, « Comparison of Two Positive Reinforcing Stimuli : Pups and Cocaine Throughout the Postpartum Period ».

25. Andreas Bartels et Semir Zeki, « The Neural Correlates of Maternal and Romantic Love », *Neuroimage* 21 (2004).

26. Mona Harrington, *Women Lawyers : Rewriting the Rules*, New York, Plume, 1995.

Chiu, « Do Professional Women Have Lower Job Satisfaction Than Profes sional Men ? Lawyers as a Case Study ».

27. I. Gati, S. H. Osipow et M. Givon, « Gender Differences in Career Decision Making : The Content and Structure of Preferences », *Journal of Counseling Psychology* 42 (1995) ; Halpern, *Sex Differences in Cognitive Abilities*, 267.

28. Martinez, « Women's Intrinsic and Extrinsic Motivations for Working », *Being Together, Working Apart*, édit. Barbara Schneider et Linda J. Waite, Cambridge (R.-U.), Cambridge University Press, 2005.

29. Jennifer Matjasko et Amy Feldman, « Emotional Transmission between Parents and Adolescents : The Importance of Work Characteristics and Relationship Quality », dans *Being Together, Working Apart*, édit. Barbara Schneider et Linda J. Waite, Cambridge (R.-U.), Cambridge University Press, 2005 ; Susan Pinker, « Looking Out for Number One », *Globe and Mail* (4 avril 2007).

30. Fiona Kay, « Flight from Law: A Competing Risks Model of Departures from Law Firms », *Law Society Review* 31, n° 2 (1997).

31. Werner, « Where Have All the Women Attorneys Gone ? » *Law Practice Today* (novembre 2005).

32. Sara Beth Haviland, « Job Satisfaction and the Gender Paradox: An International Perspective », communication présentée à l'American Sociological Association (16 août 2004) ; Sangmook Kim, « Gender Differences in the Job Satisfaction of Public Employees », *Sex Roles* (mai 2005) ; P. Sloane et H. Williams, « Are Overpaid Workers Really Unhappy ? A Test of the Theory of Cognitive Dissonance », *Labour* 10 (1996) ; Alfonso Sousa-Poza, « Taking Another Look at the Gender/Job-Satisfaction Paradox », *Kyklos* 53, n° 2 (2000).

33. Michael Rose, « So Less Happy Too ? Subjective Well-Being and the Vanishing Job Satisfaction Premium of British Women Employees », communication présentée à la conférence annuelle de la Social Policy Association (27 juin 2005).

34. R. Richard Layard, *Happiness: Lessons from a New Science*, Londres, Penguin, 2005.

35. Heather MacLean, K. Glynn et D. Ansara, « Multiple Roles and Women's Mental Health in Canada », *Women's Health Surveillance Report*, Toronto, Centre for Research in Women's Health, 2003 ; A. McMunn et autres, « Life Course Social Roles and Women's Health in Midlife: Causation or Selection », *Journal of Epidemiology and Community Health* 60, n° 6 (2006).

Chapitre 7 : **Le syndrome de l'imposteur**

1. Lawrence K. Altman, « Her Job: Helping Save the World from Bird Flu », *The New York Times* (19 août 2005).

2. Joan Harvey, une psychologue qui s'est intéressée au syndrome de l'imposteur au début des années 1980, a découvert que le sentiment d'imposture avait plus de chances de toucher les étudiantes les plus performantes (par exemple, les meilleures étudiantes des programmes spécialisés) que les étudiantes dans la moyenne. En d'autres mots, la réussite objective n'était pas l'antidote ; le fait de se retrouver dans une catégorie supérieure pouvait même favoriser davantage le sentiment d'imposture chez ces femmes. Joan C. Harvey et Cynthia Katz, *If I'm So Successful, Why Do I Feel Like a Fake? The Imposter Phenomenon*, New York, St. Martin's Press, 1985.

3. Pauline Rose Clance et Suzanne Ament Imes, « The Impostor Phenomenon in High-Achieving Women: Dynamics and Therapeutic Intervention », *Psychotherapy: Theory, Research and Practice* 15, n° 3 (1978) ; Harvey et Katz, *If I'm So Successful, Why Do I Feel Like a Fake?*

4. Susan Vinnicombe et Val Singh, « Locks and Keys to the Boardroom », *Women in Management Review* 18, n° 5/6 (2003).

5. Margaret S. Gibbs, Karen Alter Reid et Sharon DeVries, « Instrumentality and the Imposter Phenomenon ». Communication présentée à une rencontre de la American Psychological Association, Toronto, 1984.

6. « Pfeiffer Still Fears Being Shown Up as a "Sham" » (18 janvier 2002); voir http://www.imdb.com/news/wenn/2002–01–18#celeb5. Mal Vincent « Pfeiffer Still Feels Being Shown Up as a "Sham" », Virginian Pilot (25 janvier 2002). Pour les citations de Kate Winslet, voir imdb.com

7. Gail M. Matthews, « Impostor Phenomenon : Attributions for Success and Failure », communication présentée à l'American Psychological Association, Toronto, 1984.

8. Joan S. Girgus et Susan Nolen-Hoeksema, « Cognition and Depression », Women and Depression, édit. Corey L. M. Keyes et Sherryl H. Goodman, New York, Cambridge University Press, 2006 ; Susan Nolen-Hoeksema et B. Jackson, « Mediators of the Gender Differences in Rumination », Psychology of Women Quarterly 25 (2001) ; Susan Nolen-Hoeksema, J. Larson et C. Grayson, « Explaining the Gender Difference in Depression », Journal of Personality and Social Psychology 77 (1999).

9. Je remercie Valerie Young de m'avoir fourni des renseignements généraux sur le syndrome de l'imposteur.

10. Sonnert Gerhard et Gerald Holton, « Career Patterns of Women and Men in the Sciences », American Scientist 84, n° 1 (1996).

11. Allegra Goodman, Intuition, Paris, Seuil, 2008, 74 et 90.

12. Feingold, « Gender Differences in Personality : A Meta-analysis » ; Hall, Nonverbal Sex Differences ; Kessler, « The Epidemiology of Depression among Women » ; Susan Nolen-Hoeksema et Cheryl Rusting, « Gender Differences in Well-Being », Well-Being : The Foundations of Hedonic Psychology, édit. D. Kahneman, Ed Diener et N. Schwarz, New York, Russell Sage Foundation, 1999.

13. S. Van Goozen et autres, « Anger Proneness in Women : Development and Validation of the Anger Situation Questionnaire », Aggressive Behavior 20 (1994).

14. L. Y. Abramson, Martin E. P. Seligman et J. Teasdale, « Learned Helplessness in Humans », Journal of Abnormal Psychology 87 (1978), 49-74.

15. Joyce Ehrlinger et David Dunning, « How Chronic Self-Views Infl uence (and Potentially Mislead) Estimates of Performance », Journal of Personality and Social Psychology 84, n° 1 (2003).

16. David Dunning, Chip Heath et Jerry Suls, « Flawed Self-Assessment », Psychological Science in the Public Interest 5, n° 3 (2004).

17. Gerry Pallier, « Gender Differences in The Self-Assessment of Accuracy on Cognitive Tasks », Sex Roles 48, n°s 5-6 (2003).

18. Ehrlinger et Dunning, « Chronic Self-Views » ; Jeanne M. Stahl et autres, « The Impostor Phenomenon in High School and College Science Majors », communication présentée à l'American Psychological Association, Montréal, 1980.

19. Nick Paumgarten, « The Tycoon », New Yorker (23 juillet 2007).

20. Alexandra Robbins dresse le portrait de huit étudiants d'une banlieue de Washington ayant fait des demandes d'admission dans des universités prestigieuses. Pendant que Julie, la superstar, est rongée par le doute, Sam ne trouve pas le temps de finir un projet et invente donc la transcription d'une interview fictive pour remettre son travail à temps. Voir Alexandra Robbins, The Overachievers : The Secret Lives of Driven Kids, New York, Hyperion, 2006 ; Jeanne M. Stahl et autres, « The Impostor Phenomenon in High School and College Science Majors ».

21. Michelle Cowley et Ruth M. J. Byrne, « Chess Masters' Hypothesis Testing », *Cognitive Psychology*, 2007 ; Julie Norem et N. Cantor, « Defensive Pessimism : Harnessing Anxiety as Motivation », *Journal of Personality and Social Psychology* 52 (1986), 1208-1217.

22. A. T. Beck, « Cognitive Models of Depression », *Journal of Cognitive Psychotherapy : An International Quarterly* 1, (1987), 5–37 ; Girgus et Nolen-Hoeksema, « Cognition and Depression ».

23. Martin E. P. Seligman et autres, « Depressive Attributional Style », *Journal of Abnormal Psychology* 88 (1979).

24. Ronald C. Kessler et autres, « Prevalence, Severity and Comorbidity of Twelve-Month DSM-IV Disorders in the National Comorbidity Survey Replication (NCS-R) », *Archives of General Psychiatry* 62, n° 6 (2005) ; Kessler, « The Epidemiology of Depression among Women » ; Ania Korszun, Margaret Altemus et Elizabeth Young, « The Biological Underpinnings of Depression », *Women and Depression*, édit. Corey L. M. Keyes et Sherryl H. Goodman, New York, Cambridge University Press, 2006.

25. Yawen Cheng et autres, « Association between Psychosocial Work Characteristics and Health Functioning in American Women », *British Medical Journal* 320 (2000) ; Mary Clare Lennon, « Women, Work, and Depression », *Women and Depression*, édit. Corey L. M. Keyes et Sherryl H. Goodman, New York, Cambridge University Press, 2006.

Chapitre 8 : La compétition : une affaire d'hommes ?

1. Janet S. Hyde, « Gender Differences in Aggression », *The Psychology of Gender*, édit. J. S. Hyde et M. C. Linn, Baltimore, Johns Hopkins University Press, 1986 ; Maccoby and Jacklin, *The Psychology of Sex Differences* ; Steven Pinker, *Comprendre la nature humaine*, Paris, Odile Jacob, 2005.

2. Baron-Cohen, « Sex Differences in Mind : Keeping Science Distinct from Social Policy » ; Charlesworth et Dzur, « Gender Comparisons of Preschoolers Behavior and Resource Utilization in Group Problem Solving ».

3. Anne Campbell, *A Mind of Her Own : The Evolutionary Psychology of Women*, Oxford (R.-U.), Oxford University Press, 2002 ; Maccoby, *The Two Sexes : Growing Apart, Coming Together*.

4. Uri Gneezy et Aldo Rustichini, « Gender and Competition at a Young Age », *American Economic Review* 94, n° 2 (2004).

5. Carol Cronin Weisfeld, « Female Behavior in Mixed Sex Competition : A Review of the Literature », *Developmental Review* 6 (1986).

6. Muriel Niederle et Lise Vesterlund, « Do Women Shy Away from Competition ? Do Men Compete Too Much ? » *Quartery Journal of Economics* (2006).

7. Linda Babcock et Sara Laschever, *Women Don't Ask : Negotiation and the Gender Divide*, Princeton (N.J.), Princeton University Press, 2003 ; Mirowsky et Ross, « Sex Differences in Distress : Real or Artifact ? ».

8. Hannah Riley Bowles, Linda Babcock et Lei Lai, *It Depends Who Is Asking and Who You Ask : Social Incentives for Sex Differences in the Propensity to Initiate Negotiation*, Social Science Research Network (juillet 2005) ; voir http ://ssrn.com/abstract=779506.

9. Cela correspond au concept de discrimination par suite d'un effet préjudiciable, c'est-à-dire qu'une action qui paraît neutre à première vue a néanmoins un effet discriminatoire. Je remercie Martin Boodman de m'avoir expliqué le concept.

10. Virginia Woolf, « Equality, Opportunity and Pay », Atlantic Monthly (mai-juin 1938).

11. Maccoby and Jacklin, *The Psychology of Sex Differences*.

12. Richard Tremblay et Sylvana Côté, chercheurs de l'Université de Montréal qui s'intéressent à l'agressivité, démontrent très bien que, dans l'analyse scientifique, on gagne à étudier séparément les mécanismes à l'origine de l'agressivité, du comportement antisocial et de la prise de risques. Je suis d'accord, et je les regroupe ici en raison uniquement de leurs déterminants biologiques communs.

13. Marianne Bertrand et Kevin F. Hallock, « The Gender Gap in Top Corporate Jobs », *Industrial and Labor Relations Review* 55 (2001) ; Elizabeth Cashdan, « Are Men More Competitive Than Women ? » *British Journal of Social Psychology* 37 (1998) ; Alice Eagly et S. J. Karau, « Gender and the Emergence of Leaders : A Meta-analysis », *Journal of Personality and Social Psychology* 60 (1991), 685–710 ; Weisfeld, « Female Behavior in Mixed Sex Competition : A Review of the Literature ».

14. David Brooks, « All Politics Are Thymotic », *The New York Times* (16 mars 2006).

15. M. Frankenhaueser, « Challenge-Control Interaction as Reflected in Sympathetic-Adrenal and Pituitary-Adrenal Activity : Comparison between the Sexes », *Scandinavian Journal of Psychology* 23, n° 1 (1982).

16. Paul Taylor, « What's Nastier Than a Loser ? A Winner », *Globe and Mail* (1er avril 2005).

17. Jennifer Klinesmith, Tim Kasser et Francis McAndrew, « Guns, Testosterone, and Aggression : An Experimental Test of a Mediational Hypothesis », *Psychological Science* 17, n° 7 (2006).

18. Tania Singer et autres, « Empathic Neural Responses Are Modulated by the Perceived Fairness of Others », *Nature* (2006).

19. U.S. Census Bureau, « Population in Group Quarters by Type, Sex, and Age for the United States : 2000 » (2000).

20. Centers for Disease Control and Prevention, National Center for Injury Prevention and Control. Web-based Injury Statistics Query and Reporting System (2004) ; http ://www.cdc.gov/ncipc/wisqars/default.htm

    G. McClure, « Changes in Suicide in England and Wales, 1960–1997 », *British Journal of Psychiatry* 176 (2000).

21. Browne, *Biology at Work : Rethinking Sexual Equality*, 20.

    Comme l'a affirmé James Alan Fox, criminologue à l'Université Northeastern, des 450 tueries en milieu de travail qui sont survenues au cours des 30 dernières années, 7 % seulement ont été le fait de femmes. Tim Molloy, « Women's Rampage Leaves Six Dead in the U.S. », *Globe and Mail* (1er février 2006). De plus, le taux de mortalité des hommes au travail est supérieur à celui des femmes, celles-ci choisissant des emplois plus sécuritaires et s'exposant moins à des risques mortels, selon une étude réalisée par le National Bureau of Economic Research. Thomas DeLeire et Helen Levy, « Gender, Occupation Choice and the Risk of Death at Work », National Bureau of Economic Research (2001).

22. Kruger et Nesse, « Sexual Selection and the Male : Female Mortality Ratio ».

23. Site de vidéoclips d'exploits absurdes : XXXL Games : http://xxxl.games.com

24. Wendy Northcutt, *The Darwin Awards : Survival of the Fittest*, New York, Plume, 2004 ; Wendy Northcutt, *The Darwin Awards : Unnatural Selection*, New York, Plume, 2003 ; Wendy Northcutt, *The Darwin Awards : Evolution in Action*, New York, Plume, 2002.

25. Northcutt, *The Darwin Awards : Unnatural Selection*.

26. James P. Byrnes, David C. Miller et William D. Shafer, « Gender Differences in Risk Taking : A Meta-analysis », *Psychological Bulletin* 125, n° 3 (1999).

27. Dans un chapitre portant sur la compétition pour un partenaire, Martin Daly et Margo Wilson (1983) présentent des graphiques montrant que, pendant la saison des amours, les mâles chez les moutons de St. Kilda (île écossaise) et les singes macaques de Porto Rico sont deux fois plus à risque de mourir que les femelles. La lutte féroce pour les femelles amène de nombreux mâles à courir des risques et, par conséquent, à mourir jeunes.

28. Blaffer Hrdy, *Mother Nature : Maternal Instincts and How They Shape the Human Species*, 84–85. Michael Kesterton, « Man with 78 Children Gearing Up for 100 », *Globe and Mail* (21 août 2007) ; Jeremy Page, « Father, 90, Shows Off New Baby – and Wants More », *Times of London* (22 août 2007).

29. Robert L. Trivers, « Parental Investment and Sexual Selection », *Sexual Selection and the Descent of Man 1871-1971*, édit. B. Campbell, Chicago, Aldine, 1972.

30. Dans une démonstration convaincante, Sarah Blaffer Hrdy (1999) montre que les mères, dans de nombreuses espèces, s'appuient sur un ensemble complexe de facteurs pour faire des choix « éclairés » quant au mâle qui représente le pari le plus sûr. Elle mentionne l'âge, la taille et le nombre de garçons et de filles dans sa progéniture, des facteurs environnementaux importants pour leur survie et le nombre d'aidants ou de substituts parentaux, y compris le père, qui feraient en sorte que son investissement dans sa progéniture en vaille la peine.

31. Richard Wiseman, *Quirkology : The Curious Science of Everyday Lives*, Londres, MacMillan, 2007.

32. Dans l'étude, l'égalité des sexes était déterminée en fonction du statut des femmes, tel que rapporté par le Programme des Nations Unies pour le développement (1995). Voir Alice H. Eagly, Wendy Wood et Mary C. Johannesen-Schmidt, « Social Role Theory of Sex Differences and Similarities : Implications for the Partner Preferences of Women and Men », *The Psychology of Gender*, 2ᵉ éd., édit. Alice Eagly, Anne E. Beall et Robert J. Sternberg, New York, Guilford Press, 2004.

33. Bojan Todosijevic, Snezana Ljubinkovic et Aleksandra Arancic, « Mate Selection Criteria : A Trait Desirability Assessment Study of Sex Differences in Serbia », *Evolutionary Psychology* 1 (2003).

34. David M. Buss, « Sex Differences in Human Mate Preferences : Evolutionary Hypothesis Tested in 37 Cultures », *Behavioral and Brain Sciences* 12 (1989) ; David M. Buss et autres, « A Half Century of Mate Preferences : The Cultural Evolution of Values », *Journal of Marriage and Family* 63 (2001).

35. Nancy Etcoff, *Survival of the Prettiest: The Science of Beauty*, New York, Doubleday, 1999) John Marshall Townsend, *What Women Want – What Men Want*, New York, Oxford University Press, 1998.

36. Mealey, *Sex Differences: Developmental and Evolutionary Strategies*.

37. Drake Bennett, « The Evolutionary Revolutionary », *The Boston Globe* (27 mars 2005).

38. Les sociologues Allan Mazur et Alan Booth ont étudié la testostérone endogène dans un vaste échantillon d'anciens combattants (armée de l'air) et conclu qu'elle agit sur la dominance des individus dans les groupes, une dominance qui peut être antisociale, mais pas nécessairement agressive. Ils proposent une boucle de rétroaction dans laquelle la testostérone prépare les hommes à la lutte, puis augmente en réponse à la victoire et chute par suite d'une défaite, agissant ainsi à la fois comme la cause et l'effet du comportement. Allan Mazur et Alan Booth, « Testosterone and Dominance in Men », *Behavioral and Brain Sciences* (2001).

39. Browne, *Biology at Work: Rethinking Sexual Equality*, 114.

40. Daniel Olweus, B. J. Mattson et H. Low, « Circulating Testosterone Levels and Aggression in Adolescent Males: A Causal Analysis », *Psychosomatic Medicine* 50 (1988); Tremblay et Nagin, « The Developmental Origins of Physical Aggression in Humans ».

41. Kimura, *Sex and Cognition*.

42. Rhoads, *Taking Sex Differences Seriously*.

43. Sheri A. Berenbaum et Susan M. Resnick, « Early Androgen Effects on Aggression in Children and Adults with Congenital Adrenal Hyperplasia », *Psycho-neuroendocrinology* 22 (1997), cité dans Browne, *Biology at Work*.

44. Berenbaum et Resnick, « The Seeds of Career Choices: Prenatal Sex Hormone Effects on Psychological Sex Differences ».

45. Carter, « Developmental Consequences of Oxytocin ».

46. L'expression vient du titre d'un article scientifique. Voir Jeri S. Janowski, « Thinking with Your Gonads: Testosterone and Cognition », *Trends in Cognitive Sciences* 20, n° 20 (2005).

47. James McBride Dabbs et Mary Godwin Dabbs, *Heroes, Rogues, and Lovers: Testosterone and Behavior*, New York, McGraw-Hill, 2000.

48. Frances E. Purifoy et Lambert H. Koopmans, « Androstenedione, Testosterone, and Free Testosterone Concentration in Women of Various Occupations », *Social Biology* 26, n° 1 (1979).

49. Elizabeth Cashdan, « Hormones, Sex, and Status in Women », *Hormones and Behavior* 29 (1995).

50. Rocio Garcia-Romero, « Prejudice Against Women in Male Congenial Environments: Perceptions of Gender Role Congruity in Leadership », *Sex Roles* 55 (2006).

51. Elizabeth Cashdan, « Hormones and Competitive Aggression in Women », *Aggressive Behavior* 29 (2003).

52. V. Burbank, « Female Aggression in Cross-Cultural Perpsective », *Behavior Science Research* 21 (1987).

53. Kaj Bjorkqvist, « Sex Differences in Physical, Verbal, and Indirect Aggression : A Review of Recent Research », *Sex Roles* 30, n° 314 (1994) ; K. M. J. Lagerspetz, K. Bjorkqvist et T. Peltonen, « Is Indirect Aggression Typical of Females ? Gender Differences in Aggressiveness in 11–12-Year-Old Children », *Aggressive Behavior* 14 (1988).

54. Bjorkqvist, « Sex Differences in Physical, Verbal, and Indirect Aggression ».

55. Pour des comptes rendus de manifestations agressives entre femmes à l'ère post-féministe, voir Cheryl Dellasega, *Mean Girls Grown Up* (2005) et l'essai de Laura Miller, *Women's Ways of Bullying*, Salon (1997).

56. Surnommées « le camp d'entraînement pour garces », les séances de formation de Jean Holland, conseillère auprès des cadres au Growth and Leadership Center de Silicon Valley, ont eu très mauvaise presse dès leur introduction, en 2001. Annoncées comme une formation professionnelle pour « des femmes exceptionnelles qui veulent échanger et apprendre les unes des autres », la critique y a surtout vu un moyen d'éliminer chez les femmes cadres l'agressivité et la compétitivité grâce auxquelles elles étaient parvenues aux postes de commande. Le programme a fait l'objet d'analyses et d'un documentaire, rappelant que le même comportement est accepté chez les hommes, mais considéré peu féminin et mauvais pour les femmes. « Environ 90 % des femmes nous sont envoyées parce qu'elles affichent un comportement qui intimide, agresse et fait peur aux gens. Nous ne disons pas aux femmes d'être moins agressives, nous ne leur demandons pas de changer leur message, mais seulement la manière dont elles le communiquent », a répondu le porte-parole du Centre au journaliste de BBC News Online. Bien que le programme et l'ouvrage subséquent de Holland (*Same Game, Different Rules*) ont été fustigés par la critique, alléguant que l'un et l'autre exhortaient les femmes à devenir d'« adorables paillassons », bon nombre des comportements visés ne seraient pas plus acceptables de la part des hommes. Voir « Bitchy Bosses Go to Boot Camp », BBC News Online (2001), et Robin Gerber, « Bully Broads », James MacGregor/Burns Academy of Leadership (2006). http://www.academy.umd.edu/ AboutUs/news/articles/09–12–01.htm

57. Mazur, *Biosociology of Dominance and Deference*.

58. Deborah Blum, *Sex on the Brain*, New York, Penguin, 1997.

59. Satoshi Kanazawa, « Why Productivity Fades with Age : The Crime-Genius Connection », *Journal of Research in Personality* 37 (2003).

60. Carlo Morselli et Pierre Tremblay, « Criminal Achievement, Offender Networks, and the Benefits of Low Self-Control », *Criminology* 42, n° 3 (2004).

61. Carlo Morselli et Marie-Noele Royer, « Criminal Mobility and Criminal Achievement », communication présentée à l'Environmental Criminology and Crime Analysis Meeting, Chilliwack (C.-B.), juillet 2006 ; Carlo Morselli, Pierre Tremblay et Bill McCarthy, « Mentors and Criminal Achievement », *Criminology* 11, n° 1 (2006).

62. Bryson, *Une histoire de tout, ou presque*. John S. Rigden, *Einstein 1905 : The Standard of Greatness*, Cambridge (Mass.), Harvard University Press, 2005, 43-46 ; Walter Isaacson, *Einstein : His Life and Universe*, New York, Simon & Schuster, 2007, 149-154.

63. Dean Keith Simonton, *Greatness : Who Makes History and Why*, New York, Guilford Press, 1994, 163.

64. Cité dans Morselli et autres (2004). Christopher Jencks, *Inequality : Who Gets Ahead ? The Determinants of Economic Success in America*, New York, Basic Books, 1979.

65. Kevin Conley, « The Players », *New Yorker* (11 et 18 juillet 2005).

66. Dans un article explorant le lien entre une estime de soi élevée et une estime de soi suffisante, le sociopsychologue Roy Baumeister et ses collègues présentent « l'amélioration de soi » comme un motif justifiant la recherche de compétition :

La recherche d'occasions de se prouver ou de rehausser son prestige devrait donc attirer principalement les personnes ayant une haute estime de soi. Par exemple, pour une personne très sûre d'elle, rechercher des situations qui mettent en doute sa valeur est l'occasion de relever un défi et de le remporter. En revanche, les personnes ayant une faible estime de soi auront sans doute tendance à éviter ces situations. [Baumeister, Smart et Boden, 1996, 8].

67. Daniel Olweus, « Bullying at School : Long-Term Outcomes for the Victims and an Effective School-Based Intervention Program », *Aggressive Behavior : Current Perspectives*, édit. R. Huesmann, New York, Plenum, 1994.

68. Ehrlinger et Dunning, « How Chronic Self-Views Influence (and Potentially Mislead) Estimates of Performance ».

69. Roy Baumeister et autres, « Does High Self-Esteem Cause Better Performance, Interpersonal Success, Happiness, or Healthier Lifestyles ? » *Psychological Science in the Public Interest* 4, nº 1 (2003).

70. Roy Baumeister, Laura Smart et Joseph M. Boden, « Relation of Threatened Egotism to Violence and Aggression : The Dark Side of Self-Esteem », *Psychological Review* 103, nº 1 (1996).

71. Daniel J. Kruger et Randolph M. Nesse, « An Evolutionary Life-History Framework for Understanding Sex Differences in Human Mortality Rates », *Human Nature* 17, nº 1 (2006) ; Kruger et Nesse, « Sexual Selection and the Male : Female Mortality Ratio ».

Brian A. Jonah, « Accident Risk and Risk-Taking Behavior among Young Drivers », *Accident Analysis and Prevention* 18 (1986).

72. Une étude réalisée auprès de 4 500 anciens combattants a montré que les hommes célibataires et divorcés ont des taux de testostérone plus élevés que les hommes mariés du même âge (Mazur et Michalek, 1998). Des taux de testostérone élevés causent un comportement agressif chez les animaux et sont liés au comportement criminel et à la violence conjugale chez les hommes adultes.

73. Christina Rouvalis, « Risk-Taking Can Be a Two-Faced Monster », *Pittsburgh Post-Gazette* (14 juin 2006).

74. Browne, *Biology at Work*.

75. U.K. National Statistics, « Injuries to Workers by Industry and Severity of Injury : Great Britain », (2004).

76. Browne, *Biology at Work*, 53.

77. Dans un article sur les femmes d'affaires paru dans *The Economist* (21 juillet 2006), il était estimé que 46,5 % de la main-d'œuvre américaine était composée de femmes et que 95 % des cadres supérieurs étaient des hommes. Selon l'article, le rapport était le même en Grande-Bretagne et en France.

78. Selon l'article de Philip Ross, intitulé « The Expert Mind » et paru en 2006 dans *Scientific American*, Laszlo Polgar, éducateur hongrois, a entrepris de transformer ses trois filles, éduquées à domicile, en championnes d'échecs. Les filles s'entraînaient aux échecs six heures par jour. L'une est devenue maître d'échecs international et les deux autres, grands maîtres d'échecs ; selon Ross, il s'agit de la fratrie « la plus forte aux échecs de toute l'histoire ». La plus jeune, âgée de 34 ans, est classée 14e au monde.

79. Marianne Frankenhaeuser et autres, « Sex Differences in Psychoneuroendocrine Reactions to Examination Stress », *Psychosomatic Medicine* 40, nº 4 (1978).

Chapitre 9 : **Les hommes qui mettent le turbo :**
quand hyperactivité rime avec réussite

1. Russell A. Barkley et autres, « The Persistence of Attention Deficit/Hyperactivity Disorder into Young Adulthood as a Function of Reporting Source and Definition of the Disorder », *Journal of Abnormal Psychology* 111 (2002) ; Joseph Biederman, « Impact of Comorbidity in Adults with Attention Deficit/Hyperactivity Disorder », *Journal of Clinical Psychiatry* 65, nº 3 (2004) ; Ronald C. Kessler et autres, « The Prevalence and Effects of Adult Attention Deficit/Hyperactivity Disorder on Work Performance in a Nationally Representative Sample of Workers », *Journal of Occupational and Environmental Medicine* 47, nº 6 (2005) ; S. Mannuzza et autres, « Educational Achievement, Occupational Rank, and Psychiatric Status », *Archives of General Psychiatry* 50 (1993).

2. Joseph Biederman, « Attention-Deficit/Hyperactivity Disorder : A Selective Overview », *Biological Psychiatry* 57 (2005). L'échec scolaire est l'un des symptômes les plus courants du TDAH, mais il y a une forte probabilité que la personne présente aussi des problèmes relationnels pendant l'enfance, un abus d'alcool ou de drogue pendant l'adolescence et à l'âge adulte, et de fréquents changements d'emploi à l'âge adulte.

3. Thomas E. Brown, « DSM IV : ADHD and Executive Function Impairments », *Advanced Studies in Medicine* 2, nº 25 (2002). Plutôt que d'un simple trouble d'attention, Thomas Brown, directeur associé de la Yale Clinic for Attention and Related Disorders, croit que le TDAH est une absence de coordination de diverses habiletés cognitives, dont la capacité de décider quand entreprendre des tâches et y mettre fin, et d'en déterminer la priorité. Il compare la personne qui a un TDAH à un orchestre d'excellents musiciens sans chef pour les organiser et créer un son d'ensemble.

4. American Psychiatric Association, *Manuel diagnostique et statistique des troubles mentaux*, 4e édition, Paris, Masson, 1996.

Il est difficile de déterminer l'ampleur de la déficience causée par les symptômes du TDAH. Selon des études citées par Joseph Biederman et Stephen Faraone dans un article paru en 2005 dans *The Lancet*, si le dépistage se fait dans la population générale, la prévalence du trouble est supérieure à 16 % aux États-Unis, en Allemagne et en Australie (trois pays où de vastes études épidémiologiques ont été menées). Si l'on resserre les critères du diagnostic en ne retenant que les cas où les symptômes perturbent la vie quotidienne, le taux chute à 6,8 %, ce qui demeure tout de même assez élevé. Mais la question ne se limite pas aux chiffres. Les enfants, qui sont incapables de contrôler leur environnement, risquent davantage d'être handicapés par leurs symptômes, et c'est là une des raisons qui expliquent le plus grand nombre de diagnostics chez les enfants que chez les adultes. Les adultes qui ont des habiletés et des ressources compensatoires peuvent organiser leur environnement de manière à réduire les répercussions de leurs symptômes et, ce faisant, à en être moins affectés.

5. Ronald C. Kessler et autres, « The Prevalence and Correlates of Adult ADHD in the United States : Results from the National Comorbidity Survey Replication », *American Journal of Psychiatry*, (2004) ; Timothy E. Wilens, Stephen V. Faraone et Joseph Biederman, « Attention Deficit/Hyperactivity Disorder in Adults », *Journal of the American Medical Association* 292, n° 5 (2004).

6. Joseph Biederman et autres, « Influence of Gender on Attention Deficit Hyperactivity Disorder in Children Referred to a Psychiatric Clinic », *American Journal of Psychiatry* 159, n° 1 (2002) ; Ronald C. Kessler et autres, « The Epidemiology of Major Depressive Disorder : Results from the National Comorbidity Survey Replication (NCS-R) », *Journal of the American Medical Association* 289, n° 23 (2003).

7. G. F. Still, « The Coulstonian Lectures on Some Abnormal Physical Conditions in Children », *The Lancet* 1 (1902).

8. William Shakespeare, *Les Drames historiques et les Poèmes lyriques*. Nouvelle traduction française, par Pierre Messian. Paris, Desclée de Brouwer, 1944, 923.

9. Carl G. Jung, *Man and His Symbols*, Garden City (N.Y.), Doubleday, 1964 ; Paul Radin, *The Trickster : A Study in American Indian Mythology*, New York, Schocken, 1956.

10. Un petit échantillon d'ouvrages qui mettent en doute la véracité du trouble : Thomas Armstrong, *The Myth of the ADD Child*, New York, Dutton, 1995 ; Peter Breggin, *Toxic Psychiatry*, Irvine (Calif.), Griffin, 1994 ; J. Reichenberg-Ullman et Robert Ull man, *Ritalin Free Kids*, Rocklin (Calif.), Prima, 1996.

11. Hershel Jick, James A. Kaye et Corri Black, « Incidence and Prevalence of Drug-Treated Attention Deficit Disorder among Boys in the U.K. », *British Journal of General Practice* 54, 502 (2004).

12. Cordelia Rayner, « The ADHD Dilemma for Parents », BBC News Online ; voir http ://news.bbc.co.uk/go/pr/fr/-/2/hi/uk_news/education/6071216.stm (2006).

13. Florence Levy, David A. Hay et Kellie S. Bennett, « Genetics of Attention Deficit Hyperactivity Disorder : A Current Review and Future Prospects », *International Journal of Disability, Development and Education* 53, n° 1 (2006).

14. M. Clikeman Semrud et autres, « Attention-Deficit Hyperactivity Disorder : Magnetic Resonance Imaging Morphometric Analysis of the Corpus Callosum », *Journal of American Academy of Child and Adolescent Psychiatry* 33, n° 6 (1994).

15. F. X. Castellanos, « Approaching a Scientific Understanding of What Happens in the Brain in ADHD », *Attention* 4, n° 1 (1997), 30-43 ; A.J. Zametkin et J. L. Rapoport, « Neurobiology of Attention Deficit Disorder with Hyperactivity : Where Have We Come in 50 Years », *Journal of American Academic Child and Adolescent Psychiatry* 26 (1987), 676–686.

16. Michael Rutter, *Genes and Behavior : Nature-Nurture Interplay Explai ned*, Malden (Mass.), Blackwell, 2006.

17. S. V. Faraone, Joseph Biederman et D. Friedman, « Validity of DSM-IV Subtypes of Attention-Deficit/Hyperactivity Disorder : A Family Study Perspective », *Journal of the American Academy of Child and Adolescent Psychiatry* 39 (2000) ; Jeannette Wasser-

stein, Lorraine E. Wolf et Frank F. Lefever, édit. « Adult Attention Deficit Disorder : Brain Mechanisms and Life Outcomes », *Annals of the New York Academy of Sciences* 931, New York, New York Academy of Sciences, 2001.

18. Biederman, « Attention-Deficit/Hyperactivity Disorder : A Selective Overview » ; Levy, Hay et Bennett, « Genetics of Attention Deficit Hyperactivity Disorder : A Current Review and Future Prospects » ; Rutter, *Genes and Behavior : Nature-Nurture Interplay Explained.*

19. Benedict Carey, « Living on Impulse », *The New York Times* (4 avril 2006).

20. Lois Gilman, « ADD in the Corner Office », Additudemag.com (2004) ; Chris Wood-yard, « Jet Blue Soars on CEO's Creativity », *USA Today* (8 octobre 2002).

21. Kessler et autres, « The Prevalence and Correlates of Adult ADHD in the United States ».

22. Thomas Dohmen et autres, « Individual Risk Attitudes : New Evidence from a Large Representative Experimentally Validated Survey », Bonn, Institute for the Study of Labor, 2005.

23. Lynn Cherkas et autres, « Is the Tendency to Engage in Self-Employment Genetic ? », London Business School, 2006.

24. Paul Orfalea et Ann Marsh, *Copy This ! Lessons from a Hyperactive Dyslexic Who Turned a Bright Idea into One of America's Best Companies*, New York, Workman Pub-lishing, 2005.

25. R. Ochse, *Before the Gates of Excellence : The Determinants of Creative Genius*, New York, Cambridge University Press, 1990 ; Simonton, *Greatness : Who Makes History and Why.*

26. William James, « Great Men, Great Thoughts, and the Environment », *Atlantic Monthly* 1880, cité dans Simonton, 1994.

27. D. Goleman et P. Kaufman, « The Art of Creativity », *Psychology Today* (mars 1992) ; D. Goleman, P. Kaufman et Michael Ray, *The Creative Spirit*, New York, Dutton, 1992.

28. Cecile A. Marczinski, « Self-Report of ADHD Symptoms in College Students and Repetition Effects », *Journal of Attention Disorders* 8, n° 4 (2005).

29. Gabrielle Weiss et Lily Trokenberg Hechtman, *Hyperactive Children Grown Up*, 2e éd., New York, Guilford, 1993, 147.

30. Lynne Lamberg, « ADHD Often Undiagnosed in Adults : Appropriate Treatment May Benefit Work, Family, Social Life », *Journal of the American Medical Association* 290, n° 12 (2003).

31. Weiss et Hechtman, *Hyperactive Children Grown Up*, 2e éd.

32. Les chiffres pour les enfants sont de Biederman et autres, « Influence of Gender on Attention Deficit Hyperactivity Disorder in Children Referred to a Psychiatric Clinic ». Ceux des adultes se rapprochent de l'estimation (60 % hommes et 40 % femmes) fournie par la spécialiste canadienne du TDAH, la Dre Margaret Weiss, lors d'une entrevue téléphonique (18 novembre 2005).

33. Joseph Biederman et autres, « Absence of Gender Effects on Attention Deficit Hyperactivity Disorder : Findings in Nonreferred Subjects », *American Journal of Psychiatry* 162, n° 6 (2005). Une enquête épidémiologique réalisée auprès de 9 282 adultes américains dans la population générale par un groupe de recherche associé à Ronald Kessler (Harvard Medical School) et au NIMH a établi que 62 % des personnes présentant un TDAH étaient des hommes et 38 %, des femmes. Kessler et autres, « The Prevalence and Effects of Adult Attention Deficit/Hyperactivity Disorder on Work Performance in a Nationally Representative Sample of Workers » ; Kessler et autres, « The Prevalence and Correlates of Adult ADHD in the United States ». Results from the National Comorbidity Survey Replication.

34. Joseph Biederman et autres, « Gender Effects on Attention Deficit/Hyperactivity Disorder in Adults, Revisited », Biological Psychiatry 55 (2004) ; Biederman et autres, « Absence of Gender Effects on Attention Deficit Hyperactivity Disorder » ; Biederman et autres, « Influence of Gender on Attention Deficit Hyperactivity Disorder in Children Referred to a Psychiatric Clinic ».

Conclusion : Les choses ne sont pas ce qu'elles semblent être

1. Fratiglioni, Paillard-Borg et Winblad, « An Active and Socially Integrated Lifestyle in Late Life Might Protect against Dementia » ; Fratiglioni et autres, « Influence of Social Network on Occurrence of Dementia : A Community Based Longitudinal Study » ; C. Schwartz, J. B. Meisenhelder, Y. Ma et G. Reed, « Altruistic Social Interest Behaviors Are Associated with Better Mental Health », *Psychosomatic Medicine* 65, n° 5 (2003), 778–785.

2. Hakim, *Work-Lifestyle Choices in the 21st Century*. Goldin, « From the Valley to the Summit : The Quiet Revolution That Transformed Women's Employment, Education, and Family ».

3. Des travaux réalisés par Andrew Beveridge, démographe et sociologue au Queen's College (New York), ont montré que, dans de nombreux centres urbains, les femmes de moins de 30 ans gagnent jusqu'à 120 % de plus que les hommes. Sam Roberts, « Young Earners in Big City, a Gap in Women's Favor », *The New York Times* (3 août 2007).

4. Dans *Off-Ramps and On-Ramps*, Sylvia Ann Hewlett décrit les difficultés qu'éprouvent de nombreuses « décrocheuses » qui retournent sur le marché du travail. Selon ses enquêtes, 93 % des femmes ayant décroché veulent retrouver un emploi rémunéré, mais seulement 74 % réussissent et 40 % retournent travailler à temps plein, dans des emplois réguliers. Les 24 % restantes finissent dans des emplois à temps partiel ou cherchent du travail à leur compte. Sylvia Ann Hewlett, *Off-Ramps and on-Ramps : Keeping Talented Women on the Road to Success*, Boston, Harvard Business School Press, 2007.

5. David Maister, *True Professionalism : The Courage to Care About Your People, Your Clients, and Your Career*, New York, Touchstone, 1997.

6. Pour en savoir plus sur les bourses octroyées aux filles et aux femmes, voir le site de Research on Gender in Science and Engineering (GSE), à http://www.nsf.gov/ funding/pgm_summ.jsp?pims_id=5475&org=NSF&sel_org= NSF&from=fund. Depuis 1993, GSE a réservé 10 millions de dollars par année pour l'enseignement des sciences et de l'ingénierie aux filles de la maternelle à la fin du secondaire. Une somme additionnelle de 20 millions de dollars par année a été affectée en 2001 à la promotion des femmes dans les carrières en science et en génie, par l'intermédiaire du programme ADVANCE (Increasing the Participation and Advancement of Women in Academic Science and Engineering Careers; voir http://www.nsf.gov/funding/ pgm_summ.jsp ?pims_id= 5383&from=fund.)

7. Judith Kleinfeld, « The Morella Bill, My Daughter Rachel, and the Advancement of Women in Science », *Academic Questions* 12, n° 1 (1999); Lynette Long, *Math Smarts: Tips, Tricks, and Secrets for Making Math More Fun!* American Girl Library, Middleton (Wis.), Pleasant, 2004.

Bibliographie

ABRAMSON, Jill, et Barbara FRANKLIN. *Where Are They Now: The Story of the Women of Harvard Law*, New York, Doubleday, 1986.

ABRAMSON, L. Y., Martin E. P. SELIGMAN, et J. TEASDALE. « Learned Helplessness in Humans », *Journal of Abnormal Psychology* 87, 1978, p. 49-74.

ALPER, Joe. « The Pipeline Is Leaking Women All the Way Along », *Science* 260, 1993, p. 409-411.

ALTMAN, Lawrence K. « Her Job: Helping Save the World from Bird Flu », *The New York Times*, 9 août 2005.

AMERICAN INSTITUTE OF PHYSICS. « Percentages of Physics Degrees Awarded to Women in Selected Countries, 1997 and 1998 (2 Year Averages) », International Study of Women in Physics, 2001.

AMERICAN PSYCHIATRIC ASSOCIATION. *Manuel diagnostique et statistique des troubles mentaux*, 4ᵉ éd., Paris, Masson, 1996.

ANDERSON, K. G. « Gender Bias and Special Education Referrals », *Annals of Dyslexia* 47, 1997, p. 151-162.

ASHER, Jules. 2006. *Gene Linked to Autism in Families with More Than One Affected Child*, National Institute of Mental Health, http://www.nimh.nih.govc/press /autism metgene.cfm (consulté le 18 octobre 2006).

BABCOCK, Linda, et Sara LASCHEVER. *Women Don't Ask: Negotiation and the Gender Divide*, Princeton, N.J.; Princeton University Press, 2003.

BAERLOCHER, Mark O., et Allan S. DETSKY. « Are Applicants to Canadian Residency Programs Rejected Because of Their Sex?, » *Canadian Medical Association Journal* 173, nᵒ 12, 2005.

BAIDER, Lea. « Gender Disparities and Cancer », Communication présentée à l'American Society of Clinical Oncology, Orlando, Fla., mai 2005.

BARINAGA, Marcia. « Surprises across the Cultural Divide », *Science* 263, 1994.

BARKLEY, Russell A., et autres. « The Persistence of Attention Deficit/Hyperactivity Disorder into Young Adulthood as a Function of Reporting Source and Definition of the Disorder », *Journal of Abnormal Psychology* 111, 2002, p. 279-289.

BARON-COHEN, Simon. « Autism Occurs More Often in Families of Physicists, Engineers and Mathematicians », *Autism* 2, 1998, p. 296-301.

BARON-COHEN, Simon. *Mindblindness: An Essay on Autism and Theory of Mind*, Cambridge, Massachusetts, MIT Press, Bradford Books, 1995.

BARON-COHEN, Simon. « Sex Differences in Mind: Keeping Science Distinct from Social Policy », dans *Why Aren't More Women in Science?*, édit. Stephen J. CECI et Christine L. WILLIAMS, Washington, D.C., American Psychological Association, 2007.

BARON-COHEN, Simon. *The Essential Difference: The Truth About the Male and Female Brain*, New York, Basic Books, 2003.

BARON-COHEN, Simon. « Is There a Link between Engineering and Autism? » *Autism* 1, 1997, p. 153-163.

BARON-COHEN, Simon. « Two New Theories of Autism: Hyper-Systemising and Assortative Mating », *Archives of Disease in Childhood* 91, 2006, p. 2-5.

BARON-COHEN, Simon, Svetlana LUTCHMAYA, et Rebecca KNICKMEYER. *Prenatal Testosterone in Mind: Amniotic Fluid Studies*, Cambridge, Massachusetts, MIT Press, 2004.

BARON-COHEN, Simon, et Sally WHEELWRIGHT. « The Empathy Quotient: An Investigation of Adults with Asperger Syndrome or High Functioning Autism and Normal Sex Differences », *Journal of Austism and Developmental Disorders* 34, n° 2, 2004, p. 163-175.

BARON-COHEN, Simon, Sally WHEELWRIGHT, Valerie STONE, et Melissa RUTHERFORD. « A Mathematician, a Physicist and a Computer Scientist with Asperger Syndrome: Performance on Folk Psychology and Folk Physics Tests », *Neurocase* 5, 1999, p. 475-483.

BARR, Cathy L., et Jillian M. COUTO. « Molecular Genetics of Reading », dans *Single Word Reading: Cognitive, Behavioral and Biological Perspectives*, édit. E. L. GRIGORENKO et A. NAPLES, Mahwah, N.J., Lawrence Erlbaum Associates, sous presse.

BARTELS, Andreas, et Semir ZEKI. « The Neural Correlates of Maternal and Romantic Love », *Neuroimage* 21, 2004, p. 1155-1166.

BARTKY, Sandra Lee. « Feeding Egos and Tending Wounds: Deference and Disaffection in Women's Emotional Labour », dans *Femininity and Domination: Studies in Teh Phenomenology of Oppression*. New York, Routledge, 1990, p. 99-119.

BAUM, Sandy, et Eban GOODSTEIN. « Gender Imbalance in College Applications: Does It Lead to a Preference for Men in the Admissions Process? », *Economics of Education Review* 24, n° 6, 2005, p. 611-704.

BAUMEISTER, Roy, et autres. « Does High Self-Esteem Cause Better Performance, Interpersonal Success, Happiness, or Healthier Lifestyles? », *Psychological Science in the Public Interest* 4, n° 1, 2003.

BAUMEISTER, Roy, Laura SMART, et Joseph M. BODEN. « Relation of Threatened Egotism to Violence and Aggression: The Dark Side of Self-Esteem », *Psychological Review* 103, n° 1, 1996, p. 5-33.

BAUMEISTER, Roy, et K. L. SOMMER. « What Do Men Want? Gender Differences in Two Spheres of Belongingness: Comment on Cross and Madson », *Psychological Bulletin* 122, 1997, p. 38-44.

BAUZA, Margarita. « Boys Fall behind Girls in Grades », *The Detroit News*, 9 janvier 2005.

BAZELON, Emily. « What Are Autistic Girls Made Of? », *The New York Times Magazine*, 5 août 2007.

BEAR, Harold, Frances LOVEJOY, et Ann DANIEL. « How Working Parents Cope with the Care of Sick Young Children », *Australian Journal of Early Childhood* 28, n° 4, 2003, p. 53-57.

BECK, A. T. « Cognitive Models of Depression », *Journal of Cognitive Psychotherapy: An International Quarterly* 1, n° 5-37, 1987.

BECKER, S. W., et Alice EAGLY. « The Heroism of Women and Men », *American Psychologist* 59, 2004, p. 163-178.

BELLE, D. « Gender Differences in the Social Moderators of Stress », *Gender and Stress*, édit., R. C. BARNETT, L. BIENER, et G. K. BARUCH, 257-77, New York, Free Press, 1987.

BENBOW, Persson Camilla, et autres. « Sex Differences in Mathematical Reasoning Ability at Age 13: Their Status 20 Years Later », *Psychological Science* 11, n° 6, 2000, p. 474-480.

BENBOW, Persson Camilla, et Julian STANLEY. « Sex Differences in Mathematical Ability: Fact or Artifact? », *Science* 210, 1980, p. 1262-1264.

BENBOW, Persson Camilla, et Julian STANLEY. « Sex Differences in Mathematical Reasoning Ability: More Facts », *Science* 222, 1983, p. 1029-1031.

BENNETT, Drake. « The Evolutionary Revolutionary », *Boston Globe*, 27 mars 2005.

BERENBAUM, Sheri A., et Susan M. RESNICK. « Early Androgen Effects on Aggression in Children and Adults with Congenital Adrenal Hyperplasia », *Psychoneuroendocrinology* 22, 1997, p. 505-515.

BERENBAUM, Sheri A., et Susan M. RESNICK. « The Seeds of Career Choices: Prenatal Sex Hormone Effects on Psychological Sex Differences », *Why Aren't More Women in Science?*, édit. Stephen J. CECI et Wendy M. WILLIAMS, 147-57, Washington, D.C., American Psychological Association, 2007.

BERLINER, Wendy. « Where Have All the Young Men Gone? », *The Guardian*, 18 mai 2004.

BERTRAND, Marianne, et Kevin F. HALLOCK. « The Gender Gap in Top Corporate Jobs », *Industrial and Labor Relations Review* 55, 2001, p. 3-21.

BIEDERMAN, Joseph. « Attention-Deficit/Hyperactivity Disorder: A Selective Overview », *Biological Psychiatry* 57, 2005, p. 1215-1220.

BIEDERMAN, Joseph. « Impact of Comorbidity in Adults with Attention Deficit/Hyperactivity Disorder », *Journal of Clinical Psychiatry* 65, n° 3, 2004, p. 3-7.

BIEDERMAN, Joseph, et autres. « Absence of Gender Effects on Attention Deficit/Hyperactivity Disorder: Findings in Nonreferred Subjects », *American Journal of Psychiatry* 162, n° 6, 2005, p. 1083-1089.

BIEDERMAN, Joseph, et S. V. FARAONE. « Attention Deficit Hyperactivity Disorder », *Lancet* 366, 2005, p. 237-248.

BIEDERMAN, Joseph, et autres. « Gender Effects on Attention Deficit/Hyperactivity Disorder in Adults, Revisited », *Biological Psychiatry* 55, 2004, p. 692-700.

BIEDERMAN, Joseph, et autres. « Influence of Gender on Attention Deficit Hyperactivity Disorder in Children Referred to a Psychiatric Clinic », *American Journal of Psychiatry* 159, n° 1, 2002, p. 36-42.

BJORKQVIST, Kaj. « Sex Differences in Physical, Verbal and Indirect Aggression: A Review of Recent Research », *Sex Roles* 30, n° 314, 1994.

BLAKESLEE, Sandra. « Focus Narrows in Search for Autism's Cause », *The New York Times*, 8 février 2005.

BLUM, Deborah. *Sex on the Brain*, New York, Penguin, 1997.

BOKEMEIER, J., et P. BLANTON. « Job Values, Rewards and Work Conditions as Factors in Job Satisfaction among Men and Women », *Sociological Quarterly* 28, 1986, p. 189-204.

BOLTON, P., et autres. « A Case-Control Family History Study of Autism », *Journal of Child Psychology and Psychiatry* 35, n° 5, 1994, p. 877-900.

BOWLES, Hannah Riley, Linda BABCOCK, et Lei LAI. 2005. « It Depends Who Is Asking and Who You Ask: Social Incentives for Sex Differences in the Propensity to Initiate Negotiation », Social Science Research Network, http://ssrn.com/abstract= 779506 (consulté en 2005).

BRIBIESCAS, Richard G. *Men: Evolutionary and Life History*, Cambridge, Massachusetts, Harvard University Press, 2006.

BRITZ, Jennifer Delahunty. « To All the Girls I've Rejected », *The New York Times*, 23 mars 2006.

BRIZENDINE, Louann. *The Female Brain*, New York, Morgan Road, 2006.

BRODY, Jane E. « Easing the Trauma for the Tiniest in Intensive Care », *The New York Times*, 27 juin 2006.

BRODY, Jane E. « For Babies, an Ounce Can Alter Quality of Life », *The New York Times*, 1er octobre 1991.

BROOKS, David. « All Politics Are Thymotic », *The New York Times*, 16 mars 2006.

BROPHY, J. E., et T. L. GOOD. « Teachers' Communication of Differential Expectations for Children's Classroom Performance: Some Behavioral Data », *Journal of Educational Psychology* 61, 1970, p. 365-374.

BROTHWOOD, M., et autres. « Prognosis of the Very Low Birthweight Baby in Relation to Gender », *Archives of Disease in Childhood* 61, 1986, p. 559-564.

BROWN, Thomas E. « DSM IV: ADHD and Executive Function Impairments », *Advanced Studies in Medicine* 2, n° 25, 2002, p. 910-914.

BROWNE, Kingsley R. *Biology at Work: Rethinking Sexual Equality*, New Brunswick, N.J., Rutgers University Press, 2002.

BROWNE, Kingsley R. « Evolved Sex Differences and Occupational Segregation », *Journal of Organizational Behavior* 26, 2005, p. 1-20.

BROWNE, Kingsley R. « Women in Science: Biological Factors Should Not Be Ignored », *Cardozo Women's Law Journal* 11, 2005, p. 509-528.

BRYSON, Bill. *The Life and Times of the Thunderbolt Kid*, Toronto, Doubleday, 2006.

BRYSON, Bill. *Une histoire de tout, ou presque...*, Paris, Payot & Rivages, 2007.

BUFORD, Bill. *Chaud brûlant. Les aventures d'un amateur gastronome en esclave de cuisine, chef de partie, fabricant de pâtes fraîches et apprenti chez un boucher toscan, amoureux de Dante*, Paris, C. Bourgeois, 2007.

BURBANK, V. « Female Aggression in Cross-Cultural Perpsective », *Behavior Science Research* 21, 1987, p. 70-100.

BURKE, Ronald J., et Carol A. McKEEN. « Gender Effects in Mentoring Relationships », *Journal of Social Behavior and Personality* 11, n° 5, 1996, p. 91-105.

BUSS, David M. « Sex Differences in Human Mate Preferences: Evolutionary Hypothesis Tested in 37 Cultures », *Behavioral and Brain Sciences* 12, 1989, p. 1-49.

BUSS, David M., et autres. « A Half Century of Mate Preferences: The Cultural Evolution of Values », *Journal of Marriage and Family* 63, 2001, p. 491-503.

BYRNES, James P., David C. MILLER, et William SHAFER, D. « Gender Differences in Risk Taking: A Meta-Analysis », *Psychological Bulletin* 125, n° 3, 1999, p. 367-383.

CAMPBELL, Anne. *A Mind of Her Own: The Evolutionary Psychology of Women*, Oxford, R.-U., Oxford University Press, 2002.

CAMPBELL, R., et autres. « The Classification of 'Fear' from Faces Is Associated with Face Recognition Skill in Women », *Neuropsychologia* 40, 2002, p. 575-584.

CARDON, L. R., et autres. « Quantitative Trait Locus for Reading Disability on Chromosome 6 », *Science* 266, 1994, p. 276-279.

CAREY, Benedict. « Living on Impulse », *The New York Times*, 4 avril 2006.

CAREY, Benedict. « Message from Mouse to Mouse: I Feel Your Pain », *The New York Times*, 4 juillet 2006.

CARLO, Gustavo, et autres. « Sociocognitive and Behavioral Correlates of a Measure of Prosocial Tendencies for Adolescents », *Journal of Early Adolescence* 23, 2003, p. 107-134.

CARTER, Sue C. « Developmental Consequences of Oxytocin », *Physiology and Behavior* 79, 2003, p. 383-397.

CARTER, Sue C. « Monogamy, Motherhood and Health », *Altruism and Health*, édit., Stephen G. POST. New York, Oxford University Press, 2007.

CASHDAN, Elizabeth. « Are Men More Competitive Than Women? », *British Journal of Social Psychology* 37, 1998, p. 213-229.

CASHDAN, Elizabeth. « Hormones and Competitive Aggression in Women », *Aggressive Behavior* 29, 2003, p. 107-115.

CASHDAN, Elizabeth. « Hormones, Sex and Status in Women », *Hormones and Behavior* 29, 1995, 354-366.

CASTELLANOS, F. X. « Approaching a Scientific Understanding of What Happens in the Brain in ADHD », *Attention* 4, n° 1, 1997, p. 30-43.

CHANG, Kenneth. « Journeys to the Distant Fields of Prime », *The New York Times*, 13 mars 2007.

CHANG, Kenneth. « Women in Physics Match Men in Success », *The New York Times*, 22 février 2005.

CHAPMAN, Emma, et autres. « Fetal Testosterone and Empathy: Evidence from the Empathy Quotient (Eq) and the "Reading the Mind in the Eyes" Test », 2006.

CHARLESWORTH, William R., et Claire DZUR. « Gender Comparisons of Preschoolers' Behavior and Resource Utilization in Group Problem-Solving », *Child Development* 58, n° 1, 1987, p. 191-200.

CHENG, Yawen, et autres. « Association between Psychosocial Work Characteristics and Health Functioning in American Women », *British Medical Journal* 320, 2000, p. 1432-1436.

CHERKAS, Lynn, et autres. « Is the Tendency to Engage in Self-Employment Genetic? », *London Business School*, 2006.

CHIU, Charlotte. « Do Professional Women Have Lower Job Satisfaction Than Professional Men? Lawyers as a Case Study », *Sex Roles: A Journal of Research*, avril 1998.

CHRISTENSEN, J., et autres. « Gender Differences in Epilepsy », *Epilepsia* 46, n° 6, 2005, p. 956-960.

CHRISTMAS, Brian. « Half of British Fathers Not Taking Full Paternity Leave », *Globe and Mail*, 2 août 2006.

CLANCE, Pauline Rose, et Suzanne Ament IMES. « The Imposter Phenomenon in High-Achieving Women: Dynamics and Therapeutic Intervention », *Psychotherapy: Theory, Research and Practice* 15, n° 3, 1978.

COLE, Jonathan R., et Harriet ZUCKERMAN. « The Productivity Puzzle: Persistence and Change in Patterns of Publication of Men and Women Scientists », *Advances in Motivation and Achievement* 2, 1984, p. 217-258.

CONEY, J. « Lateral Asymmetry in Phonological Processing: Relating Behavioral Measures to Neuroimaged Structures », *Brain and Language* 80, 2002, p. 355-365.

CONLEY, Kevin. « The Players », *New Yorker*, 11 et 18 juillet 2005, p. 52-58.

CONNELLAN, Jennifer, et autres. « Sex Differences in Human Neonatal Social Perception », *Infant Behavior and Development* 23, 2000, p. 113-118.

CÔTÉ, S., et autres. « The Development of Impulsivity, Fearfulness and Helpfulness during Chidhood: Patterns of Consistency and Change in the Trajectories of Boys and Girls », *Journal of Child Psychology and Psychiatry* 43, 2002, p. 609-618.

COUPLAND, Douglas. *Terry*, Toronto, Douglas & McIntyre, 2005.

CRESWELL, Julie. « How Suite It Isn't: A Dearth of Female Bosses », *The New York Times*, 17 décembre 2006.

CRITCHLEY, Macdonald. *The Dyslexic Child*, Springfield, Ill., Charles C. Thomas, 1970.

DABBS, James McBride, et Mary Godwin DABBS. *Heroes, Rogues and Lovers: Testosterone and Behavior*, New York, McGraw-Hill, 2000.

DALY, Martin, et Margo WILSON. *Homicide*, New York, Aldine de Gruyter, 1988.

DALY, Martin, et Margo WILSON. *Sex, Evolution, and Behavior*, 2e éd., Boston, Willard Grant, 1983.

DE VRIES, A. C., et autres. « Stress Has Sexually Dimorphic Effects on Pair Bonding in Prairie Voles », *Proceedings of the National Academy of Science* 93, 1996, p. 11980-11984.

DEAN, Cornelia. « Computer Science Takes Steps to Bring Women to the Fold », *The New York Times*, 17 avril 2007.

DEARY, Ian J., et autres. « Population Sex Differences in IQ at Age 11: The Scottish Mental Survey 1932 », *Intelligence* 31, 2003, p. 533-542.

DeFRIES, J. C., Maricela ALARCON, et Richard K. OLSON. « Genetic Aetiologies of Reading and Spelling Deficits: Developmental Differences », *Dyslexia: Biology, Cognition and Intervention*, édit., Charles HULME, et Margaret SNOWLING. San Diego, Singular, 1997.

DELEIRE, Thomas, et Helen LEVY. « Gender, Occupation Choice and the Risk of Death at Work », National Bureau of Economic Research, 2001. de Waal, Frans. *Our Inner Ape*, New York, Riverhead, 2005.

DINOVITZER, Ronit. « After the J.D.: First Results of a National Study of Legal Careers », The NALP Foundation for Law Career Research and Education and the American Bar Foundation, 2004.

DOBBS, David. « The Gregarious Brain », The New York Times, 8 juillet 2007.

DOBSON, Roger. « If You Don't Understand Women's Emotions, You Must Be a Man », Independent on Sunday, 5 juin 2005.

DOHMEN, Thomas, et autres. « Individual Risk Attitudes: New Evidence from a Large Representative Experimentally Validated Survey », Bonn, Institute for the Study of Labor, 2005.

DOMES, Gregor, et autres. « Oxytocin Improves 'Mind-Reading' in Humans », Biological Psychiatry, 2006.

DOMINUS, Susan. « A Girly-Girl Joins the Sesame Boys », The New York Times, 6 août 2006.

DUCKWORTH, Angela Lee, et Martin E. P. SELIGMAN. « Self-Discipline Gives Girls the Edge: Gender in Self-Discipline, Grades and Achievement Test Scores », Journal of Educational Psychology 98, n° 1, 2006.

DUNNING, David, Chip Heath, et Jerry SULS. « Flawed Self-Assessment », Psychological Science in the Public Interest 5, n° 3, 2004, p. 69-106.

DWECK, Carol S., et Ellen S. BUSH. « Sex Differences in Learned Helplessness », Developmental Psychology 12, n° 2, 1976, p. 147-156.

EAGLY, Alice, et M. CROWLEY. « Gender and Helping Behavior: A Meta-analytic Review of the Social Psychological Literature », Psychological Bulletin 100, 1986, p. 283-308.

EAGLY, Alice, et S. J. KARAU. « Gender and the Emergence of Leaders: A Meta-analysis », Journal of Personality and Social Psychology 60, 1991, p. 685-710.

EAGLY, Alice H., Wendy WOOD, et Mary C. JOHANNESEN SCHMIDT. « Social Role Theory of Sex Differences and Similarities: Implications for the Partner Preferences of Women and Men », The Psychology of Gender, 2ᵉ éd., édit. Alice EAGLY, Anne E. BEALL et Robert J. STERNBERG, 269-91, New York, Guilford, 2004.

EHRLINGER, Joyce, et David DUNNING. « How Chronic Self-Views Influence (and Potentially Mislead) Estimates of Performance », Journal of Personality and Social Psychology 84, n° 1, 2003, p. 5-17.

EISENBERG, Nancy, et autres. « The Relations of Empathy-Related Emotions and Maternal Practices to Children's Comforting Behavior », Journal of Experimental Child Psychology 55, 1993, p. 131-150.

EISENBERG, Nancy, et autres. « Personality and Socialization Correlates of Vicarious Emotional Responding », Journal of Personality and Social Psychology 61, n° 3, 1991, p. 459-470.

EISENBERG, Nancy, Richard FABES, A., et Tracy L. SPINARD. « Prosocial Development », Handbook of Child Psychology: Social, Emotional and Personality Development, édit. William DAMON, Richard LERNER et Nancy EISENBERG, Hoboken, N.J., John Wiley & Sons, 2006.

ERWIN, R. J., et autres. « Facial Emotion Discrimination », Psychiatry Research 42, n° 3, 1992, p. 231-240.

ETCOFF, Nancy. *Survival of the Prettiest: The Science of Beauty*, New York, Doubleday, 1999.

EVANS, John J. « Oxytocin in the Human: Regulation of Derivations and Destinations », *European Journal of Endocrinology* 137, 1997, p. 559-571.

FADIMAN, Anne. *The Spirit Catches You and You Fall Down*, New York, Noonday, 1997.

FARAONE, S. V., Joseph Biederman, et D. FRIEDMAN. « Validity of DSM-IV Subtypes of Attention-Deficit/Hyperactivity Disorder: A Family Study Perspective », *Journal of the American Academy of Child and Adolescent Psychiatry* 39, 2000, p. 469-476.

FEINGOLD, Alan. « Gender Differences in Personality: A Meta-analysis », *Psychological Bulletin* 116, n° 3, 1994, p. 429-56.

FELDBERG, R., et E. GLENN. « Male and Female: Job Versus Gender Models in Sociology of Work », *Women and Work*, édit. R. KAHN-HUT, A. DANIELS et R. COLVARD, 65-80, Oxford, R.-U., Oxford University Press, 1982.

FELDMAN, E., et autres. « Gender Differences in the Severity of Adult Familial Dyslexia », *Reading and Writing* 7, n° 2, 1995, p. 155-161.

FEMINIST RESEARCH CENTER. « Empowering Women in Business. » *Feminist Majority Foundation*, http://www.feminist.org/research/business/ewb_toc.html, 2007 (consulté le 30 mars 2007).

FINK, Rosalie. « Gender and Imagination: Gender Conceptualization and Literacy Development in Successful Adults with Reading Disabilities », *Learning Disabilities* 10, n° 3, 2000, p. 183-196.

FINK, Rosalie. « Literacy Development in Successful Men and Women with Dyslexia », *Annals of Dyslexia* 48, 1998, p. 311-346.

FINK, Rosalie. « Successful Careers: The Secrets of Adults with Dyslexia », *Career Planning and Adult Development Journal*, printemps 2002, p. 118-129.

FINUCCI, J. M., et B. CHILDS. « Are There Really More Dyslexic Boys Than Girls? », *Sex Differences in Dyslexia*, édit. A. ANSARA, N. GESCHWIND, A. M. GALABURDA et M. GARTRELL, Towson, Md., Orton Dyslexia Society, 1981.

FISHER, Helen. *The First Sex*, New York, Ballantine Books, 1999.

FRANKENHAEUSER, Marianne. « Challenge-Control Interaction as Reflected in Sympathetic-Adrenal and Pituitary-Adrenal Activity: Comparison between the Sexes », *Scandinavian Journal of Psychology* 23, n° 1, 1982, p. 158-164.

FRANKENHAEUSER, Marianne, et autres. « Sex Differences in Psychoneuroendocrine Reactions to Examination Stress », *Psychosomatic Medicine* 40, n° 4, 1978, p. 334-342.

FRATIGLIONI, L., S. PAILLARD-BORG, et B. WINBLAD. « An Active and Socially Integrated Lifestyle in Late Life Might Protect against Dementia », *Lancet Neurology*, 2004, p. 343-353.

FRATIGLIONI, L., et autres. « Influence of Social Network on Occurrence of Dementia: A Community Based Longitudinal Study », *Lancet* 355, n° 9212, 2004, p. 1315-1319.

FRITH, Uta. *Autism: Explaining the Enigma*, Cambridge, Massachusetts, Blackwell, 1989.

FRITH, Uta. « Brain, Mind, et Behavior in Dyslexia », *Dyslexia: Biology, Cognition and Intervention*, édit. Charles HULME et Margaret SNOWLING, San Diego, Singular Publishing Group, 1997.

FRITH, Uta, et Faraneh VARGHA-KHADEM. « Are There Sex Differences in the Brain Basis of Literacy Related Skills? Evidence from Reading and Spelling Impairments after Early Unilateral Brain Damage », *Neuropsychologia* 39, 2001, p. 1485-1488.

GABIS, Lidia, John POMEROY, et Mary R. ANDRIOLA. « Autism and Epilepsy: Cause, Consequence, Comorbidity, or Coincidence? », *Epilepsy & Behavior* 7, 2005, p. 652-56.

GALABURDA, A. M. *Dyslexia and Development: Neurobiological Aspects of Extraordinary Brains*, Cambridge, Massachusetts, Harvard University Press, 1993.

GALABURDA, A. M., et autres. « From Genes to Behavior in Developmental Dyslexia », *Nature Neuroscience* 9, n° 10, 2006, p. 1213-1217.

GALABURDA, A. M., et autres. « Developmental Dyslexia: Four Consecutive Cases with Cortical Abnormalities », *Annals of Neurology* 18, 1985, p. 222-233.

GARCIA-ROMERO, Rocio. « Prejudice against Women in Male Congenial Environments: Perceptions of Gender Role Congruity in Leadership », *Sex Roles* 55, 2006, p. 51-61.

GARIBALDI, Gerry. « How the Schools Shortchange Boys: In the Newly Feminized Classroom, Boys Tune Out », *City Journal*, 2006.

GATI, I., S. H. Osipow, et M. GIVON. « Gender Differences in Career Decision-Making: The Content and Structure of Preferences », *Journal of Counseling Psychology* 42, 1995, p. 204-216.

GEARY, David, C. *Male, Female: The Evolution of Human Sex Differences*, Washington, D.C., American Psychological Association, 1998.

GERHARD, Sonnert, et Gerald HOLTON. « Career Patterns of Women and Men in the Sciences », *American Scientist* 84, n° 1, 1996, p. 63-79.

GERSTEIN, Josh. « Kenyon's Policy against Women Stirs a Debate », *New York Sun*, 28 mars 2006.

GHAZIUDDIN, Mohammad. « A Family History of Asperger Syndrome », *Journal of Autism and Developmental Disorders* 35, n° 2, 2005, p. 177-182.

GILGER, Jeffrey W., George W. HYND, et Mike WILKINS. « Neurodevelopmental Variation as a Framework for Thinking About the Twice Exceptional ». Sous presse, 2007.

GILLIGAN, Carol. *Une si grande différence*, Paris, Flammarion, 1980.

GILMAN, Lois. « Add in the Corner Office », *Additudemag.com*, 2004.

GINGRAS, Y., et Jeffrey BOWLBY. « The Costs of Dropping Out of High School », Ottawa, Développement des ressources humaines Canada, 2000.

GIRGUS, Joan S., et Susan NOLEN-HOEKSEMA. « Cognition and Depression », *Women and Depression*, édit. Corey L. M. KEYES et Sherryl H. GOODMAN, New York, Cambridge University Press, 2006.

GJONCA, Arjan, Cecilia TOMASSINI, et James W. VAUPEL. « Male-Female Differences in Mortality in the Developed World », Max-Planck Institute for Demographic Research, 1999.

GLADWELL, Malcolm. « The Sporting Scene », *New Yorker*, 10 septembre 2001.

GLASS, Thomas, et autres. « Population-Based Study of Social and Productive Activities as Predictors of Survival among Elderly Americans », *British Medical Journal*, 1999.

GNEEZY, Uri, et Aldo RUSTICHINI. « Gender and Competition at a Young Age », *American Economic Review* 94, n° 2, 2004, p. 377-384.

GOLDENFELD, Nigel, Simon BARON-COHEN, et Sally WHEELWRIGHT. « Empathizing and Systemizing in Males, Females and Autism », *Clinical Neuropsychiatry* 2, n° 6, 2005.

GOLDIN, Claudia. « From the Valley to the Summit: The Quiet Revolution That Transformed Women's Employment, Education and Family », American Economic Association Meeting, Boston, 2004.

GOLDIN, Claudia. *Understanding the Gender Gap: An Economic History of American Women*, New York, Oxford University Press, 1990.

GOLDIN, Claudia, Lawrence F. KATZ, et Ilyana KUZIEMKO. « The Homecoming of American College Women: The Reversal of the College Gender Gap », Cambridge, Massachusetts, National Bureau of Economic Research, 2006.

GOLDSTEIN, Jill M., David N. KENNEDY, et V. S. CAVINESS. « Brain Development, Xi, Sexual Dimorphism », *American Journal of Psychiatry* 156, n° 3, 1999, p. 352.

GOLEMAN, D., et P. Kaufman. « The Art of Creativity », *Psychology Today*, mars 1992.

GOLEMAN, D., P. KAUFMAN, et Michael RAY. *The Creative Spirit*, New York, Dutton, 1992.

GOODMAN, Allegra. *Intuition*, Paris, Seuil, 2008.

GOODMAN, Ellen. « Of Pensions and Pacifiers », *The Gazette*, 26 janvier 2005.

GROSS, Jane. « Forget the Career: My Parents Need Me at Home », *The New York Times*, 24 novembre 2005.

GROUZET, Frederick M. E., et autres. « Goal Contents across Cultures », *Journal of Personality and Social Psychology* 89, 2005.

GUR, Ruben C., et Raquel E. GUR. « Neural Substrates for Sex Differences in Cognition », *Why Aren't More Women in Science?*, édit. Stephen J. CECI et Wendy M. WILLIAMS, 189-98, Washington, D.C., American Psychological Association, 2007.

HACK, Maureen, et autres. « Growth of Very Low Birthweight Infants to Age 20 Years », *Pediatrics* 112, n° 1, 2003, p. e30-e38.

HADAMARD, J. *The Psychology of Invention in the Mathematical Field*, Princeton, N.J., Princeton University Press, 1949.

HAGAN, John, et Fiona KAY. *Gender in Practice: A Study in Lawyers' Lives*, New York, Oxford University Press, 1995.

HAKIM, Catherine. « A New Approach to Explaining Fertility Patterns: Preference Theory », *Population and Development Review* 29, n° 3, 2003.

HAKIM, Catherine. *Work-Lifestyle Choices in the 21st Century*, New York, Oxford University Press, 2000.

HALL, Geoffry B. C., et autres. « Sex Differences in Functional Activation Patterns Revealed by Increased Emotion Processing Demands », *Neuroreport* 15, n° 2, 2004, p. 219-223.

HALL, J. A. *Nonverbal Sex Differences*, Baltimore, Johns Hopkins University Press, 1985.

HALPERN, Diane F. *Sex Differences in Cognitive Abilities*, Mahwah, N.J., Lawrence Erlbaum Associates, 2000.

HAMBY, Vickie. « The Trickster », http://www.create.org/myth/trick/htm, 1996 (consulté le 21 novembre 2005).

HAMPSON, Sarah. « Fonda Contradictions », Globe and Mail, 23 avril 2005.

HARRINGTON, Mona. Women Lawyers: Rewriting the Rules, New York, Plume, 1995.

HARVEY, Joan C., et Cynthia KATZ. If I'm So Successful, Why Do I Feel Like a Fake? The Imposter Phenomenon, New York, St. Martin's Press, 1985.

HAVILAND, Sara Beth. « Job Satisfaction and the Gender Paradox: An International Perspective », Communication présentée à l'American Sociological Association, 16 août 2004.

HEDGES, L. V., et A. NOWELL. « Sex Differences in Mental Test Scores, Variability and Numbers of High-Scoring Individuals », Science 269, 1995, p. 41 45.

HELFAT, C. E., D. HARRIS, et P. J. WOLFSON. « The Pipeline to the Top: Women and Men in the Top Executive Ranks of U.S. Corporations », Academiy of Management Perspectives, 2006.

HERMAN, Rebecca. « Sex and Preanatal Hormone Exposure Affect Cognitive Performance », Hormones and Behavior. Sous presse, 2007.

HEWLETT, Sylvia Ann. « Extreme Jobs: The Dangerous Allure of the 70-Hour Workweek », Harvard Business Review, décembre 2006, p. 49-58.

HEWLETT, Sylvia Ann. Off-Ramps and on-Ramps: Keeping Talented Women on the Road to Success, Boston, Harvard Business School Press, 2007.

HEWLETT, Sylvia Ann. « Women and the New 'Extreme' Jobs », Boston Globe, 2 décembre 2006.

HIGHFIELD, Roger, et Paul CARTER. The Private Lives of Albert Einstein, New York, St. Martin's Press, 1993.

HIRSHMAN, Linda. « Homeward Bound », American Prospect Online, 2005.

HOFF SUMMERS, Christina. « The War against Boys », Atlantic Monthly, mai 2000.

HOFF SUMMERS, Christina. The War against Boys, New York, Simon & Schuster, 2000.

HOFFMAN, M. L. « Sex Differences in Empathy and Related Behaviors », Psychological Bulletin 84, 1977, p. 712-722.

HRDY, Sarah Blaffer. Mother Nature: Maternal Instincts and How They Shape the Human Species, New York, Random House, 1999.

HUTTENLOCHER, J., et autres. « Early Vocabulary Growth: Relation to Language Input and Gender », Developmental Psychology 27, 1991, p. 236-248.

HYDE, Janet S. « Gender Differences in Aggression », The Psychology of Gender, édit., J. S. HYDE, et M. C. LINN. Baltimore, Johns Hopkins University Press, 1986.

HYND, George W., et Jennifer R. HIEMENZ. « Dyslexia and Gyral Morphology Variation », Dyslexia: Biology, Cognition and Intervention, édit. Charles HULME et Margaret SNOWLING, San Diego, Singular, 1997.

JAMES, William. « Great Men, Great Thoughts and the Environment », The Atlantic Monthly, 1880, p. 441-459.

JANOWSKI, Jeri S. « Thinking with Your Gonads: Testosterone and Cognition », Trends in Cognitive Sciences 20, n° 20, 2005.

JENCKS, Christopher. *Inequality: Who Gets Ahead? The Determinants of Economic Success in America*, New York, Basic, 1979.

JICK, Hershel, James A. KAYE, et Corri BLACK. « Incidence and Prevalence of Drug-Treated Attention Deficit Disorder among Boys in the UK », *British Journal of General Practice* 54, n° 502, 2004, p. 345-347.

JOBS, Steve. « You've Got to Find the Job You Love », *Stanford Report*, 14 juin 2005.

JONAH, Brian A. « Accident Risk and Risk-Taking Behavior among Young Drivers », *Accident Analysis and Prevention* 18, 1986, p. 255-271.

JOSEPHS, R. A., H. R. MARKUS, et R. W. TAFARODI. « Gender and Self-Esteem », *Journal of Personality and Social Psychology* 63, 1992, p. 391-402.

JUNG, Carl G. *Man and His Symbols*, Garden City, New York, Doubleday, 1964.

KANAZAWA, Satoshi. « Why Productivity Fades with Age: The Crime-Genius Connection », *Journal of Research in Personality* 37, 2003, p. 257-272.

KARNASIEWICZ, Sarah. « The Campus Crusade for Guys », *Salon*, 15 février 2006.

KAY, Fiona. « Flight from Law: A Competing Risks Model of Departures from Law Firms », *Law Society Review* 31, n° 2, 1997, p. 301-335.

KAY, Fiona, et Joan BROCKMAN. « Barriers to Gender Equality in the Canadian Legal Establishment », *Feminist Legal Studies*, 2000, p. 169-198.

KAY, Fiona, et John HAGAN. « Raising the Bar: The Gender Stratification of Law-Firm Capital », *American Sociological Review* 63, 1998, p. 728-743.

KESSLER, Ronald C. « The Epidemiology of Depression among Women », *Women and Depression*, édit., Corey L. M. KEYES, et Sherryl H. GOODMAN, New York, Cambridge University Press, 2006.

KESSLER, Ronald C., et autres. « The Prevalence and Correlates of Adult ADHD in the United States: Results from the National Comorbidity Survey Replication », *American Journal of Psychiatry*, 2004.

KESSLER, Ronald C., et autres. « The Prevalence and Effects of Adult Attention Deficit/Hyperactivity Disorder on Work Performance in a Nationally Representative Sample of Workers », *Journal of Occupational and Environmental Medicine* 47, n° 6, 2005.

KESSLER, Ronald C., et autres. « The Epidemiology of Major Depressive Disorder: Results from the National Comorbidity Survey Replication (NCS-R) », *Journal of the American Medical Association* 289, n° 23, 2003, p. 3095-3105.

KESSLER, Ronald C., et autres. « Prevalence, Severity and Comorbidity of Twelve-Month DSMIV Disorders in the National Comorbidity Survey Replication (NCS-R) », *Archives of General Psychiatry* 62, n° 6, 2005, p. 617-627.

KESSLER, Ronald C., et Jane D. MCLEOD. « Sex Differences in Vulnerability to Undesirable Life Events », *American Sociological Review* 49, n° 5, 1984, p. 620-631.

KESSLER-HARRIS, Alice. *Out to Work: A History of Wage-Earning Women in the United States*, New York, Oxford University Press, 2003.

KESTERTON, Michael. « What Her Think Now? », *Globe and Mail*, 9 juin 2005.

KIM, Sangmook. « Gender Differences in the Job Satisfaction of Public Employees », *Sex Roles*, 2005.

KIMURA, Doreen. *Sex and Cognition*, Cambridge, Massachusetts, MIT Press, 2000.

KIMURA, Doreen. « Sex Hormones Influence Human Cognitive Pattern », *Neuroendocrinology Letters* 23, n° 4, 2002, p. 67-77.

KINSLEY, Craig Howard, et Kelly G. LAMBERT. « The Maternal Brain », *Scientific American*, janvier 2006, p. 72-77.

KIRSCH, Peter, et autres. « Oxytocin Modulates Neural Circuitry for Social Cognition and Fear in Humans », *Journal of Neuroscience* 25, n° 49, 2005, p. 11489-11493.

KLEINFELD, Judith. « The Morella Bill, My Daughter Rachel and the Advancement of Women in Science », *Academic Questions* 12, n° 1, 1999, p. 79-86.

KLEINFELD, Judith. « Student Performance: Males Versus Females », *Public Interest* 134, 1999, p. 3-20.

KLINESMITH, Jennifer, Tim KASSER, et Francis McANDREW. « Guns, Testosterone and Aggression: An Experimental Test of a Mediational Hypothesis », *Psychological Science* 17, n° 7, 2006, p. 568.

KNICKMEYER, Rebecca, et autres. « Foetal Testosterone, Social Relationships and Restricted Interests in Children », *Journal of Child Psychology and Psychiatry* 46, n° 2, 2005, p. 198-210.

KOESTNER, R., C. Franz, et J. WEINBERGER. « The Family Origins of Empathic Concern: A 26-Year Longitudinal Study », *Journal of Personality and Social Psychology* 58, 1990, p. 709-717.

KOLATA, Gina. « Man's World, Woman's World? Brain Studies Point to Differences », *The New York Times*, 28 février 1995, C1.

KORSZUN, Ania, Margaret ALTEMUS, et Elizabeth YOUNG. « The Biological Underpinnings of Depression », *Women and Depression*, édit. Corey L. M. KEYES et Sherryl H. GOODMAN, New York, Cambridge University Press, 2006.

KRAEMER, Sebastian. « The Fragile Male », *British Medical Journal* 321, 2000, 1609-12.

KRUGER, Daniel J., et Randolph M. NESSE. « An Evolutionary Life-History Framework for Understanding Sex Differences in Human Mortality Rates », *Human Nature* 17, n° 1, 2006, p. 74-97.

KRUGER, Daniel J., et Randolph M. NESSE. « Sexual Selection and the Male: Female Mortality Ratio », *Evolutionary Psychology*, n° 2, 2004, p. 66-85.

KRUPAT, Edward. « Female Medical Students More Patient-Centered », *International Journal of Psychiatry in Medicine*, 1999.

KUZIEMKO, Ilyana. « The Right Books, for Boys and Girls », *The New York Times*, 14 juin 2006.

LAGERSPETZ, K. M. J., K. BJORKQVIST, et T. PELTONEN. « Is Indirect Aggression Typical of Females? Gender Differences in Aggressiveness in 11-12-Year-Old Children », *Aggressive Behavior* 14, 1988, p. 303-315.

LAMBERG, Lynne. « ADHD Often Undiagnosed in Adults: Appropriate Treatment May Benefit Work, Family, Social Life », *Journal of the American Medical Association* 290, n° 12, 2003.

LAWRENCE, E. J., et autres. « Measuring Empathy: Reliability and Validity of the Empathy Quotient », *Psychological Medicine* 34, 2004, p. 911-924.

LAYARD, Richard. *Happiness: Lessons from a New Science*, Londres, Penguin, 2005.

LENNON, Mary Clare. « Women, Work and Depression », *Women and Depression*, édit. Corey L. M. KEYES et Sherryl H. GOODMAN, 309-27, New York, Cambridge University Press, 2006.

LEVINE, Phyllis, et Eugene EDGAR. « An Analysis by Gender of Long-Term Postschool Outcomes for Youth with and without Disabilities », *Exceptional Children* 61, n° 3, 1994, p. 282-301.

LEVY, Florence, David A. HAY, et Kellie S. BENNETT. « Genetics of Attention Deficit/Hyperactivity Disorder: A Current Review and Future Prospects », *International Journal of Disability, Development and Education* 53, n° 1, 2006.

LEVY, J., et W. HELLER. « Gender Differences in Human Neuropsychological Function », *Sexual Differentiation: Handbook of Behavioral Neurobiology*, édit. A. A. GERALL, M. HOWARD et I. L. WARD, New York, Plenum, 1992.

LIGHT, Paul C. « The Content of the Nonprofit Workforce », *Nonprofit Quarterly* 9, n° 3, 2002.

LONG, Lynette. *Math Smarts: Tips, Tricks and Secrets for Making Math More Fun!* American Girl Library, Middleton, Wis., Pleasant, 2004.

LUBINSKI, David. « Top 1 in 10,000: A 10-Year Follow-up of the Profoundly Gifted », *Journal of Applied Psychology* 86, 2001, p. 718.

LUBINSKI, David S., et Camilla Persson Benbow. *Sex Differences in Personal Attributes for the Development of Scientific Expertise*, édit. Stephen J. CECI et Wendy M. WILLIAMS, *Why Aren't More Women in Science?*, Washington, D.C., American Psychological Association, 2007.

LUCKOW, A., A. REIFMAN, et D. N. McINTOSH. « Gender Differences in Coping: A Meta-analysis », Communication présentée à la convention annuelle de l'American Psychological Association, San Francisco, août 1998.

LUTCHMAYA, Svetlana, et Simon BARON-COHEN. « Human Sex Differences in Social and Non-Social Looking Preferences, at 12 Months of Age », *Infant Behavior and Development* 25, 2002, 319-25.

MACCOBY, Eleanor Emmons. *The Two Sexes: Growing Apart, Coming Together*, Cambridge, Massachusetts, University Press, Belknap Press, 1998.

MACCOBY, Eleanor Emmons, et Carol Nagy JACKLIN. *The Psychology of Sex Differences*, Stanford, Californie, Stanford University Press, 1974.

MACDONALD, Heather. « Girl Problems », *National Review Online*, 5 juillet 2005.

MACLEAN, Heather, K. GLYNN, et D. ANSARA. « Multiple Roles and Women' Mental Health in Canada », *Women's Health Surveillance Report*, Toronto, Centre for Research in Women's Health, 2003.

MAILLOUX, Louise, Heather HORAK, et Colette GODIN. « Motivation at the Margins: Gender Issues in the Canadian Voluntary Sector », Ressources humaines et Développement social Canada, Secrétariat de l'initiative sur le secteur bénévole, 2002.

MAISTER, David. *True Professionalism: The Courage to Care About Your People, Your Clients and Your Career*, New York, Touchstone, 1997.

MAKIN, Kirk. « Female Lawyers Hiding Illness to Remain Competitive », *Globe and Mail*, 15 août 2007.

MALATESTA, C. Z., et J. J. HAVILAND. « The Development of Sex Differences in Nonverbal Signals: Fallacies, Facts and Fantasies », dans *Gender and Nonverbal Behavior*, édit. C. MAYO et N. M. HENLEY, 183-208, New York, Springer-Verlag, 1981.

MANGENA, Isaac. « Soweto Youths on Wrong Track as Train Surfers Die Having Fun », *The Gazette*, 26 novembre 2006.

MANNUZZA, S., et autres. « Educational Achievement, Occupational Rank and Psychiatric Status », *Archives of General Psychiatry* 50, 1993, p. 565-576.

MARCZINSKI, Cecile A. « Self-Report of ADHD Symptoms in College Students and Repetition Effects », *Journal of Attention Disorders* 8, n° 4, 2005, 182-187.

MARLOW, Neil, et autres. « Neurologic and Developmental Disability at Six Years of Age after Extremely Preterm Birth », *New England Journal of Medicine* 352, n° 1, 2005, p. 9-19.

MARSHALL, Nancy L., et Rosalind C. BARNETT. « Child Care, Division of Labor and Parental Emotional Well-Being among Two-Earner Couples », Sloan Work and Family Research Network, 1992.

MARTINEZ, Sylvia. « Women's Intrinsic and Extrinsic Motivations for Working », *Being Together, Working Apart*, édit. Barbara SCHNEIDER et Linda J. WAITE, p. 79-101, Cambridge, Royaume-Uni, Cambridge University Press, 2005.

MASON, Gary. « Marathon Man », *Globe and Mail*, 2 avril 2005.

MASON, Mary Ann, et Marc GOULDEN. « Marriage and Baby Blues: Redefining Gender Equity in the Academy », *Annals of the American Academy of Political and Social Science* 596, 2004, p. 86-103.

MATJASKO, Jennifer, et Amy FELDMAN. « Emotional Transmission between Parents and Adolescents: The Importance of Work Characteristics and Relationship Quality », *Being Together, Working Apart*, édit. Barbara SCHNEIDER et Linda J. WAITE, Cambridge, Royaume-Uni, Cambridge University Press, 2005.

MATTHEWS, Gail M. « Imposter Phenomenon: Attributions for Success and Failure », Communication présentée à l'American Psychological Association, Toronto, 1984.

MATTSON, B. J., et autres. « Comparison of Two Positive Reinforcing Stimuli: Pups and Cocaine throughout the Postpartum Period », *Behavioral Neuroscience* 115, 2001, p. 683-94.

MAZUR, Allan. *Biosociology of Dominance and Deference*, Oxford, Royaume-Uni, Rowman & Littlefield, 2005.

MAZUR, Allan, et Alan BOOTH. « Testosterone and Dominance in Men », *Behavioral and Brain Sciences*, 2001.

McCLURE, G. « Changes in Suicide in England and Wales, 1960-1997 », *British Journal of Psychiatry* 176, 2000, p. 247-262.

McCRORY, E. J., et autres. « More Than Words: A Common Neural Basis for Reading and Naming Deficits in Developmental Dyslexia? » *Brain* 128, 2005, p. 261-267.

McILROY, Anne. « Why Do Females Feel More Pain Than Males Do? » *Globe and Mail*, 23 octobre 2006.

McMUNN, et autres. « Life Course Social Roles and Women's Health in Midlife: Causation or Selection », *Journal of Epidemiology and Community Health* 60, n° 6, 2006, p. 484-489.

McRAE, S. « Constraints and Choices in Mothers' Employment Careers: A Consideration of Hakim's Preference Theory », *British Journal of Sociology* 54, 2003, p. 317-338.

MEALEY, Linda. *Sex Differences: Developmental and Evolutionary Strategies*, San Diego, Academic, 2000.

MEJIAS-APONTE, C. A., C. A. Jimenez-Rivera, et A. C. SEGARRA. « Sex Differences in Models of Temporal Lobe Epilepsy: Role of Testosterone », *Brain Research* 944, n°s 1-2, 2002.

MENAND, Louis. « Stand by Your Man: The Strange Liason of Sartre and Beauvoir », *New Yorker*, 26 septembre 2005.

MILES, T. R., M. N. HASLUM, et T. J. WHEELER. « Gender Ratio in Dyslexia », *Annals of Dyslexia* 48, 1998, p. 27-56.

MIROWSKY, J., et C. E. ROSS. « Sex Differences in Distress: Real or Artifact? » *American Sociological Review* 60, 1995, p. 449-468.

MITTELSTAEDT, Martin. « The Mystery of the Missing Boys », *Globe and Mail*, 11 avril 2007.

MOEN, Phyllis, et Joyce ALTOBELLI. *Strategic Selection as a Retirement Project*, édit. Jacqulyn Boone JAMES et Paul WINK, vol. 26, *The Crown of Life: Dynamics of the Early Postretirement Period, Annual Review of Gerontology and Geriatrics*, New York, Springer, 2006.

MOGIL, Jeffrey S., et Mona Lisa CHANDA. « The Case for the Inclusion of Female Subjects in Basic Science Studies of Pain », *Pain* 117, 2005, p. 1-5.

MOLLOY, Tim. « Woman's Rampage Leaves Six Dead in the U.S », *Globe and Mail*, 1er février 2006.

MONTMARQUETTE, Claude, Kathy CANNINGS, et Sophie MAHSEREDJIAN. « How Do Young People Choose College Majors? », *Economics of Education Review* 21, 2002, p. 543-556.

MOORHEAD, Joanna. « For Decades We've Been Told Sweden Is a Great Place to Be a Working Parent, but We've Been Duped », *The Guardian*, 22 septembre 2004.

MORROW, Daniel. « Oral history interview with Steve Jobs », *Smithsonian Institution Oral and Video Histories*, édit. J. Thomas CAMPANELLA, 1995, http://americanhistory.si.edu/collections/comphist/sj1.html (consulté le 26 avril 2006).

MORSE, Steven B. « Racial and Gender Differences in the Viability of Extremely Low Birthweight Infants: A Population-Based Study », *Pediatrics* 117, n° 1, 2006.

MORSELLI, Carlo, et Marie-Noele ROYER. « Criminal Mobility and Criminal Achievement », Communication présentée à la Enviromental Criminology and Crime Analysis Meeting, Chilliwack, C.-B., 26 juillet 2006.

MORSELLI, Carlo, et Pierre TREMBLAY. « Criminal Achievement, Offender Networks and the Benefits of Low Self-Control », *Criminology* 42, n° 3, 2004.

MORSELLI, Carlo, Pierre TREMBLAY, et Bill McCARTHY. « Mentors and Criminal Achievement », *Criminology* 11, n° 1, 2006, p. 17-33.

MORTENSON, Tom. « What's Wrong with the Guys », Washington, D.C., Pell Institute for the Study of Opportunity in Higher Education, 2003.

MULLER, Carol B., et Peg Boyle SINGLE. « Benefits for Women Students from Industrial E-Mentoring », Communication présentée à la conférence annuelle de l'American Society for Engineering, 2001.

NAGIN, Daniel, et Richard E. TREMBLAY. « Trajectories of Boys' Physical Aggression, Opposition and Hyperactivity on the Path to Physically Violent and Nonviolent Juvenile Delinquency », Child Development 70, n° 5, 1999, p. 1181-1196.

NIEDERLE, Muriel, et Lise VESTERLUND. « Do Women Shy Away from Competition? Do Men Compete Too Much? », Quaterly Journal of Economics, 2006.

NOLEN, Stephanie. « Maggy's Children », Globe and Mail, 15 mai 2006.

NOLEN-HOEKSEMA, Susan, et B. JACKSON. « Mediators of the Gender Differences in Rumination », Psychology of Women Quaterly 25, 2001, p. 37-47.

NOLEN-HOEKSEMA, Susan, J. Larson, et C. GRAYSON. « Explaining the Gender Difference in Depression », Journal of Personality and Social Psychology 77, 1999, p. 1061-1072.

NOLEN-HOEKSEMA, Susan, et Cheryl RUSTING. « Gender Differences in Well-Being », Well-Being: The Foundations of Hedonic Psychology, édit. D. KAHNEMAN, Ed DIENER et N. SCHWARZ, New York, Russell Sage Foundation, 1999.

NORTHCUTT, Wendy. The Darwin Awards: Evolution in Action, New York, Plume, 2002.

NORTHCUTT, Wendy. The Darwin Awards: Unnatural Selection, New York, Plume, 2003.

NORTHCUTT, Wendy. The Darwin Awards: Survival of the Fittest, New York, Plume, 2004.

OCHSE, R. Before the Gates of Excellence: The Determinants of Creative Genius, New York, Cambridge University Press, 1990.

OECD. « Gender Differences in the Eighth-Grade Performance on the IEA Timss Scale », IEA Trends in International Mathematics and Science Study 2003, 2005.

OLWEUS, Daniel. « Bullying at School: Long-Term Outcomes for the Victims and an Effective School-Based Intervention Program », Aggressive Behavior: Current Perspectives, édit. R. HUESMANN, New York, Plenum Press, 1994.

OLWEUS, Daniel, B. J. MATTSON, et H. LOW. « Circulating Testosterone Levels and Aggression in Adolescent Males: A Causal Analysis », Psychosomatic Medicine 50, 1988, p. 262-272.

ORFALEA, Paul, et Ann MARSH. Copy This! Lessons from a Hyperactive Dyslexic Who Turned a Bright Idea into One of America's Best Companies, New York, Workman, 2005.

OROZCO, S., et C. L. EHLERS. « Gender Differences in Electrophysiological Responses to Facial Stimuli », Biological Psychiatry 44, 1998, p. 281-289.

OSTWALD, Peter F. Glenn Gould. Extase et tragédie d'un génie, Arles, Actes Sud, 2003.

PALLIER, Gerry. « Gender Differences in The Self-Assessment of Accuracy on Cognitive Tasks », Sex Roles 48, n°s 5-6, 2003, p. 265-276.

PAULESU, E., et autres. « Dyslexia: Cultural Diversity and Biological Unity », Science 291, 2001, p. 2165-2167.

PAUMGARTEN, Nick. « The Tycoon: The Making of Mort Zuckerman », *New Yorker*, 23 juillet 2007, p. 44-57.

PHELAN, J. « The Paradox of the Contented Female Worker: An Assessment of Alternative Explanations », *Social Psychology Quarterly* 57, 1994, p. 95-107.

PINKER, Steven. *Comment fonctionne l'esprit*, Paris, Odile Jacob, 2000.

PINKER, Steven. *Comprendre la nature humaine*, Paris, Odile Jacob, 2005.

PINKER, Susan. « Looking out for Number One », *Globe and Mail*, 4 avril 2007.

PINKER, Susan. « Women Naturally Tend and Befriend », *Globe and Mail*, 20 septembre 2006.

POMERANTZ, Eva M., et autres. « Gender Socialization: A Parent X Child Model », *The Psychology of Gender*, édit. Alice EAGLY, Anne E. BEALL et Robert J. STERNBERG, New York, Guilford, 2004.

PORTER, Eduardo. « Stretched to the Limit, Women Stall March to Work », *The New York Times*, 2 mars 2006.

PRESTON, Anne. « Why Have All the Women Gone? A Study of Exit of Women from the Science and Engineering Professions », *American Economic Review* 84, n° 5, 1994, p. 1446-62.

PRESTON, Stephanie D., et Frans B. M. DE WAAL. « Empathy: Its Ultimate and Proximate Bases », *Behavior and Brain Sciences* 25, 2002, p. 1-72.

PTACEK, J. T., R. E. SMITH, et J. ZANAS. « Gender, Appraisal and Coping: A Longitudinal Analysis », *Journal of Personality* 60, 1992, p. 747-770.

PUGH, K. R., et autres. « Cerebral Organization of Component Process in Reading », *Brain* 119, 1996, p. 1221-1238.

PURIFOY, Frances E., et Lambert H. KOOPMANS. « Androstenedione, Testosterone and Free Testosterone Concentration in Women of Various Occupations », *Social Biology* 26, n° 1, 1979, p. 179-188.

RABIN, Roni. « Health Disparities Persist for Men and Doctors Ask Why », *The New York Times*, 14 novembre 2006.

RADIN, Paul. *The Trickster: A Study in American Indian Mythology*, New York, Schocken Books, 1956.

RAGINS, Belle Rose. « Understanding Diversified Mentoring Relationships », *Mentoring and Diversity: An International Perspective*, édit. D. CLUTTERBUCK et B. RAGINS, p. 23-53, Oxford, Royaume-Uni, Butterworth-Heinemann, 2002.

RAYNER, Cordelia. « The ADHD Dilemma for Parents », 2006.

REED, Cheryl L. « Few Women Warm to Chef Life », *Chicago Sun Times*, 29 janvier 2006.

REISS, Allan, Helli KESLER, et Betty VOHR. « Sex Differences in Cerebral Volumes of 8-Year-Olds Born Preterm », *Pediatrics* 145, n°s 242-249, 2004.

RHOADS, Steven E. *Taking Sex Differences Seriously*, San Francisco, Encounter, 2004.

RICHARDSON, J. T. E. « Gender Differences in Imagery, Cognition and Memory », *Mental Images in Human Cognition*, édit. R. H. LOGIE et M. DENIS, p. 271-303, New York, Elsevier, 1991.

ROSE, Michael. « So Less Happy Too? Subjective Well-Being and the Vanishing Job Satisfaction Premium of British Women Employees », Communication présentée à la conférence annuelle de la Social Policy Association, 27 juin 2005.

ROTH, Louise Marie. *Selling Women Short: Gender and Money on Wall Street*, Princeton, N.J., Princeton University Press, 2006.

ROUVALIS, Christina. « Risk-Taking Can Be a Two-Faced Monster », *Pittsburgh Post-Gazette*, 14 juin 2006.

RUTTER, Michael. *Genes and Behavior: Nature-Nurture Interplay Explained*, Malden, Massachusetts, Blackwell, 2006.

SACKS, Oliver. « Henry Cavendish: An Early Case of Asperger's Syndrome? », *Neurology* 57, n° 7, 2001.

SAIGAL, Saroj, et autres. « Transition of Extremely Low Birthweight Infants from Adolescence to Young Adulthood », *Journal of the American Medical Association* 295, n° 6, 2006, p. 667-675.

SANDERS, Claire. « Women Law Lecturers Pay the Price for Their Freedom », *(London) Times Online*, 23 mai 2006.

SAUNDERS, Doug. « Britain's New Working Class Speaks Polish », *Globe and Mail*, 23 septembre 2006.

SAUNDERS, Ron. « Enthousiasme et motivation sous tension dans le secteur à but non lucratif », Réseaux canadiens de recherche en politiques publiques, 2005.

SCARBOROUGH, H. S. « Very Early Language Deficits in Dyslexic Children », *Child Development* 61, 1990, p. 1728-1743.

SCHOR, Juliet B. *The Overworked American: The Unexpected Decline of Leisure*, New York, Basic, 1992.

SCOURFIELD, J., et autres. « Heritability of Social Cognitive Skills in Children and Adolescents », *British Journal of Psychiatry* 175, 1999, p. 559-564.

SELIGMAN, Martin E. P., et autres. « Depressive Attributional Style », *Journal of Abnormal Psychology* 88, 1979, p. 242-247.

SEMRUD-CLIKEMAN, M., et autres. « Attention-Deficit Hyperactivity Disorder: Magnetic Resonance Imaging Morphometric Analysis of the Corpus Callosum », *Journal of American Academy of Child and Adolescent Psychiatry* 33, n° 6, 1994, p. 875-881.

SHAKESPEARE, William. *Les drames historiques et les poèmes lyriques*, Nouvelle traduction française par Pierre Messian, Paris, Declée de Brouwer, 1944.

SHAYWITZ, B. A., et autres. « Sex Differences in the Functional Organization of the Brain for Language », *Nature* 373, 1995, p. 607-609.

SHAYWITZ, Sally. *Overcoming Dyslexia*, New York, Vintage, 2003.

SHERRIFF, Lucy. « World's Cleverest Woman Needs a Job », *Register*, 5 novembre 2004.

SHIBLEY-HYDE, Janet. « Women in Science: Gender Similarities in Abilities and Sociocultural Forces », *Why Aren't More Women in Science?*, édit. Stephen J. CECI et Wendy M. WILLIAMS, Washington, D.C., American Psychological Association, 2007.

SHUKOVSKI, L., D. L. HEALY, et J. K. FINDLAY. « Circlating Immunotreactive Oxytocin during the Human Menstrual Cycle Comes from the Pituitary and Is Estradiol-Dependent », *Journal of Clinical Endocrinology and Metabolism* 68, 1989, p. 455-460.

SHUTT, Kathryn, et autres. « Grooming in Barbary Macaques: Better to Give Than to Receive? » *Biology Letters*, 2007.

SILBERMAN, Steve. « The Geek Syndrome », *Wired*, 2001.

SILVERMAN, Irwin. « Gender Differences in Delay of Gratification: A Meta-analysis », *Sex Roles* 49, n°s 9-10, 2003, p. 451-463.

SIMONTON, Dean Keith. *Greatness: Who Makes History and Why*, New York, Guilford, 1994.

SINGER, Tania, et autres. « Empathy for Pain Involves the Affective but Not the Sensory Components of Pain », *Science* 303, n° 5661, 2004, p. 1157-1162.

SINGER, Tania, et autres. « Empathic Neural Responses Are Modulated by the Perceived Fairness of Others », *Nature*, 2006.

SIOK, Wai Ting, et autres. « Biological Abnormality of Impaired Reading Is Constrained by Culture », *Nature* 431, 2004, p. 71-76.

SLOAN Wilson, David, et Mihaly CSIKSZENTMIHALYI. « Health and the Ecology of Altruism », *Altruism and Health*, édit. Stephen G. POST, New York, Oxford, 2007.

SLOANE, P., et H. WILLIAMS. « Are Overpaid Workers Really Unhappy? A Test of the Theory of Cognitive Dissonance », *Labour* 10, 1996, p. 3-15.

SNOWLING, Margaret. *Dyslexia*, Oxford, R.-U., Blackwell, 2000.

SNOWLING, Margaret, Alison GALLAGHER, et Uta FRITH. « Family Risk of Dyslexia Is Continuous: Individual Differences in the Precursors of Reading Skill », *Child Development* 74, n° 2, 2003, p. 358-373.

SOUSA-POZA, Alfonso. « Taking Another Look at the Gender/Job-Satisfaction Paradox », *Kyklos* 53, n° 2, 2000, p. 135-152.

STAHL, Jeanne M., et autres. « The Imposter Phenomenon in High School and College Science Majors », Communication présentée à l'American Psychological Association, Montréal, 1980.

STATISTIQUE CANADA. « The Gap in Achievement between Boys and Girls », *Education Matters*, http://www.statcan.ca/english/freepub/81-004-XIE/200410/mafe.htm, 2004 (consulté le 9 mars 2006).

STEIN, J. « The Magnocellular Theory of Developmental Dyslexia », *Dyslexia* 7, n° 1, 2001, p. 12-36.

STEVENSON, D. K., J. VERTER, et A. A. FANAROFF. « Sex Differences in Outcomes of Very Low Birthweight Infants: The Newborn Male Disadvantage », *Archives of Disease in Childhood* 83, novembre 2000, p. F182-F85.

STILL, G. F. « The Coulstonian Lectures on Some Abnormal Physical Conditions in Children », *Lancet* 1, 1902, p. 008-012.

STORY, Louise. « Many Women at Elite Colleges Set Career Path to Motherhood », *The New York Times*, 20 septembre 2005.

SUMMERS, Lawrence H. « Remarks at NBER on Diversifying the Science and Engineering Workforce », Communication présentée au National Bureau of Economic Research, Cambridge, Mass., 14 janvier 2005.

TAHA, Haitham. « Females' Superiority in Phonological and Lexical Processing », *Reading Matrix* 6, n° 2, 2006.

TAYLOR, Paul. « What's Nastier Than a Loser? A Winner », *Globe and Mail*, 1er avril 2005.

TAYLOR, Shelley E. *The Tending Instinct: How Nurturing Is Essential to Who We Are and How We Live*, New York, Henry Holt, 2002.

TAYLOR, Shelley E., et autres. « Biobehavioral Responses to Stress in Females: Tend-and-Befriend, Not Fight or Flight », *Psychological Review* 107, n° 3, 2000, p. 411-429.

TIGER, Lionel, et J. SHEPHER. *Women in the Kibbutz*, New York, Harcourt Brace Jovanovich, 1975.

TISCHLER, Linda. « Winning the Career Tournament », *Fast Company*, 2004.

TIWARI, Pranjal, et Aurelio ESTRADA. « Worse Than Commodities ». *ZNet*, 2002 (consulté en 2006).

TODOSIJEVIC, Bojan, Snezana LJUBINKOVIC, et Aleksandra ARANCIC. « Mate Selection Criteria: A Trait Desirability Assessment Study of Sex Differences in Serbia », *Evolutionary Psychology* 1, 2003, p. 116-126.

TOWNSEND, John Marshall. *What Women Want — What Men Want*, New York, Oxford University Press, 1998.

TREFFERT, Darold A., et Gregory L. WALLACE. « Islands of Genius », *Scientific American* 286, 2002.

TREMBLAY, Richard, et Daniel NAGIN. « The Developmental Origins of Physical Aggression in Humans », *Developmental Origins of Aggression*, édit. Richard TREMBLAY, Willard HARTUP et John ARCHER, 83-105, New York, Guilford, 2005.

TRIVERS, Robert L. « Parental Investment and Sexual Selection », *Sexual Selection and the Descent of Man* 1871-1971, édit. B. CAMBELL, p. 136-179, Chicago, Aldine, 1972.

TURNER, Rob. « In Learning Hurdles, Lessons for Success », *The New York Times*, 23 novembre 2003.

U.K. NATIONAL STATISTICS. « Injuries to Workers by Industry and Severity of Injury: Great Britain », 2004.

U.S. CENSUS BUREAU. « Population in Group Quarters by Type, Sex and Age for the United States: 2000 », 2000.

U.S. DEPARTMENT OF LABOR. « Labor Day 2006: Profile of the American Worker », 2006 (consulté le 4 septembre 2006).

VALIAN, Virginia. *Why So Slow? The Advancement of Women*, Cambridge, Massachusetts, MIT Press, 2000.

VALIAN, Virginia. « Women at the Top in Science — and Elsewhere », *Why Aren't More Women in Science?*, édit. Stephen J. CECI et Wendy M. WILLIAMS, Washington, D.C., American Psychological Association, 2007.

VAN GOOZEN, S., et autres. « Anger Proneness in Women: Development and Validation of the Anger Situation Questionnaire », *Aggressive Behavior* 20, 1994, p. 79-100.

VINNICOMBE, Susan, et Val SINGH. « Locks and Keys to the Boardroom », *Women in Management Review* 18, n° 5/6, 2003, p. 325-334.

VOGEL, S. A. « Gender Differences in Intelligence, Language, Visual-Motor Abilities and Academic Achievement in Students with Learning Disabilities: A Review of the Literature », *Learning Disabilities* 23, n° 1, 1990, p. 44-52.

VON KAROLYI, Catya. « Dyslexia and Visual-Spatial Talents: Are They Connected », *Students with Both Gifts and Learning Disabilities: Identification, Assessment and Outcomes*, édit. Tina M. NEWMAN et Robert J. STERNBERG, p. 95-115, New York, Kluwer Academic Plenum Publishers, 2004.

WADE, Nicholas. « Pas De Deux of Sexuality Is Written in the Genes », *The New York Times*, 10 avril 2007.

WAGEMAKER, H. « Are Girls Better Readers? Gender Differences in Reading Literacy in 32 Countries », *International Association for the Evaluation of Educational Achievement*, 1996.

WAGNER, Mary, et autres. « An Overview of Findings from Wave 2 of the National Longitudinal Transition Study-2 (Nlts2) », Washington, D.C., U.S. Department of Education, 2006.

WALTER, Natasha. « Prejudice and Evolution », *Prospect*, juin 2005.

WANG, Steve C. « In Search of Einstein's Genius », *Science* 289, n° 5484, 2000, p. 1477.

WASSERSTEIN, Jeannette, Wolf, E. LORRAINE, et Frank F. LEFEVER, éd. Adult Attention Deficit Disorder: Brain Mechanisms and Life Outcomes, *Annals of the New York Academy of Sciences*, vol. 931, New York, New York Academy of Sciences, 2001.

WEINBERGER, Catherine, édit. A *Labor Economist's Perspective on College-Educated Women in the Information Technology Workforce*, édit. Eileen M. TRAUTH, *Encyclopedia of Gender and Information*, Santa Barbara, California, Information Science, 2005.

WEISFELD, Carol Cronin. « Female Behavior in Mixed Sex Competition: A Review of the Literature », *Developmental Review* 6, 1986, p. 278-299.

WEISS, Gabrielle, et Lily Trokenberg HECHTMAN. *Hyperactive Children Grown Up*, 2e éd., New York, Guilford, 1993.

WERNER, Wendy. « Where Have All the Women Attorneys Gone? », *Law Practice Today*, 2005.

WHITMORE, Richard. « Boy Trouble », *New Republic Online*, 2006.

WILENS, Timothy E., Stephen V. FARAONE, et Joseph BIEDERMAN. « Attention Deficit/Hyperactivity Disorder in Adults », *Journal of the American Medical Association* 292, n° 5, 2004.

WILLINGHAM, W. W., et N. S. COLE. *Gender and Fair Assessment*, Mahwah, N.J., Lawrence Erlbaum Associates, 1997.

WILSON, Robin. « How Babies Alter Careers for Academics », *Chronicle of Higher Education*, 5 décembre 2003.

WITELSON, Sandra, F., I. I. GLEZER, et D. L. KIGAR. « Women Have Greater Density of Neurons in Posterior Temporal Cortex », *Journal of Neuroscience* 15, 1995, p. 3418-28.

WITELSON, Sandra, F., Debra L. KIGAR, et Thomas HARVEY. « The Exceptional Brain of Albert Einstein », *Lancet* 353, 1999.

WITTIG, M. A., et M. J. ALLEN. « Measurement of Adult Performance on Piaget's Water Horizontality Task », *Intelligence* 8, 1984, p. 305-313.

WOODYARD, Chris. « Jet Blue Soars on CEO's Creativity », *USA Today*, 8 octobre 2002.

WOOLF, Virginia. « Equality, Opportunity and Pay », *The Atlantic Monthly*, mai-juin 1938, 585-94, p. 750-759.

WYATT, S., et C. LANGRIDGE. *Getting to the Top in the National Health Service*, édit. S. LEDWITH et F. COLGAN, *Women in Organizations: Challenging Gender Politics*, Londres, Macmillan, 1996.

XIE, Yu, et Kimberlee SHAUMAN. *Women in Science: Career Processes and Outcomes*, Cambridge, Massachusetts, Harvard University Press, 2003.

YAMADORI, A. « Ideogram Reading in Alexia », *Brain* 98, 1975, p. 231-238.

ZADINA, J. N., et autres. « Heterogeneity of Dyslexia: Behavioral and Anatomical Differences in Dyslexia Subtypes ».

ZAHN-WAXLER, C., et autres. « Development of Concern for Others », *Developmental Psychology* 28, 1992, p. 126-136.

ZAMETKIN, A. J., et J. L. RAPOPORT. « Neurobiology of Attention Deficit Disorder with Hyperactivity: Where Have We Come in 50 Years? », *Journal of American Academic Child and Adolescent Psychiatry* 26, 1987, p. 676-686.

ZUNSHINE, Lisa. *Why We Read Fiction*, Columbus, Ohio State University Press, 2006.

Source des photographies

P. 19 : Artiste inconnu, avec la permission du Service des livres rares et des collections spéciales de l'Université McGill

P. 108 : Photographie de Frances Benjamin Johnston, avec la permission de Library of Congress, Prints and Photographs Division (LC-USZ62-100291)

P. 126 : Photographie de N. Tsinonis, reproduite avec la permission du Haut Commissariat des Nations Unies pour les réfugiés

P. 129 : Avec la permission de Simon Baron-Cohen; *The Essential Difference*, Basic Books, 2003

P. 185 : Reproduit avec la permission de Georges Huard

P. 195 : Photographie de Stephanie Mitchell, reproduite avec la permission de l'Université Harvard

P. 247 : Photographie de Marty Katz

P. 295 : Reproduit avec la permission de la Orfalea Foundation Archive

Source des tableaux

P. 23 : « Hier et aujourd'hui » – Éducation : Médecine vétérinaire (Canada) – Association canadienne des médecins vétérinaires; médecine vétérinaire (É.-U.) pour 1973 – National Center for Education Statistics, U.S. Digest of Educational Stats, 1975 ; pharmacie pour 1973 – National Center for Education Statistics, Chartbook of Degrees Conferred, 1969-1970 à 1993-1994; médecine vétérinaire (É.-U.) et pharmacie pour 2003, administration, droit (É.-U.), médecine (É.-U.), architecture, génie – National Center for Education Statistics, U.S. Digest of Educational Stats, 2004; droit (R.-U.) – The Law Society, Trends in the Solicitors Profession: Annual Statistical Report 200 ; médecine (Canada) – Association des facultés de médecine du Canada, Statistiques relatives à l'enseignement médical au Canada, 2006; physique – American Institute of Physics, Women in Physics and Astronomy, 2005.

P. 24: « Hier et aujourd'hui » – Professions : Musiciennes d'orchestre – Daniel J. Wakin, « In Violin Sections Women Make their Presence Heard », *The New York Times*, 23 juillet 2005, et Claudia Goldin et Cecilia Rouse, « Orchestrating Impartiality: The Effect of 'Blind' Auditions on Female Musicians », *American Economic Review* (septembre 2000); médecins (Canada) – Association médicale canadienne; médecins (É.-U.) – American Medical Association, Physician Characteristics and Distribution in the U.S., 1973 et 2006, édit.; avocates, forestières et protectrices de l'environnement, ingénieures aérospatiales, installatrices et réparatrices de lignes de communication, électriciennes, plombières et tuyauteuses – Bureau of Labor Statistics, Current Population Survey: A Datebook, Septembre, 1982, Bulletin 2096 et Current Population Survey: Unpublished Occupation and Industry Table 1, 2003; juges fédérales (Canada) – Bureau du Commissaire à la magistrature fédérale (É.-U.) – Federal Judicial Center; employées en sciences et en génie – National Science Foundation, Minorities in Science and Engineering, 1986, et Science and Engineering Indicators, 2006; législatrices (Canada) – Bibliothèque du Parlement; législatrices (ONU) – Conseil économique et social des Nations Unies, Commission de la conditionn de la femme, 50e session, WOM/1541; U.S. House of Represeratives and Senate – womenincongress.house.gov/ data/wic-by-congress.html et www.senate.gov/artandhistory/history/common/briefing/women_senators.htm; pompières – Women in the Fire Service, Inc.; agentes commerciales – Estimation de la Manufacturers' Agents National Association.
* Les données relatives aux avocates canadiennes sont tirées des recensements 1971 et 2001, car il n'y avait pas de données disponibles pour 1973 et 2003. Statistique Canada, « Economic Characteristics, Labour Force: Occupations », Recensement 1971, vol. III, partie 2 et « Profession – Classification nationale des professions pour statistiques 2001 (523), catégorie de travailleurs (6) et sexe (3) pour la population active de 15 ans et plus, pour le Canada, les provinces, les territoires, les régions métropolitaines de recensement et les agglomérations de recensement, Recensement de 2001 ».

P. 27 : Ian Deary, Graham Thorpe, Valerie Wilson, John M. Starr et Lawrence J. Whalley. « Population Sex Differences in IQ at Age 11 : The Scottish Mental Survey 1932 », *Intelligence* 31, 2003, 533-542. Graphiques de Martin Lysy.